HEYNE <

Robert K. Wittman
David Kinney

Die Rosenberg-Papiere

Die Suche nach den verschollenen Tagebüchern
von Hitlers Chefideologen Alfred Rosenberg

Aus dem Amerikanischen von
Martin Bayer und Karin Schuler

WILHELM HEYNE VERLAG
MÜNCHEN

Die Verlagsgruppe Random House weist ausdrücklich darauf hin, dass im Text enthaltene externe Links vom Verlag nur bis zum Zeitpunkt der Buchveröffentlichung eingesehen werden konnten. Auf spätere Veränderungen hat der Verlag keinerlei Einfluss. Eine Haftung des Verlags für externe Links ist stets ausgeschlossen.

Die Originalausgabe erschien 2016 unter dem Titel *The Devil's Diary. Alfred Rosenberg and the Stolen Secrets of the Third Reich* bei HarperCollins, New York.

FSC
www.fsc.org
MIX
Papier aus verantwortungsvollen Quellen
FSC® C014496

Verlagsgruppe Random House FSC® N001967

Neumarkter Straße 28, 81673 München
Umschlaggestaltung: Hauptmann & Kompanie Werbeagentur, Zürich,
unter Verwendung eines Fotos von © Hulton-Deutsch Collection/CORBIS
Satz: Satzwerk Huber, Germering
Druck und Bindung: GGP Media GmbH, Pößneck
Printed in Germany 2016
ISBN 978-3-453-20080-7
www.heyne.de

INHALT

Im Krieg: 1939–1946

Anhang

Nationalsozialistische Anhänger begrüßen Alfred Rosenberg
(in der Bildmitte die Hand hebend) in Heiligenstadt, Thüringen, 1935.
(ullstein bild/ullstein bild via Getty Images)

PROLOG: DAS KELLERGEWÖLBE

Hoch ragt das Kloster Banz über einer bezaubernden bayerischen Hügellandschaft auf, die so schön ist, dass man sie »Gottesgarten« nennt.

Von den Dörfern und Höfen am in der Ebene mäandernden Fluss wandern die Blicke unwillkürlich immer wieder zu Kloster Banz hinauf. Die ausladenden Steinmauern schimmern im Sonnenlicht golden, und zwei sich grazil verjüngende Türme mit kupferverkleideten Dächern erheben sich über seiner Barockkirche. Das Gebäude blickt auf eine mehr als tausendjährige Geschichte zurück: als Handelsposten, als befestigte Burg, die verschiedenen feindlichen Heeren standhielt, als Benediktinerkloster. Es war in Kriegen geplündert und zerstört und für die Wittelsbacher aufwendig wieder aufgebaut worden. Es hatte Könige und Herzöge beherbergt. Einmal hatte sogar Kaiser Wilhelm II., der letzte deutsche Kaiser, den reich geschmückten Sälen die Ehre gegeben. Jetzt, im Frühjahr 1945, diente das Gemäuer als Depot des Einsatzstabs Reichsleiter Rosenberg, der das besetzte Europa ausgeplündert hatte.

Als die Niederlage nach sechs langen Kriegsjahren nicht länger aufzuhalten war, hatten die Nationalsozialisten überall in Deutschland zahllose Akten vernichtet, bevor die Dokumente in die Hände der Alliierten fallen und gegen sie verwendet werden konnten. Doch es gab auch Bürokraten, die es nicht über sich brachten, ihre Papiere zu vernichten. Sie versteckten sie in Wäldern, Minen, Burgen und Schlössern wie diesem. Im ganzen Land stießen die Alliierten später auf riesige Geheimarchive: ausführliche interne Unterlagen, die Licht in die verworrene deutsche Bürokratie brachten, in die gnadenlose Kriegsstrategie des Militärs und in den wahnhaften Plan der Nationalsozialisten, Europa von »unerwünschten Elementen« zu säubern, endgültig und für immer.

In der zweiten Aprilwoche überrannte die 9. US-Panzerdivision der unter dem Oberbefehl von General George S. Patton stehenden 3. US-Armee die Region. Seit ihrem Rheinübergang ein paar Wochen zuvor stürmten die Männer durch den Westen des geschundenen Landes, aufgehalten nur durch zerstörte Brücken, improvisierte Straßensperren und vereinzelte Feuergefechte.[1] Sie zogen an Städten vorbei, die durch alliierte Bomben dem Erdboden gleichgemacht worden waren, an hohläugigen Dorfbewohnern und Häusern, vor denen nicht mehr die Hakenkreuzfahne wehte, sondern weiße Laken und Kissenbezüge. Die Wehrmacht war praktisch verschwunden. Hitler hatte nur noch dreieinhalb Wochen zu leben.

In Banz stießen die einrückenden Amerikaner auf einen extravaganten Adligen mit Monokel und auf Hochglanz polierten Stiefeln. Kurt von Behr hatte den Krieg in Paris verbracht und dort nicht nur private Kunstsammlungen geplündert, sondern sich auch Möbel und Einrichtungsgegenstände mehrerer Zehntausend jüdischer Haushalte in Frankreich, Belgien und den Niederlanden angeeignet. Kurz vor der Befreiung von Paris flohen er und seine Frau mit dem geraubten Schatz in einem Konvoi von elf Autos und vier Umzugswagen in das bayerische Schloss Kloster Banz.[2]

Jetzt wollte von Behr verhandeln.

In der nahen Stadt Lichtenfels trat er an Samuel Haber, einen Offizier der Militärregierung, heran. Offenbar hatte sich von Behr an ein fürstliches Leben unter den kunstvoll ausgemalten Decken des Schlosses gewöhnt. Wenn Haber ihm die Erlaubnis gebe, dort zu bleiben, werde von Behr ihm ein Geheimversteck mit wichtigen NS-Unterlagen zeigen.[3]

Das begeisterte den Amerikaner. Informationen aus erster Hand waren heiß begehrt, die Kriegsverbrecherprozesse zeichneten sich ab, und so hatten die alliierten Truppen den Befehl, jedes deutsche Aktenstück, das sie aufspüren konnten, zu sichern. Pattons Armee hatte eine Aufklärungseinheit des militärischen Nachrichtendienstes G-2 mit dieser Aufgabe betraut.[4] Allein im April bargen ihre Spezialteams dreißig Tonnen NS-Akten.

Angelo Cali, ein Leutnant der Einheit, fuhr also den Berg hinauf und durch die Schlosstore, um sich mit von Behr zu treffen.[5] Der Nazi führte ihn fünf Stockwerke in den Berg hinein, wo versiegelt hinter einer falschen Betonmauer ein gewaltiger Schatz vertraulicher Unterlagen versteckt war. Die Akten füllten ein riesiges Kellergewölbe. Was nicht mehr hineingepasst hatte, lag aufgestapelt im Vorraum.

Nachdem er sein Geheimnis preisgegeben hatte, traf von Behr, dem offenbar klar geworden war, dass sein Schachzug ihn nicht vor den verheerenden Folgen der demütigenden Niederlage Deutschlands bewahren würde, seine Vorbereitungen, um die Bühne stilvoll zu verlassen. Er legte eine seiner extravaganten Uniformen an und begleitete seine Frau zu der Bibliothek des Klosters. Dort erhoben sie die mit französischem Champagner und Zyanid gefüllten Sektflöten und stießen auf das Ende an. »Die Episode besaß«, so schrieb eine amerikanische Korrespondentin, »all jene melodramatischen Elemente, an denen die NS-Funktionäre offenbar so großen Gefallen fanden.«

Soldaten fanden von Behr und seine Frau leblos in ihrer luxuriösen Heimstatt. Bei der Untersuchung der Todesumstände stießen sie auch auf die halb leere Flasche, die noch auf dem Tisch stand.

Das Paar hatte einen symbolträchtigen Jahrgang gewählt: 1918, das Jahr, in dem ihr geliebtes Heimatland nach dem Ende eines anderen Weltkriegs daniederlag.[6]

Die Papiere im Kellergewölbe gehörten Alfred Rosenberg, einem Gründungsmitglied der NSDAP, der zu Hitlers Chefideologen aufgestiegen war. Rosenberg war ein Zeuge der ersten Tage der Partei im Jahr 1919, als der Weltkriegsveteran Adolf Hitler seine ersten öffentlichen Auftritte absolvierte. 1933 war Rosenberg zur Stelle, als die Nationalsozialisten an die Macht kamen und begannen, ihre Feinde zu vernichten. Er stand in der Arena und kämpfte, als die Nationalsozialisten ganz Deutschland nach ihrem Bilde neu schufen. Und er war bis zum Ende da, als das Kriegsglück sich wendete und die ganze Ideologie in sich zusammenbrach.

Bei der Sichtung des riesigen Konvoluts – 250 Bände amtlicher und persönlicher Korrespondenz – stießen die Ermittler auf einen besonderen Schatz: Rosenbergs persönliche Tagebücher.

Sie füllten handschriftlich mehr als 500 Seiten, darunter einige Einträge in einem gebundenen Notizbuch, die meisten aber auf losen Blättern. Sie setzten 1934, im zweiten Jahr der Hitler-Regierung, ein und endeten ein Jahrzehnt später, ein paar Monate vor Kriegsende. Unter den führenden Größen des Dritten Reiches hinterließen nur Rosenberg, Propagandaminister Joseph Goebbels und Hans Frank, der brutale Generalgouverneur des besetzten Polen, Tagebücher. Die anderen, Hitler eingeschlossen, nahmen ihre Geheimnisse mit ins Grab. Rosenbergs Tagebücher konnten, so hoffte man, aus der Perspektive eines Mannes, der ein Vierteljahrhundert lang in den obersten Rängen der NSDAP gewirkt hatte, Licht auf die Funktionsmechanismen des Dritten Reiches werfen.

Außerhalb Deutschlands war Rosenberg nie so bekannt wie Goebbels oder Heinrich Himmler, der führende Kopf der SS, oder auch Hermann Göring, Hitlers Wirtschaftschef und Kommandeur der Luftwaffe. Rosenberg musste sich mit Zähnen und Klauen gegen diese Giganten der Nazi-Bürokratie wehren, um jene Macht zu erringen, die er seiner Meinung nach verdiente. Aber er hatte vom Anfang bis zum Ende Hitlers Unterstützung. Sie stimmten in den grundlegenden Fragen völlig überein, und Rosenberg war Hitler stets treu ergeben. Dieser vertraute ihm immer wieder führende Positionen an, was Rosenbergs weitreichenden Einfluss sicherte. Seine Rivalen in Berlin hassten ihn, doch viele Parteimitglieder sahen in Rosenberg eine der wichtigsten politischen Gestalten Deutschlands: Er galt als ein großer Denker, der bei Hitler immer ein offenes Ohr fand.

Rosenberg war, wie sich später herausstellte, an nicht wenigen besonders berüchtigten Verbrechen Nazi-Deutschlands beteiligt.

Er organisierte den Diebstahl von Kunstwerken, Archiven und Bibliotheken von Paris bis Krakau und Kiew – jenes Beutegut, das die Männer der amerikanischen Monuments, Fine Arts, and Archives Section (MFAA) später in Deutschlands Schlössern und Salzstöcken aufspüren sollten.

1920 pflanzte Rosenberg Hitler die heimtückische Idee ein, dass eine jüdische Weltverschwörung hinter der kommunistischen Revolution in Russland stecke, und wiederholte sie immer wieder. Er war der wichtigste Verfechter einer Theorie, die Hitler zwei Jahrzehnte später nutzte, um Deutschlands verheerenden Krieg gegen die Sowjetunion zu rechtfertigen. Wenige

Monate bevor die deutschen Truppen in der Sowjetunion einfielen, sprach Rosenberg davon, dass der Krieg eine »säubernde biologische Weltrevolution darstellt«.[7] Während des Krieges, als die deutschen Armeen die Rote Armee bis kurz vor Moskau zurückgedrängt hatten, führte Rosenberg eine Besatzungsbehörde, die die baltischen Staaten, Weißrussland und die Ukraine terrorisierte, und sein Ministerium arbeitete mit Himmlers Völkermördern zusammen, die die Juden überall im Osten zu vernichten suchten.[8]

Nicht zuletzt legte Rosenberg auch die ideologischen Fundamente für den Holocaust. Sein fanatischer Antisemitismus war seit 1919 das Thema zahlloser Publikationen; als Chefredakteur der Parteizeitung *Völkischer Beobachter* und Autor von Artikeln, Pamphleten und Büchern verbreitete er die Hassbotschaft der Partei. 1933 wurde er außerdem »Beauftragter des Führers für die Überwachung der gesamten geistigen und weltanschaulichen Schulung und Erziehung der NSDAP«. Sein theoretisches Hauptwerk *Der Mythus des 20. Jahrhunderts* hatte eine Auflage von mehr als einer Million Exemplaren und galt neben Hitlers *Mein Kampf* als zentraler Text der nationalsozialistischen Ideologie. In seinem dickleibigen Wälzer übernahm Rosenberg antiquierte Vorstellungen von Rasse und Weltgeschichte von anderen Pseudointellektuellen und verschmolz sie zu einem eigenwilligen politischen Glaubenssystem. Gauleiter der Partei berichteten, dass sie Tausende von Reden mit seinen Worten vor Augen gehalten hätten. »Hier fanden sie Richtung und Material zum Kampf gemeinsam«, rühmte sich Rosenberg in seinem Tagebuch.[9] Rudolf Höß, Kommandant des Todeslagers Auschwitz, in dem über eine Million Menschen vernichtet wurden, sagte, vor allem die Worte dreier Männer hätten ihn psychologisch auf seine Mission vorbereitet: Hitler, Goebbels und Rosenberg.[10]

Im Dritten Reich konnte ein Ideologe die praktische Umsetzung seiner Philosophien erleben, und Rosenbergs Ideen zeitigten tödliche Folgen.

»Immer wieder fasst mich die Wut, wenn ich mir überlege, was dieses jüdische Parasitenvolk Deutschland angetan hat«, schrieb er 1936 in sein Tagebuch. »Jedenfalls habe ich aber eine Befriedigung: hier das meine zur Aufdeckung dieses Verrats beigetragen zu haben.«[11] Rosenbergs Ideen legitimierten und begründeten die Ermordung von Millionen Menschen.

Im November 1945 trat in Nürnberg der Internationale Militärgerichtshof zusammen, um die berüchtigtsten überlebenden Nationalsozialisten wegen ihrer Kriegsverbrechen vor Gericht zu stellen – unter ihnen auch Rosenberg. Die Anklage beruhte auf der Unmenge deutscher Unterlagen, die den Alliierten bei Kriegsende in die Hände gefallen waren. Hans Fritzsche, der wegen seiner Funktion als Leiter der Rundfunkabteilung des Reichsministeriums für Volksaufklärung und Propaganda als Kriegsverbrecher vor Gericht stand, berichtete einem Gefängnispsychiater während des Prozesses, dass Rosenberg eine entscheidende Rolle bei der Bildung der philosophischen Vorstellungen Hitlers in den 1920er-Jahren gespielt habe, bevor die Nationalsozialisten an die Macht kamen. »Meiner Ansicht nach hatte er einen gewaltigen Einfluss auf Hitler, in der Zeit, als Hitler noch über dies und jenes nachdachte«, sagte Fritzsche, der in Nürnberg freigesprochen, von einer deutschen Spruchkammer im Rahmen der Entnazifizierung dann aber zu neun Jahren Arbeitslager verurteilt wurde. »Rosenbergs Bedeutung besteht darin, dass seine Ideen, die rein theoretischer Natur waren, in den Händen Hitlers Realität annahmen und konkret wurden. … Die Tragik dabei ist, dass Rosenbergs Fantasietheorien wirklich in die Tat umgesetzt wurden.«

Rosenberg, so sagte er, trage in mancher Hinsicht »von allen, die hier auf der Anklagebank sitzen, die Hauptschuld«.[12]

In Nürnberg bezeichnete Robert Jackson, der Hauptanklagevertreter der Amerikaner, Rosenberg als den »geistige[n] Priester der ›Herrenrasse‹«.[13] Die Richter befanden ihn schuldig, und am 16. Oktober 1946 endete Rosenbergs Leben mitten in der Nacht in der Schlinge eines Stranges.

In späteren Jahrzehnten beugten sich Historiker, die versuchten, das Wie und Warum der größten Katastrophe des Jahrhunderts zu verstehen, über die umfangreichen Dokumente, die die Alliierten bei Kriegsende geborgen hatten. Forscher beschäftigten sich mit vertraulichen Militärberichten, ausführlichen Beuteinventaren, privaten Tagebüchern, Dokumenten, Abschriften von Telefongesprächen, schaurigen bürokratischen Notizen, in denen der Massenmord abgehandelt wurde. Nach dem Ende der Nürnberger Prozesse im Jahr 1949 schlossen die amerikanischen Ankläger ihre Büros, und alle beschlagnahmten deutschen Dokumente wurden per Schiff in eine alte Torpedofabrik am Ufer des Potomac in Arlington, Virginia, gebracht. Dort wurden sie für die Aufnahme ins amerikanische Nationalarchiv vorbereitet. Man fertigte Kopien an, und schließlich wurden die meisten Originale nach Deutschland zurückgegeben.

Der Hauptteil der geheimen Rosenberg-Tagebücher aber ging irgendwie verloren. Sie kamen nie in Washington an. Sie wurden nie in ihrer Gesamtheit abgeschrieben, übersetzt und ausgewertet. Wenige Jahre nachdem sie aus dem bayerischen Schlosskeller ans Licht gekommen waren, verschwanden die Tagebücher wieder.

VERSCHOLLEN
UND
GEFUNDEN

1949–2013

Robert Kempner im Nürnberger Justizpalast

(U.S. Holocaust Memorial Museum, courtesy of John W. Mosenthal)

1

Der Kreuzritter

Vier Jahre nach dem Ende des Krieges wartete in Gerichtssaal 600 des Nürnberger Justizpalastes ein Ankläger auf die Verkündung der letzten Urteile gegen die nationalsozialistischen Kriegsverbrecher, die von den Amerikanern vor Gericht gestellt worden waren. Für diese Verurteilungen hatte Robert Kempner alles gegeben.

Der neunundvierzigjährige Anwalt, kampflustig, hartnäckig, ein unermüdlicher Netzwerker mit einem Sinn für Intrigen, war immer mit hochgerecktem Kinn durchs Leben gegangen, als wolle er seine Gegner – und davon gab es viele – einladen, sich mit ihm anzulegen. Körperlich fiel er mit seinen 1,65 Metern und dem zurückweichenden Haaransatz zwar nicht besonders auf, doch Kempners Persönlichkeit polarisierte. Es war Ansichtssache, ob er nun charismatisch oder prahlerisch war, engagiert oder dogmatisch, ein Vorkämpfer der gerechten Sache oder ein kleiner Rüpel.

Kempner hatte fast zwanzig Jahre lang gegen Hitler und die Nazis gekämpft, die letzten vier Jahre in dieser Stadt, die durch die Megalomanie des »Führers« und die Bomben der Alliierten zerstört worden war. Sein Bemühen prägte seine einzigartige, persönliche Geschichte und war gleichzeitig ein universal gültiges Narrativ: der Kampf um sein Leben und gleichzeitig seine eigene Rolle in der globalen Auseinandersetzung seiner

Zeit. Anfang der 1930er-Jahre, als Beamter im Reichsinnenministerium in Berlin, trat Kempner dafür ein, Hitler wegen Hochverrats vor Gericht zu stellen und die NSDAP zu verbieten. Nur wenige Tage nach der »Machtergreifung« im Jahr 1933 verlor Kempner – Jude, Sozialdemokrat und ein erklärter Gegner der Nationalsozialisten – seine Stelle. Nach kurzer Haft und Befragung durch die Gestapo im Jahr 1935 floh er nach Italien, dann nach Frankreich und schließlich in die Vereinigten Staaten, wo er seinen Feldzug gegen die Nazis fortsetzte. Unter Rückgriff auf eine Sammlung vertraulicher Dokumente und ein Netzwerk von Informanten half Kempner dem amerikanischen Justizministerium, NS-Täter ins Gefängnis zu bringen, und sammelte Informationen über das Dritte Reich für das Kriegsministerium, dessen Nachrichtendienst Office of Strategic Services und J. Edgar Hoovers Federal Bureau of Investigation (FBI).

Bei Kriegsende kehrte Kempner in sein Heimatland zurück und half, ebenjene Männer strafrechtlich zu verfolgen, die ihn entlassen, ihn als Juden verfolgt, ihm die deutsche Staatsbürgerschaft entzogen und ihm nach dem Leben getrachtet hatten.

Nachdem Göring, Rosenberg und die anderen Größen des Dritten Reiches im Hauptkriegsverbrecherprozess verurteilt worden waren, war Kempner bei den zwölf Nachfolgeprozessen, die die Amerikaner gegen weitere 185 NS-Kriegsverbrecher anstrengten, in Nürnberg: Ärzte, die an Häftlingen in den Konzentrationslagern grausame Experimente durchgeführt hatten, Angehörige der SS, die Häftlinge zu Tode geschunden hatten, Firmenchefs, die von Zwangsarbeit profitiert hatten, Kommandeure der Einsatzgruppen, die in ganz Osteuropa während des Kriegs Zivilisten ermordet hatten, hohe Militärs, Minister und Regierungsbeamte.

Kempner persönlich leitete den vorletzten und längsten Prozess, den »Wilhelmstraßen-Prozess«, der so genannt wurde, weil die meisten Angeklagten führende Positionen in den Regierungsbüros der Ministerien in der Berliner Wilhelmstraße innegehabt hatten. Der bekannteste Angeklagte, Ernst von Weizsäcker, Staatssekretär im Auswärtigen Amt, bahnte den Weg für den Einfall in die Tschechoslowakei, und man konnte ihm nachweisen, dass er persönlich den Transport von mehr als sechstausend Juden aus Frankreich ins Vernichtungslager Auschwitz genehmigt hatte.

Der berüchtigtste Übeltäter war der Chef des SS-Hauptamts und General der Waffen-SS Gottlob Berger, der für seine Brutalität bekannt war. Auf Bergers Initiative ging die Aufstellung des »SS-Sonderbataillons Dirlewanger« zurück, das zur Partisanenbekämpfung in Weißrussland eingesetzt wurde. »Lieber zwei Polen zuviel als einen zu wenig« zu erschießen, so beschrieb er einst den Grundsatz des Kommandos.[14] Der Prozess lief seit Ende 1947 und ging jetzt, am 11. April 1949, endlich seinem Ende entgegen.[15] Die drei amerikanischen Richter betraten den Saal, stiegen zur Richterbank empor und begannen, laut ihr Urteil zu verlesen. Es war insgesamt 800 Seiten lang; der Vortrag dauerte drei Tage. Auf der anderen Seite des Saals, bewacht von stocksteif dastehenden Militärpolizisten mit glitzernd silbernen Helmen, hörten die Angeklagten über Kopfhörer den Dolmetschern zu, die das Urteil ins Deutsche übersetzten. Am Ende waren neunzehn der einundzwanzig Angeklagten verurteilt – fünf von ihnen wegen des im Hauptkriegsverbrecherprozess entscheidenden Anklagepunkts des Verbrechens gegen den Frieden. Weizsäcker bekam sieben Jahre Gefängnis, Berger fünfundzwanzig und der Chef der Reichskanzlei Hans Heinrich Lammers zwanzig Jahre.

Für die Anklage war dies ein großer Sieg. Nachdem sie sich mehr als vier Jahre lang durch die Akten gewühlt und Hunderte von Zeugen befragt hatten, konnten sie einige der schlimmsten Verbrecher überführen und ins Gefängnis schicken. Sie hatten der Welt gezeigt, dass eine Mitschuld am Holocaust überall in der deutschen Regierung zu finden war. Sie hatten, wie Kempner es ausdrückte, »das gesamte verbrecherische Fresko« des Dritten Reiches gemalt[16] und Nürnbergs Platz in der Geschichte als »einer Festung des Glaubens an das Völkerrecht« bestätigt.[17] Sie waren erfolgreich für eine energische Verfolgung von Verbrechen gegen die Menschlichkeit eingetreten.

Die Urteile waren für Kempner der Höhepunkt seines langen Feldzugs gegen das NS-Regime.

Oder sie hätten es zumindest sein sollen.

In wenigen Jahren löste sich die Verheißung von Nürnberg in nichts auf.

Die Nürnberger Prozesse hatten von Beginn an ihre Gegner, in Deutschland wie in Amerika. Für die Kritiker stand nicht Gerechtigkeit, sondern Rachsucht im Mittelpunkt der Strafverfolgung, und Kempner, eine schroffe Persönlichkeit, die ausgesprochen aggressive Vernehmungen führte, wurde zu einem Symbol jener vermeintlichen Ungerechtigkeit. Ein typisches Beispiel war die scharfe Befragung des früheren NS-Diplomaten Friedrich Gaus, bei der Kempner drohte, den Zeugen für eine mögliche Anklage wegen Kriegsverbrechen den Russen auszuliefern. Einer seiner amerikanischen Kollegen als Ankläger nannte Kempners Taktik »dumm« und fürchtete, dass er »aus den gemeinen Kriminellen, die in Nürnberg vor Gericht stehen, Märtyrer machen« werde.[18] Ein anderer Zeuge, den Kempner ins Kreuzverhör nahm, bezeichnete den Ankläger als »einen überaus Gestapo-ähnlichen Mann«.[19]

Im Jahr 1948 attackierte der protestantische Landesbischof von Württemberg, Theophil Wurm, Kempner. Wurm behauptete, bei den Gerichtsverfahren seien Ermittlungshäftlinge misshandelt und Unschuldige verurteilt worden. Kempner antwortete mit der Behauptung, all jene, die die Nürnberger Prozesse diskreditierten, seien in Wahrheit »Feinde des deutschen Volkes«.[20] Die Auseinandersetzung wurde über die Presse geführt, und bald sah Kempner sich in deutschen Zeitungen an den Pranger gestellt. Er wurde als selbstgerechter jüdischer Exilant auf Rachefeldzug karikiert.[21]

Selbst der US-Senator Joseph McCarthy, zu dessen Wählerschaft in Wisconsin ziemlich viele Deutsch-Amerikaner zählten, mischte sich ein. Der Senator sprach sich gegen eine Anklage gegen Weizsäcker aus, weil dieser nach Auskunft seiner nicht näher benannten Quellen im Krieg ein wertvoller Undercover-Agent der Amerikaner gewesen sei. McCarthy sagte, die in Nürnberg geführten Prozesse behinderten die Geheimdiensttätigkeit der Vereinigten Staaten in Deutschland, und erklärte dem Senate Armed Services Committee, einem Ausschuss zur parlamentarischen Kontrolle des Kriegsministeriums, im Frühjahr 1949, er wolle den »absoluten Schwachsinn« rund um den Weizsäcker-Prozess gründlich untersuchen. »Ich finde, dieses Komitee sollte sehen, was für Idioten – und ich verwende diesen Ausdruck mit Bedacht – das Militärgericht dort drüben leiten.«[22]

Letztendlich verurteilten die alliierten Kriegsverbrechergerichte in Deutschland über zweitausend Angeklagte zu Gefängnisstrafen. Viele der von den Amerikanern verurteilten Kriegsverbrecher saßen im Gefängnis Landsberg am Lech, westlich von München, ein. Sehr viele Westdeutsche weigerten sich noch immer, die Legitimität der alliierten Gerichtshöfe anzuerkennen, und betrachteten diese Häftlinge nicht als

Kriegsverbrecher, sondern vielmehr als Opfer gesetzwidriger alliierter Gerichte. Das Thema wurde nach der Gründung der Bundesrepublik zu einem wichtigen Streitpunkt, als Amerika, das in Korea Krieg führte und die sowjetischen Pläne in Europa mit wachsendem Unbehagen beobachtete, daran arbeitete, die Bundesrepublik zu einem loyalen und auch wieder bewaffneten Verbündeten zu machen.

Die Realitäten des Kalten Krieges sorgten bald dafür, dass die Leistungen der Ankläger in den Kriegsverbrecherprozessen zunichtegemacht wurden.

Nach einer Überprüfung der Urteile begnadigte der amerikanische Hochkommissar John McCloy 1951 nicht weniger als 89 der in Nürnberg Verurteilten und wandelte 21 der noch nicht vollstreckten 28 Todesurteile in Haftstrafen um. (Unter den sieben Hingerichteten waren auch zwei in den Dachauer Prozessen Verurteilte.) Es dauerte nicht lange und alle Angeklagten, die Kempner im Wilhelmstraßen-Prozess hinter Gitter gebracht hatte, waren wieder frei. Die Haftverkürzungen wurden zwar als Gnadenakte bezeichnet, doch die Deutschen hörten etwas anderes heraus: Die Amerikaner erkannten schließlich doch an, dass die Prozesse ungerecht gewesen waren. Kempner kritisierte die Entscheidung mit deutlichen Worten: »Heute möchte ich eine Warnung aussprechen, dass die vorzeitige Öffnung der Gefängnistore in Landsberg totalitäre subversive Kräfte gegen die Gesellschaft freisetzen wird, die eine Gefahr für die freie Welt darstellen.«[23]

Seine Warnung stieß auf taube Ohren. Die Amerikaner beugten sich dem politischen Pragmatismus, und bis 1958 waren fast alle Kriegsverbrecher wieder auf freiem Fuß.[24]

Doch Kempners Kampf war noch lange nicht vorüber. Vier Jahre lang hatte er sich intensiv mit dem Beweismaterial für die

NS-Verbrechen beschäftigt und er wusste, dass die Welt selbst nach den Prozessen, die im hellen Scheinwerferlicht der internationalen Presse stattgefunden hatten, noch immer nicht die ganze Wahrheit kannte.

Wütend über die revisionistische Geschichtsschreibung, mit der die überlebenden Repräsentanten des NS-Regimes versuchten, sich die Geschichte Deutschlands unter den Nazis anzueignen, wandte er sich an die Presse. »Mit mehr oder weniger unverblümter Sehnsucht nach der Vergangenheit«, so schrieb Kempner in der *New York Herald Tribune*, »erzählen viele politische Autoren in Deutschland ihrem Volk, dass Deutschland es geschafft hätte, wenn der ›Führer‹ nicht ein wenig aus dem Ruder gelaufen wäre.«[25] Er wollte davon nichts hören. Er beklagte die engelsgleichen Fotos von Hitler in der rechten Presse, die Behauptungen, die Generäle hätten Deutschland vor der Schande der Niederlage bewahren können, wenn Hitler sich nicht in militärische Angelegenheiten eingemischt hätte, die beschönigenden Bemühungen der Nazi-Diplomaten.

Er forderte die Veröffentlichung der Fakten, die in Nürnberg ans Licht gekommen waren, in Deutschland. »Dies ist der einzige Weg, die systematische Vergiftung des deutschen Denkens zu bekämpfen, die direkt unter unseren Augen in der jungen deutschen Republik vor sich geht.«

Kurz bevor er diese Worte niederschrieb, hatte der Ankläger allerdings etwas getan, das diesem Geist der Offenheit völlig widersprach. Kempner hatte nach den Nürnberger Prozessen wichtige deutsche Originaldokumente mit nach Hause genommen – und falls überhaupt Kopien dieser Originale existierten, wusste jedenfalls niemand mehr, wo sie sich befanden.

In seiner Funktion als Ankläger hatte Kempner das Recht, jedes Dokument, das er für die Vorbereitung seiner Anklage einsehen wollte, anzufordern. Bei mehr als einer Gelegenheit kamen Fragen zu seinem Umgang mit den Papieren auf. Am 11. September 1946 schrieb der Leiter der Archivabteilung in einer Aktennotiz, Kempners Büro habe fünf Dokumente ausgeliehen und sie nicht zurückgegeben. »Ich möchte hinzufügen, dass es durchaus nicht das erste Mal ist, dass diese Abteilung beträchtliche Mühe hatte, Dr. Kempner dazu zu bringen, ausgeliehene Bücher und Dokumente zurückzugeben.«[26]

Traurige Berühmtheit erlangte Kempner im Team der amerikanischen Ankläger im Jahr 1947 wegen seines Umgangs mit dem weitaus bekanntesten erhaltenen Holocaust-Dokument. Nicht lange nach seiner Rückkehr nach Nürnberg für die zweite Prozessrunde ließ Kempner seine Mitarbeiter die Akten des deutschen Außenministeriums sichten, die aus ihrem Versteck im Harz geborgen, nach Berlin gebracht und auf Mikrofilm gespeichert worden waren. Eines Tages stieß eine Hilfskraft auf ein fünfzehn Seiten langes Dokument, mit Schreibmaschine geschrieben und abgelegt. Es begann mit den Worten: »An der am 20.1.1942 in Berlin, Am Großen Wannsee Nr. 56/58, stattgefundenen Besprechung über die Endlösung der Judenfrage nahmen teil ...« Das Protokoll der Wannsee-Konferenz dokumentierte ein Treffen unter der Leitung von Reinhard Heydrich, dem Chef des Reichssicherheitshauptamts, bei dem die »Evakuierung der Juden nach dem Osten« besprochen wurde.[27]

Ein paar Monate nach der Entdeckung des Protokolls stürmte Charles LaFollette in das Büro des amerikanischen Anklägers Benjamin Ferencz. »Diesen Hurensohn bringe ich um!« LaFollette war Ankläger in einem anderen der späteren Nürnberger Prozesse, bei dem es um Nazi-Richter und -Anwälte im Dienst des Reichsjustizministeriums ging. LaFollette hatte vom Protokoll der Wannsee-Konferenz gehört, aber Kempner wollte es nicht herausrücken. Es herrschte eine unterschwellige Rivalität zwischen den vielen Anklägern in Nürnberg, und Kempner wollte das brisante Dokument vermutlich in dem Prozess vorstellen, den er gerade vorbereitete.

Ferencz ging hinüber in Kempners Büro, um nachzuhaken. Kempner leugnete, irgendetwas zurückzuhalten. Aber Ferencz ließ nicht locker. Und schließlich, nach weiterem intensivem Nachfragen, öffnete Kempner die unterste Schublade seines Schreibtischs und fragte ganz unschuldig: »Meint er vielleicht das hier?«

LaFollette erkannte sofort, wie wichtig das Dokument für seinen Fall war: Das Reichsministerium der Justiz hatte einen Vertreter zu diesem entscheidenden Treffen geschickt. Sofort stürmte LaFollette los, um Telford Taylor, dem Chefankläger der Prozesse, den Zwischenfall zu melden und zu fordern, dieser möge »den Bastard feuern!« Ferencz folgte ihm und übernahm Kempners Verteidigung. Er erklärte Taylor, dass der Wilhelmstraßen-Prozess sicher scheitern werde, falls Kempner Nürnberg verlassen müsse. Außerdem habe Kempner das Dokument nur versehentlich zurückgehalten.

»Was niemand glaubte«, wie Ferencz in einem Brief an Kempner schrieb.[28] Dennoch stellte sich Taylor hinter seinen Ankläger im Wilhelmstraßen-Prozess.

Kempner war nicht der Einzige in Nürnberg, der Originaldokumente der Nazis zum privaten Gebrauch einfach so zu den Akten nahm. Seit Kriegsende hatte man die erbeuteten Dokumente zwischen Military Document Centers hin und her geschickt, sie nach Paris, London und Washington geflogen, wo Geheimdiensteinheiten sich mit ihnen befassten, und sie für die Kriegsverbrecherprozesse nach Nürnberg gebracht. Während die Akten quer durch Europa reisten, fanden Souvenirjäger mehr als genug Möglichkeiten, Papiere mit NS-Briefköpfen zu stehlen, die unter dem allgegenwärtigen Parteigruß »Heil Hitler!« von irgendeiner Nazi-Größe unterschrieben worden waren. Die für die Aufbewahrung der Dokumente Verantwortlichen hatten dabei vor allem die Anklagevertretung in Nürnberg im Auge. Sie fürchteten, dass diejenigen, die Papiere anforderten, »eher durch private journalistische Instinkte beeinflusst waren als durch einen Wunsch, die Sache des Rechts voranzubringen«, wie es ein Offizier in einer Aktennotiz ausdrückte.[29] Ein anderer Beobachter kam zu dem Schluss, die Archivabteilung der Anklage in Nürnberg tue kaum etwas, um den Fluss der Dokumente im Auge zu behalten.

So verschwand zum Beispiel ein Memorandum aus der Feder von Hitlers Militäradjutanten Friedrich Hoßbach, die sogenannte »Hoßbach-Niederschrift«, die zeigte, dass Hitler schon 1937 einen Angriffskrieg plante; die Ankläger mussten sich im Prozess auf eine notariell beglaubigte Abschrift stützen. Im September 1946 weigerten sich die Verwalter eines der Military Document Centers, weiter Originale an die Anklagevertreter in Nürnberg auszuleihen, weil sie fürchteten, dass sie die tausend Beweisstücke, die sie schon ausgehändigt hatten, nie wiederbekommen würden.

Während der Prozesse versank der Justizpalast in Nürnberg förmlich in Papier. Eine im April 1948 fertiggestellte Übersicht verzeichnete mehr als 1800 Kubikmeter »Verwaltungsakten, Pressenegative und -erklärungen, eine Filmsammlung, Tonmitschnitte aus den Gerichtssälen und von Befragungen, Bibliotheksbücher und andere Veröffentlichungen, Originaldokumente, Fotokopien, Abschriften von Dokumenten, Dokumentensammlungen, Gerichtsunterlagen, Häftlingsakten, Befragungsakten, Zusammenfassungen von Befragungsakten, Mitschriften aller Verhandlungen und Analysen der Mitarbeiter«.[30]

Die Flut war so gewaltig, dass die Zuständigen schon fürchteten, Originaldokumente könnten unabsichtlich im Müll landen. Es war, wie Kempner später in seinen Memoiren schrieb, »ein furchtbarer Wust« – und er nutzte das Chaos aus.

Er sagte, er habe Angst gehabt, dass womöglich brisante Dokumente nicht richtig archiviert würden, und so wollte er selbst ihren sinnvollen Einsatz sicherstellen. In seinen Memoiren räumte er ein, er habe, wenn »interessierte und clevere« Leute ihn während der Prozesse um wichtige Dokumente gebeten hätten, manchmal vielleicht die Akten auf dem Sofa in seinem Büro liegen gelassen und den Raum mit den Worten: »Ich will davon nichts wissen« verlassen.[31]

Es sei, so meinte er, besser, ein »wertvolles geschichtliches Gut« in den Händen eines vertrauenswürdigen Mitarbeiters, der sich mit dessen Inhalten beschäftigte, zu wissen als in den Händen von Regierungsbeamten, die es womöglich sogar vernichten ließen.

Alle erbeuteten deutschen Originaldokumente sollten eigentlich nach den Prozessen an die Military Document Centers zurückgegeben werden, doch Kempner wollte die von ihm gesammelten Unterlagen verwenden, um Artikel und Bücher über die Nazizeit zu schreiben. Am 8. April 1949, wenige Tage bevor die Urteile im Wilhelmstraßen-Prozess gesprochen wurden, sicherte sich der Ankläger einen kurzen, von Fred Niebergall, dem Direktor der Archivabteilung für die Anklagevertretung, unterschriebenen Brief: »Der Unterzeichnete autorisiert Dr. Robert M. W. Kempner, stellvertretender Hauptankläger, Abteilung politische Ministerien, nicht als geheim klassifiziertes Material der Nürnberger Kriegsverbrecherprozesse zu entnehmen und zu behalten, für Zwecke der Forschung und des Studiums, für Veröffentlichungen und für Vorträge.«[32] Das war eine ungewöhnliche Ermächtigung. Später hatte ein Anwalt, der beim militärischen Nachrichtendienst arbeitete, ernste Zweifel, ob ein Mann in Niebergalls Position so etwas überhaupt unterschreiben hätte dürfen.

Exakt am selben Tag schickte Kempner einen Brief an den Verlag E. P. Dutton in New York mit einer grob umrissenen Zusammenfassung eines Buches über seine Befragungen in Nürnberg und über die Dokumente des deutschen Außenministeriums, dem er den vorläufigen Titel *Hitler and His Diplomats* gegeben hatte.[33] Er hatte die Buchidee im Januar vorgestellt, und ein Lektor des Verlages hatte Interesse bekundet und um weitere Details gebeten.

Es sollte sich später herausstellen, dass es nur eine von vielen Ideen Kempners im Jahr 1949 war.

Jahrzehnte später versuchte er zu begründen, warum er Dokumente aus Nürnberg mitgenommen hatte: »Ich wusste eines: Wenn ich einmal darüber etwas schreiben wollte und deshalb erst lange mich an Archive hätte wenden müssen, so wären zwar nette Antworten eingetroffen, aber manche Sachen nicht zu finden gewesen. So aber hatte ich meine Unterlagen.«[34]

Als Rechtfertigung griff das viel zu kurz. Im Grunde wollte Kempner sich einen entscheidenden Vorteil gegenüber anderen Autoren sichern, die über die Nazizeit schrieben: Exklusivität.

Mit seiner Ermächtigung in der Hand ließ Kempner seine Nürnberger Unterlagen zusammenpacken und mit allem anderen, das er in seiner Zeit als Ankläger gesammelt hatte, über den Atlantik in sein Haus in der Nähe von Philadelphia bringen. Die Lieferung kam am 4. November 1949 am Bahnhof Lansdowne der Pennsylvania Railroad an: 23 Kisten mit einem Gesamtgewicht von mehr als 3,6 Tonnen.[35]

Hitler and His Diplomats wurde nie fertig. Offenbar wurde Kempner abgelenkt. Aber er fand andere Wege, Gerechtigkeit für die Schandtaten des Dritten Reiches zu suchen. Er eröffnete eine Kanzlei in Frankfurt am Main und begann, neben anderen anwaltlichen Tätigkeiten auch Fälle von Naziopfern zu übernehmen, die Entschädigungen forderten.[36] Er vertrat Erich Maria Remarque, dessen Roman-Bestseller über den Ersten Weltkrieg, *Im Westen nichts Neues*, die Nazis verbrannt und verboten hatten. Er vertrat Emil Gumbel, einen bekannten Mathematikprofessor der Universität Heidelberg, der wegen seiner pazifistischen Haltung aus seiner Stellung gedrängt worden war. Er vertrat Juden und Katholiken und Angehörige des Widerstands und unterstützte auch die israelischen Ankläger im Eichmann-Prozess mit Beweismaterial.

Ein Jahrzehnt nach Ende der Nürnberger Prozesse begann die Verfolgung nationalsozialistischer Kriegsverbrecher aufs Neue. Ein Prozess in Ulm lenkte 1958 erneut die Aufmerksamkeit auf Grausamkeiten, von denen die Deutschen nichts mehr wissen wollten. Zehn Angehörige der Gestapo und anderer Polizeieinheiten wurden wegen Mordes an mehr als 5000 litauischen Juden während des Krieges verurteilt, ein Fall, der die Justizminister der Länder – die alarmiert feststellen mussten, dass viele Täter nach dem Krieg ihrer Strafe entgangen waren – dazu anregte, in Ludwigsburg eine Zentralstelle zur Aufklärung von NS-Verbrechen einzurichten.

Gleichzeitig brachten Ankläger außerhalb Deutschlands Fälle von großem öffentlichem Interesse vor Gericht. 1961 kehrte Kempner ins internationale Rampenlicht zurück, als er nach Jerusalem flog, um im Prozess gegen Adolf Eichmann auszusagen, den Mann, der die Deportation der Juden aus ganz Europa organisiert hatte. In mehreren prominenten Prozessen trat Kempner als Anwalt der Angehörigen der Opfer auf. Er vertrat den Vater von Anne Frank und die Schwester der Karmelitin Edith Stein in einem Fall gegen drei SS-Offiziere, denen die Ermordung Tausender holländischer Juden vorgeworfen wurde. Er vertrat die Witwe eines pazifistischen Journalisten, der 1933 von einem SA-Mann ermordet worden war. Er sprach für dreißigtausend Berliner Juden im Prozess gegen den Gestapo-Dienststellenleiter Otto Bovensiepen, der deren Deportation in den Osten organisiert hatte.

Kempner nutzte dieses neue Interesse an NS-Verbrechen für einen ganzen Schwung von Büchern über diese und andere bekannte Fälle für das deutsche Publikum.[37] Er veröffentlichte Exzerpte seiner Befragungen in Nürnberg und 1983 seine Memoiren unter dem Titel *Ankläger einer Epoche*. Kempner war zwar seit 1945 naturalisierter Amerikaner, doch seine Bücher wurden nicht auf Englisch veröffentlicht, und er war in seinem Geburtsland immer bekannter als in Amerika.

Noch vier Jahrzehnte nach Nürnberg kämpfte er an vorderster Front. Nachdem die Deutsche Bank den Flick-Konzern gekauft hatte, brachte Kempner das Unternehmen dazu, über zwei Millionen Dollar Entschädigung an 1300 Juden zu zahlen, die im Krieg als Zwangsarbeiter in Schießpulverfabriken für ein Tochterunternehmen von Flick geschuftet hatten.

Der Kampf gegen die Nazis bestimmte Kempners Leben immer mehr. Er lehnte es kategorisch ab, die Welt vergessen zu lassen, was die NS-Verbrecher getan hatten. Wenn er hörte, ein früherer Nazi scheine doch gar kein so schlechter Mensch zu sein, öffnete er seine Akten, um das Gegenteil zu beweisen.

»Buchstäblich Tausende von Mördern laufen noch immer auf den Straßen Deutschlands und der Welt herum«, erklärte er einmal einem Reporter. »Wie viele Nazi-Verbrecher sind noch auf freiem Fuß? Urteilen Sie selbst.« In den Prozessen nach dem Krieg wurden nur ein paar Tausend Deutsche wegen Mordes verurteilt. »Können Sie mir erklären, wie etwa zweitausend Menschen es geschafft haben sollen, sechs bis acht Millionen zu ermorden? Es ist mathematisch unmöglich.«[38]

Noch dreißig, vierzig, fünfzig Jahre nach dem Ende des Dritten Reichs ließ er nicht locker. Es war ein Kampf, den er bis an sein Lebensende führen sollte.

Ungeachtet seiner ständigen Reisen zwischen den Vereinigten Staaten und Europa, die durch die verschiedenen Gerichtsverfahren veranlasst waren, führte Kempner auch noch ein kompliziertes Familienleben. Seine Kanzlei befand sich zwar in Frankfurt, doch er war jetzt naturalisierter US-Bürger, und sein Erstwohnsitz war noch immer in Lansdowne, Pennsylvania, wo er sich während des Krieges niedergelassen hatte. Dort lebte er mit seiner zweiten Frau Ruth, einer Sozialarbeiterin und Autorin, seiner Schwiegermutter Marie Luise Hahn, seiner Sekretärin Margot Lipton und in den 1950er-Jahren mit seinem Sohn André.

Die Kempners hüteten ein Geheimnis: Die Mutter des Jungen war nicht Ruth Kempner – wie sie allen erzählten –, sondern Margot Lipton.[39] Robert Kempner und die Sekretärin hatten im Jahr 1938 eine Affäre gehabt.

André wuchs in dem Glauben auf, er sei der Adoptivsohn der Kempners. In den Schulakten wurde Ruth Kempner als Mutter des Jungen geführt. Es war einfacher so. »Einfacher für Dr. Kempner«, wie Lipton sagte.[40] André und sein älterer Bruder Lucian, Kempners Sohn mit seiner ersten Frau, erfuhren die Wahrheit erst viele Jahre später. Nicht, dass sie es nicht geahnt hätten: Bei Andrés Hochzeit in Schweden staunten alle darüber, dass sich Lipton und der Bräutigam so ähnlich sahen.

Die Söhne der Kempners hatten zu viel Respekt, um Fragen zu stellen. »Ich akzeptierte einfach, was mein Vater sagte«, erklärte Lucian, »und im Übrigen war es ja nicht meine Angelegenheit.«[41]

Was auch immer er wusste oder ahnte – André betete seinen Vater geradezu an. Nachdem er als Neunundzwanzigjähriger mit seiner Frau nach Schweden gezogen war, um dort einen Bauernhof zu bewirtschaften, schickte er seiner Familie regelmäßig Briefe in säuberlicher Handschrift. »Ich möchte dir nur dafür danken, Vater, dass Du der wunderbarste Papa für uns alle warst«, schrieb er, nachdem Kempner und Lipton ihn einmal besucht hatten. »Es ist nie leicht, Dir das zu sagen, wenn ich mit Dir zusammen bin, aber ich hoffe, Du wirst die Liebe und das Verständnis, die ich für Dich und Deine Arbeit empfinde, nie unterschätzen.«[42]

Vom Anfang der 1970er-Jahre an lebte Kempner ständig in Europa und teilte seine Zeit zwischen Frankreich und dem schweizerischen Locarno auf. Er erlitt einen Herzinfarkt – nicht lange nachdem eine Horde Neonazis vor seiner Kanzlei demonstriert hatte – und war zu schwach, um nach Amerika zu reisen. Ruth Kempner und Lipton, die noch immer in Pennsylvania lebten, besuchten ihn hin und wieder für ein paar Wochen, doch ansonsten stützte sich der Anwalt jetzt auf eine weitere, ihm treu ergebene Frau.

Jane Lester war Amerikanerin, aufgewachsen in Kane, Pennsylvania. 1938 folgte sie einer Klassenkameradin nach Deutschland, wo sie Juden, die auf eine Auswanderungsmöglichkeit hofften, Englisch beibrachte. Jahre später gab sie zu, dass sie furchtbar naiv gewesen sei. Sie hatte keine Ahnung, was Hitler seinen Feinden antat. In der »Kristallnacht« im Jahr 1938, als die Nazis plündernd und randalierend durch Deutschland zogen und Synagogen ebenso zerstörten wie jüdische Geschäfte und Wohnungen, schlief sie tief und fest. Am nächsten Tag war ihr zunächst nicht klar, warum die Schüler ihrer Sprachschule nicht kamen. Sie verließ Deutschland, arbeitete in einem Maklerbüro in Buffalo, wurde dann Schreibkraft in Washington –

ein »government girl«, wie sie sich ausdrückte – beim Office of Strategic Services, dem Nachrichtendienst des amerikanischen Kriegsministeriums.

Eines Tages las sie 1945 in der *Washington Post*, dass Übersetzer für die Kriegsverbrecherprozesse in Nürnberg gebraucht würden, und daraufhin ging sie hinüber ins Pentagon, das damals noch im Bau war, und bewarb sich um diesen Job. Bald war sie wieder auf dem Weg nach Deutschland.

Den Anklagevertreter Robert Kempner kannte sie dem Namen nach; sie sah ihn im Grand Hotel in Nürnberg, wo sich alle, die mit dem Prozess zu tun hatten, abends aufhielten und zu Abend aßen. Und schließlich lernte sie ihn 1947 kennen, als er Personal für die späteren Prozesse suchte. Sie wurde seine Mitarbeiterin und begleitete ihn oft zu den Verhören, was die Angeklagten zu beunruhigen schien. »Sie wurden nicht klug aus mir«, sagte sie. »Es ging das Gerücht um, dass ich Psychologin sei.«

Ihr kam auch die zweifelhafte Ehre zu, das Protokoll der Wannsee-Konferenz für die amerikanischen Strafverfolger ins Englische zu übersetzen.

Später arbeitete Lester für den militärischen Nachrichtendienst im Camp King in Oberursel im Taunus. Nach Feierabend aber half sie Kempner beim Übersetzen seiner Korrespondenz und bei der Führung seiner Kanzlei. Daraus entwickelte sich eine Partnerschaft, die die nächsten vier Jahrzehnte überdauern sollte.

»Die letzten zwanzig Jahre seines Lebens war ich Tag und Nacht mit Robert Kempner zusammen«, sagte sie. »Ich war seine Krankenschwester, seine Fahrerin, seine Sekretärin.« Sie sagte es zwar nicht, aber sie war zeitweise auch seine Geliebte.

Kempner und die drei Frauen in seinem Leben verband bis zuletzt eine enge Freundschaft.

Lucian beschrieb die Situation Jahre später mit den Worten: »Alle waren eine große, glückliche Familie.«

Kempners Frau Ruth starb 1982. Gegen Ende seines Lebens wohnte er in einem Hotel außerhalb von Frankfurt, wo Lester und er in zwei Zimmern nebeneinander mit offener Verbindungstür schliefen. So war sie in der Nähe, falls es Kempner mitten in der Nacht schlecht gehen sollte. Robert und Lucian Kempner sprachen fast jeden Tag miteinander, und da der Vater am Telefon nicht gut verstand, hörte Lester immer mit und erzählte ihm später, was er womöglich überhört hatte.

Kempner starb am 15. August 1993 mit 93 Jahren. In jener Woche war Lipton aus Pennsylvania angereist, um bei ihm zu sein.

»Er starb in meinen Armen«, berichtete Lester. »Wir saßen da, jede an einer Seite in seinem Sterbezimmer.« Als der Arzt kam und ihn für tot erklärte, »waren wir furchtbar entsetzt, traurig und fassungslos«.[43]

Die Frauen riefen Lucian an, der mit seiner Frau aus München kam und alles Nötige regelte.

Das Ganze war nicht so einfach. In einem langen, mit Recherchen, Veröffentlichungen und Reisen gefüllten Leben hatte Kempner alles aufgehoben. Gemälde, Möbel, viele Tausend Bücher und riesige Papierstapel füllten seine Anwesen in Frankfurt am Main und Lansdowne, einem Vorort von Philadelphia. Er hatte zahllose Aktenordner mit persönlichen, beruflichen und juristischen Unterlagen geführt: Es fanden sich alte Pässe, Adressbücher, Schulhefte aus der Kindheit, benutzte Zugfahrkarten, Wasser- und Stromrechnungen, uralte Briefe, Fotos.

Lester fand Kempners Testament versteckt in einer Tasche in ihrem Hotelzimmer. Es war nur eine Seite, handgeschrieben mit dickem schwarzem Filzstift, kaum lesbar. Diesem Dokument zufolge hinterließ Kempner alles seinen beiden Söhnen Lucian und André.

Aber die Sache hatte einen Haken.

Robert Kempner neben Jane Lester, seiner Assistentin und Übersetzerin, während des Wilhelmstraßen-Prozesses 1948–49.

(ullstein bild/ullstein bild via Getty Images)

2

»Alles weg«

Zwei Jahre nach Kempners Tod suchte seine treue Mitarbeiterin Jane Lester noch immer nach einem Weg, sein Erbe lebendig zu halten.[44] Sein Status als ehemaliger Ankläger in den Nürnberger Prozessen hatte Kempners Ansehen in Deutschland gefördert. In der Presse war er ebenso regelmäßig präsent gewesen wie in Fernsehsendungen über die Prozesse. In den Vereinigten Staaten jedoch war er praktisch unbekannt. Und das wollte Lester ändern.

Sie beschloss, Kontakt zu einem gewissen Herbert Richardson in Lewiston, New York, aufzunehmen, einem früheren Theologieprofessor, der einen kleinen wissenschaftlichen Verlag, die Edwin Mellen Press, führte. Kritiker qualifizierten Mellen als »Zuschussverlag« ab, eine Beleidigung, gegen die Richardson erfolglos ein Verleumdungsverfahren mit einem Streitwert von 15 Millionen Dollar gegen die Zeitschrift *Lingua Franca* anstrengte. Möglicherweise stieß Lester irgendwo in Kempners Unterlagen auf Richardsons Namen. Im Jahr 1981 hatte Kempner versucht, amerikanische Verleger für eine Neuauflage seiner Bücher zu interessieren, und dabei auch Mellen Press kontaktiert. Richardson hatte damals erklärt, sein kleines Unternehmen könne eine solche Edition nicht veranstalten.

»Das Problem ist allerdings, dass Ihre Bücher meiner Ansicht nach UNBEDINGT auf Englisch veröffentlicht und in ganz Nordamerika verbreitet werden sollten«, schrieb Richardson im April 1982. »Sie enthalten so wichtige Informationen, es wäre tragisch, wenn sie nicht bekannt werden. Aber was kann ich tun??? Ich bin ein kleiner Verleger und kann es eben nicht leisten.«[45]

13 Jahre später, als Lester bei ihm anrief, war Richardson immer noch interessiert. Lester übersetzte einen Teil der Kempner-Memoiren, und Mellen Press veröffentlichte sie 1996, genau fünfzig Jahre nach Ende des Nürnberger Hauptkriegsverbrecherprozesses.

Am 23. März 1996 nahm Richardson an einem Wiedersehenstreffen von Nürnberger Anklagevertretern in Washington, D.C., teil. Dort sprach er einen hochrangigen Historiker des United States Holocaust Memorial Museum an und erkundigte sich nach den Bedingungen für eine eventuelle Schenkung »einer kleinen Menge« von Kempners Unterlagen.[46] Kempner hatte zwar alles seinen beiden Söhnen hinterlassen, die Papiere aber waren noch immer im Besitz seiner beiden früheren Assistentinnen, Lester in Deutschland und Lipton in Pennsylvania. Damals waren beide Frauen schon über 80 und standen einander immer noch sehr nahe.

Zwei Tage später arrangierte der Historiker ein Treffen von Richardson, Lester und Lipton mit Henry Mayer, dem Chefarchivar des Museums. Das Reden übernahm vor allem Lester, sie beschrieb Kempners Bedeutung und den unschätzbaren Wert der Papiere, die er hinterlassen hatte. Doch die Gespräche führten zu nichts. Mayer war erst zwei Jahre zuvor an das Museum gekommen und hatte mit einer Flut neuen Materials zu kämpfen. Er hatte mehr als genug zu tun, und nichts, was er an jenem Tag über diese Sammlung hörte, klang besonders dringlich. Niemand erwähnte die Rosenberg-Tagebücher.

Richardson hatte bald eine andere Idee: Er würde eine eigene Institution gründen, um die Dokumente unterzubringen.

Am 21. September 1996 leitete Richardson eine aufwendige Zeremonie zur Eröffnung des neuen »Robert Kempner Collegium« in Lewiston, New York, einer Grenzstadt oberhalb der Niagarafälle, in der Richardson ein Büro hatte.[47] In schwarzem Talar und akademischem Ornat leitete er einen Eröffnungsgottesdienst, in dem er vor einer kleinen Gruppe von Freunden und Unterstützern des verstorbenen Anwalts, darunter Lester und ihre Familie, Lobeshymnen auf Kempner sang, »einen der mutigsten Kämpfer gegen einen Staat, der sich als gesetzmäßig ausgab, aber gesetzlos war«, wie er mit wohlmodulierter Stimme wie ein Priester von der Kanzel herab verkündete. »Robert Kempner stellte sein Leben in den Dienst der Gerechtigkeit, und versuchte jene Gesetze und jene Staaten zu bekämpfen, die nicht rechtmäßig, sondern rechtswidrig waren.« Das Kempner Collegium solle für die Idee kämpfen, dass die Moral das Gesetz aufhebe.

Bewegt erinnerte Richardson sich daran, wie er Teil von Kempners posthumen Freundeskreis wurde. Er sei ein erschöpfter alter Mann gewesen. Als Lester anrief und um seine Mithilfe bei der Veröffentlichung von Kempners Büchern auf Englisch bat, sei er plötzlich aus seiner Misere aufgeschreckt. »Ein Jahr später«, so erklärte Richardson seinen Zuhörern, »nachdem Jane mir zu neuen Projekten und Perspektiven verholfen hat, muss ich sagen: Sie ist ein Jungbrunnen!« Dann stieg er von der Kanzel herab und überreichte ihr ein gerahmtes Anerkennungsschreiben. »Die große Vorstellungskraft und überschäumende Energie von Jane Lester sind die spirituellen Waffen des edlen Ritters, der sich auf die Suche nach dem Gral macht, sich Gefahren aussetzt, Grenzen überschreitet, und nicht nur die Früchte, sondern auch die Widrigkeiten des Lebens gerne annimmt.« Richardson nannte sie eine »lebenslange Streiterin für die Gerechtigkeit«.

Dann bekamen die Besucher eine Führung durch den Verlag, und bei einem Mittagessen signierte Lester Exemplare der übersetzten Kempner-Memoiren für die Gäste. Danach kehrte die Gruppe zur Lesung einiger Abschnitte, die ein Schauspieler vortrug, noch einmal in die Kirche zurück.

Lipton durchschnitt das Band vor dem Eingang des kleinen weißen Hauses, vor dem ein großes Schild auf die neue Institution hinwies.

Doch die Regale in diesem Haus waren leer.

Die Frauen hatten die Unterlagen zwar in ihrer Obhut, rechtlich jedoch standen sie Robert Kempners Söhnen zu. Sie hatten noch nicht entschieden, was sie mit den Dokumenten in Lansdowne machen wollten. 1995 hatten sie wegen einer Schenkung der Akten aus Kempners Frankfurter Kanzlei mit dem deutschen Bundesarchiv verhandelt. Als Richardson sich in die Verhandlungen einmischen wollte, schickte ihr Anwalt ihm eine Unterlassungsaufforderung.

Unbeirrt davon unterbreitete Richardson Lucian Kempner drei Monate nach der Eröffnung des Robert Kempner Collegiums ein Angebot. Sein neues Zentrum werde sich der »Sammlung, Katalogisierung, Veröffentlichung und Erforschung von Robert Kempners Bibliothek und Papieren« widmen. Im Gegenzug sollte Lucian 20 000 Dollar als Vorauszahlung erhalten, außerdem die Honorare aus der erneuten Veröffentlichung der Bücher seines Vaters und ein Ehrendiplom von Richardsons Institution. »Darf ich im Januar nach München kommen, um diese Vorschläge mit Ihnen zu besprechen?«

Lucian lehnte das Angebot ab.

Im Mai 1997 meldete sich Lester noch einmal wegen Kempners Unterlagen beim Holocaust Museum. Diesmal war Henry

Mayer, der Chefarchivar des Museums, zu Verhandlungen bereit.

Mayers Großvater Heinrich Meier, ein Rinderzüchter in Oberlustadt bei Speyer, heute ein Teil von Lustadt, war von den Nazis aus seinem Beruf gedrängt worden. Bauern wurden unter Druck gesetzt, jüdische Viehhändler zu boykottieren, von denen sie seit Generationen ihre Tiere gekauft hatten.[48] Wer dabei erwischt wurde, dass er bei einem jüdischen Händler kaufte, erhielt nur einen Bruchteil des üblichen Milchpreises. Demonstranten blockierten Versuche von Juden, ihr Vieh auf dem Markt zu verkaufen. Schließlich verweigerten Versicherungsgesellschaften Juden die Versicherung, die sie von Rechts wegen für ihr Vieh brauchten. Heinrich Meier hatte die Schikanen irgendwann satt. Er bestieg 1937 mit seiner Tochter und seinem Sohn den Luxusliner S.S. *Washington* mit Ziel New York. Dort hatten sich schon früher Verwandte niedergelassen, und er zog nach Flatbush, ganz in ihre Nähe. Außerdem sagte er sich endgültig von Deutschland los: Bei seiner Ankunft veränderte er die Schreibweise seines Nachnamens vom deutschen »Meier« in das englische May-er.

Die Mayers sprachen nie über den Holocaust. Henry Mayer wurde fünf Jahre nach Kriegsende geboren; er lernte sehr schnell, dass es streng verboten war, zu fragen, was mit den Juden im Dritten Reich geschehen war. »Das war immer etwas, das man nicht ansprach«, sagte er. »Man redete einfach nicht darüber.«[49]

Henry Mayer studierte amerikanische Geschichte an der University of Chicago und machte seinen Master an der University of Wisconsin. Eigentlich wollte er promovieren, doch er schaffte die Vorprüfung für das Doktorandenprogramm nicht, und während er sich auf den zweiten Versuch vorbereitete, kamen ihm Zweifel. Er schied aus dem Programm aus, zog nach Washington, D.C., und fand eine Anstellung beim amerikanischen Nationalarchiv. Die Arbeit dort war angenehm, aber irgendwann kam er an einen Punkt, an dem sein ganzes Leben aus der Inventarisierung von Unterlagen und dem Hin- und Hertragen von Material zu bestehen schien, und deshalb ergriff er die Chance, als er 1994 eine Stelle am neu eröffneten Holocaust Museum angeboten bekam.

Das United States Holocaust Memorial Museum zählt mehr als anderthalb Millionen Besucher jedes Jahr. Es will sie inspirieren, »Hass entgegenzutreten, Völkermord zu verhindern und für die Menschenwürde einzutreten«. Bevor sie mit dem Lift in die eigentliche Ausstellung gelangen, bekommen die Besucher Karten, auf denen ein einzelnes Opfer der NS-Verfolgung beschrieben ist. Der lange Rundgang führt sie an Bildern der Massaker vorbei, in einen Viehwaggon wie jene, in denen die Juden in die Vernichtungslager gebracht wurden, unter einem Schriftzug »ARBEIT MACHT FREI« hindurch wie am Tor zum Stammlager Auschwitz und schließlich in einen mit viertausend Schuhen gefüllten Raum, die Häftlingen im Konzentrationslager Majdanek bei ihrer Ankunft abgenommen worden waren. Das Museum will historisches Wissen vermitteln, aber auch Fragen nach persönlicher Verantwortung aufwerfen: Was hättest du getan? Was *wirst* du tun, um heute die Ausbreitung von Hass zu unterbinden?

Die Sammlung ist allerdings weit größer als die Ausstellung selbst. Das Museum verfügt über umfassendes Material für Forschungen zum Holocaust: Dokumente, Fotos, Archivaufnahmen, Interviews mit Überlebenden und einzigartige Artefakte.

Als Sohn und Enkel deutscher Juden, die aus Deutschland vertrieben worden waren, interessierte sich Henry Mayer von vornherein für die Mission des Museums. Doch erst als er dort zu arbeiten begann, wurde ihm klar, wie stark der Holocaust auch seine Familiengeschichte beeinflusst hatte. Nicht wenige seiner Verwandten hatten nicht rechtzeitig aus Europa fliehen können.

Mayers Vorfahren, die Familien Meier und Frank, hatten seit Generationen in und um Karlsruhe herum gelebt. In den 1930er-Jahren flohen neben seinem Großvater noch andere Mitglieder der Familie in die Vereinigten Staaten, aber viele mussten auch zurückbleiben. Sie gehörten zu den etwa 6500 jüdischen Männern, Frauen und Kindern, die im Oktober 1940 aus Baden und der Saarpfalz deportiert wurden.

Die Transporte gingen in den Westen, wo sie in den Verantwortungsbereich des Vichy-Regimes gelangten, einer Marionettenregierung, die im unbesetzten Südfrankreich eingerichtet worden war, nachdem die Deutschen Frankreich besiegt und den Norden und Westen des Landes im Frühsommer besetzt hatten. Die Gestapo hatte die Juden ohne Vorwarnung deportiert; die Franzosen schickten die Züge von Avignon und Toulouse weiter in ein Internierungslager, das 1939 am Rande eines kleinen Dorfes namens Gurs in den Ausläufern der Pyrenäen für Kämpfer des Spanischen Bürgerkriegs errichtet worden war.

Die Züge mit den Juden hielten am nächstgelegenen Bahnhof, in Oloron-Sainte-Marie, und alle wurden auf offene Lastwagen verladen. Auf dem letzten Stück ihrer langen, bitteren Reise fiel der Regen in eisigen Sturzbächen. Fast 1200 Kilometer von zu Hause entfernt wurden die Häftlinge – nass, frierend, verstört – zu trostlosen Reihen baufälliger Baracken geführt. Ihr Gepäck blieb im Schlamm zurück.

Sozialarbeiter, die das von den Franzosen geführte Lager 1940 besuchten, fanden dort eine »unerträgliche Atmosphäre menschlicher Hoffnungslosigkeit« und »eine starke Todessehnsucht« unter den älteren Gefangenen vor; 40 Prozent der Deportierten waren über 60 Jahre alt. Auf dem von Stacheldraht umzäunten Gelände standen völlig überfüllte fensterlose Holzbaracken. Sie hatten keine Heizung, kein fließendes Wasser, keine Möbel. Überall waren Läuse, Ratten und Kakerlaken, Krankheiten breiteten sich aus. »Es regnete und regnete«, schrieb ein Gefangener. »Der Boden war ein einziger Morast. Man konnte ausrutschen und im Schlamm versinken.« Die Gefangenen teilten sich ein Paar hohe Stiefel, um durch den Sumpf auf die primitiven Toiletten zu kommen – Eimer in offenen Verschlägen ohne Dach und Tür. Über allem lag, wie eine Historikerin später schrieb, »der Geruch von Lehm gemischt mit dem Gestank von Urin«. Die Häftlinge bekamen Kaffee-Ersatz, dünne Suppe und Brot. Es gab nicht genug Trinkwasser, und der Hunger war gnadenlos. »Es bräuchte einen Meisterdichter wie Rimbaud«, schrieb der jüdische Professor A. Reich, der in Gurs inhaftiert war, »um all die Schattierungen des Leids zu schildern, die tausende und abertausende Menschen, Männer und Frauen jeden Alters, quälten.«[50]

Heinrich Meiers Cousins Elise und Salomon Frank überlebten im Lager das Ende des Jahres 1940 nicht; sie starben im kältesten Winter seit Langem.

Heinrichs Bruder Emmanuel Meier, seine Schwägerin Wilhelmina und seine Cousine Martha Mayer verbrachten fast zwei Jahre in den französischen Internierungslagern, bevor auch ihre Zeit kam. Im August 1942 wurden sie mit dem Zug nach Drancy, einem Vorort von Paris, gebracht, wo man ihnen auch ihre letzten Besitztümer abnahm. Am 14. August fuhren Busse sie bei Tagesanbruch zum Bahnhof, wo Wachen, die mit Maschinengewehren herumfuchtelten, sie für die Reise nach Osten mit »unbekanntem Ziel« in Viehwaggons pferchten. Sie fanden sich unter den Kranken und Älteren wieder und unter vielen jungen Waisenkindern, von denen manche erst zwei, drei oder vier Jahre alt waren.

Nach einigen Tagen erreichten Heinrichs Verwandte ihren Bestimmungsort, 1300 Kilometer östlich im besetzten Polen: Auschwitz.

Jahrzehnte später half Mayer am Holocaust Museum dabei, eine Dokumentensammlung von über 70 Millionen Seiten zu erschließen, zu organisieren und zu katalogisieren. Keine der Neuerwerbungen war aber so groß, so komplex – und letztendlich so historisch bedeutsam – wie Kempners Unterlagen.

Nachdem Lester sich 1997 gemeldet hatte, schrieb Mayer wegen der Dokumente einen Brief an Lucian und André Kempner. Sie waren begeistert, und bald nahm Lucian die Sache in die Hand. Seiner Ansicht nach war das Holocaust Museum der perfekte Ort für den Nachlass eines Mannes vom Format seines Vaters. »Sein Leben war der Kampf gegen den Nationalsozialismus.« Lucian teilte mit, dass die Papiere, um die es ging, sich in Lansdowne befänden und dass Margot Lipton dafür sorgen könne, dass das Museum sie inventarisiere.

Als Mayer und eine Gruppe von Wissenschaftlern im August 1997 aus Washington nach Pennsylvania fuhren, sah es noch so aus, als werde alles glatt über die Bühne gehen.

Sie fuhren zu dem geräumigen Haus, das die Kempners während des Krieges gekauft hatten. Es stand am Fuß eines Hügels, gegenüber einem Park in einer Biegung des Darby Creek. Zur verabredeten Zeit öffnete niemand die Tür. Ein paar Minuten später kam Lipton von einem Spaziergang zurück. Als Mayer sich vorstellte, wirkte sie überrascht. »Wer?« Dann fiel ihr das Treffen wieder ein, sie ließ sie herein und zeigte ihnen das Material.

Es war überall: in Kempners Büro links vom Eingang, im Zimmer zur Rechten, im Wintergarten, in zwei Zimmern im ersten Stock, im Keller. Ein Zimmer war ganz ohne Licht, und Lipton musste erst einmal Glühbirnen besorgen.

Einer der Männer war schon einmal im Haus gewesen. Als junger Wissenschaftler, damals noch keine 30 Jahre alt, hatte Jonathan Bush Kempner hier interviewt. In der Zwischenzeit hatte sich dort nicht viel verändert. »Es war ein totales Chaos«, sagte Bush, der später zu den Nazi-Fahndern im Office of Special Investigations des Justizministeriums gehörte, Justiziar am Holocaust Museum wurde und sich einen Ruf als Fachmann für NS-Kriegsverbrecherprozesse erwarb. »Ich habe nie so viele in ein einziges Haus gestopfte Kisten gesehen.« In allen Zimmern, die Lipton ihnen zeigte, standen die Kisten bis unter die Decke gestapelt. Jeder freie Platz war mit Akten bedeckt.

Die vier Männer waren überwältigt. Mayer weiß noch, dass er überlegte: Was machen wir denn jetzt? Wenn man Bush erzählt hätte, dass in dem Haus 2000 Kisten lagerten, hätte er keinen Zweifel daran gehabt. Ach du heilige Scheiße!, dachte er. Wie sollen wir das je alles sichten?

Sie bildeten zwei Teams und begannen mit der Katalogisierung. Die Zeit reichte gerade, um eine kleine Stichprobe des Materials durchzusehen und zu prüfen, ob Kempners Unterlagen überhaupt von Wert waren. Im Keller fanden sie fünf Regale voller Wörterbücher und Gesetzbücher aus der Zeit vor dem Dritten Reich. Auf vier Tischen standen fast 30 Kisten mit persönlichen Finanzdokumenten und juristischen Unterlagen. In den Aktenschränken seines Büros fanden sie Unmengen Ordner voller unsortierter Briefe und Berichte. Das Zimmer war so vollgestopft mit Möbeln und Kisten, dass sie nicht an die Papiere im Bücherschrank mit den Glastüren herankamen.

Das Ganze war ein furchtbares Durcheinander. Die Akten waren weder chronologisch noch thematisch geordnet. Die Männer mussten Zimmermannswerkzeug, Vitaminfläschchen und Körperlotionen wegräumen, um an Zeitungsausschnitte, Rechnungen, Fotos und Reiseführer heranzukommen. Sie mussten sich auf die unteren Kisten stellen, um die obersten zu erreichen. Unmöglich konnten sie alles sichten. Bush sagte: »Die meisten Kisten standen hinter zwei weiteren Reihen von Kisten unter sechs anderen Kisten.«

Was sie genauer anschauten, war zweifellos interessant und historisch bedeutsam. Bush öffnete eine Kiste und stieß überraschenderweise auf Unterlagen, die zeigten, dass Kempner, der Fluch der NS-Kriegsverbrecher, in einem Fall als Fürsprecher von Görings Witwe Emmy aufgetreten war. Bush sah Abschriften von Briefen an und von J. Edgar Hoover. Besonders verblüffte ihn der Umfang von Kempners Papieren zu den Kriegsverbrecherprozessen. Kopien dieses Materials waren wichtigen Bibliotheken überlassen worden, aber sie brauchten so viel Platz, dass selbst öffentliche Institutionen sie vernichtet hatten. Kempners Archiv war praktisch vollständig, wie Bush sagte: »Er hatte *alles*.«

Die Sammlung war, wie Mayer in seinem zusammenfassenden Bericht schrieb, »von enormem historischem Wert für die Erforschung des Holocaust«. Sie war aber auch »sehr stark gefährdet«. Einige Papiere im Wintergarten und im Keller hatten Schimmel angesetzt. Er empfahl, das Material sofort in ein Zwischenlager zu bringen, wo es gegen Insektenbefall behandelt und in neue Archivkartons umgepackt werden konnte.

Seinen Bericht übermittelte er Lucian, der ihn an Lester und Lipton weitergab. Und damit begann der Ärger. Lipton wollte sich von nichts trennen.

Hier kam die problematische Klausel aus Kempners Testament ins Spiel. Um sicherzustellen, dass Lipton nach seinem Tod versorgt sein würde, hatte Kempner festgelegt, dass sie das Recht hatte, auf Kosten seines Nachlasses in dem Haus in Lansdowne zu wohnen – mit allem, was darin war. Lucian und André akzeptierten dieses Ansinnen durchaus, doch gleichzeitig wollten sie auch die Dinge, die Kempner in Lansdowne zurückgelassen hatte, loswerden.

Nicht lange nachdem Mayer die Papiere im Haus inventarisiert hatte, kam ein Brief von Lipton: Sie würde das Material nicht kampflos herausgeben.

»Ihnen sind offenbar meine Rechte in dieser Angelegenheit nicht bekannt«, hieß es in dem Brief. Kempner habe Lipton das Recht gegeben, »alles in 112 Lansdowne Court zu behalten oder darüber zu verfügen«. Sie hatte nichts dagegen, dass das Museum Kempners Papiere archivierte – »letztendlich«. Aber sie wollte nicht in einem halb leeren Haus leben. »Sie können vielleicht nicht richtig einschätzen, dass ein älterer Mensch im Ruhestand oft einen gewissen Trost darin findet, von den Unterlagen, Büchern, Fotos und Gegenständen umgeben zu sein, die sein Lebenswerk verkörpern«, hieß es in dem Brief. Zudem sei es unsensibel von Mayer gewesen, sie nicht zu fragen, ob sie »etwas dagegen hätte, wenn Sie einen Lastwagen schicken und den größten Teil der Dinge aus meinem Heim wegkarren, wo ich über 50 Jahre gelebt habe und wo ich noch weitere 30 zu leben gedenke«. Offenbar hatte sie vor, weit über 100 Jahre alt zu werden.

Lipton erklärte Mayer, sie werde Lucian und das Museum vor Gericht bringen, falls sie ihre Pläne weiterverfolgten. »Ich erwarte postwendend Ihre Entschuldigung dafür, dass Sie es unterlassen haben, diese Angelegenheiten mit mir zu besprechen, und Ihr feierliches Versprechen, dass Sie nie wieder beabsichtigen werden, mein Heim ohne meine schriftliche Einladung und Zustimmung zu betreten und daraus irgendetwas zu entfernen.«

Lipton hielt sich mit Richardson und Lester in Deutschland auf, als sie diesen Brief verfasste, und die Museumsleute fragten sich später, ob nicht vielleicht Richardson selbst ihr die Feder geführt hatte.

Etwa zur selben Zeit, als das Schreiben im Holocaust Museum eintraf, erhielt auch Lucian einen Brief von Lipton. Sie würde ihre Einwände gegen die Entfernung der Kempner-Papiere aufgeben, wenn er ihr das Haus in Lansdowne und alles andere darin überschriebe. Doch er lehnte ab.

Ende 1997 antwortete Mayer Lipton: »Es ist unsere Absicht, sicherzustellen, dass Dr. Kempners geistiges Erbe für zukünftige Wissenschaftlergenerationen bewahrt wird in einer Institution, die sich jenen Idealen verpflichtet fühlt, für die er so lange und so hart gearbeitet hat.« Er entschuldigte sich dafür, dass er sie nicht auf dem Laufenden gehalten hatte, hielt aber auch fest, dass Lucian ihn gebeten hatte, niemanden sonst in die Verhandlungen einzubeziehen. Er versprach, mit ihr zusammenzuarbeiten, um sicherzustellen, dass ihre eigenen Papiere und Besitztümer nicht mit Kempners zusammen entfernt würden. »Wir haben nicht vor, irgendetwas, das Ihnen gehört, unwissentlich oder absichtlich zu stehlen.«

Weil das Museum aber nicht in einen Rechtsstreit verwickelt werden wollte, hielt es sich zurück, bis Lucian Kempner und Margot Lipton ihre Differenzen beigelegt hätten.

Der unberechenbare Faktor in der ganzen Angelegenheit war Herbert Richardson. In seinen Jahren als Lehrer war er als charismatischer Redner bekannt, mitreißend und voller Leidenschaft.[51] Ebenso konnte er jähzornig und einschüchternd wirken, wie Studenten sagten. Eine seiner Studentinnen meinte, wenn sie Richardson reden höre, könne sie verstehen, wie Adolf Hitler die Massen für sich eingenommen habe.

Als Richardson dies hörte, seufzte er.

»Manche vergleichen mich mit Hitler, manche vergleichen mich mit Gott«, sagte er. »Was soll ich dazu sagen?«

Richardson machte seinen Doktor der Theologie 1963 an der Harvard Divinity School, wo er auch fünf Jahre lehrte. Er war zwar ordinierter presbyterianischer Priester, arbeitete dann aber an einer katholischen Institution, St. Michael's College in Toronto, wo er eine Professur erhielt. Seine wissenschaftliche Forschung deckte ein großes Spektrum ab. Richardson schrieb über Anselm von Canterbury, Abtreibung, den Baby-M-Leihmutterprozess, Johanna von Orleans, Homosexuelle im Militär. Sein Buch *Nun, Witch, Playmate*, 1971 bei Harper & Row erschienen, untersuchte die »Amerikanisierung des Sex«.

Seinen akademischen Verlag, der nichts mit der Universität zu tun hatte, rief er 1972 ins Leben. Dahinter stand ursprünglich die Idee, Dissertationen von Studenten von St. Michael's zu drucken, doch bald wurde daraus ein Verlag für Wissenschaftler aus aller Welt, deren Werke sonst nirgends veröffentlicht wurden. Richardson nannte sein Unternehmen einen »Verlag der letzten Zuflucht«. 1979 zog er aus seinen Kellerräumen in ein Gebäude in Lewiston, New York, 130 Kilometer südlich von Toronto auf der anderen Seite der kanadischen Grenze. Der Verlag wuchs langsam, machte schließlich Gewinn und brachte mehrere Hundert Titel pro Jahr zu einem breiten Themenspektrum heraus. Nach Richardsons Auskunft fanden seine Bücher Eingang in wissenschaftliche Bibliotheken überall auf der Welt, auch in seiner Alma Mater Harvard.

Die ersten Kontroversen focht Richardson in den 1980er-Jahren aus, als er die Vereinigungskirche unter Sun Myung

Moon und die Scientology-Kirche gegen den Vorwurf verteidigte, sie seien keine neuen Religionen, sondern Sekten. Im Jahr 1991 kam es dann zu einem Zwischenfall an der Universität, der seine akademische Karriere beinahe beendet hätte. Damals geriet er in einen lautstarken Streit mit einem Assistenten und feuerte den Mann auf der Stelle. Studenten meldeten den Zwischenfall, Universitätsmitarbeiter begannen Richardsons Seminare zu beobachten, und im nächsten Jahr bat man ihn, in den vorzeitigen Ruhestand zu treten. »Richardson«, so schrieb der Dekan der Abteilung Religionswissenschaft damals, »war aufgrund seines Verhaltens eine Zeitbombe, die jederzeit hochgehen konnte.«

Der Professor weigerte sich abzutreten und bat stattdessen um eine Beurlaubung aus medizinischen Gründen. Jahrelang hatte er unter Schmerzen in der Brust gelitten, und jetzt war es seiner Ansicht nach an der Zeit für eine Herz-Kur. Falls er weiter lehren würde, so erklärte er Freunden, »bin ich bis zum Februar tot«. Er ging nach Durham, stieg aber dann nach wenigen Wochen aus dem Reha-Programm aus – es war zu teuer, sagte er später – und reiste stattdessen durch Nordamerika und Europa. Er ging nach Wales, wo die Mellen Press eine internationale Außenstelle hatte; nach Kansas, wo sein Vater begraben lag; und nach Südkalifornien, wo er sich vielleicht in die bunte Wüstengemeinde Borrego Springs zurückziehen wollte. Er besuchte die Turks- und Caicosinseln, wo er sich daranmachte, eine Mellen University zu gründen, die bald auf der Basis von Dissertationen und »Lebenserfahrung« für 995 Dollar akademische Grade anbot. »Das Leben ist eine Schule«, erklärte Richardson dazu. »Solange man lebt, lernt man.«

In St. Michael's hörte man von seinen Aktivitäten auf diesen Reisen, und nach seiner Rückkehr warf die Universität ihm grobe berufliche Pflichtverletzungen vor. Weil er eine Lebenszeitprofessur innehatte und nicht einfach hinausgeworfen werden konnte, kam die Angelegenheit vor ein staatliches Gericht, was sonst eigentlich nicht üblich ist. Amtsträger der Universität reichten eine Reihe von Klagen gegen Richardson ein, die von kleinlichen Vorwürfen bis zu ernsten Verfehlungen reichten. Letztendlich blieb der Hauptvorwurf, dass er seine Beurlaubung missbraucht und gegenüber der Universität falsche Angaben dazu gemacht hatte, wie viel Zeit er der Edwin Mellen Press widmete.

Richardson sagte fünf Tage lang vor dem Gericht aus. »Diese öffentliche Demütigung war die schlimmste Peinlichkeit für mich und meine Familie«, sagte er. »Sie hat mich in den finanziellen Ruin und die berufliche Blamage geführt.«[52] Er stilisierte sich zum Mobbingopfer seiner akademischen Kollegen. Er sagte, er sei in eine tiefe Depression verfallen, als er von der Untersuchung hörte. »Alles, worauf ich fünfzig Jahre lang mein Leben aufgebaut hatte, wurde angegriffen, und ich konnte spüren, wie ich unter der Last zusammenbrach.« Er verlor den Prozess und wurde im Oktober 1994 entlassen. Das Gericht hielt Richardsons Aussagen für unglaubwürdig. Ein Jahr nach dieser turbulentesten Phase seines Lebens lernte Herbert Richardson Jane Lester kennen.

Im August 1998 – ein Jahr, nachdem Mayer und die anderen Museumsmitarbeiter Kempners Unterlagen in Lansdowne inventarisiert hatten – zog Lipton wegen eines unbebauten, knapp 15 Hektar großen Grundstücks, das sie zusammen mit Ruth und Robert Kempner 1958 gekauft hatte, gegen die Kempner-Erben vor Gericht. Nach Kempners Tod hatte sie es Lucian und André übergeben, die es verkaufen sollten. Sie war damit unter der Bedingung einverstanden, dass die Erben ihr einen Teil des Verkaufserlöses überlassen. Doch als die Brüder

1997 einen Vertrag unterzeichneten und das Grundstück für 450 000 Dollar verkauften, klagte sie mit der Behauptung, sie sei vom Anwalt der Kempners böswillig getäuscht worden und habe ein Anrecht auf das gesamte Geld aus dem Verkauf.[53]

Gerichtsakten zeigen, dass Lucian Kempner Herbert Richardson hinter dem Manöver vermutete.[54] Lucians Anwalt Kevin Gibson sagte vor Gericht aus, Lipton habe 1998 Richardson Handlungsvollmacht für alle ihre Angelegenheiten gegeben, und sie sei aus dem Haus in Lansdowne in eine Betreuungseinrichtung umgezogen, in das Presbyterian Home in Lockport, New York, gut 30 Kilometer von Richardsons Büro in den Vereinigten Staaten entfernt. Gibson bat den Richter, die Klage abzuweisen und Kempners Erben die Erlaubnis zu geben, das Haus zu betreten und Kempners Eigentum daraus zu entfernen.

Am Holocaust Museum hatte Mayer die vertrackten Rechtsstreitigkeiten mit wachsender Ungeduld aus der Ferne verfolgt. Plötzlich gab es am 23. Juni 1999 einen Durchbruch. Gibson erhielt endlich die Möglichkeit, Lipton unter Eid zu befragen. Sie war gerade 85 geworden, die Jahre hatten ihren Tribut gefordert. »Ich weiß eigentlich nicht, wo ich gerade wohne«, gab sie zu. Auf die Frage, woher sie Herbert Richardson kenne, antwortete sie: »Ich erinnere mich nicht.«[55] Gibson zeigte ihr einen Scheck über 13 000 Dollar zulasten des Bankkontos des Kempner-Nachlasses. Offenbar hatte Lipton in Lucians Namen unterschrieben und behauptet, sie habe die Vollmacht dazu. Lipton sagte aus, dass sie nichts von der Abhebung wisse.

Gibson fragte Lipton wiederholt, ob sie irgendwelche Einwände dagegen habe, dass Kempners Unterlagen aus dem Haus in Lansdowne entfernt würden, und sie sagte, die habe sie nicht. »Lieber wäre es mir, wenn es nach meinem Tod geschähe«, sagte sie, »aber wenn es jetzt sein muss, dann ist das auch möglich.« Sie sagte auch, dass sie keine Pläne habe, in das Haus zurückzukehren, und »keine Vorbehalte« gegen einen Verkauf. Und schließlich zog Lipton die Klage gegen die Kempner-Erben wegen des Grundstücks zurück.

Der Rechtsanwalt der Gegenseite nahm sofort Kontakt zum Museum auf, das beschloss, jetzt schnell zu handeln. Mayer schrieb seinen Kollegen: »Es ist nicht nur so, dass Ms. Lipton ihre Meinung ändern könnte – auch ist das Haus im Moment unbewohnt, und daher sind die Dinge, die dort sind, gefährdet.« Eine Woche nach Liptons eidesstattlicher Aussage war Mayer in Lansdowne. Rechtsanwalt Gibson kam mit einem Schlosser und einem Polizeibeamten, um sicherzustellen, dass alles problemlos vonstattenging.

Das Erste, was sie im Haus fanden, war ein Revolver auf dem Küchenregal. Zweitens stellten sie fest, dass die meisten Papiere, die sie zwei Jahre zuvor gesehen hatten, nicht mehr da waren. »Das Haus war völlig leer«, sagte Jonathan Bush, der Mayer 1997 bei der Inventarisierung des Hauses geholfen hatte. Die Bücherregale im Keller waren ausgeräumt. Die Aktenschränke in Kempners Büro waren leer. Auch die meisten Dokumente im ersten Stock waren verschwunden. Beim Rundgang durch das Haus mit der Inventarliste ihres letzten Besuchs notierten Mayer und die anderen »fehlt«, »alles weg« und »völlig verschwunden« hinter den meisten Einträgen.

Gibson rief Kriminalbeamte der Polizeistation von Lansdowne, die die Sache untersuchen sollten, während Bush und die anderen bei den Nachbarn anklopften. Einige hatten die Woche zuvor einen Umzugswagen vor dem Haus gesehen.

Die Polizei befragte den langjährigen Hausmeister der Kempners, Magnus O'Donnell. Er berichtete, dass Richardson sieben Monate zuvor das Haus inspiziert habe und die Sammlung zusammen mit Lester und Lipton durchgegangen sei. Sie hätten eingepackt, was sie wollten, und die Kisten nach New York geschickt. Zwei Container voller alter Kleidung, Möbel und Haushaltswaren waren entsorgt worden.

Ermittler spürten Richardson in Lewiston auf und stellten fest, dass die vermissten Dokumente ins klimatisierte und jetzt verschlossene Robert Kempner Collegium gebracht worden waren.[56] Sie erklärten Richardson, dass sie den Verbleib von Liptons Eigentum untersuchten, und forderten ihn auf, das Material an das Holocaust Museum zu übergeben. Er willigte sofort ein.

Am 3. August suchte Mayer in Begleitung von Polizeibeamten das Collegium in Lewiston auf, um die Kempner-Papiere zu sichten und zusammenzupacken. Dort wartete schon eine wütende Jane Lester mit ihrem Anwalt; Richardson war nirgends zu sehen.

1997 hatte Lesters Telefonanruf die Übernahme der Kempner-Papiere durch das Museum wieder ins Spiel gebracht. Zwei Jahre später zeigte sie sich empört über die Entwicklung der Angelegenheit. Ja, sie hätten die Dokumente aus dem Haus entfernt, sagte sie, aber nur um sie zu verwahren und sicherzustellen, dass die Museumsleute nichts mitnahmen, das nicht zu Kempners Nachlass gehörte.

Schließlich ging die Delegation in den ersten Stock, um die Sammlung durchzusehen. Sie willigten ein, in mühevoller Kleinarbeit jede Akte zu sichten, um festzulegen, was Kempners Unterlagen waren und was Lester und Lipton gehörte.

Die Arbeit ging langsam voran. Lester klagte, das Museum verletze ihre Privatsphäre. Sie sagte Mayer, sie wolle sich sein Gesicht einprägen, denn eines Tages werde sie aufschreiben, was er ihr hier gerade antue. Sie weigerte sich, die Briefe herauszugeben, die sie an Kempner geschrieben hatte. Es waren

Hunderte, von den 1960ern bis in die 1980er-Jahre: Lester, Lipton und die Kempners schrieben einander fast jeden Tag, wenn sie nicht zusammen waren. Mayer trat dafür ein, dass an Kempner geschickte Briefe als Teil seiner Sammlung behandelt werden sollten, und versuchte möglichst viele zu bekommen.

Insgesamt war die Kempner-Sammlung der größte schriftliche Nachlass, den das Museum bis dahin erhalten hatte. Das Museum übernahm 85 Kisten mit Nürnberger Akten, 117 gebundene Bände mit Prozessunterlagen, 68 Kisten mit Kempners persönlichen und beruflichen Unterlagen, 39 Schallplatten mit Tonaufnahmen und fast 1000 Bücher und Zeitschriften.

Im Lagerhaus des Museums nördlich von Washington fingen die Archivare und Historiker schließlich an, die Akten gründlicher zu untersuchen, und stießen auf Kempners Geheimnis: Über Jahrzehnte hinweg hatte er in seinem vernachlässigten Haus in Lansdowne eine große Sammlung deutscher Originaldokumente versteckt gehalten – Dokumente, die kein Historiker je gesehen hatte, weil Kempner sie aus Nürnberg mitgenommen und nie zurückgegeben hatte.

Sie fanden ein Kriegstagebuch aus Ungarn, das die Zeit umfasste, in der über 400 000 ungarische Juden in den Tod geschickt wurden, sie stießen auf einen von Reinhard Heydrich unterzeichneten Brief, in dem er bei Hitler anfragte, wohin denn die Kulturgüter, die man österreichischen Juden weggenommen hatte, gehen sollten. Sie fanden ein Dokument vom September 1939, das die Konfiszierung aller im Besitz von Juden befindlichen Radios anordnete, und einen von Wilhelm Keitel, Chef des Oberkommandos der Wehrmacht, unterzeichneten Brief aus dem Nürnberger Gefängnis.

Kempner hatte Notizen für die Rede, die Rosenberg zwei Tage vor dem Überfall auf die Sowjetunion im Jahr 1941 gehalten hatte. Er hatte ein paar Bleistiftzeichnungen Rosenbergs, darunter Studien eines weiblichen ruhenden Aktes. Er hatte Rosenbergs persönliche Ahnentafel – einen Familienstammbaum, mit dem er nachwies, dass keine Juden unter seinen Vorfahren waren.

Als sie die Katalogisierung der Sammlung abgeschlossen hatten, ging Mayer davon aus, dass das Museum jetzt die gesamte Schenkung der Kempner-Erben in seinem Besitz hatte. Er dachte, sie hätten die bizarre Kempner-Saga endlich abgeschlossen.

Er sollte sich irren.

Henry Mayer, Chefarchivar des United States Holocaust Memorial Museum, begutachtet die Rosenberg-Tagebücher.
(U.S. Holocaust Memorial Museum, courtesy of Miriam Lomaskin)

3

»Der Blick auf die Denkweise einer finsteren Seele«

Mayers Auseinandersetzung mit Jane Lester in Lewiston lag gerade ein paar Wochen zurück, da erhielt er eine Notiz des Historikers Jürgen Matthäus, der wie er selbst am Holocaust Museum arbeitete: Er habe gute Gründe anzunehmen, dass unter dem Papierwust, den Robert Kempners Erben übergeben hatten, etwas sehr Bedeutsames verborgen liege: Alfred Rosenbergs Tagebücher.

Er habe sogar, so schrieb der Wissenschaftler, handfeste Belege dafür in Kempners Unterlagen gefunden: Der Ankläger selbst hatte es zugegeben.

Nach der Entdeckung im Kellergewölbe von Kloster Banz gelangte das Tagebuch in die Büros der Nürnberger Ankläger. Es wurde beim Prozess nicht als Beweisstück eingeführt, und als Rosenbergs Anwalt bei der Vorbereitung seiner Verteidigung um Einsicht bat, teilte man ihm sogar mit, es sei nicht auffindbar.

116 Seiten des Tagebuchs gelangten nach Ende der Nürnberger Prozesse ins US-Nationalarchiv, und Mitte der 1950er-Jahre bereitete der Historiker Hans-Günther Seraphim eine kommentierte Veröffentlichung dieser Teile vor. Dabei stieß er auf einen Artikel, den Kempner 1948 in der Zeitschrift *Der Monat* unter dem Titel »Der Kampf gegen die Kirche« veröffentlicht hatte und in dem er einige Einträge aus den Rosen-

berg-Tagebüchern wiedergab. Seraphim fiel auf, dass die Exzerpte nicht aus den im amerikanischen Nationalarchiv liegenden Seiten stammten, also schrieb er Kempner an und fragte ihn, über welche weiteren Teile der Tagebücher er denn verfüge. Der frühere Ankläger machte kein Hehl aus der Wahrheit. Er sagte, er habe über 400 handgeschriebene Seiten; er habe geplant, sie zu veröffentlichen, aber, so erklärte er Seraphim, »ich bin leider niemals dazu gekommen«. Seraphim bat um Einblick in Kempners Material, um seine Edition zu vervollständigen. Kempner lehnte dies ab, doch als er erfuhr, dass Seraphim trotzdem weitermachen würde, schlug er eine Fußnote vor, in der die Leser erfahren sollten, dass Kempner »im Besitze weiteren sehr umfangreichen Materials« sei.[57]

Seraphim war entweder nicht klar, dass es sich bei dem Dokument eigentlich um öffentliches Eigentum handelte, oder er wollte hier keinen Druck machen.

Im Laufe der Jahre publizierte Kempner noch bei drei weiteren Gelegenheiten bis dahin unbekannte Einträge aus den Tagebüchern. Wenn jedoch andere Wissenschaftler auf ihn zukamen und die Originale sehen wollten, antwortete Kempner stets ausweichend.

Für Henry Mayer war dies eine schockierende Entdeckung. Die Tagebücher waren unersetzliche Dokumente von herausragender Bedeutung. Abgesehen von ihrem allgemeinen historischen Wert hofften die Forscher auch, dass die fehlenden Tagebuchseiten wichtige Erkenntnisse zur Genese der »Endlösung« enthielten. Rosenberg und sein Stab waren an den entscheidenden Diskussionen der Jahre 1941 und 1942 beteiligt gewesen, als das NS-Regime begann, die europäischen Juden systematisch zu vernichten.

Fred Niebergall, in Nürnberg Leiter der Abteilung für Dokumentenkontrolle, hatte nicht das Recht gehabt, Kempner die

Ausleihe von als geheim eingestuften Dokumenten für seine Forschungen zu erlauben, und auf jeden Fall hatte Kempner nicht das Recht gehabt, Unterlagen wie die Rosenberg-Tagebücher ewig zu behalten.

Durch Matthäus' Aktennotiz angespornt, veranlasste Mayer eine systematische Suche nach den fehlenden Tagebüchern in den Kempner-Papieren, die im Museum lagerten. Aber es war nichts zu finden.

Dann erhielt er am 25. Juni 2001 einen Anruf von einem gewissen Walt Martin, der erklärte, er habe einige Unterlagen aus Kempners Haus in Lansdowne in seinem Besitz.

Mayer war fassungslos. Die Museumsleute hatten das Haus sorgfältig ausgeräumt, als sie die Sammlung Kempner im Sommer 1999 abgeholt hatten. Sie konnten nichts übersehen haben. Er versuchte, weitere Informationen aus dem Mann herauszukitzeln, aber Martin machte widersprüchliche Angaben. Zunächst sagte er, das Material sei in einem Container vor dem Haus gefunden worden. Dann erklärte er, es stamme aus dem Wintergarten.

Mayer fragte vorsichtig an, ob unter diesen Dokumenten vielleicht die Tagebücher eines gewissen Alfred Rosenberg seien.

Martin meinte, ja. Wie viel wären sie wohl wert? »Eine Million, zwei Millionen?«[58]

Mayer sagte, er werde sich wieder bei Martin melden. Dann rief er das FBI an.

Robert Wittman, der Gründer des Kunstraub-Teams beim FBI, hatte sich als verdeckter Ermittler, der bei Dieben, Betrügern und Schmugglern weltweit nach Kunstgegenständen fahndete, einen Namen gemacht. Er hatte eine 22 Kilo schwere Kristallkugel wiedergefunden, die einst den Kaiserpalast in Peking geschmückt hatte; sie stand in Trenton, New Jersey, auf einer Kommode im Haus einer Frau, die sich selbst als Hexe bezeichnete. Auf einem Rastplatz nahe der Ausfahrt 7A des New Jersey Turnpike inszenierte Wittman die Übergabe eines 700 Jahre alten Teils einer goldenen peruanischen Rüstung. Er spürte einen sensationellen Schatz gestohlener Americana in einem bescheidenen Häuschen südlich von Philadelphia auf. Zu dieser etwa drei Millionen Dollar teuren Sammlung gehörte unter anderem das Gewehr, das der radikale Gegner der Sklaverei John Brown bei seinem zum Scheitern verurteilten Angriff auf Harper's Ferry geschwungen hatte, dazu ein Ring mit einer Haarlocke von George Washington und eine goldene Uhr, die der Nordstaaten-General George Meade nach der Schlacht von Gettysburg (mit der Gravur »VICTORY«) bekommen hatte. Wittman lockte einen Händler in ein Hotel am Flughafen von Philadelphia, um Geronimos Federhaube wiederzubeschaffen. In Madrid half er spanischen Fahndern, 18 Bilder im Wert von 50 Millionen Dollar, darunter Werke von Goya und Brueghel, wiederzubeschaffen. Er rettete Picketts Karte von Gettysburg, einen ersten Entwurf des Romans *Die Gute Erde* aus der Feder der Nobelpreisträgerin Pearl S. Buck und eines der 14 originalen, handgeschriebenen Exemplare der amerikanischen *Bill of Rights*.

Wittman war der erfolgreichste Kunstfahnder in der Geschichte des FBI, leitete Operationen, in denen Kulturschätze und Kunstgegenstände im Wert von mehr als 300 Millionen Dollar sichergestellt wurden, und lenkte dabei die internationale Aufmerksamkeit auf einen lukrativen Teil des kriminellen Universums. Die Behörde rechnete einfach den Geldwert aller Artefakte, die Wittman aufspürte, zusammen, doch er wusste, dass die verschollenen Gegenstände im Grunde unschätzbar wertvoll waren.

Wie konnte man unersetzliches kulturelles und nationales Erbe mit einem Dollarpreis versehen? Gestohlene Relikte der Geschichte zu retten, das war es, was Wittman an seiner Arbeit so spannend fand.

Zu Beginn seiner Arbeit an diesem Fall für das Holocaust Museum nahm er im August 2001 an einer Konferenzschaltung mit Mayer und Martin teil, in der er sich als ein Gutachter für historische Dokumente namens Bob Clay vorstellte. Er hatte gute Gründe, seinen echten Vornamen zu verwenden: Es war immer leichter, nicht aus der Rolle zu fallen, wenn man die Lügen auf das unbedingt notwendige Minimum beschränkte.

Wittman wusste aus Erfahrung, dass er als verdeckter Ermittler mehr erfahren würde als bei einer direkten FBI-Befragung. Indem er sich als Gutachter ausgab, konnte er verlangen, die Sammlung in Augenschein zu nehmen, und hatte einen Grund, gezielte Fragen zur Herkunft der Unterlagen zu stellen.

Martin erklärte ihnen, dass die Kempner-Erben einen Entrümpler beauftragt hätten, das Haus zur Vorbereitung eines Verkaufs leer zu räumen. Dieser Mann habe den Auftrag an seinen Bruder William Martin weitergegeben, der die vielen Kisten mit Dokumenten auf dem Grundstück gefunden habe. Wie sie dorthin gekommen waren, blieb ein Rätsel; die Museumsangestellten waren sicher, dass sie nichts übersehen hatten, als sie die Papiere 1999 abholten. Einige Dokumente sahen nach Martins Meinung wie originale NS-Schriftstücke aus. Er hatte Hunderte Seiten deutscher Militärpläne, ein Dokument über den Plan, nach dem Krieg die Rohstoffe der Sowjetunion auszubeuten, einige Briefe J. Edgar Hoovers an Kempner und – so hoffte und glaubte er – Abschriften der Rosenberg-Tagebücher. Und er hatte Lucian Kempners alte Armeeuniform.

Nach dem Ende der Telefonkonferenz bat Wittman Mayer, einen Termin für einen Besuch bei Martin in einem Vorort von

Philadelphia auszumachen, um zu sehen, was dort wirklich zu holen war. Falls Martin die Tagebücher vorlegte, konnte Wittman sie sofort zur sicheren Verwahrung an sich nehmen, um zu untersuchen, ob sie der Regierung gehörten oder nicht.

Am 30. Oktober arrangierte Wittman für Mayer und einen Historiker vom Holocaust Museum einen Besuch bei Martin. Er wohnte in einem Backstein-Reihenhaus zwischen Gewerbebauten an der Interstate 95. Die Forscher fanden überall in diesem kleinen Haus verteilt große Papierstapel. Einige von ihnen befanden sich noch in den Kisten, andere lagen in wilden Haufen auf dem Boden. Martin rauchte, während sie arbeiteten, die Zigarettenasche fiel auf die Dokumente.

Mayer kam schnell zu dem Schluss, dass die Papiere wertvolle Unterlagen aus Kempners Nachlass waren, und meldete das Wittman und seinem Kollegen Jay Heine, die draußen warteten. Die Beamten kamen ins Haus und erklärten Martin, das FBI beschlagnahme die Dokumente als Beweismittel, bis die Parteien die verworrenen Eigentumsfragen geklärt hätten.

Martin drohte mit einem Prozess, während man im Holocaust Museum über das weitere Vorgehen diskutierte. Die Rosenberg-Tagebücher waren zwar, wie sich bald herausstellte, nicht in Martins Kisten, doch das Juwel der Kempner-Sammlung ging Mayer noch immer nicht aus dem Kopf. Er trat dafür ein, sich gerichtlich mit Martin auseinanderzusetzen. Er wollte sicherstellen, dass das Museum Besitzrechte an den Tagebüchern hätte, wenn sie denn je auftauchen sollten. In Anbetracht des Interesses an den verschollenen Seiten wollte Mayer nicht, dass sie in die falschen Hände fielen.

Die Museumsführung stimmte zu, und die ganze Angelegenheit landete vor dem Bundesgericht.[59]

Weil niemand Martins Geschichte widerlegen konnte – niemand konnte eindeutig nachweisen, dass die Museumsleute die Kisten nicht übersehen hatten, als sie 1999 Kempners Sammlung abholten –, empfahlen die Anwälte einen Vergleich. Die beiden Parteien kamen überein, alles zu teilen. Zum zweiten Mal saß Mayer also da und sortierte Papierstapel durch, die Kempner hinterlassen hatte. Die beiden Parteien wählten abwechselnd aus, welche Papiere sie haben wollten.

Irgendwann im Jahr 2005 kam Martins Hälfte der Dokumente bei *Wilson's Auctioneers and Appraisers* in Chester Heights außerhalb von Philadelphia unter den Hammer. In einer schizophrenen Auktion wurden die Papiere von Robert Kempner, diesem lebenslangen Gegner des Nationalsozialismus, neben einem Sportleibchen der Hitlerjugend, einem SS-Gürtel mit Schnalle, einem Teelöffel der Luftwaffe und einer NS-Armbinde feilgeboten.

Für Mayer und Wittman war es das enttäuschende Ende einer Jagd, die mit Walt Martins Telefonanruf 2001 begonnen hatte. Die Papiere, die Kempner in Lansdowne gehortet hatte, waren nach seinem Tod geteilt, hin und her geschoben und unter nicht gerade optimalen Bedingungen verwahrt worden. Jedes Mal, wenn der Archivar und der Fahnder dachten, sie hätten alles zusammen, erfuhren sie von einer neuen Wendung.

Die Aussicht, die verlorenen Seiten noch zu finden, wurde immer geringer.

Die Verhandlungen mit Martin waren noch in vollem Gange, als Mayer erfuhr, dass hinter verschlossenen Türen im Kempner Collegium in Lewiston noch mehr Kempner-Unterlagen gefunden worden waren. Jane Lester, die in das Gebäude gezogen war, hatte sich bei einem Sturz die Hüfte gebrochen und war jetzt bettlägerig. Ihre Schwestern fanden sie in einem so beklagenswerten Zustand, dass sie sie ins Krankenhaus brachten, sich um die Vormundschaft bemühten und die Kontrolle über ihre Finanzen übernahmen. Sie luden das Holocaust Museum ein, Dokumente zu sichten, die sie aus dem Gebäude in ein Lagerabteil in Amherst, New York, gebracht hatten. Falls die Kisten irgendwelche Papiere enthielten, die die Erben Kempners dem Museum vermacht hatten, könne das Museum, so erklärten Lesters Anwälte Mayer, sie gerne nach Washington mitnehmen.

Gleichzeitig erfuhren Lesters Anwälte von Richardsons Einmischung in Margot Liptons Angelegenheiten, und die Gerichte ernannten einen unabhängigen Vormund, Edward Jesella, Rechtsanwalt in Lewiston, der ihre Angelegenheiten in die Hand nehmen sollte. Er stellte fest, dass Richardson Lipton überredet hatte, für ihre Konten in den Vereinigten Staaten und Europa, auf denen sich Ersparnisse von etwa einer Million Dollar angesammelt hatten, auch ihn zu bevollmächtigen.[60] Jesella ging aggressiv vor, um Liptons Finanzen unter Kontrolle zu bekommen. Richardsons Anwälte hätten mit juristischen Schritten gedroht, sagte Jesella, doch letztendlich brach der Professor den Kontakt zu Margaret Lipton ab. Jesella war als Einziger bei ihr im Krankenhaus, als sie starb. Ihr Bruder und ihre Schwester waren schon tot; die Familie ihres ebenfalls verstorbenen Sohnes André lebte in Schweden.

Mayer besprach mit Wittman, wie sie in Bezug auf das neue Depot von Kempner-Papieren vorgehen sollten. Da Lesters Vormund Mayer aufgefordert hatte, alles mitzunehmen, was dem Museum gehörte, schlug Wittman vor, der Archivar solle allein nach Amherst reisen und anrufen, falls er auf Schwierigkeiten stoße.

Mayer verbrachte einen Tag im Lagerabteil und öffnete eine Kiste nach der anderen. Auch hier keine Tagebücher.

Doch die Reise war nicht ganz umsonst. Lesters Schwester Elizabeth erwähnte etwas Spannendes. Sie hatte Jane Lester zu einem Interview mit einem Reporter vom *Spiegel* begleitet, und in der Unterhaltung hatte Lester fallen lassen, dass sie die Rosenberg-Tagebücher jemandem zur sicheren Aufbewahrung gegeben habe.

Dieser Jemand war niemand anderes als Herbert Richardson.

In einer Aktennotiz vollzog Mayer für Wittman den Stand der Suche nach: Die Tagebücher waren gestohlenes Regierungseigentum, Kempner schien sie nach den Nürnberger Prozessen in seinem Besitz gehabt zu haben, und laut letzten Informationen befanden sich die Seiten jetzt bei Richardson. Doch Lesters beiläufige Bemerkung einem Reporter gegenüber reichte nicht als Beweismaterial. Zudem wäre eine aufwendige internationale Recherche vonnöten gewesen, da Richardson seine Zeit zum Teil in Kanada und zum Teil in den USA verbrachte.

2008, als der FBI-Fahnder Wittman in den Ruhestand ging, waren die Tagebücher noch immer nicht aufgetaucht. Kurz darauf traf Mayer zufällig Eli Rosenbaum, der als Direktor des beim amerikanischen Justizministerium angesiedelten Office of Special Investigations in den USA nach nationalsozialistischen Kriegsverbrechern fahndete. Rosenbaum bot seine Hilfe an, aber schließlich musste auch er erkennen, dass er die Sache nicht vorantreiben konnte.

In seiner Verzweiflung rief Mayer Wittman 2012 an und bat ihn, sich der Sache noch einmal anzunehmen.

Der frühere Fahnder war interessiert. Er hatte eine eigene Firma für die Wiederbeschaffung von Kunstwerken und Sicherheitsberatung ins Leben gerufen, aber seine Mission war praktisch immer noch dieselbe. Noch immer spürte er für seine Klienten das Einzigartige und unschätzbar Wertvolle auf. Der Unterschied lag nur darin, dass er als privater Unternehmer die Freiheit hatte, dem Fall ohne Rücksicht auf Staatsgrenzen nachzugehen.

Kurz nach Mayers Anruf fuhr Wittman zusammen mit seinem Sohn Jeff, der nach dem College in die Firma eingetreten war, mit dem Zug nach Washington. Wie immer herrschten rund um das monumentale Gebäude aus Granit, das der Erinnerung an die NS-Opfer gewidmet war, strenge Sicherheitsvorkehrungen. Nur drei Jahre zuvor hatte ein 88-jähriger Rassist mit einem Gewehr auf einen Sicherheitsmann am Eingang gefeuert und ihn getötet. Die Wittmans passierten den Metalldetektor und trafen sich in einem Besprechungsraum im vierten Stock mit einigen Museumsleuten.

Wittman konnte sich mit den Anliegen des Museums identifizieren. Sein amerikanischer Vater hatte seine japanische Mutter im Koreakrieg auf dem US-Luftwaffenstützpunkt Tachikawa kennengelernt. Nach der Hochzeit im Jahr 1953 zogen sie in die Vereinigten Staaten und ließen sich in Baltimore nieder. Wittman erinnerte sich, dass Fremde seine Mutter in aller Öffentlichkeit als »Japse« beschimpften. Als Kind schockierte ihn dieser Hass, doch irgendwann wurde ihm klar, dass er vom Krieg herrührte. Seine Nachbarn hatten im Kampf gegen die Japaner Angehörige verloren. Er konnte beide Seiten sehen: Sein Vater hatte ein amerikanisches Landungsboot im Pazifik gesteuert, während seine Onkel mütterlicherseits in der japanischen Armee kämpften.

Beim Gedanken an die Umsiedlung und Internierung von mehr als 110 000 amerikanischen Staatsbürgern japanischer Abstammung nach dem Angriff auf Pearl Harbor fiel es Wittman nicht besonders schwer, sich vorzustellen, wie sich das nationalsozialistische Gedankengut in Deutschland verbreitet hatte. Wie leicht verwandelte sich Patriotismus in scheinbar legitimen Rassismus!

Kempner selbst hatte es gesagt: Selbst kleine Schritte in die falsche Richtung konnten eine Nation auf den Weg in die Katastrophe führen.

Im Museum umriss Mayer kurz, was er über die Rosenberg-Tagebücher und ihren Verbleib wusste, und Wittman machte sich an die Arbeit. Ein Jahrzehnt nach dem ersten Anruf von Mayer war er bereit für die Verfolgungsjagd. Nach mehr als einem halben Jahrhundert war es endlich an der Zeit, das Rätsel zu lösen und die Rosenberg-Tagebücher der Öffentlichkeit zurückzugeben.

Wittman beschäftigte sich noch einmal intensiv mit Mayers Berichten über die chaotische Kempner-Schenkung. Die beiden Söhne des Anklägers waren verstorben, ebenso Lester und Lipton. Richardson dagegen lebte noch – er war in dem Jahr gerade 80 geworden –, und so begann die Suche bei ihm. Wittman musste den früheren Professor aufspüren und ihn zum Reden bringen. Richardson zu finden war kein Problem: Er lebte und arbeitete noch immer in Lewiston und in einem Vorort von Toronto. Die Frage war, ob er kooperieren würde. Das konnte Wittman nur bei einem persönlichen Treffen herausfinden. Bisher war niemand direkt an Richardson herangetreten und hatte ihm gesagt, dass er kein Anrecht auf die Tagebücher hatte und sie der Regierung übergeben musste, falls er sie hatte. Wittman wollte dem früheren Professor den Ernst der Lage vor Augen führen.

Doch es gab da zahllose Unwägbarkeiten. Was, wenn Robert Kempner die Tagebücher vor seinem Tode weggegeben hatte? Oder verkauft? Was, wenn Lesters beiläufige Bemerkung falsch verstanden worden war? Was, wenn Richardson die Tagebücher wirklich nie gehabt hatte? Oder wenn er sie weggegeben hatte, sobald ihm klar wurde, dass er sie nicht veröffentlichen konnte? Was, wenn er sie hatte und einfach beschloss, das zu leugnen? Dann gab es für Wittman kaum eine Möglichkeit, ihm die Wahrheit zu entlocken.

Im November besprach Wittman seinen Schlachtplan mit Mayer. Die langen Jahre auf der Jagd nach den Tagebüchern hatten den Enthusiasmus des Archivars nicht gedämpft, und er wollte weitermachen und sehen, ob sie die Fährte vielleicht wieder aufnehmen konnten. Doch sein chronisches Rückenleiden machte ihm wieder sehr zu schaffen, die Reise wäre zu viel für ihn gewesen, und so machte sich Wittman mit seinem Sohn und Partner Jeff auf den Weg.

In Lewiston angekommen stellten sie fest, dass es das Schild vor dem Gebäude in der Ridge Street, das Richardson gehörte, noch gab: THE ROBERT KEMPNER COLLEGIUM stand da in goldenen Buchstaben auf grünem Grund. Das ließ hoffen. Vielleicht war Richardson noch in der Stadt. Doch ein Blick durch die zur Straße gelegenen Fenster überzeugte sie davon, dass des Haus leer war, eine unbewohnte Hülle. Also fuhren Wittman und sein Sohn zu einem unscheinbaren Bau aus roten Backsteinen am Ende einer Gewerbestraße am Stadtrand von Lewiston. Hier war Richardsons Edwin Mellen Press untergebracht, und zwei freundliche Angestellte erklärten den Wittmans, dass sie den Professor knapp verpasst hätten. Er war zum Mittagessen gegangen. Am Nachmittag könnten sie bestimmt mit ihm sprechen.

Er hinterließ seine Visitenkarte und musste lächeln, als er sich Richardsons Reaktion ausmalte. Als verdeckter Ermittler des FBI hatte Wittman stets darauf geachtet, dass seine Rolle bei der Aufklärung von Kunstdiebstählen geheim blieb; bei den Pressekonferenzen nach wichtigen Wiederbeschaffungen stand er gewöhnlich hinten im Saal, außer Reichweite der Kameras. Doch nach seiner Pensionierung im Jahr 2008 hatte Wittman seine Lebenserinnerungen unter dem Titel *Priceless* (Unbezahlbar) an die Öffentlichkeit gebracht, und jetzt brauchte Richardson nur seinen Namen in ein Suchprogramm zu tippen, um zu erfahren, mit wem er es da zu tun hatte – mit einem früheren Sonderermittler, der auf eine lange Liste verschollener historischer Kulturgüter verweisen konnte, die er erfolgreich ans Tageslicht zurückgeholt hatte.

Wie zu erwarten war die Stimmung bei Mellon Press plötzlich ganz anders, als sie am Nachmittag zurückkehrten. Niemand, so die Empfangsdame jetzt, könne Richardson ohne Termin sprechen. Sie sollten vorher anrufen und einen Termin ausmachen. Allerdings weigerte die Dame am Empfang sich, ihnen die entsprechende Telefonnummer zu geben. Sie ließen sich jedoch nicht abwimmeln und wurden schließlich zum Verlagsleiter John Rupnow vorgelassen. Er versprach, ein Treffen mit Richardson für den nächsten Tag zu organisieren, und bat sie, später noch einmal anzurufen, um den Termin zu bestätigen. Als sie zurückriefen, nahm niemand ab.

Richardson mauerte. Das war für Wittman ein Zeichen, dass er etwas zu verbergen hatte. Er wusste etwas und hatte Angst, es zuzugeben. Falls Wittmans Instinkt richtig war, hieß das wohl, dass Richardson die Rosenberg-Tagebücher hatte.

Noch am selben Tag fuhren die Wittmans nach Kanada hinüber, um Richardson in seinem Wohnhaus aufzusuchen. Falls sie ihn nicht antreffen sollten, wollte Wittman wenigstens auch dort eine Visitenkarte hinterlassen. Richardson sollte begreifen, dass er ihn nicht einfach ignorieren konnte.

Doch selbst bei einem erfahrenen Fahnder läuft nicht immer alles glatt. An der Grenze bekamen Wittman und sein Sohn Schwierigkeiten. Wittman erzählte dem Grenzbeamten, dass er in Kanada ein paar Sehenswürdigkeiten besuchen wolle, weil das einfacher war, als seine wirklichen Absichten zu offenbaren. Das Holocaust Museum war eine staatlich gefördertе Organisation, und Wittman befürchtete, dass er für jede Maßnahme im Auftrag des Museums jenseits der Grenze die Erlaubnis der kanadischen Behörden brauchte. Er wollte den ganzen bürokratischen Papierkram vermeiden, durch den sich die Suche nach den Tagebüchern jahrelang hinziehen würde.

Doch der Grenzbeamte nahm Wittman seine Touristen-Geschichte nicht ab. Sie sahen einfach nicht so aus, als wollten sie zu den Niagarafällen: Die Wittmans trugen Anzug und Krawatte. Also befahl der Grenzer ihnen, an die Seite zu fahren, und Wittman musste genervt, aber auch ein bisschen amüsiert über die absurde Situation zuschauen, wie sein Auto durchsucht wurde. In seiner Aktentasche fanden die Beamten die Ermittlungsakte und löcherten Wittman mit Fragen. Er versuchte seine Situation zu erklären, doch bald brachte ihn der Grenzschutz, unbeeindruckt von seinem Widerspruch, wieder zurück auf die New Yorker Seite.

Dieser peinliche Zwischenfall brachte ihn auf eine Idee: Wittman wusste, dass Richardson alle paar Tage nach Lewiston pendelte. Vielleicht war er zu einer Zusammenarbeit zu bewegen, wenn sein Auto ein paarmal angehalten und so gründlich durchsucht worden war wie Wittmans. Die beste Chance, das Tagebuch ausgehändigt zu bekommen, sah Wittman darin, Richardson ständig psychisch unter Druck zu setzen.

Geduld, so wusste Wittman aus Erfahrung, war der Schlüssel zum Erfolg. Die Zeit arbeitete für ihn. Wenn man einen Schuldigen eine Weile schmoren lässt, ohne dass er weiß, was der Ermittler weiß, kommt bald ein psychologischer Verteidigungsmechanismus in Gang: Fast immer beginnt der Verdächtige Worst-Case-Szenarien durchzuspielen.

Und das ist dann der Durchbruch.

Sobald er wieder in Philadelphia war, rief Wittman seinen engen Freund und Kollegen David Hall an, einen stellvertretender US-Staatsanwalt in Wilmington, Delaware. Hall verfolgte von Staats wegen Händler von Waffen und Militärtechnik, aber er hatte auch zusammen mit Wittman an Kunstdiebstählen gearbeitet. So war ihnen etwa die Wiederbeschaffung zweier Picassos gelungen, die aus einer Galerie in Palm Beach gestohlen worden waren. In einem denkwürdigen Fall war er zusammen mit Wittman nach Rio de Janeiro geflogen, um die Rückgabe dreier bekannter Gemälde von Norman Rockwell auszuhandeln. Neben seiner privaten Tätigkeit stand Wittman noch immer als Undercover-Berater im Dienst von Homeland Security Investigations (HSI), dem US-Heimatschutzministerium, und arbeitete oft mit Hall und Mark Olexa, einem Untersuchungsbeamten des HSI, zusammen. Wittman wusste, dass sie ihm bei einem so wichtigen Fall wie der Suche nach den Rosenberg-Tagebüchern sicher helfen würden.

Doch als Wittman mit Hall und Olexa ein paar Tage später im Büro der US-Staatsanwaltschaft in Wilmington saß, war der Staatsanwalt nicht sofort begeistert von Wittmans Anliegen. Ihm wurde ganz schwindelig, als Wittman die verworrenen Fakten referierte. Wenn er den ehemaligen Beamten nicht schon seit Jahrzehnten gekannt hätte, hätte er die ganze Sache abgewimmelt. 30 Jahre lang war Hall Nachrichtenoffizier in der U.S. Navy Reserve gewesen und war stolz darauf, dass er schwierige Fälle durchgestanden hatte. Dieser hier, so dachte er, klang »wie die Geschichte eines Irren«.

Da gab es Tagebücher, die irgendwann zwischen 1946 und 1949 verschwunden waren. Es gab einen Bericht aus dritter Hand, dass Jane Lester, jetzt verstorben, einem Reporter erzählt habe, sie habe diese Tagebücher einem früheren Professor im Staat New York gegeben. Vor allem aber gab es viele

Fragen. Wenn Hall mehr belastbare Informationen dazu gehabt hätte, wer die Tagebücher denn nun hatte und wo sie waren, hätte das wohl gereicht, um einen Durchsuchungsbeschluss zu rechtfertigen, und dann hätte er die Seiten einfach beschlagnahmen können. Aber niemand konnte sicher sagen, ob die Tagebücher nun in den Vereinigten Staaten, in Kanada oder irgendwo anders waren.

Und dennoch war der Staatsanwalt so neugierig, dass er eine staatliche Ermittlung einleitete. Wittman ging seinen Plan mit Hall und Olexa durch. Zunächst einmal mussten sie Richardsons Hintergrund systematisch prüfen. Sie mussten seine Grenzübertritte zwischen den Vereinigten Staaten und Kanada analysieren, um womöglich ein Muster herauszuarbeiten, und Beamte an die Grenze beordern, um Richardson herauszuwinken und sein Auto zu durchsuchen. Wittman hoffte, dass Richardson wegen der Überprüfung – so kurz nach Wittmans Besuch bei Mellen Press – denken würde, er werde überwacht. Der letzte Schritt wäre dann, den ehemaligen Professor in Bezug auf die Tagebücher zu befragen und ihn, falls er nicht kooperieren sollte, unter Strafandrohung vorzuladen und die Herausgabe zu verlangen.

Olexa machte sich an die Arbeit. Er erfuhr, dass Richardson oft donnerstags nach Lewiston fuhr, und im Dezember wurde Richardsons Auto an der Grenze durchsucht. Zwei Monate später waren die Ermittler bereit, ihn zur Rede zu stellen. Hall wollte Richardson in dessen Büro in Lewiston mit den Vorwürfen konfrontieren, in der Hoffnung, dass Richardson ihnen vielleicht anbieten würde, sich doch einfach umzuschauen. Er ging nicht davon aus, dass dieser die Tagebücher widerstandslos herausgeben werde. Aber er hoffte, irgendetwas Neues zu erfahren. Also fuhr Olexa am 7. Februar, einem Donnerstag, zusammen mit einem weiteren Beamten nach Lewiston und wartete auf dem kleinen Parkplatz vor den Büros von Mellen Press auf Richardson.

Sobald er auftauchte, stiegen die Beamten aus dem Wagen und wiesen sich aus. Richardson willigte ein, mit ihnen zu reden. Er erzählte, wie er Lester und Lipton kennengelernt und wie er ihnen geholfen hatte. Er sagte, sie seien eine furchtbare Belastung für ihn gewesen, aber er habe sich aufopferungsvoll um sie gekümmert. »Für mich war diese Frau, diese Frauen, wie meine Mutter.«[61]

Richardson sagte, er habe den Frauen geholfen, Geld von den Kempner-Erben zurückzuholen. Von sich aus betonte er, er habe nie irgendwelches Geld von den Bankkonten der Frauen abgehoben.

Richardson räumte ein, er habe geholfen, einige Bilder Kempners von Lansdowne nach Lewiston zu bringen, er habe aber »nie gehört, dass irgendein Stück einen besonderen Wert hatte«. Er stritt ab, je etwas mit den Dokumenten zu tun gehabt zu haben, die aus dem Haus in Lansdowne, Pennsylvania, verschwunden waren. »Ich glaube nicht, dass ich je irgendwelche Papiere von Kempner in meinem Besitz hatte.«

Richardson leugnete nicht nur, die Rosenberg-Tagebücher zu haben, er sagte sogar, ihm sei gar nicht bewusst gewesen, dass es überhaupt welche gebe.

Olexa konnte er damit nicht überzeugen. Er überreichte Richardson eine Zwangsvorladung vor eine staatliche Grand Jury[62], ein Großes Geschworenengericht, mit der Aufforderung, die Rosenberg-Papiere ebenso herauszugeben wie alle anderen Regierungsdokumente, die sich womöglich in seinem Besitz befanden. Richardson wurde davon in Kenntnis gesetzt, dass die Tagebücher Regierungseigentum seien und dass es klug von ihm wäre, sie jetzt herauszugeben, wenn er sie denn habe.

Bevor Olexa ging, gab er Richardson noch einen guten Rat: Sie sollten sich einen Anwalt nehmen.

Ein paar Wochen später entwickelte sich die Situation genau so, wie Hall und Wittman gehofft hatten.

Richardsons Anwalt Vincent Doyle nahm Kontakt zum Büro des Staatsanwalts auf, um sich wegen der Zwangsvorladung zu erkundigen. Hall erklärte ihm, er suche alle noch vorhandenen Unterlagen zu den Nürnberger Prozessen, vor allem aber die Rosenberg-Tagebücher. Richardson habe auf dem Parkplatz einiges gesagt, das, wie Hall sicher wisse, falsch sei, und er drängte Doyle, doch selbst nach den Tagebüchern zu suchen, falls er die Möglichkeit dazu habe.

Einen Monat später, am 27. März, rief Doyle an und hinterließ eine Nachricht im Büro des Staatsanwalts in Wilmington. Zufällig waren Hall und Olexa gerade zusammen im Büro der Polizei- und Zollbehörde in Philadelphia, und Hall rief Doyle vom Telefon eines Kollegen aus zurück. Er schaltete auf Lautsprecher, sodass Olexa das Gespräch mithören konnte.

Doyle sagte, Richardson habe einige deutsche Unterlagen, manche gebunden, manche lose Blätter, und sie seien handschriftlich. Klingt das nach dem, was Sie suchen? Hall schaute zu Olexa hinüber. Er fühlte sich wie ein Pokerspieler, der einen Royal Flush auf der Hand hatte. Doch der erfahrene Verhandler spielte seine Karten aus, so ruhig er konnte.

»Vince«, sagte er, »das bekommen wir nur heraus, wenn wir uns die Sachen anschauen.«

Am 5. April 2013 fuhren Henry Mayer und Jürgen Matthäus mit dem Zug nach Wilmington und nahmen den Lift ins Büro der Staatsanwaltschaft. Sie waren unglaublich aufgeregt. Matthäus hatte sich eigentlich schon damit abgefunden, dass sie die verschollenen Seiten nie finden würden. Als Mayer hörte, Richardson habe handgeschriebene Seiten übergeben, sagte er sofort seinem Kollegen Bescheid. Aber erst, wenn sie die Dokumente mit eigenen Augen sahen, konnten sie genau sagen, was sie da vor sich hatten.

Am Wochenende nach dem Anruf von Richardsons Anwalt war ein Beamter nach Buffalo gefahren. Am 1. April holte er mehrere Fächermappen und vier Archivkartons ab und brachte sie nach Wilmington, wo die Unterlagen in einem Tresorraum sicher verwahrt wurden.

Jetzt holte Olexa sie heraus und stellte sie in einem Besprechungsraum für die Museumsleute bereit.

Sobald Matthäus die ersten Seiten aus den Ordnern zog, war klar, dass er wirklich die Tagebücher vor sich hatte. Zum einen kannte er Rosenbergs Handschrift. Er sah, dass die Einträge zu den kleineren Abschnitten passten, die schon veröffentlicht worden waren. Zum anderen entsprachen die Seiten einer Beschreibung der Rosenberg-Papiere aus dem Jahr 1945. Matthäus und Mayer konnten auch erkennen, dass die Seiten irgendwann zu Kempners Archiv gehört hatten. Es gab Markierungen in den Tagebüchern, offenbar in Kempners Handschrift, und zwischen den Tagebuchseiten fanden sich diverse weitere Dokumente, wie sie die Mitarbeiter des Holocaust Museum von der chaotischen Sammlung der Kempner-Papiere her kannten.

Nach sechs Jahrzehnten stand es außer Frage: Die Suche nach den Tagebüchern war vorbei.

Mayer war in Hochstimmung. Siebzehn Jahre hatte er Jagd auf die Seiten gemacht, und jetzt endlich waren sie tatsächlich aufgetaucht. Es ist der Traum jedes Archivars, ein wichtiges verschollenes Dokument wiederzufinden, und dieses hier war so bedeutend wie wenige andere. Es war überwältigend,

68 Jahre nach dem Ende des Zweiten Weltkriegs in einem Konferenzraum in Delaware durch Seiten zu blättern, auf denen Rosenbergs Füller gekratzt hatte – Seiten, von denen man geglaubt hatte, sie seien der Geschichte auf immer verloren.

Jemand zog einen Fotoapparat heraus, und Mayer grinste breit und reckte die Daumen in die Höhe.

Um die wiederentdeckten Papiere der Öffentlichkeit vorzustellen, kehrte Mayer zwei Monate später in das Büro der Staatsanwaltschaft in Wilmington zurück, wo eine große Reporterschar aus der ganzen Welt sich zu einer Pressekonferenz versammelt hatte.

Hall und Olexa waren ebenso anwesend wie John Morton, der Direktor der Polizei- und Zollbehörde des Heimatschutzministeriums, und Charles Oberly, der US-Staatsanwalt für Delaware. Man hatte zwar auf die Gesetze zurückgreifen müssen, um Richardson zur Herausgabe der Tagebücher zu zwingen, doch er stand nicht unter Anklage. Sein Anwalt hatte einer Übergabe der Papiere unter der Bedingung zugestimmt, dass die Ankläger dies nicht gegen Richardson verwendeten. Die Staatsanwaltschaft hatte keine anderen Beweise, die eine Anklage gegen den ehemaligen Professor gerechtfertigt hätten, und Ziel der Ermittlungen war die Auffindung der Tagebücher gewesen. Richardson äußerte sich nicht zu dieser Angelegenheit, abgesehen von einer kurzen Stellungnahme, die er an jenem Tag an die *New York Times* faxte. »Als Beamte der Bundespolizei Kontakt zu mir aufnahmen, war ich gern bereit, mich mit ihnen zu treffen und sie in ihren Bemühungen zu unterstützen. Ich freue mich, dass ich dem Justizministerium und dem Heimatschutzministerium helfen konnte, einige Dokumente wiederzubeschaffen, die die Behörden jetzt als die Tagebücher Alfred Rosenbergs identifiziert haben.«[63]

Morton betrat das Podium. Die Journalisten schrieben hektisch mit, Kameras klickten.

»Die Frage, was mit den Rosenberg-Tagebüchern geschehen war, gehörte zu den ungelösten Rätseln des Zweiten Weltkriegs. Wir haben dieses Rätsel gelöst«, sagte er. In einem Besprechungsraum mit Glaswänden gleich neben ihm waren die Seiten ausgestellt. »Die Rosenberg-Tagebücher sind nicht einfach Tagebücher der Zeit. Sie sind der ungeschminkte Bericht eines führenden Nationalsozialisten, seiner Gedanken, seiner Philosophien, seines Zusammenwirkens mit anderen NS-Größen. Rosenbergs Tagebücher zu lesen bedeutet, den Blick auf die Denkweise einer finsteren Seele zu richten.«

Es waren Nachrichten von der vordersten Front politischer und kultureller Kämpfe, die Deutschland in den Jahren vor dem Krieg und während des Krieges in Aufruhr versetzten, in der Handschrift eines fast vergessenen Ideologen, der an den schlimmsten Verbrechen des 20. Jahrhunderts mitgewirkt hatte. Rosenbergs Tagebücher, sechs Jahrzehnte lang versteckt in Ordnern und Kisten in einem Vorort von Philadelphia und im Hinterland des Staates New York, waren eine Zeitkapsel aus einer untergegangenen Ära.

Endlich war es möglich, Licht auf die darin versteckten Geheimnisse zu werfen.

LEBEN IN
DER SCHWEBE

1918–1939

Alfred Rosenberg (dritte Reihe, stehend, dritter von links mit Hut und Trenchcoat) in einer Gruppe von Nationalsozialisten in Coburg, Bayern, während eines NSDAP-Parteitreffens 1922.

(Bayerische Staatsbibliothek München/Bildarchiv)

4

»Stiefkinder des Schicksals«

Die Stadt jubelte. Der morgendliche Nieselregen hatte aufgehört, und die Berliner strömten auf den eleganten, von Bäumen gesäumten Boulevard Unter den Linden, der vom Stadtschloss zum Tiergarten führte. Die Frauen trugen ihre hellsten Kleider, als wollten sie die winterliche Düsternis, die sich über das besiegte Deutschland gelegt hatte, vertreiben. Sie leuchteten aus der Menge der Männer in ihren dunklen Anzügen und Hüten hervor. Man schrieb den 10. Dezember 1918. In der Hauptstadt war eine tiefe Verbitterung zu spüren. Der Weltkrieg war verloren, das Deutsche Reich vernichtet. Aber an diesem Tag wurde gefeiert: Die Soldaten kehrten von der Front zurück.

Die Zuschauer sammelten sich auf dem Pariser Platz unter den Augen der geflügelten Siegesgöttin Viktoria, die auf dem Brandenburger Tor ihren von vier Hengsten gezogenen Streitwagen lenkte. 1806 war Napoleon nach seinem Sieg über die Preußen im Triumph durch dieses Tor in die Stadt eingezogen. Heute war es mit einem Banner geschmückt, auf dem FRIEDEN UND FREIHEIT zu lesen stand.

Um 13 Uhr kamen die ersten Kompanien in Feldgrau und mit Stahlhelmen auf den Köpfen an. Gewehrläufe und die Hälse der Pferde waren mit Blumen geschmückt. Die Menschen winkten mit Hüten, weißen Taschentüchern und Lorbeerzweigen. Sie kletterten auf Bäume und Litfaßsäulen, um besser sehen zu können, sie drängten sich auf Dächern, steckten die Köpfe aus den Fenstern, besetzten alle Balkone. »So dicht gedrängt standen die Massen, dass diese Kompanien zunächst gar nicht vorankamen«, schrieb ein Korrespondent. Sanitäter waren im Einsatz, um verletzte Zuschauer aus dem Gedränge herauszuziehen. »In diesem Moment müssen es Millionen patriotischer Schaulustiger gewesen sein.«[64]

Endlich öffnete sich den Soldaten eine Gasse, und sie zogen zu Fuß und zu Pferde vorbei, hinter Standartenträgern, die abwechselnd die schwarz-weiß-rote Fahne des besiegten Deutschen Reiches und die revolutionäre schwarz-rot-goldene Fahne trugen. Einige Offiziere zogen ihre Frauen und Kinder zu sich aufs Pferd, um mit ihnen durch das Gedränge zu reiten. Die erschöpften Soldaten wurden von ihren Kapellen begleitet, die Märsche spielten, und von ihren dampfenden, von Pferden gezogenen Gulaschkanonen. Sie führten auch ihre Geschützbatterien und ihre Munition mit sich; in den Tagen vor dem Marsch hatten Gegner der neuen Regierung gefürchtet, man habe die Frontsoldaten in die Hauptstadt gerufen, um sie gewaltsam gegen die Opposition vorgehen zu lassen.

Doch der Tag verlief friedlich. Begeisterte Berliner verteilten Chrysanthemen und Zigaretten. Auf der Rednertribüne fiel Friedrich Ebert mit seinem Seidenhut auf. Prinz Max von Baden, der letzte Reichskanzler des Kaiserreiches, hatte am 9. November die Abdankung von Wilhelm II. bekannt gegeben und Ebert das Amt des Reichskanzlers übertragen. Der stiernackige Politiker hieß die Ankömmlinge wie Sieger willkommen.

»Kameraden, Genossen, Bürger. Eure Opfer und Taten sind ohne Beispiel. Kein Feind hat Euch überwunden«, erklärte er und nährte damit den Mythos, dass die Deutschen den Krieg nicht verloren hätten, sondern vielmehr von inneren Feinden verraten worden seien.[65]

Im Laufe der nächsten beiden Wochen strömten immer mehr Soldaten in die Stadt und wurden von jubelnden Menschenmengen willkommen geheißen. »Ein Gefühl der Zuversicht, neuer Hoffnung auf die Zukunft scheint mit den Soldaten zurückgekehrt zu sein, die auf die Ovationen mit der beschwingten Ernsthaftigkeit von Männern reagierten, die, nachdem sie dem Tod ins Auge gesehen hatten, das Leben nicht fürchten«, schrieb eine Augenzeugin des Marsches einer Freundin. »Die Straßen sind so voll und fließen vor Menschen über, dass ich mich allmählich frage, wie lange es noch dauern wird, bis sich diese gewaltigen Mengen an Energie Bahn brechen und sich ein Ventil verschaffen.«[66]

Mitten unter den Berlinern stand an der Ecke Friedrichstraße und Unter den Linden ein missmutiger 25-jähriger Einwanderer und schäumte vor Wut. Er sah in dieser Szene nichts, was man hätte feiern mögen.

Alfred Rosenberg war nur ein paar Tage zuvor mit dem Zug aus seiner Heimat Estland in die Hauptstadt gekommen. Als er die Brigaden der zurückkehrenden deutschen Soldaten so beobachtete, berührte ihn der Gesichtsausdruck dieser Männer: Sie wirkten ausdruckslos, wie steif gefroren, richtiggehend verstört. »In diesem Moment«, so sollte Rosenberg Jahre später schreiben, »kam mir auch ganz sichtbar das große Leid des deutschen Volkes entgegen.«[67]

Das Bild blieb ihm im Gedächtnis, als er kurz darauf nach München weiterreiste, Zugang zum konspirativen nationalistischen Untergrund fand und radikale Antisemiten entdeckte, die seine Sprache sprachen.

Noch bevor das Jahr um war, sollte Rosenberg sich an den Auseinandersetzungen beteiligen und nie mehr zurückschauen.

Später, als das Dritte Reich heraufzog und Deutschland sich mit der Vorstellung anfreundete, dass seine Bürger eine Herrenrasse seien, musste den Menschen auffallen, dass nicht wenige führende Vertreter der Nation dem Ideal nicht entsprachen. Einem gängigen deutschen Witz zufolge war der typische Nationalsozialist so schlank wie der rundliche Göring, so athletisch wie der hinkende Goebbels, so blond wie Hitler und, ja, so arisch wie Rosenberg.[68]

»Er hatte nichts besonders Deutsches an sich«, schrieb ein britischer Offizier nach dem Krieg über Rosenberg. »Die meisten Nationalsozialisten glaubten, er besitze jüdisches Blut und müsse der ›einzige arische Rosenberg der Welt‹ sein.«[69] Tatsächlich war Rosenberg ein durchaus üblicher Name unter den Deutschbalten. Rosenbergs Vorfahren waren im 18. Jahrhundert eingewandert und hatten sich zunächst im lettischen Riga und dann in Reval (heute Tallinn), der Hauptstadt Estlands, niedergelassen. Die Stadt hatte im 16. Jahrhundert der von deutschen Kaufleuten dominierten Hanse angehört, und obwohl sie 1893, als Rosenberg dort geboren wurde, ein wichtiger Hafen des Russischen Reiches war, konnte man noch immer durch die verwinkelten Gassen und alten Höfe wandern und die Stadtmauern und die mittelalterliche Architektur aus der Gründungszeit der Stadt bewundern.

Rosenbergs Mutter starb zwei Monate nach seiner Geburt an Tuberkulose. Sein Vater, ein Kaufmann, der eine große deutsche Firma in Estland leitete, starb elf Jahre später mit 42 Jahren und hinterließ Rosenberg der Fürsorge seiner Tanten. Rosenberg wurde als Protestant erzogen, rebellierte aber schon bald gegen den Glauben. Er war nicht der Typ, der das Knie beugte. »Dieses Hinknien wühlte etwas in mir auf, das sich nie wieder setzen konnte«, schrieb er über die Aufforderung, im Konfirmandenunterricht vor Gott auf die Knie zu fallen.[70]

Aus der weiterführenden Schule behielt er seinen Kunstlehrer in guter Erinnerung, einen Maler, der ihn auf die Straße hinausschickte und ihn die Stadt zeichnen ließ.[71] Der Direktor, ein Naturforscher, der mit ihm über die »Vorgeschichte« sprach, lud ihn zu einer archäologischen Grabung auf einem örtlichen Friedhof ein, wo sie eine Steinurne, Krüge und Ringe fanden. Er war kein überragender Schüler, doch seine Lehrer mochten ihn. Mit 17 ging Rosenberg an das Polytechnikum in Riga, wo er Architektur studierte. Er las germanische Sagen, isländische Mythologie, indische Veden und Philosophen wie Kant und Schopenhauer. Joachim Fest nannte Rosenberg später einen »Mann von profunder Halbbildung«,[72] doch unter den jungen Männern des Corps Rubonia, einer Studentenverbindung, der er sich in Riga anschloss, hieß er »der Philosoph«.[73]

Auf einer Zugfahrt von Reval nach St. Petersburg, wo seine Großeltern lebten, lernte er eines Tages eine beeindruckende Frau kennen: Hilda Leesmann, Tochter eines reichen Geschäftsmannes, ein Jahr älter, klug, belesen und in deutschen wie russischen Traditionen zu Hause. Sie drängte Rosenberg, *Krieg und Frieden* und *Anna Karenina* zu lesen. Sie spielte Klavier und machte ihn mit den großen russischen Komponisten bekannt. Sie gab ihm Nietzsches *Also sprach Zarathustra*. In Paris, wo sie Tanz studierte, zeigte sie ihm bei einem Besuch die Kathedrale Notre-Dame und den Louvre. Jeden Morgen frühstückten sie im unsterblichen Café de la Rotonde in Montparnasse, wo auch Picasso und Modigliani speisten. Er sagte, er sei nicht beeindruckt gewesen. Sie entwickelte sich zu einer Frau von Welt und wurde sogar vom Russischen Ballett umworben.

Alfred und Hilda heirateten 1915 und verbrachten den Sommer zusammen auf einem Landgut, wo Rosenberg malte und ihr aus einer Goethe-Biografie vorlas. Am Ende des Sommers kehrte Rosenberg nach Riga zu seinem Architekturstudium zurück, und Hilda zog wieder nach Reval zu ihren Eltern.

Der Erste Weltkrieg entwurzelte sie beide. Hildas Familie siedelte nach Petrograd um, wie St. Petersburg nun hieß, während das Institut, an dem Rosenberg studierte, inklusive der Bibliothek nach Moskau evakuiert wurde. Die Seminare fanden an den verschiedensten Orten überall in der russischen Hauptstadt statt. Rosenberg mietete ein Zimmer bei einem Paar außerhalb der Innenstadt, wo er in einem Raum, der gleichzeitig als Schlafzimmer diente, an den bescheidenen Mahlzeiten der Familie teilnahm. Beim Tee saß sein Gastgeber mit einer liberalen Zeitung auf den Knien da und fluchte über die »regierende Bande«.[74] Einmal in der Woche aß Rosenberg abends auswärts Pasteten und trank zweiprozentiges Bier. Sein Gesellschaftsleben beschränkte sich auf den Aufenthalt in billigen Restaurants an der Twerskaja, der Hauptstraße, die vom Roten Platz aus nach Nordwesten führte.

Rosenberg verschlang Tolstoi und Dostojewski, während rings um ihn herum die russische Februarrevolution tobte. Er war so in seine Bücher versunken, dass er kaum etwas mitbekam. Eines Morgens fuhr er mit dem Zug früh nach Moskau hinein und sah plötzlich Hunderttausende Menschen auf den Plätzen und Straßen. »Eine hysterische Freude herrschte«, schrieb er später, »ganz fremde Menschen fielen einander weinend um den Hals, eine Psychose hatte Millionen ergriffen.«[75]

1917 erfuhr Rosenberg, dass Hilda im rauen nördlichen Klima Probleme mit ihrer Gesundheit hatte. Sie erkrankte an Tuberkulose, und ihre Familie schickte sie zur Erholung auf die Krim. Er unterbrach sein Studium und reiste zu ihr. Ein paar Monate später packten sie wieder und kehrten nach Estland zurück. Hilda war bettlägerig. Rosenberg las ihr vor und beendete seine Diplomarbeit. Angesichts des Weges, den er einschlagen sollte, wirkt es ziemlich gruselig, dass er ausgerechnet ein Krematorium entwarf. Trotz des Aufruhrs in Moskau kehrte er für seine Abschlussprüfungen nach Russland zurück und kam gerade noch rechtzeitig wieder nach Hause, um die deutschen Soldaten in Reval einmarschieren zu sehen.

Er blieb nicht lange in seiner Heimatstadt. Ein paar Monate gab er ziemlich unwilligen Schülern Zeichenunterricht in der Schule und verdiente etwas Geld mit Zeichnungen der Altstadt. Aber Estland hatte ihm nichts zu bieten, und so schloss er sich den Zehntausenden Baltendeutschen an, die im November 1918 vor einer Invasion der Roten Armee flohen.

Bevor er die Stadt verließ, hielt er seinen ersten öffentlichen Vortrag bei einer Zusammenkunft im Saal des Schwarzhäupterhauses. Die Schwarzhäupter waren eine Bruderschaft unverheirateter Kaufleute in den Hansestädten des Baltikums. Wie in späteren Jahren noch unzählige Male, eiferte Rosenberg gegen das unheilvolle Bündnis von Judentum und Marxismus, das Russland zu Fall gebracht habe. Einem Bericht zufolge führte ein jüdischer Geschäftsmann seine Glaubensbrüder unter lautem Protest aus dem Saal.[76]

Noch am selben Abend brach Rosenberg in Richtung Deutschland auf. Er sollte mehr als zwei Jahrzehnte nicht in seine Geburtsstadt zurückkehren.

»So verließ der Zug Reval. Hinter mir versank Rußland mit seinen Erinnerungen, mit seiner unvoraussagbaren Zukunft«, schrieb Rosenberg. »Hinter mir versank die Stadt meiner Jugend mit ihren Türmen und alten Straßen und allen Menschen, mit denen ich einst dort gelebt hatte. Ich ließ meine Heimat hinter mir, um mir ein Vaterland zu erwerben … So kam ich in das Reich. Ursprünglich ein vollkommen der Kunst, Philosophie und Geschichte hingegebener Mensch, der nie daran gedacht hatte, sich jemals in die Politik zu mischen ... So zog das Leben mich, und ich folgte ihm.«[77]

Rosenberg hatte sich in Berlin ein Vorstellungsgespräch bei dem bekannten Architekten Peter Behrens verschafft. Doch die Stadt, die sich bald international einen Ruf wegen ihres dekadenten Sexual- und Kulturlebens erwerben sollte, schockierte ihn. Behrens, so stellte sich heraus, war ein Gestalter mit modernistischen Neigungen. Das war nicht die Art Mentor, die Rosenberg suchte. Er ging nicht zum Vorstellungsgespräch und reiste schnell weiter nach München.

Die konservative und katholische bayerische Hauptstadt am Fuße der schneebedeckten Alpen, die an klaren Tagen wie ein gemaltes Bühnenbild wirkten, war bekannt für ihre gesellige Atmosphäre und für ihre Biere: das königliche Hofbräuhaus, das ursprünglich von Mönchen betriebene Augustiner-Bräu. Sieben Jahrhunderte hatten die Wittelsbacher hier regiert, und unter der Regierung von König Ludwig I. (1825–1848), der mit einem ehrgeizigen Bauprogramm das Stadtbild entscheidend geprägt hatte, war München in den Rang einer europäischen Großstadt aufgestiegen. Ein breiter neuer Boulevard – der natürlich Ludwigstraße hieß – führte nach Norden aus dem mittelalterlichen Stadtzentrum hinaus. Dort reihten sich Universitäts- und Bibliotheksgebäude im Stil der italienischen Renaissance. Um den neuen Königsplatz versammelte der König einen ganzen Komplex klassizistischer Museumsbauten, die griechische, römische und ägyptische Bildhauerkunst sowie die wunderbare Sammlung Alter Meister der Wittelsbacher zeigten.

Um die Jahrhundertwende besaß München einen Ruf als Zentrum deutscher Kunst und Kultur, als eine Art »Isar-Athen«.[78] Maler, Bildhauer, Intellektuelle und Musiker strömten herbei und wurden von der Münchner Aristokratie mit

Geld und Aufmerksamkeit überhäuft. Die Stadt feierte ihre Künstler mit Ausstellungen, Umzügen und Bällen. Avantgarde-Künstler forderten in einem Land, das für seine traditionsverbundene Monarchie bekannt war, den spießigen Status quo heraus, und in Schwabing entstand ein freigeistiges Boheme-Viertel. »Der wahre Schwabinger«, so schrieb der Historiker David Clay Large, »zog das Café dem Bierkeller vor.«[79] An den Marmortischen im Café Stefanie stieß man auf Dichtung, Politik und dichten Zigarettenrauch. Dort verkehrten Anarchisten, Kommunisten, Dadaisten, Dichter … Bekannter war der Treffpunkt unter dem ironischen Spitznamen Café Größenwahn. Lenin hatte vor dem Krieg einige Jahre hier gelebt, und auch Hitler war während seines ersten Aufenthalts in München von Frühjahr 1913 bis Herbst 1914 hier zu Hause. Sobald sich Rosenberg einen Überblick über die Lage in der bayerischen Hauptstadt verschafft hatte, zog er in dieselbe Gegend, in die Barer Straße, nur ein paar Straßen von den königlichen Kunstmuseen, der Universität und der Akademie der Bildenden Künste entfernt.

Bei Rosenbergs Ankunft herrschte in München ein undurchschaubares Chaos.[80] Der letzte Wittelsbacher König Ludwig III. war bei Kriegsende zur Abdankung gezwungen worden. Revolutionäre übernahmen die Kontrolle. Kurt Eisner, Leitfigur der USPD, wurde Vorsitzender des Arbeiter- und Soldatenrates und proklamierte den Freien Volksstaat Bayern. Als Jude, als Journalist und als Kriegsgegner war Eisner in den Augen der Nationalisten der typische Staatsfeind.

Rosenberg, der sich ohne Geld und Freunde durch die Stadt treiben ließ, wurde natürlich in diese revolutionäre Stimmung hineingezogen. Seine Frau war ernsthaft krank geworden, ihre Eltern hatten sie zur Erholung nach Badenweiler gebracht. Er war, wie er schrieb, eines der »vielen Stiefkinder des Schicksals«,[81] die im Nachkriegseuropa Fuß zu fassen versuchten. Von Haus aus hatte er kaum Geld, daher bemühte er sich, Artikel und Zeichnungen zu verkaufen. Das brachte allerdings zunächst nur wenig ein, und Rosenberg sah sich gezwungen, bei einem Flüchtlingskomitee um ein Dach über dem Kopf zu bitten und seine tägliche Kohlsuppe und Knödel in einer Volksküche zu verspeisen. Ansonsten verbrachte er seine Tage in den Kunstmuseen und in der Bayerischen Staatsbibliothek in der Ludwigstraße.

Auf einem seiner Streifzüge fiel ihm eines Tages an einer Litfaßsäule eine Werbung für den Auftritt einer Tänzerin auf, die seine Frau gekannt hatte, bevor sie krank geworden war. Rosenberg besuchte sie, ein Fräulein von Schrenk, und im Gespräch erwähnte er, dass er versucht hatte, einige Artikel über die Russische Revolution zu verkaufen. Mehr hatte er nicht anzubieten.

Die Frau gab ihm einen Namen, der sein ganzes Leben verändern sollte. Dietrich Eckart war ein Bohemien, ein Dramatiker, Dichter und Journalist, dessen Zeitschrift *Auf gut deutsch* den antisemitischen Rechten, die gerade in München erstarkten, begehrten Lesestoff bot. Rosenberg besuchte ihn am nächsten Tag.

»Mich empfing ein bärbeißig und doch freundlich dreinschauender Mann mit markantem Kopf und charaktervollen Gesichtszügen«, schrieb Rosenberg später. »Er schob seine Hornbrille auf die Stirn hinauf und sah mich forschend an. Ob er einen Streiter gegen Jerusalem brauchen könne? Er lachte: Sicher.«[82]

Rosenberg gab ihm seine Artikel, und Eckart rief am nächsten Tag zurück. Bei einem Essen im Restaurant schlossen die beiden schnell Freundschaft und besiegelten ihre Zusammenarbeit.

Rosenberg begann für Eckarts Zeitschrift zu schreiben und entdeckte eine geheim operierende antisemitische Organisation, die Thule-Gesellschaft, die einen bewaffneten Sturz der Regierung Eisner plante. Drei Monate nach Beginn der Revolution wurde Eisner tatsächlich auf der Straße von dem Offizier Anton Graf Arco auf Valley ermordet; ironischerweise hatte die Thule-Gesellschaft den Attentäter wegen seines jüdischen Blutes zurückgewiesen, und er erschoss Eisner, um seine rechte Gesinnung zu beweisen.

Demonstrationszüge verstopften die Straßen, die sozialdemokratisch geführte Landesregierung verlor die Kontrolle und zog sich nach Bamberg zurück. Am 7. April wurde von der Regierung der Volksbeauftragten die Räterepublik ausgerufen, die jedoch nur eine Woche Bestand hatte. Der Kommunist Richard Müller nannte sie eine »elende gewissenlose Revolutionsspielerei politischer Streber und Caféhausliteraten«. An der zweiten Räterepublik beteiligte sich auch die KPD. Sie war wesentlich militanter als die erste und versuchte eine bayerische Rote Armee aufzubauen. Doch die von der Reichsregierung in Marsch gesetzten Exekutionstruppen bereiteten dem revolutionären Experiment ein rasches Ende.

An einem kühlen Apriltag im Jahr 1919 schloss sich Rosenberg auf dem Marienplatz im Schatten des riesigen neugotischen Rathauses mit seiner verwitterten, hundert Meter breiten Fassade voller aufwendig verzierter Bogen, Erker und Fialen einer Gruppe aufgebrachter Männer an, die erregt über die Entwicklung diskutierten. Rosenberg stand auf einer Mauer und schwenkte ein Plakat, auf dem »Es lebe der deutsche Arbeiter! Nieder mit dem Bolschewismus!«[83] zu lesen war. Lauthals kritisierte er die neue Regierung. Als er jedoch merkte, dass man auf seine scharfen Äußerungen aufmerksam geworden war – die Leute sprachen ihn auf der Straße an, um ihm zu seiner Rede zu gratulieren –, beschloss er, sich zu verdrücken, weil er Angst hatte, verhaftet zu werden.

Rosenberg und Eckart flohen zur österreichischen Grenze, etwa eine Stunde Autofahrt nach Süden. Währenddessen wurden Angehörige der Thule-Gesellschaft als Geiseln festgenommen. In dem herrschenden Durcheinander stellten kommunistische Kämpfer sie an die Wand und erschossen sie. Am 1. Mai eroberten Militäreinheiten München nach blutigem Kampf zurück und stellten die Ordnung wieder her. Am 11. August 1919 erhielt die im November 1918 entstandene Weimarer Republik ihre Verfassung, und Bayern war eines der 24 Länder dieses neuen Staates.

Nach ein paar Wochen kehrten Rosenberg und Eckart aus ihrem kurzen, selbst auferlegten Exil zurück. Im Mai nahmen sie an einem Treffen einer neuen rechtsgerichteten Gruppe teil, die sich selbst Deutsche Arbeiterpartei nannte. In einem kleinen Restaurant stimmten Rosenberg und Eckart ihre Hetztiraden gegen die Juden und die Bolschewisten in der Sowjetunion an.

An einem Freitagabend im September tauchte im Sterneckerbräu, einer kleinen Gastwirtschaft mit dunkler Holztäfelung und Deckengewölben, bei einem der wöchentlichen Treffen der gerade entstehenden Partei ein 30-jähriger Gefreiter auf.

Im Jahr darauf gab die Gruppe sich einen neuen Namen: Nationalsozialistische Deutsche Arbeiterpartei.

Rosenberg (links) und Hitler während des sogenannten Hitlerputsches im Münchner Bürgerbräukeller im November 1923.

(Keystone/Getty Images)

5

»Die meistgehaßte Zeitung im Land!«

Adolf Hitler und Alfred Rosenberg hatten vieles gemeinsam. Beide wuchsen außerhalb von Deutschland auf, waren aber fasziniert von der mythisch verklärten heldenhaften Vergangenheit des Landes. Beide waren noch jung, als ihre Eltern starben. Beide waren mehr am Zeichnen, Lesen und Tagträumen interessiert als an beruflichen Erfolgen. Als junge Männer waren beide auf Suppenküchen angewiesen gewesen, um ihren leeren Magen zu füllen. Und sobald sie sich kennenlernten, entdeckten sie schnell, dass sie einer Meinung waren, was die ihrer Ansicht nach wichtigsten Probleme der Zeit anging: den zersetzenden Einfluss der Kirchen, die Gefahr des Kommunismus und die Bedrohung durch die Juden.

Hitler, in Braunau geboren und in Linz aufgewachsen, war vier Jahre älter als Rosenberg.[84] Nach dem Tod seines Vaters, eines Zollbeamten, zog Hitler 1907 nach Wien, wo er vergeblich versuchte, in die Wiener Akademie der Schönen Künste aufgenommen zu werden. (»Probezeichnung ungenügend«, befand der Prüfer. »Wenige Köpfe.«) Er begann ein Boheme-Leben zu führen, bis er Ende 1909 abgemagert und schmutzig in einem Männerwohnheim landete. Mithilfe einer Finanzspritze seiner Tante und bescheidenen Einnahmen aus dem Verkauf seiner Bilder in den Kneipen von Wien hielt er sich über Wasser, bis er 1913 mit 24 Jahren das Erbe des Vaters antrat. Im selben Frühjahr zog er nach München, in ein Zimmer über einem Laden am westlichen Rand des Künstlerviertels Schwabing, und begann Bilder von den Sehenswürdigkeiten der Stadt zu verkaufen: Er malte das Hofbräuhaus, die spätgotische Frauenkirche, den Alten Hof, wo Ludwig der Bayer, Kaiser des Heiligen Römischen Reiches, vor Jahrhunderten residiert hatte. Er verliebte sich in seine neue deutsche Heimat. Später schrieb er: »Die Stadt selber war mir so gut bekannt, als ob ich schon seit Jahren in ihren Mauern geweilt hätte.«[85]

Seine banalen Vorurteile hatten sich noch nicht zu jener Ideologie verdichtet, die später das Gesicht Europas verändern sollte.[86] Daheim in Linz hatte Hitler sich dem antisemitischen, antikatholischen deutschen Nationalismus des österreichischen Politikers Georg Ritter von Schönerer angeschlossen. Seine Jahre in Armut im kosmopolitischen Wien hatten diese Ansichten nur verstärkt. Bürgermeister Karl Lueger war ein aggressiver Antisemit, und die Kioske waren voller rechter Zeitungen, die Juden als korrupt und pervers darstellten. Doch auch wenn Hitler in den antijüdischen Chor einstimmte, hielt ihn das nicht davon ab, seine Gemälde in Kooperation mit einigen Juden zu verkaufen, die er im Männerwohnheim kennengelernt hatte, oder dem jüdischen Arzt, der seine Mutter in ihren letzten Tagen behandelt hatte, ein Bild zu schenken. Reinhold Hanisch, der Hitler auch aus dem Männerwohnheim in Wien kannte und ihm half, seine Bilder auf der Straße zu verkaufen, schrieb in einer kurzen Denkschrift später, Hitler sei in Wien außerordentlich gut mit den Juden ausgekommen. Er rühmte sie als Volk sogar, so erinnerte sich Hanisch, und lobte ihre Beiträge zur Kultur in aller Welt.[87]

Es gelang Hitler, sich der österreichischen Militärdienstpflicht zu entziehen. Stattdessen meldete er sich bei Ausbruch des Ersten Weltkriegs freiwillig zur Bayerischen Armee; in der Eile, mit der man sich auf die bevorstehenden Kämpfe vorbereitete, versäumten es die Behörden, seine Nationalität zu überprüfen. Hitler trug im Krieg als Meldegänger Befehle zwischen dem Kommando und der Front hin und her, wo das Gemetzel ihn gegen Tod und menschliches Leid abstumpfen ließ. Er erhielt das Eiserne Kreuz I. Klasse, zweimal wurde er verwundet. Er kam mit seinen Regimentskameraden gut aus, die ihn »den Künstler« nannten und seine seltsamen Angewohnheiten bestaunten: Er trank und rauchte nicht, schien nie Post zu bekommen und verbrachte einen Großteil seiner Zeit lesend.

Im Oktober 1918 erblindete er durch einen Senfgasangriff in der Nähe von Ypern in Belgien zeitweise und wurde für den Rest des Krieges in ein Lazarett nach Pasewalk, 120 Kilometer nördlich von Berlin, geschickt. Von dort kehrte er am 21. November nach München zurück, zwei Wochen, bevor Rosenberg dort ankam.

Nachdem die Räterepublik im Frühjahr 1919 zerschlagen worden war, wollte das Militär Bayerns chaotisches Durcheinander verschiedener Parteiungen im Auge behalten. Wo Dutzende politische Organisationen versuchten, Anhänger für ihre Ideen zu finden, wollte die militärische Führung sichergehen, dass die verbitterten und geschlagenen deutschen Soldaten mit einer angemessen nationalistischen, antibolschewistischen Einstellung indoktriniert wurden. Hitler schloss sich der »Aufklärungsabteilung« des Heeres als Informant und Ausbilder an. Er nahm an Schulungskursen zu deutscher Geschichte und Sozialismus teil, in denen er erstmals den Wirtschaftswissenschaftler Gottfried Feder über die Übeltaten jüdischer Finanziers reden hörte.

In seinen ersten eigenen Indoktrinationsseminaren hetzte Hitler seine Zuhörer mit aufputschenden Reden auf.

Ein Mann, der an einem dieser Kurse teilgenommen hatte, bat in einem Brief um klärende Worte zur »jüdischen Frage«. Wie konnte Deutschland mit diesem Thema umgehen, wenn das Land von liberalen Sozialdemokraten regiert wurde? Der Brief wurde an Hitler weitergegeben, und der entwarf eine Antwort. In seiner ersten bekannten Einlassung zu diesem Thema, das ihn später so sehr beschäftigen sollte, schrieb Hitler, dass gefühlsbetonte Angriffe gegen die Juden nur zu einigen Pogromen führen würden. Was die Nation brauche, sei ein »Antisemitismus der Vernunft«.[88] Wenn man die Deutschen mit harten Fakten konfrontierte, würden sie die Entrechtung der Juden und letztlich ihre völlige Entfernung aus dem deutschen Leben unterstützen.

Der Brief war auf den 16. September 1919 datiert, vier Tage, nachdem Hitler erstmals an einem Treffen jener Gruppe teilgenommen hatte, aus der die NSDAP entstehen sollte.

Hitler war von seinem Führungsoffizier, Hauptmann Karl Mayr, ins Sterneckerbräu geschickt worden, um die sich dort gerade bildende Organisation zu beobachten. Hitler sprach mit einer solchen Vehemenz, dass der Parteigründer Anton Drexler ihm ein Flugblatt in die Hand drückte und ihn eindringlich bat, doch unbedingt wiederzukommen. Wie von Mayr befohlen, trat Hitler in die Partei ein. Doch schon in dieser Situation war er wohl nicht mehr nur ein Spion. Er sah sofort, dass diese Partei seine Ansichten vertrat und noch so klein war, dass er sie lenken konnte. Bald war die NSDAP sein Leben geworden, und Hitler war zum charismatischsten Neuling der rechten Szene aufgestiegen.

Rosenberg lernte den zukünftigen Führer der Partei Ende 1919 kennen, als Hitler Eckart besuchte. Rosenberg und Hitler sprachen über das antike Rom, über den Kommunismus und über die Entwurzelung der Deutschen nach der Niederlage.

»Ich müßte lügen, wollte ich behaupten, ich sei von ihm überwältigt worden, gleichsam bedingungsloser Anhänger«, schrieb Rosenberg nach dem Krieg in seiner Zelle in Nürnberg.[89]

Kurt Lüdecke, ein Geschäftsmann, der half, Gelder für die Partei zu sammeln, ging noch weiter: Rosenberg sei wirklich »kein großer Bewunderer des Hitlerschen Intellekts« gewesen.[90]

Doch wie alle ließ sich auch Rosenberg überzeugen, sobald er den Mann öffentlich sprechen hörte. »Hier sah ich nun einen deutschen Frontsoldaten in ebenso klarer wie überzeugender Weise diesen Kampf beginnen, allein auf sich gestellt, nur mit dem Mute des freien Menschen«, schrieb Rosenberg in einem Brief über jene erste Rede. »Das war es, was mich schon in den ersten 15 Minuten zu Adolf Hitler hinzog ...«[91]

Erst später begriff er die ganze Bedeutung dieses ersten Zusammentreffens mit Hitler: Es war der wichtigste Wendepunkt in seinem Leben. »Diese Bekanntschaft bestimmte nun mein persönliches Schicksal und fügte es ein in das Schicksal der ganzen deutschen Nation.«[92]

Im Dezember 1920 kaufte die noch junge NSDAP eine tief verschuldete Zeitung und gelobte, sie »zur rücksichtslosesten Waffe für das Deutschtum auszubauen gegen jede feindliche undeutsche Bestrebung«.[93] Ein Beitrag für diesen Kauf stammte von einem Offizier der Reichswehr, was zu Vermutungen führte, das Geld komme eigentlich von einem geheimen Militärkonto. Spenden von Unterstützern, reichen privaten Wohltätern und wenigstens einer nationalistischen Organisation hielten die Zeitung am Leben. Sie war allerdings schon verschuldet, bevor die Nationalsozialisten sie kauften, und in der Anfangszeit war immer ungewiss, ob sie es tatsächlich bis zur Druckerpresse und an die Zeitungsstände schaffen würde.

Hitler drängte Unterstützer in seinen Reden dazu, »die meistgehaßte Zeitung im Land!« zu kaufen.[94]

Der *Völkische Beobachter (VB)* war in einem Gebäude am Südrand von Schwabing, in der Schellingstraße 39, untergebracht. Es war eine typische Zeitungsredaktion – »ein völliges Durcheinander: Telefone klingelten, Redakteure diktierten, Besucher, Stimmengewirr«, erinnerte sich eine Angestellte[95].

Hitler verbrachte morgens oft Stunden in den Räumen der Zeitung und schwadronierte vor den zahlreichen Besuchern. Die Restaurants und Cafés in der Schellingstraße wurden zu einem Zentrum der NSDAP-Aktivitäten. An der nächsten Straßenecke lag ein Lieblingsrestaurant Hitlers, der Schelling-Salon mit seinem auffälligen Zwiebeltürmchen; dort trafen sich die Nationalsozialisten regelmäßig, bis der Besitzer den Parteichef nicht mehr anschreiben ließ. Viele Jahre gehörte Hitler auch auf der gegenüberliegenden Straßenseite in der Osteria Bavaria, einem schlecht beleuchteten italienischen Restaurant mit Landschaftsbildern an den getäfelten Wänden, praktisch zum Inventar. Er und seine Gäste speisten gern hinter einem Vorhang in einer Nische gleich hinter der Eingangstür. Manchmal gingen sie auch die Ludwigstraße hinunter ins Café Heck am eleganten Hofgarten. Bei gutem Wetter konnten sie auf schmiedeeisernen Stühlen rund um die mit karierten Tischtüchern eingedeckten Tische unter den Bäumen sitzen.

In seinen ersten Münchner Jahren verbrachte Rosenberg die meiste Zeit in der Schellingstraße 39, wo er zuerst unter Eckarts Herausgeberschaft beim offiziellen Sprachrohr der Partei arbeitete. Im Laufe der Zeit übernahm er immer mehr Verantwortung, bis er gewissermaßen zum Hauptautor der jungen Partei geworden war. Seine Prosa klang oft seltsam und musste redigiert werden, und Hitler gefiel die Zeitung, die Rosenberg und Eckart da herausgaben, nicht auf Anhieb. Er wollte etwas für die Massen, etwas, das die Aufmerksamkeit der Menschen erregte und sie die Welt so sehen ließ, wie die Nationalsozialisten sie sahen.

»Der Völkische Beobachter stand auf einer Höhe damals, daß er selbst von mir schwer begriffen worden ist«, sagte Hitler. »Ich habe nicht eine Frau kennengelernt, die den Völkischen Beobachter gelesen hätte.«[96]

Bald jedoch veröffentlichte die Zeitung weit mehr als nur Rosenbergs unverständliche Grübeleien.[97] Sie brachte Meldungen von Nachrichtenagenturen und aus anderen Zeitungen geklaute Geschichten, Artikel zu Sportereignissen und den Künsten, Beiträge von Unterstützern, politische Karikaturen, Witze, Artikel und Reden Hitlers, Ankündigungen der Partei, Fortsetzungsgeschichten und eine Berichterstattung im Boulevardstil über Bluttaten und andere Verbrechen, mit einem Schwerpunkt auf perversen sexuellen Übergriffen von Juden, die in anschaulichen Einzelheiten beschrieben wurden.

In der Parteizeitung durchlief jede Geschichte einen ideologischen Filter und wurde dabei hysterisch und hämisch aufgeladen. Die Redakteure der Nachrichtenseiten stürzten sich auf jeden Skandal der Weimarer Republik. Sie schrieben so viele Artikel über eine Korruptionsaffäre, in die prominente Politiker und vier jüdische Brüder namens Barmat verwickelt waren, dass daraus eine richtige Reihe wurde, die »Barmatologie«.

Die Autoren der Zeitung fügten gern sarkastische Ausrufungszeichen in die Äußerungen ihrer Feinde ein. Bernhard Weiß, Berlins verhassten Polizeichef, zitierten sie so: »Den Schwätzer (!!!) Hitler und den Demagogen (!!) Goebbels kann man nicht ernst nehmen (!!!).«[98] Im Sportteil ging es vor allem um Aktivitäten mit militärischen Einsatzmöglichkeiten wie Wandern, Gymnastik und Exerzieren. Die Kulturseiten beklagten den jüdischen Einfluss in den Künsten. Die Zeitung brachte auch jene Art von pornografischen antisemitischen Artikeln, die Julius Streicher und *Der Stürmer* später berühmt machen sollten. Hitler liebte sie.

»Ich bin überzeugt, er ist damals an der Menschheit verzweifelt«, sagte Hitler später über Rosenbergs Herausgeberschaft in diesen Jahren. »Seine Menschenverachtung hat das vertieft, daß trotz der Verflachung die Zeitung zugenommen hat.«[99]

1923 verkaufte eine adlige Unterstützerin einige ihrer ausländischen Aktien, um die Umwandlung des *Völkischen Beobachters* in eine Tageszeitung mitzufinanzieren, und Ernst Hanfstaengl, ein Harvard-Absolvent, der in seine Heimat zurückgekehrt und ein begeisterter Gefolgsmann Hitlers geworden war, lieh der Partei 1000 Dollar für neue Druckmaschinen, sodass der *Völkische Beobachter* jetzt in dem Aufmerksamkeit erregenden größeren Format der bekannten amerikanischen Zeitungen gedruckt werden konnte. Die Expansion fiel mit Rosenbergs offizieller Ernennung zum Hauptschriftleiter zusammen. Der Bohemien Eckart war nicht für einen regelmäßigen Erscheinungsrhythmus geschaffen, und man hatte ihn allmählich hinausgedrängt. Hitler, der über entsprechende Geldmittel verfügte, begleitete Rosenberg höchstpersönlich beim Kauf eines Chefschreibtischs. Rosenberg wählte einen mit versenkbarer Platte, um das typische Chaos auf seinem Schreibtisch besser verstecken zu können. Im November hatte die Partei-Zeitung schon fast 30 000 Abonnenten.

Hitlers Wertschätzung für den schwerblütigen Autor war anderen führenden Nationalsozialisten ein Rätsel. »Rosenberg war so ein unappetitlicher Kerl«, schrieb Ernst Hanfstaengl.[100] Putzi, wie er überall genannt wurde, war kommunikativ und verfügte über sehr gute Kontakte in der Münchner Gesellschaft; später wurde er Hitlers Auslandspressechef. Hanfstaengl hatte viele Dinge zu beklagen, wenn es um Rosenberg ging: Er war »eigentlich ungebildet«;[101] er hatte die nervige Angewohnheit, durch die Zähne zu pfeifen, während Hanfstaengl mit ihm sprach; er hatte »einen Geschmack wie der Esel eines Straßenhändlers«; er trug tagelang dasselbe Hemd. »Er hatte da so eine Theorie darüber, dass es Geldverschwendung sei, Hemden zu waschen, und warf sie gewöhnlich weg, wenn sie selbst nach seinen Standards nicht mehr tragbar waren.«

Vor allem aber hielt Hanfstaengl Rosenberg für einen Scharlatan. Er warnte Hitler vor seinem konfusen Denken. Wenn er weiter auf diesen Mann hörte, würde er die ganze Bewegung ruinieren.

Ungeachtet all der Stunden, die er seine Nase in staubige Wälzer steckte, war Rosenberg kein visionärer Denker. Er bediente sich bei früheren Autoren und Denkern und schnitt ihre Ideen für seine Zuhörerschaft zurecht.[102] Wichtig war Rosenberg als Vermittler der Philosophien des 18. und 19. Jahrhunderts, die radikalen Nationalsozialisten jene Rechtfertigungen gaben, die sie für ihren Versuch, den Lauf der europäischen Geschichte zu verändern, brauchten.

Das Konzept einer überlegenen »arischen« Rasse aus großen, schlanken, starken, blauäugigen Blondschöpfen stammte merkwürdigerweise aus der vergleichenden Sprachwissenschaft.[103] Dem britischen Gelehrten Sir William Jones (1746 bis 1794) fielen in Indien Ähnlichkeiten von Sanskrit, Griechisch und Latein auf, und er gab den Menschen, die diese Sprachen verwendeten, einen Namen: *arya*, »edel«. Nach und nach identifizierten andere Wissenschaftler über vierzig Sprachen, denen diese Ähnlichkeiten gemeinsam waren, darunter auch Englisch und Deutsch.

Im 19. Jahrhundert wurde diese einfache Erkenntnis von Denkern verdreht und deformiert, die sich mit der Frage auseinandersetzten, wie es wohl dazu gekommen war, dass Inder und Europäer so ähnliche Sprachen hatten. Einer stellte sich Krieger aus der Himalaja-Region vor, die als Eroberer nach Westen zogen und Deutschland erreichten. Ein anderer kam zu der Überzeugung, dass es andersherum gewesen sein müsse, dass die Arier sich von ihrem Ursprungsland Deutschland nach Osten ausgebreitet hätten.

Im 19. Jahrhundert übernahmen nationalistische Philosophen diese überaus fragwürdige, pseudowissenschaftliche Vorstellung und gründeten darauf ihr Plädoyer für eine deutsche Sonderstellung. Dabei wurde übersehen, dass diesen Ariern zwar die Sprache gemeinsam war, nicht aber die Rasse.

Johann Gottlieb Fichte (1762–1814) redete der Überlegenheit der Germanen das Wort, der französische Diplomat Graf Joseph Arthur de Gobineau (1816–1882) kam in seinem *Essai sur l'inégalité des races humaines* (*Die Ungleichheit der Menschenrassen*) zu dem Ergebnis, dass die Rassen grundsätzlich verschieden seien und die Weißen, vor allem jene mythischen Arier, für alle großen zivilisatorischen Errungenschaften verantwortlich seien.

Dann kam Houston Stewart Chamberlain (1855–1927), ein Brite, in dessen Stammbaum sich einige englische Admirale und Generale fanden, der sich aber ausgerechnet in Deutschland verliebte. Als Jugendlicher war er von einem preußischen Hauslehrer gefördert worden. 1916 wurde Chamberlain deutscher Staatsbürger. Er schloss Freundschaft mit dem Komponisten Richard Wagner und seiner Ehefrau Cosima und heiratete ihre Tochter Eva. Mit Kaiser Wilhelm II. führte er eine umfangreiche Korrespondenz. Chamberlain schrieb, dass er von Dämonen gehetzt werde, von denen einer ihn zum Abfassen eines Buches verleitete, das unter dem Titel *Grundlagen des neunzehnten Jahrhunderts* 1899 herauskam und von Rosenberg zwei Jahrzehnte später als das »Evangelium der nationalsozialistischen Bewegung« bejubelt wurde.[104] In diesem Buch behauptete Chamberlain, die Juden seien eine Bastardrasse, und die biologisch überlegenen Germanen, besonders die Deutschen, verdienten es, über die Welt zu herrschen. Das sei eine wissenschaftliche Tatsache.

Rosenberg erinnerte sich daran, wie er als Jugendlicher die *Grundlagen* las: »Eine neue Welt stieg in mir auf ... Und zu allem sagte ich ja, und immer wieder ja ... Die grundsätzliche Erkenntnis des jüdischen Problems hatte mich erfaßt und nicht mehr losgelassen.«[105]

Bevor er sein eigenes verworrenes Geschichtswerk im Stil Chamberlains verfasste, verbrachte Rosenberg seine Tage damit, eher alltägliche rassistische Kost zu liefern. Seine ersten vier veröffentlichten Bücher boten einen wahnhaften, obsessiven und vor allem paranoiden Antisemitismus. »In der Geschichte«, so schrieb ein Historiker, »ist kein dezidierterer oder kompromissloserer antijüdischer Polemiker bekannt als Alfred Rosenberg.«[106]

Die Juden waren für jede Heimsuchung der Welt verantwortlich, wie Rosenberg in *Die Spur des Juden im Wandel der Zeiten*, das 1920 erschien, erklärte. Wenn sie verfolgt würden, hätten sie sich das selbst zuzuschreiben. Als Volk seien sie gierig und skrupellos. Lese man Berichte über den jüdischen Handel im Mittelalter, so merke man ihnen immer wieder ihr Erstaunen über immer neue jüdische Pfiffigkeiten an, schrieb Rosenberg: »Wechselfälschungen, fingierte Bankrotte, Schuldverschreibungen, ausgestellt in hebräischer Sprache, welche auf gut Glauben angenommen wurden und später übersetzt nichts als einen groben Satz enthielten, Vertauschen der Pakete beim Einkauf, wo dann der Käufer an Stelle der Ware Steine oder Stroh vorfindet usw.«

Als »Verschwörervolk« hatten die Juden keinen inneren moralischen Kompass; deshalb stellten ihre Anführer einen komplexen, technischen Kodex auf, einen Wirrwarr von Gesetzen. Juden konnten keine unparteiischen Richter oder Staatsbeamte sein, weil ihr Glaube von ihnen nur verlangte, die Angehörigen ihres auserwählten Volkes als gleichwertig zu behandeln. Gegenüber Ungläubigen waren sie intolerant. »Objektiv gesehen sind die Juden Verräter an ihrer Nation, bei allem, was sie tun.« Kaiser Wilhelm I. hätte nie ihre Emanzipation zulassen dürfen, man hätte ihnen nie erlauben dürfen, sich frei in der deutschen Gesellschaft zu bewegen, Zeitungen zu besitzen und Unternehmen zu führen.

»Man lässt nicht zu, dass sich ein Gift unbeobachtet verbreitet, noch räumt man ihm den gleichen Wert wie der Medizin ein.«[107]

»Das Judenvolk ...«, schrieb er ein Jahr später in *Das Verbrechen der Freimaurerei*, »ist auserwählt, nur vom Satan, als Plage für alle anderen Völker, der Mephisto, der dem Faust überallhin nachschleicht, um jede seiner Schwächen sofort auszunutzen und ihn zu sich in den Schmutz zu ziehen.«[108] Juden konnten versuchen, den Glauben zu wechseln, sie konnten sich zehnmal taufen lassen – das Böse in ihrem Blut konnten sie nicht loswerden.

Rosenberg war auch nicht unerheblich an der Verbreitung der gefälschten *Protokolle der Weisen von Zion* beteiligt, einem erstmals 1903 in Russland erschienenen Buch, das sich als das Protokoll eines Geheimtreffens jüdischer Führer ausgab, die die Weltherrschaft anstrebten, indem sie Kriege und Aufstände anzettelten, die Wirtschaft kontrollierten und mithilfe der Presse Atheismus und Liberalismus förderten.

Die Ursprünge dieser berüchtigten Fälschung liegen noch immer im Dunkeln. Lange ging man davon aus, dass die zaristische Geheimpolizei sie um die Jahrhundertwende aus plagiierten Quellen zusammengesetzt habe. Antibolschewistische Russen, die vor der kommunistischen Revolution flohen, brachten das Buch aus Russland mit, und bald gab es Ausgaben überall auf der Welt.

In Deutschland tauchten die *Protokolle* 1919 auf. Eckart, der Verleger, bei dem Rosenberg seine erste Stelle fand, reagierte mit »unsäglichem Entsetzen« auf diese schattenhafte jüdische Verschwörung; er war es wohl, der die Aufmerksamkeit Hitlers darauf lenkte.[109] 1921 entlarvte eine englische Zeitung die *Protokolle* als Fälschung, doch Rosenberg erklärte die Frage der Authentizität des Buches noch zwei Jahre später in einem Kommentar für ungeklärt. Jedenfalls, so argumentierte er, passe das Buch zu anderen Darstellungen und liefere eine genaue Skizze der globalen jüdischen Strategie.[110]

Rosenberg verfasste auch den maßgeblichen Kommentar zu den 25 Punkten des Parteiprogramms der NSDAP – in diesen Jahren mussten ihn Parteimitglieder wohl oder übel als eine maßgebliche Autorität zu Fragen der nationalsozialistischen Ideologie und eine dominierende Kraft bei der Entwicklung der Parteidoktrin sehen. Nach Aussagen verschiedener Nationalsozialisten, die in den 1930er- und 1940er-Jahren mit Hitler brachen und aus Deutschland flohen, war Rosenbergs Einfluss auf Hitler in den frühen Jahren sehr groß. Einer dieser Abtrünnigen, Otto Strasser, behauptete, dass Rosenberg im Jahr 1923 »das unangefochtene Hirn hinter Adolf Hitler« gewesen sei.[111]

Kurt Lüdecke, ein früher Anhänger, erinnerte sich, Hitler habe ihm geraten, Rosenbergs Ansichten zur Außenpolitik besonders aufmerksam zu verfolgen.

»Sie kennen Rosenberg noch nicht?«, fragte Hitler kurz nach ihrem ersten Zusammentreffen. »Sie müssen ihn besser kennenlernen, sich gut mit ihm stellen. Er ist der einzige, auf den ich immer höre. Er ist ein Denker.«[112]

Natürlich hätte Hitler es weit von sich gewiesen, als Marionette eines anderen bezeichnet zu werden. In *Mein Kampf* beschreibt er eine dramatische Offenbarung, in der er, als junger Mann von etwas mehr als zwanzig Jahren, auf den Straßen Wiens plötzlich das jüdische Übel erkannte.[113] Berichte über seine Zeit in Wien legen nahe, dass Hitlers antisemitische Radikalisierung erst später stattfand, nach der deutschen Niederlage im Ersten Weltkrieg, doch als Hitler rund um seine charismatische Persönlichkeit eine Bewegung aufbaute, musste er sich als einzigartige Gestalt, als »den Führer« darstellen. Die Menschen mussten glauben, dass ihm eine Offenbarung zuteilgeworden war – dass er selbst durch erschöpfende Studien und persönliche Erfahrung die Ideale der NSDAP entwickelt hatte. Dies, so schreibt der Historiker Ian Kershaw, gab ihm »den Anspruch auf die Führung der nationalen Bewegung … den Anspruch, Deutschlands kommender ›großer Führer‹ zu sein«.[114]

Hitlers Sprechweise gab seinen Auftritten »etwas von der Inbrunst einer Erweckungsbewegung«, wie der Historiker Richard Evans es einmal umschrieb.[115] Mit einem Sinn für Dramatik begann er stets ruhig und leise und wurde langsam und allmählich lauter bis hin zu einem mitreißenden Schluss, seine Stimme ein Brüllen, sein Haar auf der schweißnassen Stirn klebend, seine Hände die Luft zerteilend. Als geborener Politiker verband Hitler seine persönliche Erfahrung schwerer Zeiten mit den Geschicken der deutschen Nation, was in einer Zeit des Umbruchs und der Not gut ankam. In drastischen Worten geißelte er die Revolution, die Republik und die Juden, die, wie er sagte, hinter allem steckten. »Denken Sie nicht, daß Sie eine Krankheit bekämpfen können, ohne nicht den Erreger zu töten«, wütete er in einer berüchtigten Rede, »ohne den Bazillus zu vernichten, und denken Sie nicht, daß Sie die Rassentuberkulose bekämpfen können, ohne zu sorgen, daß das Volk frei wird von dem Erreger der Rassentuberkulose.«[116]

In der zweiten Hälfte des Jahres 1920 nahm Hitler ein auffälliges neues Element in seine Reden auf. Er begann ausdrücklich davor zu warnen, dass die Juden, die Russland den Bolschewismus gebracht hätten, diesen jetzt auch Deutschland aufzwingen wollten. Der rote Stern, ein Symbol des Bolschewismus, sei »der Stern Davids, das Wahrzeichen der Synagoge. Das Symbol der jüdischen Rasse über der Welt, einer Herrschaft von Wladiwostok bis nach dem Westen, der Herrschaft des Judentums! Der goldene Stern bedeutet den Juden das gleißende Gold.«[117] Das deutsche Volk stand vor der Wahl: Es konnte unter dem Sowjetstern leben oder unter dem Hakenkreuz der Nationalsozialisten.

Hier offenbarte sich Rosenbergs Einfluss. Hitler hatte noch im Sommer 1920 eingeräumt, dass er nicht viel über die Situation in Russland wisse. Sein Russisch sprechender Gefolgsmann setzte ihn schnell ins Bild.[118]

Sofort nach seiner Ankunft in München hatte sich Rosenberg bemüht, als Fachmann für die Vorgänge in Russland Anerkennung zu finden. Er erklärte, er kenne die Gefahren des Kommunismus wie kaum ein anderer, weil er 1917 die Revolution in Moskau selbst erlebt habe. Über diese »russisch-jüdische Revolution« schrieb Rosenberg schon in seinem allerersten veröffentlichten Beitrag, der 1919 in Eckarts Zeitung erschien.[119]

Rosenberg sorgte auch dafür, dass in Hitlers Denken die angebliche jüdische Weltverschwörung mit dem kommunistischen Aufstand in Russland verknüpft war. Seine Formel lautete, wie ein Historiker es ausdrückte: »Russland = Bolschewismus = Judentum«.[120] Er ging sogar noch darüber hinaus und behauptete, dass die Juden, die darauf aus waren, nicht nur Russland und Deutschland zu beherrschen, sondern die ganze Welt, Kapitalismus *und* Kommunismus kontrollierten. Das war der große jüdische Betrug. Sie zogen alle Strippen. Sie spielten alle gegeneinander aus. Kurz nach den blutigen kommunistischen Aufständen in München im Jahr 1919 fiel es Rosenbergs Lesern und Hitlers Zuhörern nicht schwer, sich apokalyptische Folgen auszumalen, falls die Kommunisten auch in Deutschland an die Macht kämen. Hatten sie nicht gerade gesehen, was geschah, wenn sie die Kontrolle übernahmen? Wie in Moskau würden Juden auch in Deutschland alle und jeden ermorden, prophezeite Hitler seinen Zuhörern. »Sie begreifen nicht, daß es schon genügt, einen Kopf zu besitzen und kein Jude zu sein, um diesem Schicksal zu verfallen (auf das Schafott geschleift zu werden)«.[121]

In einer seiner typischen Reden erklärte Hitler seinem Publikum am 28. Juli 1922 in München, dass »Börsenjuden« in der Sowjetunion sich als marxistische Vorkämpfer der Arbeiter ausgeben würden. »Ein Riesenbetrug, wie die Weltgeschichte selten einen ähnlichen gesehen hat.«

Die Juden hätten Russland zugrunde gerichtet, und sie würden intrigieren, »bis die Welt in Trümmer sinkt«.

»Das ganze heutige Rußland stellt weiter nichts mehr vor als eine zugrunde gerichtete Kultur«, sagte er. Der Jude – »der Raubgierige, Nimmersatte« – stahl alles für sich selbst. »Er reißt die Kirchengüter an sich, aber nicht um das Volk zu ernähren, nein, alles wandert weg und verschwindet spurlos. … Und so kommt nun Deutschland in jenes Stadium, das Rußland bis zur Neige durchgekostet hat.«

Die Juden zielten bei der einst großen deutschen Nation auf eine »Wehrlosmachung der Nation in Waffen und Wehrlosmachung des Volkes im Geiste«. Nun könnte man vielleicht meinen, es sei klug, den Mund zu halten und Ärger zu vermeiden, doch Hitler versicherte seinen Zuhörern, dass sie sowieso dem Tode geweiht seien. »Nein, lieber Freund, ich hänge vielleicht redend am Strick und du eben schweigend. … Rußland gibt uns auch hier zahllose Beispiele … Und bei uns wird es nicht anders gehen.«

Es gebe, so Hitler, nur eine einzige logische Reaktion auf die Aussicht einer jüdisch gelenkten sowjetischen Diktatur in Deutschland: Das Volk müsse sich wehren. »Denn darüber soll es keinen Zweifel geben. … Wir lassen uns nicht wehrlos vom Judentum die Gurgel durchschneiden.«[122]

Ein paar Monate später prophezeite Hitler einen Kampf um Leben und Tod. Es gehe hier um ein »sie oder wir«, erklärte er seinen Anhängern. Juden und Nationalsozialisten könnten im künftigen Deutschland nicht nebeneinander leben. »Wir wissen«, so Hitler, »wenn sie ans Ruder kommen, dann rollen unsere Köpfe in den Sand; wir wissen aber auch, wenn wir die Macht in den Händen haben werden: ›Dann gnade euch Gott!‹«[123]

In den Jahren nach der Gründung der Weimarer Republik versetzte eine Wahl nach der anderen die politische Szene in Aufruhr.[124] Deutschland wurde von zwanzig verschiedenen Kabinetten geführt, während eine große Zahl politischer Parteien um die Macht im Reichstag kämpfte: die Sozialdemokraten, die liberale Deutsche Demokratische Partei, die katholische Zentrumspartei, die Kommunisten, die Deutschnationale Volkspartei, die Deutsche Volkspartei und die Nationalsozialisten. Gewaltige Schulden, der Übergang zu einer Friedenswirtschaft, der Zusammenbruch der Industrie, Reparationen, die die Alliierten dem Deutschen Reich im Versailler Vertrag auferlegt hatten – all diese Probleme setzten der deutschen Wirtschaft zu, und die Inflation erreichte noch nie da gewesene Höhen. Im Jahr 1923 brauchte man irgendwann über vier Billionen Mark, um einen Dollar zu kaufen.

In jenem Sommer begann Hitler lautstark den Sturz der verhassten Republik zu fordern. Er war der Meinung, es sei endlich an der Zeit, einen Staatsstreich zu wagen und die Macht zu übernehmen.[125] Dabei hatte er einen wichtigen Verbündeten, General Erich Ludendorff, der gemeinsam mit Paul von Hindenburg im Ersten Weltkrieg Chef der Obersten Heeresleitung gewesen war und 1923 die prominenteste nationalistische Persönlichkeit in Deutschland war.

Und Hitler hatte Durchschlagskraft: den Deutschen Kampfbund, ein Bündnis nationalistischer paramilitärischer Gruppen, darunter 15 000 SA-Leute unter dem Kommando eines Mannes, der zu einer der überragenden Gestalten des Dritten Reiches werden sollte, weltweit bekannt wegen seiner Korpulenz und seines Gepolters.

Hermann Göring war ein geschwätziger Mann mit einem unersättlichen Hunger nach Luxus und einem großen Hang zur Grausamkeit. Einen Teil seiner Kindheit hatte er auf einer mittelalterlichen Burg verbracht, die dem Geliebten seiner Mutter, einem österreichischen Arzt mit zum Teil jüdischen Vorfahren, gehörte.[126] Inmitten der Mauern und Türmchen und schmucken Rüstungen fantasierte der junge Hermann über Deutschlands mythische Geschichte, in der galante teutonische Ritter herumstreiften und Europa eroberten.

Zunächst war er ein schwieriger Schüler, blühte dann aber während seiner militärischen Ausbildung auf. Er besuchte die Hauptkadettenanstalt in Berlin-Lichterfelde und wurde im

Ersten Weltkrieg als Infanterieoffizier nach den ersten Kämpfen mit dem Eisernen Kreuz II. Klasse ausgezeichnet.

Knieprobleme und glückliche Zufälle brachten ihn an die Fliegerschule. Als Beobachter auf einem mit zwei Mann besetzten Flugzeug machte er Vorgesetzte auf seine Fähigkeit aufmerksam, auch unter Beschuss aussagekräftige Fotos von feindlichen Befestigungen zu schießen. Bald lernte er, die neuen, mit Maschinengewehren ausgerüsteten Kampfflugzeuge zu fliegen, und bei Kriegsende hatte er 22 Abschüsse auf seinem Konto. In den letzten Kriegswochen kommandierte Göring ein Elitegeschwader der Jagdflieger, das Jagdgeschwader Nr. 1, das Manfred von Richthofen, der sagenhafte Rote Baron, bis zu seinem Tod im April 1918 kommandiert hatte.

Göring, einer der erfolgreichsten Jagdflieger des Ersten Weltkriegs, war empört über die deutsche Kapitulation. Er gehörte zu den entschiedenen Gegnern der neuen Republik und hatte auch flüchtige Kontakte zu nationalistischen Wehrverbänden, ging jedoch schon bald ins skandinavische Ausland. 1922 kam er nach Deutschland zurück und lernte im Herbst des Jahres Adolf Hitler kennen, gerade noch rechtzeitig, um beim Umsturzversuch in Bayern dabei zu sein.

Die Frage war, wann man zuschlagen sollte. Rosenberg und ein weiterer Deutschbalte, Max Erwin von Scheubner-Richter, schlugen vor, Generalstaatskommissar Gustav von Kahr als Geisel zu nehmen und ihm die Zustimmung zu einem Marsch auf Berlin abzutrotzen.

Die Nationalsozialisten planten ihre Aktion für den 8. November, an dem von Kahr neben dem bayerischen Landeskommandeur der Reichswehr und dem Kommandeur der Landespolizei auf einer vaterländischen Kundgebung im Bürgerbräukeller sprechen wollte.

An jenem Morgen arbeitete Rosenberg in seinem Büro in der Schellingstraße. Im Haus herrschte hektische Aktivität. Hanfstaengl fiel auf, dass Rosenberg zwar sein übliches ungewaschenes Hemd und eine Krawatte trug, aber demonstrativ eine Pistole auf dem Schreibtisch liegen hatte.

Hitler erschien und ging in Rosenbergs Büro. »Heute Abend geht es los«, verkündete er den Männern. »Bringen Sie Ihre Pistolen mit.«[127]

Rosenberg setzte seinen hellbraunen Filzhut auf und zog einen Mantel über den Anzug, dann fuhr er in einem roten Mercedes mit Hitler und seinem Leibwächter zum Bierkeller am Ostufer der Isar. Schwer bewaffnet und mit Stahlhelmen auf dem Kopf umstellten Görings SA-Männer kurz nach 20.30 Uhr den Bürgerbräukeller. Ein Maschinengewehr wurde im Hauptgang aufgestellt, und die Nationalsozialisten drängten nach vorn, Rosenberg an Hitlers Seite.

Ein Tumult brach los. Hitler, der einen schwarzen Mantel und sein Eisernes Kreuz trug, schoss in die Decke, erklärte, die Revolution habe begonnen, und kletterte über die Tische bis aufs Podium. Die Vertreter der bayerischen Staatsregierung wurden in ein Hinterzimmer eskortiert.

Göring bemühte sich, die Menge zu beruhigen (»Ihr habt ja euer Bier!«), während Hitler nicht ganz so freundlich versuchte, Kahr und die anderen zu einem Staatsstreich zu überreden. Sie weigerten sich, mit ihm zu sprechen. »Niemand verlässt lebend das Zimmer ohne meine Erlaubnis!«, schrie er. Bald tauchte Ludendorff auf und mischte sich in die schwierigen Verhandlungen ein, und schließlich willigten die Politiker ein zu kooperieren.

Unter Jubel wurde der Putsch im Bierkeller verkündet, und man sang die deutsche Nationalhymne *Deutschland, Deutschland über alles.*

Rosenberg eilte in die Zeitungsredaktion zurück, um die Revolution öffentlich zu verkünden. Als er seinen Mitarbeitern die Neuigkeit mitteilte, brach das ganze Büro in lauten Applaus aus.

»Es gibt für uns nur eines«, erklärte Rosenberg ihnen. »Entweder wir haben morgen eine deutsche Nationalregierung, oder wir sind tot.«[128]

Ein Redakteur diktierte die Schlagzeile. »Deutschland erwacht aus seinem wüsten Fiebertraum, eine neue große Zeit bricht in strahlendem Glanze durch die Wolken, die Nacht lichtet sich, es wird Tag, stolz erhebt sich wieder das Symbol deutscher Macht und Größe!«[129]

Doch schon bevor die Zeitung in den Verkauf kam, war der Putsch gescheitert.

Es war den Nationalsozialisten nicht gelungen, die wichtigen Kasernen zu besetzen, und Hitler verließ den Bürgerbräukeller, ohne sicherzustellen, dass die bayerische Staatsspitze weiter unter Bewachung blieb. Ludendorff ließ von Kahr und die anderen entkommen, und sie beeilten sich, die Revolte niederzuschlagen. Die Revolutionäre hatten die Kommunikationskanäle nicht unter ihre Kontrolle bekommen, und loyale Soldaten wurden herbeigerufen, während von Kahr die Putschisten im Radio verurteilte und die Auflösung der NSDAP befahl.

Am nächsten Morgen schneite es in München. Es war der fünfte Jahrestag jenes schwarzen Tages, an dem nach Meinung der Nationalisten die »Novemberverbrecher« Deutschland verraten hatten. In der verzweifelten Hoffnung, nach ihrem stümperhaften Staatsstreichversuch doch noch etwas vorzeigen zu können, beschlossen die Nationalsozialisten, in die Stadtmitte zu marschieren und ihre verhafteten Parteigänger zu befreien.

Die Revolutionäre brachen vom Bierkeller aus auf, 2000 Mann in einer Marschsäule. Zunächst wirkte das Ganze eher wie ein Trauerzug, doch als sie das Stadtzentrum erreicht hatten und sahen, dass sich die Menschen ihnen anschlossen, glaubten sie einen Moment lang, sie könnten noch immer den Sieg davontragen. Rosenberg marschierte in der zweiten Reihe, hinter Göring, Ludendorff und Hitler, der sich im engen Schulterschluss bei Scheubner-Richter eingehakt hatte. Die Demonstranten erreichten den Marienplatz und das Rathaus, wandten sich dann nach rechts und zogen auf der Residenzstraße zum Odeonsplatz.

An der Feldherrnhalle warteten schon 100 Polizisten der Bayerischen Landpolizei.

»Geben Sie auf!«, rief Hitler.

Waffen wurden gezogen, und in der folgenden Stille fiel ein Schuss.

Scheubner-Richter wurde von einer Kugel in den Kopf getroffen und zog sterbend Hitler zu Boden. Dabei renkte er dem Vorsitzenden der NSDAP die Schulter aus. Göring wurde an der Leiste verletzt. Rosenberg, kein Weltkriegsveteran, warf sich auf die Straße, sobald die Schießerei begann. Der Mann, der neben ihm marschiert war, Oskar Körner, Besitzer eines kleinen Spielwarengeschäftes, wurde getötet. Rosenberg entkam dem Chaos zusammen mit Hitler und Göring unverletzt. Neben sechzehn Nationalsozialisten starben auch vier Polizisten. Ludendorff marschierte – wundersamerweise unverletzt – bis zum Polizeikordon hinüber und wurde dort festgenommen.

Hitler wurde von Sanitätern in ein wartendes Auto geschoben und tauchte bald in Hanfstaengls Haus südlich von München auf, mit schmerzendem Schultergelenk und niedergeschlagen, vielleicht mit Selbstmordgedanken. In Erwartung seiner Verhaftung nahm er einen Bleistift und kritzelte eine

Botschaft an seine Anhänger, in der er einen interimistischen Parteivorsitzenden bestimmte. Für Rosenberg schrieb er eine persönliche Nachricht. Dann wurde er in einem weißen Nachthemd in Gewahrsam genommen und nach Landsberg am Lech ins Gefängnis gebracht, in die Zelle Nr. 7.

Niemand hätte überraschter sein können als Rosenberg, als er erfuhr, was Hitler in Bezug auf die unmittelbare Zukunft der NSDAP beschlossen hatte.

»Lieber Rosenberg«, so hieß es in Hitlers Nachricht. »Führen Sie ab jetzt die Bewegung.«[130]

Rosenberg bewies sofort, dass er für eine solche leitende Position völlig ungeeignet war.[131] Später vermuteten einige Nationalsozialisten, das sei genau der Grund gewesen, weshalb Hitler ihn ausgewählt hatte. Sicher hoffte Hitler für die Zeit nach seiner Freilassung auf eine Rückkehr an die Spitze. Er wollte die Partei nicht einem potenziell mächtigen Rivalen überlassen. Gleichzeitig konnte er in Bezug auf die Zukunft aber nicht sicher sein. Ein langer Gefängnisaufenthalt? Ausweisung nach Österreich? Er war verletzt und verzweifelt, und in der Hektik wählte er seinen getreuesten »Alten Kämpfer«.

Im Gefängnis verbrachte Hitler die Zeit damit, an seinem Werk *Mein Kampf* zu arbeiten. Inzwischen zerfiel die NSDAP unter Rosenbergs Führung. Nach dem Parteiverbot und dem Einfrieren der Finanzen informierte Rosenberg seine Parteimitglieder in einem Zirkular vom 3. Dezember, dass sie jetzt als Untergrundorganisation arbeiten müssten. (»Geheim!«, hieß es dort. »Nach Durchsicht zu verbrennen.«)[132] Er begann das Pseudonym Rolf Eidhalt zu verwenden – ein Anagramm für Adolf Hitler.[133]

Eine Gruppe Nationalsozialisten, die die Schießerei in München überlebt hatten, versammelte sich in Salzburg und versuchte Rosenberg zu erreichen, doch er war schwer aufzuspüren. Aus Angst vor einer Festnahme wechselte er täglich seine Unterkunft.

Selbst Lüdecke, ein Verbündeter Rosenbergs, sagte, die Partei sei ohne Führung gewesen. »Er konnte wenig tun, um uns zu lenken.«[134]

Im Januar gründete Rosenberg die Großdeutsche Volksgemeinschaft, die er zu einer Nachfolgeorganisation der verbotenen Nationalsozialisten machen wollte. Seine Strategie bestand in einem Schwenk weg von einem putschistischen Kurs hin zu einem parlamentarischen Weg. Im Frühling stellte die neue Partei Kandidaten für den bayerischen Landtag und den Reichstag auf, von denen einige über völkische Listenverbindungen auch gewählt wurden. Doch als eine rivalisierende nationalistische Gruppierung, die Deutschvölkische Freiheitspartei, die Nationalsozialisten zu einer Vereinigung beider Organisationen einlud, durchkreuzte Hitler dieses Vorhaben – und verkündete am 7. Juli 1924, er werde sich bis zu seiner Entlassung aus dem Gefängnis aus der Politik zurückziehen.

Ohne seine Unterstützung endeten faktisch alle Versuche, die äußerste Rechte zu einen, und damit endete auch Rosenbergs kurze, schmerzhafte Erfahrung als Ersatz-Parteiführer. Ohne Autorität und in einer nationalistischen Bewegung, die mit zerstörerischen Rivalitäten zu kämpfen hatte, an den Rand gedrängt, trat er zurück.

Ende 1924 kam Hitler aus dem Gefängnis und erlangte schnell wieder die Kontrolle über die Bewegung. Er kritisierte Rosenberg, weil dieser einen parlamentarischen Kurs eingeschlagen hatte, beschloss dann allerdings, genau auf diesem Weg weiterzugehen. Als der *Völkische Beobachter* wieder erschien, schrieb Hitler die Titelgeschichte und warf Ludendorff und Rosenberg ihre Fehlentscheidungen in seiner Abwesenheit vor.

Rosenberg beteiligte sich nicht an der Neugründung der NSDAP, und er war auch nicht bereit, die Vergangenheit ruhen zu lassen: Er reichte Verleumdungsklagen gegen seine Erzfeinde innerhalb der Partei ein.

Hitler bestand darauf, dass Rosenberg die Klagen fallen ließ, und bot ihm dafür die Rückkehr an die Spitze der Parteizeitung an. Rosenberg zögerte, und Hitler bat Lüdecke zu intervenieren. »Sie sehen besser zu, dass Rosenberg zur Besinnung kommt und aufhört, die beleidigte Unschuld zu spielen.«

»Das ist nicht so einfach«, antwortete Lüdecke. »Der Schnitt ging tiefer, als Sie denken.«

»Ja, ja, wir werden sehen«, sagte Hitler mit einem Lächeln.[135]

Hitler wetzte die Scharte wieder aus, indem er Rosenberg nicht nur die Stelle, sondern auch einen außergewöhnlichen Brief zukommen ließ. Trotz des durchaus zweischneidigen Kompliments zeigt das Schriftstück, wie dringend Hitler Rosenberg dabei behalten wollte.

Hitler erklärte, die Parteiangelegenheiten seien nach dem gescheiterten Staatsstreich so verworren gewesen, dass er verstehen könne, warum Rosenbergs Rivalen so bittere und beleidigende Worte verwendet hätten. »Von was aber das Herz voll ist«, so schrieb Hitler, »geht der Mund dann über.« Doch egal, was in der Hitze des Gefechts gesagt worden sei – er wollte seinen Stellvertreter wissen lassen, dass er Hitlers höchsten Respekt genieße. »Ich kenne Sie, Herr Rosenberg, und sehe in Ihnen nicht nur einen der wertvollsten Mitarbeiter unserer Bewegung«, schrieb er.[136]

Ihre Beziehung war gekittet, doch Rosenberg sollte Hitler nie wieder so nahestehen wie vor dem Putschversuch.

Hitler kaufte einen schwarzen Mercedes mit sechs Sitzen und fuhr gern mit umgänglichen Parteigenossen damit über Land.[137] Rosenberg, unerbittlich ernst, steif, humorlos, schien zu wissen, dass er nicht die Art Mensch war, die man zu einem erholsamen Tagesausflug einlud. Das Gespräch würde sich unausweichlich bald wieder den Parteiangelegenheiten und seinen bürokratischen Fehden mit anderen NSDAP-Größen zuwenden. Er konnte einfach nicht aus seiner Haut.

»Er schätzte mich sehr, aber er liebte mich nicht« – so fasste Rosenberg die Beziehung zusammen.[138]

Rosenberg kehrte wahrscheinlich nicht ganz ungern in den Schützengraben zurück, als Hitler ihm anbot, wieder die Hauptschriftleitung der Zeitung zu übernehmen. Er war 31 Jahre alt, und er hatte seit seiner Ankunft in Deutschland nur eines getan: Er hatte Streitschriften für die Partei verfasst.

Als die Nationalsozialisten im Jahr 1925 also begannen, ihre in Trümmern liegende Partei wieder aufzubauen, und einen langen Kampf um die politische Macht starteten, hatte Rosenberg keine andere Wahl – er musste in das Büro in der Schellingstraße zurückkehren und den *Völkischen Beobachter* leiten. Er brauchte das Geld, wie er Lüdecke gegenüber einräumte, und »zudem ist die Arbeit mein Leben, ich kann die Sache nicht aufgeben«.[139]

Die Zeitung, das wichtigste Sprachrohr der Partei, war so polemisch und aggressiv wie zuvor. Die Zeitung nannte die führenden Repräsentanten der Weimarer Republik internationalistisch, pazifistisch und verweichlicht. Sie geißelte den jüdischen Gott Jahwe als Teufel, Mörder und Lügner und verhöhnte den jüdischen Glauben in jeder Weise. Den Chefredakteur einer anderen Zeitung attackierte sie als einen Mörder der deutschen Seele und Verräter des deutschen Volkes.

Es konnte nicht überraschen, dass diese Hetzreden Rosenberg und die anderen Autoren der Zeitung häufig wegen Verleumdung und übler Nachrede vor Gericht brachten.

Das Gesetz zum Schutz der Republik erlaubte es den Behörden der Länder, Zeitungen bis zu sechs Monaten zu verbieten, die zu einschlägigen Straftaten aufriefen. Der *Völkische Beobachter* musste immer wieder Bußgelder bezahlen und sein Erscheinen vorübergehend einstellen. Im März 1926 wurde Rosenberg sogar zu einem Monat Gefängnis verurteilt und im Mai zu einer weiteren Haftstrafe von einer Woche.

»Um die Seele eines jeden ist vor aller Öffentlichkeit gerungen worden«, schrieb Rosenberg Jahre später zu seiner Verteidigung. »Die – auch persönlichen – Angriffe auf uns alle waren denkbar hart – was wir ebenso hart erwiderten.« Jene Artikel im *Völkischen Beobachter* »wurden oft um sieben Uhr morgens auf Grund gerade einlaufender Meldungen geschrieben und waren somit die ersten, noch nicht gelagerten Temperamentsäußerungen. Die gegnerische Seite hat an Angriffen uns aber auch gar nichts erspart.«[140] Es war eine nervenaufreibende Zeit, so schrieb Rosenberg, in der man sich leicht den einen oder anderen blauen Fleck zuziehen konnte, eine Zeit endloser Auseinandersetzungen mit Feinden innerhalb und außerhalb der Partei.

Bei den Reichstagswahlen im September 1930 errang die NSDAP einen sensationellen Erfolg, und auch Rosenberg wurde in den Reichstag gewählt, wo er für die Feinde der Partei ein willkommenes Ziel bot. Einmal erhob er sich, um in seinem braunen Uniformhemd zum Rednerpult zu treten, als die Sozialdemokraten im Parlament den Antisemiten mit dem jüdisch klingenden Namen mit ihren Zwischenrufen aus dem Konzept zu bringen versuchten.

»Jetzt kommt ein Jüd! Guck dir mal die Nase an! Auf, nach Palästina!«, riefen sie.[141]

Schlimmer noch waren Andeutungen über seine Tätigkeit im Ersten Weltkrieg. Hanfstaengl informierte Göring darüber, dass Rosenberg einige Zeit in Frankreich verbracht habe, und Göring deutete an, Rosenberg habe in Diensten des französischen Geheimdienstes gestanden. »Der Kerl soll nur endlich sagen, was er während des Krieges in Paris getan hat«, forderte er gegenüber Parteigenossen.[142] Rosenberg hatte eigentlich nur zu erzählen, dass er 1914 ein paar Wochen in Paris seine damalige Freundin und spätere Frau Hilda besucht hatte. Es war eine völlig harmlose Reise gewesen.[143] Doch Gegner der Nationalsozialisten nahmen den Ball auf. Reichskanzler Heinrich Brüning nannte Rosenberg verächtlich einen sogenannten Balten, der noch am 9.11.1918 nicht gewusst habe, welches sein Vaterland sei.[144]

Rosenberg verklagte sozialdemokratische Zeitungen wegen der Unterstellungen und bekam Schadensersatzzahlungen zugesprochen.

Doch die üble Nachrede blieb an ihm haften. Das Thema kam während einer Reichstagsdebatte im Jahr 1932 wieder auf und führte zu einem kleinen Tumult. Ein kommunistischer Politiker deutete an, dass Rosenberg gegen Deutschland gearbeitet habe, und Rosenberg reagierte gereizt. »Sie wollen wohl eine Ohrfeige haben?«[145]

Falls Rosenberg Trost in seinem privaten Umfeld fand, so hinterließ er jedenfalls kaum Berichte darüber. Er und Hilda ließen sich 1923 nach acht Jahren Ehe scheiden.[146] Im Grunde war die Ehe schon 1918 am Ende, als er nach Deutschland reiste. Sie begleitete ihn nicht, sondern reiste stattdessen mit ihrer Familie, um ihre Tuberkulose behandeln zu lassen, zunächst nach Badenweiler und später dann in die Schweiz. »Sie sagte, sie habe mir vielleicht etwas helfen können, jetzt hätte ich meinen Weg genommen. Sie sei krank, wohl für immer an andere Menschen, andere Umgebung gebunden«, schrieb Rosenberg später in einem emotionslosen Bericht über sein Privatleben. »Später fuhr sie zu ihren Eltern nach Reval, suchte dann letzte Heilung in Frankreich, wo sie starb.«[147]

An einem Sommertag nicht lange nach der Trennung verließ Rosenberg gerade das Redaktionsbüro in der Schellingstraße, als er »eine schlanke, schöne Dame im dunklen Kostüm, mit großem schwarzem Hut mit schottischem Band« erblickte. Hedwig Kramer war 24 Jahre alt, sieben Jahre jünger als Rosenberg. Er sah, dass sie ein griechisches Restaurant betrat, in dem er auch oft zu Mittag aß, folgte ihr und begann ein Gespräch mit ihr. Auf langen Spaziergängen durch die Wiesen des Englischen Gartens warb er um sie. Sie heirateten 1925 und hatten zwei Kinder – einen Sohn, der bald nach der Geburt starb, und eine Tochter, Irene, die 1930 zur Welt kam. Nach der Eheschließung zogen er und Hedwig in eine Wohnung in der Akademiestraße, ebenfalls im Boheme-Viertel Schwabing, direkt gegenüber der schimmernd-weißen Steinfassade der Akademie der Bildenden Künste.

Doch seine Arbeit war sein Leben. Die Jahre vergingen, und Rosenberg saß an seinem Schreibtisch: lernend, lesend, denkend, schreibend. In der wenigen Zeit, die er nicht im Büro verbrachte, las er oder vertiefte sich in die germanische Geschichte. Auf einer seiner ersten Reisen mit seiner neuen Frau besuchte er das Heidelberger Schloss.

Rosenbergs Tätigkeit ging über den Skandaljournalismus der Parteizeitung weit hinaus. Er war Begründer und Schriftleiter der Zeitschrift *Der Weltkampf*, die antisemitische Standardthemen in pseudogelehrten, mit Fußnoten gespickten Artikeln abhandelte. 1930 begründete er auch die *Nationalsozialistischen Monatshefte*, die das ideologische und theoretische Fundament der Partei erläuterten, und wurde später auch ihr alleiniger Herausgeber. Rosenberg war ein überaus produktiver Unruhestifter. Bis zu seinem Tode sollte er mehr publizieren als jeder andere führende Nationalsozialist.

Als das Jahr 1933 herankam, zahlte sich die Arbeit endlich

aus. Zehn harte Jahre nach ihrer blutigen Niederlage auf dem Odeonsplatz – Jahre voller Wahlkampfauftritte in Wirtshäusern und Bierkellern, Agitation in den Zeitungen, Hinterzimmermauscheleien und Straßenkämpfen – standen Hitler und die NSDAP endlich, erstaunlicherweise, an der Schwelle zur Macht.

Rosenberg ging nach Berlin zurück. Diesmal sollte er nicht nur ein Schaulustiger an der Straße Unter den Linden sein, nicht nur einer von vielen Zeugen geschichtsträchtiger Ereignisse.

Diesmal kam Rosenberg an der Seite eines mächtigen Mannes, der entschlossen war, selbst Geschichte zu *machen*.

Hitler mit einigen Mitstreitern am 30. Januar 1933, dem Tag der Machtergreifung. Von links nach rechts: Wilhelm Kube, Hanns Kerrl, Joseph Goebbels, Adolf Hitler, Ernst Röhm, Hermann Göring, Richard Walther Darré, Heinrich Himmler und Rudolf Heß. Wilhelm Frick sitzend.

(Universal History Archive/UIG via Getty Images)

6

Die Nacht bricht herein

Es ging alles so schnell.[148] Hitler kam am 30. Januar 1933 im Rahmen eines politischen Kompromisses an die Macht. Der impulsive Revolutionär sollte gebändigt – an die Kandare genommen, kontrolliert – werden, und zwar von einem Kabinett vernünftiger Konservativer, die der übermächtige Reichspräsident Paul von Hindenburg ernannte.

Aber der Reichskanzler von der NSDAP handelte schnell und entschlossen, und die übrigen Regierungsmitglieder brachten ihn nicht unter Kontrolle.

Sehr bald nach seiner Vereidigung verlangte Hitler bereits Neuwahlen, um seine Macht zu konsolidieren. Er hatte erkannt, dass die NSDAP jetzt, nach so vielen Jahren als politischer Außenseiter und des Kampfes gegen die etablierten Kräfte der Weimarer Republik, endlich auf der Gewinnerseite stand. Jetzt würden sie sich die errungene Macht nicht mehr entreißen lassen.

Fast sofort brachten die Nationalsozialisten den Beamtenapparat, die Polizei, die staatlichen Medien und das Radio unter ihre Kontrolle. Sie verschafften sich Finanzierungszusagen für den Wahlkampf von reichen Industriellen. Und nach Jahren der Drohungen, dass irgendwann Köpfe rollen würden, beeilten sie sich jetzt, ihre Ankündigungen umzusetzen und gegen ihre Gegner vorzugehen. Die Angst war von jetzt an bis zum Ende ihre Hauptwaffe.

In der Nacht von Hitlers Machtübernahme marschierte die SA – eine in über einem Jahrzehnt der Straßenkämpfe herangewachsene paramilitärische Streitmacht – in endlosen Kolonnen durch die Straßen Berlins. Der Fackelzug dauerte so lange, dass es einigen Zuschauern vorkam, als habe Hitler bereits jetzt Hunderttausende Kämpfer in Braunhemd und Schaftstiefeln zur Verfügung, die jeden, der sich ihnen in den Weg stellte, aus dem Weg räumen würden.

Die Nationalsozialisten waren noch keinen Monat an der Macht, als ein niederländischer Kommunist namens Marinus van der Lubbe den Reichstag anzündete, das prunkvolle Versammlungsgebäude des deutschen Parlaments. Rosenberg war mit dem Auto im Tiergarten unterwegs, als er die Flammen sah. Ein Reporter sah ihn dort, wie er den Brand beobachtete, und Rosenbergs erster Gedanke war der vieler anderer auch: Die Nazis selbst hätten die Brandstiftung verübt, um eine Handhabe gegen ihre Gegner zu gewinnen.[149]

Die wirkliche Täterschaft der Reichstagsbrandstiftung sollte jahrzehntelang umstritten bleiben, aber Hitlers Propaganda nutzte sie sofort politisch aus. Das, so hieß es, sei nur der Anfang einer bolschewistischen Verschwörung zum Sturz der Reichsregierung.

Hitler forderte von Hindenburg eine Notverordnung und die Suspendierung der Bürgerrechte. Der alte Kriegsheld, der Hitler zum Kanzler ernannt hatte und ihn als Einziger während des kommenden Jahres noch hätte aufhalten können, gab den Nationalsozialisten in allen Punkten nach. Freie Meinungsäußerung, Versammlungs- und Pressefreiheit, Schutz vor willkürlicher Verhaftung und Überwachung – alle diese Bürgerrechte wurden durch die Verordnung des Reichspräsidenten zum Schutz von Volk und Staat vom 28. Februar 1933 suspendiert. Politische Versammlungen wurden verboten, die Parteipresse unterdrückt. Im ganzen Reich kam es zu Straßenkämpfen, als SA-Einheiten Wahlversammlungen sprengten und die Redner verprügelten. Über der verrammelten KPD-Zentrale wehte die Hakenkreuzflagge. Überall in den Städten wurden Schriftsteller, Lehrer, Intellektuelle, Anwälte, Pazifisten und Politiker verhaftet, sogar Reichstagsabgeordnete der KPD und auch der SPD. Man trieb sie in improvisierten Konzentrationslagern zusammen und folterte sie.

Mit Hitler war auch Hermann Göring an die Macht gekommen; er wurde Reichsminister ohne Geschäftsbereich und außerdem preußischer Innenminister und war damit auch Chef der Polizei im größten deutschen Land, das auch die Reichshauptstadt Berlin umfasste. Am 22. Februar 1933 ernannte Göring 50 000 Mann aus den Reihen der SA, der SS und des »Stahlhelm« zu Hilfspolizisten und schuf einen Sicherheitsapparat, der gnadenlos gegen alle politischen Organisationen vorging, die als Gegner der Nationalsozialisten galten.

In einem Erlass wurden die Polizeikräfte aufgefordert, rücksichtslos von der Waffe Gebrauch zu machen. Ausländischen Diplomaten gegenüber gab Göring offen zu, er lasse für Staatsfeinde Konzentrationslager errichten. Sie sollten sich über »sogenannte Exzesse« nicht beunruhigen. So etwas sei bei einer umfassenden Revolution unvermeidlich. Für seine Gegner hatte Göring blutrünstige Warnungen bereit: »Deutsche Volksgenossen! Meine Maßnahmen werden nicht angekränkelt sein durch juristische Bedenken… Ich habe keine Gerechtigkeit auszuüben, sondern nur zu vernichten und auszurotten.«[150]

Eine solche Wahl wie die Reichstagswahl vom 5. März 1933 hatte Deutschland noch nicht erlebt; in den Worten des US-Botschafters war sie »eine Farce«.[151] Die Nationalsozialisten tönten, diese Wahl werde die letzte sein, die in Deutschland je abgehalten werde. Ob sie gewannen oder verloren, sie würden nicht mehr abtreten.

Am Ende musste Hitler die Verfassung nicht einmal brechen, um an der Macht zu bleiben. Die NSDAP wurde mit 43,9 Prozent der Stimmen die mit Abstand stärkste Partei. »Hitler hat einen noch nicht dagewesenen Triumph errungen«, urteilte US-Botschafter Frederic Sackett. »Die Demokratie in Deutschland hat einen Schlag einstecken müssen, von dem sie sich womöglich nie mehr erholt.«[152]

Als der neu gewählte Reichstag am 23. März zusammentrat, wetterte Hitler in einer Rede gegen die kommunistische Bedrohung, der Deutschland gegenüberstehe. Er verlangte von der Legislative, seine Regierung durch die Verabschiedung eines sogenannten Gesetzes zur Behebung der Not von Volk und Reich (»Ermächtigungsgesetz«) mit umfassenden Gesetzgebungsvollmachten auszustatten und ihm damit die Macht abzutreten. Wenn er die Heimat wirksam schützen solle, erklärte er den Abgeordneten, müsse er auch die Macht dazu haben. Von draußen hörte man die grölenden Sprechchöre der SA. »Wir wollen das Gesetz, sonst Mord und Totschlag!«[153] Hitlers Gesetzesentwurf wurde schließlich mit der notwendigen Zweidrittelmehrheit angenommen. Damit waren in Deutschland endgültig die Weichen für eine Diktatur, für einen Krieg und für die schlimmsten Gräuel gestellt, die Europa je erlebt hatte.

In Berlin verfolgte der vierunddreißigjährige Robert Max Wasilii Kempner die Machtergreifung der Nationalsozialisten mit Unbehagen. Er befand sich in einer gefährlichen Lage. Seine Eltern waren geborene Juden, und dass sie ihre Kinder im Interesse der Assimilation evangelisch taufen lassen hatten, half diesen nichts – für die Nazis zählte Abstammung, nicht

Glaube. Außerdem war Kempner Sozialdemokrat und hatte 1930 an der Vorbereitung eines Verfahrens mitgewirkt, mit dem die NSDAP verboten und Hitler nach Österreich ausgewiesen werden sollte.

Aber Kempner war auch sehr gut darin, seine beruflichen Verbindungen auszunutzen. Selbst unter einer nationalsozialistischen Regierung hatte er noch Freunde in überraschend hohen Stellungen.

Kempners Eltern waren erfolgreiche Mikrobiologen. Walter Kempner und Lydia Rabinowitsch Kempner hielten sich für loyale Oppositionelle.[154] Sie glaubten an Deutschland, aber nicht an seine Mythen, weder an Bismarcks »Blut und Eisen« noch an die Monarchie oder die teutonische sagenhafte Vergangenheit, wie sie Alfred Rosenberg beschwor. »Ich bin in einem Hause aufgewachsen, wo die Skepsis eine große Rolle spielte«, schrieb Kempner später.[155]

Wenige Tage nach Ausbruch des Ersten Weltkriegs, am 4. August 1914, ging Lydia in den Reichstag, um über die Möglichkeit der Bekämpfung von Seuchen zu diskutieren, die möglicherweise unter den ins Feld gehenden Truppen um sich greifen würden. Nach einer Rede Kaiser Wilhelms II. im Weißen Saal des Königsschlosses – der historischen Ansprache, in der er das deutsche Parlament offiziell vom Kriegszustand in Kenntnis setzte – wurde sie von einem Reporter unter den Zuhörern erkannt. Er fragte sie, warum sie dort sei. Sie erwiderte, »Ich warte auf die Pest«,[156] was zwar buchstäblich stimmte, aber einen metaphorischen Sinn hatte, den ihr Sohn im Alter in sich widerhallen spürte.

Lydia Rabinowitsch[157] war eine in Litauen gebürtige russische Jüdin aus einer wohlhabenden Brauereibesitzerfamilie. Die Rabinowitschs waren Zahnärzte, Ärzte, Geschäftsleute und Anwälte, aber weil die höhere Bildung in Deutschland

Mädchen damals noch vorenthalten war, studierte Lydia, die jüngste, in Bern und Zürich Botanik und Zoologie.

Zurück in Berlin, arbeitete sie für den Mikrobiologen Robert Koch, einen der angesehensten Naturwissenschaftler seiner Zeit. Koch hatte bewiesen, dass ansteckende Krankheiten von Bakterien und Viren verursacht werden, und entdeckte den Cholera- und den Tuberkulosebazillus. Sein Institut für Infektionskrankheiten zog um die Jahrhundertwende die brillantesten Geister in der Bakteriologie an. Dort begegnete Fräulein Rabinowitsch einem netten jungen Mediziner namens Walter Kempner, der die Institutsklinik leitete. Er entstammte einer Familie polnischer Juden, die im Hypothekengeschäft zu Geld gekommen war und jetzt in einer Villa an der Potsdamer Straße in Lichterfelde wohnte, einem grünen Vorort im Südwesten Berlins. Im Jahr 1899 untersuchten die Jungvermählten gerade gemeinsam Malariafälle auf dem Balkan, als bei Frau Rabinowitsch unvermutet die Wehen einsetzten. Sie machten sich eiligst auf den Heimweg, damit ihr erstes Kind in Deutschland geboren würde. Es war ein Junge; sie nannten ihn Robert, nach ihrem Vorbild Robert Koch.[158]

Die drei Kinder der Kempners bekamen die Arbeit der Eltern aus nächster Nähe mit. Der Vater hatte seine Untersuchungsräume in der Villa. Im Arbeitszimmer war ein Mikroskop aufgebaut, und in den Käfigen auf der Terrasse huschten Versuchstiere – Kaninchen und Mäuse – umher. Bei Tisch wurde über die neuesten bakteriologischen Erkenntnisse gesprochen. Sonntags kam Robert Koch vorbei und ließ mit den Kindern Drachen steigen.

Am 18. Juni 1917 meldete sich Robert Kempner freiwillig an die Front. Er wäre natürlich sowieso eingezogen worden, aber was auch immer seine Familie über Militarismus und den Kaiser dachte – er wollte seinem Land dienen. Am 25. Oktober

1918 landete er schließlich in den Schützengräben im Westen, gerade rechtzeitig für den Rückzug. Die Westfront brach unter den letzten alliierten Offensiven zusammen, und Robert Kempner gehörte zu den Legionen von Soldaten, die am 12. Dezember 1918 Unter den Linden entlangmarschierten. Er wurde demobilisiert und mit dem Eisernen Kreuz ausgezeichnet.

Seine Dienstwaffen – eine Pistole und einen Karabiner – behielt er und versteckte sie auf dem Dachboden. Mit neunzehn Jahren hatte er schon genug gesehen, um zu wissen, dass er sie vielleicht noch einmal brauchen würde.[159]

Als die Weimarer Republik gerade zwei Monate alt war, sah sich die sozialdemokratisch geführte Reichsregierung mit einem Aufstand konfrontiert[160] – allerdings nicht von rechtsgerichteten Nationalisten, sondern von den Spartakisten, einer Gruppe der extremen Linken. Am 6. Januar 1919 versuchten die Kommunisten die neue Regierung zu stürzen und eine Sowjetherrschaft zu errichten. Sie besetzten die Redaktion des *Vorwärts*, der SPD-Parteizeitung, versuchten die Hauptstadt mit einem Generalstreik lahmzulegen und bemächtigten sich wichtiger Regierungsgebäude. Sogar auf dem Brandenburger Tor wurde ein MG-Nest eingerichtet.

Nach drei Tagen überlegte der in seinem Dienstsitz verschanzte Reichskanzler Friedrich Ebert, ob er aufgeben und kapitulieren solle, aber Reichswehrminister Gustav Noske hatte inzwischen in einem Mädcheninternat südwestlich Berlins eine Kommandozentrale eingerichtet und organisierte einen Gegenangriff. Ebert und Noske hatten keine anderen Kräfte mehr zur Verfügung als die Freikorps, die aus aufgelösten Einheiten der deutschen Heere hervorgegangen waren. In Berlin gab es damals etwa ein Dutzend dieser faktisch unabhängigen paramilitärischen Milizen unter Führung ehemaliger Offiziere. Die Freikorpskämpfer waren Kriegsveteranen, die sich, ob nun, weil sie weiter kämpfen wollten, oder weil sie etwas für ihr Land tun wollten, dem kommunistischen Putsch entgegenwarfen.

Selbst für blutige Zeiten wie diese verlief die Niederschlagung des Spartakusaufstands besonders grausam. Noskes improvisierte Armee marschierte nach Norden und eroberte die Stadt Straßenzug um Straßenzug zurück. Das Gebäude der SPD-Parteizeitung wurde mit Mörsern und Panzern beschossen, die dort verschanzten Kämpfer – einige schwenkten weiße Fahnen, andere feuerten aus der Deckung großer Papierwalzen ihre Pistolen ab – mit Haubitzen, Maschinengewehren und Granaten niedergemacht. Das Hauptquartier der Spartakisten, das Berliner Polizeipräsidium, wurde von den Freikorps mit Artillerie beschossen, die fliehenden Aufständischen niedergemäht. Nach einigen Tagen war alles vorüber.

Kempner hatte sich freiwillig zu seiner alten Einheit zurückgemeldet, während die Kämpfe schon im Gang waren. Sein Vater war entsetzt (»Bist du verrückt?«, fragte er seinen Sohn). Kempner selbst gab unterschiedliche Versionen seiner damaligen Rolle. In Briefen, mit denen er um Anerkennung seiner militärischen Verdienste nachsuchte, schrieb er, er habe an »Strassenkämpfen« teilgenommen,[161] und seine militärische Personalakte weist aus, dass er an zehn Tagen im Januar und im ganzen Monat März 1919 bei seiner alten Einheit, der nunmehrigen Freiwilligen-Eskadron Kürassier-Regiment Nr. 4, diente.

Jahre später, in seiner Autobiografie, spielte Kempner seine Rolle bei der Niederschlagung des Spartakusaufstands dann allerdings herunter. Er hatte sich damals schon an der Universität eingeschrieben, und es waren gerade Semesterferien. »Wir marschierten hin, aus purer Neugier, den Karabiner habe ich zu Hause gelassen.« Er sei auch nur zwei Wochen dabeigeblieben.[162] Er schildert sich als Student in den Ferien. »Es war«, schreibt er, »ein Ausflug in den Terror.«

Nach seinem Dienstantritt wurde er ins Eden-Hotel gegenüber dem Zoo befohlen, das als Kommandantur der Garde-Kavallerie-Schützen-Division diente, eines militärischen Verbandes unter Generalleutnant Heinrich von Hofmann. Kempner versah Telefondienst, gab Meldungen weiter und hörte dabei zu, was über seine Telefonleitungen so geredet wurde. Er bekam alles Mögliche mit, behauptete aber, nicht wirklich verstanden zu haben, was eigentlich vorging. Er stand Wache vor dem Hotel und auf dem nahen Kurfürstendamm mit seinen schicken Läden und Cafés. Trotz gelegentlicher Scharmützel und der Kälte waren durchaus viele Passanten unterwegs. Einer von Kempners Kameraden kam sogar mit einer jungen Frau ins Gespräch und ließ sie seinen Waffenrock anprobieren.

In die Geschichte gingen diese Wochen im Eden-Hotel aus anderen Gründen an. Am 15. Januar wurden gegen 21 Uhr zwei Anführer des Spartakistenaufstands, Karl Liebknecht und Rosa Luxemburg, in Gewahrsam genommen und in das Hotel gebracht, wo sie verhört, misshandelt und schließlich zur Hintertür hinausgeschafft wurden. Sie wurden mit Gewehrkolben in Autos geprügelt und schließlich erschossen. Rosa Luxemburgs Leiche wurde von einer Brücke in den Landwehrkanal geworfen, wo sie erst fünf Monate später verwest aufgefunden wurde.

Kempner schrieb später, er habe von diesen politisch wichtigen Mordfällen damals nichts mitbekommen, sondern die Einheit einige Tage vorher verlassen und sei wieder nach Hause gegangen. Laut seiner Personalakte beim Militär[163] war er allerdings noch im Dienst, als Luxemburg und Liebknecht erschossen wurden.

Nach der Freikorps-Episode nahm Kempner sein Studium wieder auf. Er belegte Vorlesungen in Jura und Verwaltungswissenschaft an den Universitäten Berlin, Breslau und Freiburg i. B. Direkt nach Studienabschluss wurde der frischgebackene Jurist dann 1923 von Erich Frey angestellt, der damals einer der berühmtesten Strafverteidiger Berlins war.

Nach drei Jahren als Verteidiger wechselte Kempner die Seiten. Seit 1926 war er Assistenzstaatsanwalt, aber als er wegen eines Verfahrensfehlers in einem Prozess die Presse informierte, wurde er zu einer Geldstrafe verurteilt.

1928 wechselte Kempner in das Preußische Innenministerium. Den sozialdemokratischen Minister Albert Grzesinski schreckte der kanariengelbe Flanellanzug, in dem Kempner zum Vorstellungsgespräch erschienen war – er pflegte schon immer einen etwas ausgefallenen Kleidungsstil –, offenbar nicht ab, und der Bewerber erwies sich als ehrgeizig und fleißig. Nach Anfängen in der Verkehrsabteilung wurde Kempner bald Referatsleiter und bearbeitete Beschwerden gegen polizeiliche Verfügungen, unterrichtete an der preußischen Polizeischule und schrieb Aufsätze für juristische Fachzeitschriften. Er arbeitete an einer neuen Verwaltungsgesetzgebung für die preußische Polizei mit, und am Ende seiner Tätigkeit bezeichnete ihn sein Vorgesetzter als »wichtigsten juristischen Berater«[164] der preußischen Strafverfolgungsbehörde.

Kempner gehörte als Sozialdemokrat zu den engagierten Demokraten im preußischen Innenministerium. Er hielt engen Kontakt zu Politikern der demokratischen Parteien, vor allem der SPD und des Zentrums, und schloss sich auch dem Republikanischen Richterbund an, einem Zusammenschluss von liberalen Richtern, Verwaltungsjuristen und Politikern. Er pflegte auch Kontakte zu dem bekannten Pazifisten und überzeugten Demokraten Carl von Ossietzky, der als Herausgeber der *Weltbühne* 1931 in einem aufsehenerregenden Prozess wegen Spionage verurteilt und ins Gefängnis gekommen war, weil seine Zeitung über die geheime Aufrüstung der Reichswehr berichtet hatte, die den Bestimmungen des Versailler Friedensvertrages zuwiderlief. Auf Ossietzkys Bitte hin arbeitete Kempner ehrenamtlich für die Deutsche Liga für Menschenrechte, die aktivste pazifistische Gruppe in der Weimarer Republik, der auch Albert Einstein angehörte.[165]

Das preußische Innenministerium zeigte sich 1930 zunehmend beunruhigt über die umstürzlerische Rhetorik der Nationalsozialisten und veranlasste eine umfassende Ermittlung gegen sie.[166] Es ging dabei um die Frage, ob Hitler und seine Gesellen sich des Landesverrats schuldig machten, indem sie öffentlich zum Sturz der Regierung aufriefen.

Untersuchungsbeamte aus den juristischen, politischen und polizeilichen Abteilungen des Ministeriums nahmen unter diesem Gesichtspunkt an Parteiversammlungen teil und sahen sich die Propagandamaterialien der NSDAP an. Sie arbeiteten sich durch Flugblätter, Plakate, Schulungsunterlagen, Handzettel, Mitschriften von Reden, interne Aktennotizen und den *Völkischen Beobachter*. Nach monatelanger Arbeit legte das Ministerium drei ausführliche Berichte über die von den Nationalsozialisten ausgehende politische, religiöse und wirtschaftliche Gefahr vor.

Der Bericht aus Kempners Abteilung bildete eine rechtliche Grundlage für ein Verbot der NSDAP und die Inhaftierung ihrer Mitglieder.[167] Die Nationalsozialisten hatten schließlich im letzten Jahrzehnt ohne Unterlass laut und deutlich verkündet, was sie vorhatten, wenn – nicht falls – sie an die Macht kamen. Sie verkündeten ihre Pläne unaufhörlich auf Massenversammlungen, in ihren Zeitungen, in Buchform und nicht zuletzt in Hitlers eigenem, bereits 1925 erschienenen Manifest *Mein Kampf*.

Auf der Grundlage wörtlicher Zitate der NSDAP-Größen kam der Bericht zu dem Ergebnis, es handele sich bei der »Bewegung« nicht nur um eine politische Gruppierung, sondern um eine »stark zentralisierte« radikale Sekte. Von den Parteigenossen wurde erwartet, ohne eigene Meinung stets als »gehorsames Werkzeug« der Parteiführung zu handeln. Die Nationalsozialisten wollten die Demokratie abschaffen und eine Diktatur einführen. Sie behaupteten zwar, einen Wandel von innen heraus anzustreben, indem sie sich in den Reichstag und in die Landtage wählen ließen, aber in Wahrheit waren sie Umstürzler, die sich nie von dem Ziel einer gewaltsamen Machtübernahme distanziert hatten.

Führende Nationalsozialisten betonten immer wieder, dass sie den Staat radikal umbauen würden, wenn sie einmal die Mehrheit erobert hätten. Das war nach dem Gesetz Hochverrat, so der Bericht, und die Regierung habe die Pflicht, dem Recht Geltung zu verschaffen und das Gesetz anzuwenden, anstatt die NSDAP wie eine gewöhnliche Partei zu behandeln und tatenlos zuzuschauen, wie sich das Unwetter zusammenbraue.

Eine brisante Untersuchung führte damals tatsächlich zu einem Gerichtsverfahren. Die Regierung befürchtete, die Nationalsozialisten würden die Reichswehr unterwandern.

Im sogenannten Reichswehrprozess waren drei junge in Ulm stationierte Offiziere angeklagt, die sich der für Militärangehörige bestehenden Neutralitätspflicht zum Trotz der NSDAP angeschlossen hatten. Sie wurden wegen Vorbereitung zum Hochverrat angeklagt, weil der Verdacht bestand, dass sie auf einen Militärputsch hinarbeiteten. Am 26. September 1930 war Hitler als Zeuge geladen. Bei seiner ausführlichen Befragung kam es zu folgendem Dialog mit dem Gerichtspräsidenten:

Vorsitzender: »Wie denken Sie sich die Errichtung des Dritten Reiches?«

Hitler: »Die Verfassung schreibt nur den Boden des Kampfes vor, nicht aber das Ziel. Wir treten in die gesetzlichen Körperschaften ein und werden auf diese Weise unsere Partei zum ausschlaggebenden Faktor machen. Wir werden dann allerdings, wenn wir die verfassungsmäßigen Rechte besitzen, den Staat in die Form gießen, die wir als die richtige ansehen.«

Vorsitzender: »Also nur auf verfassungsmäßigem Wege?«

Hitler: »Jawohl!«

Hitler fuhr fort: »Wenn unsere Bewegung in ihrem legalen Kampf siegt, wird ein deutscher Staatsgerichtshof kommen, und der November 1918 wird seine Sühne finden und es werden auch Köpfe rollen.«[168]

Hitler leistete im weiteren Verlauf der Verhandlung auch einen Eid auf die Verfassung. Dieser Legalitätseid, von Goebbels als genialer Schachzug bezeichnet, hatte eine ungeheure Wirkung in der Öffentlichkeit, hinter der die Verurteilung der Offiziere zu Festungshaft und ihre Entlassung aus der Reichswehr völlig verblasste, auch wenn der Eid in Wirklichkeit nichts Neues bedeutete, da Hitler schon seit Längerem ängstlich bemüht war, durch Lippenbekenntnisse zu den geltenden Gesetzen erneute Verbote der Partei oder ihrer Redner zu vermeiden.

Kempner nahm an der Untersuchung teil und trat bei der Verhandlung gegen die Leutnants, die wegen Hochverrats angeklagt waren, vor Gericht auf.

Die Berichte, an denen Kempner mitgearbeitet hatte, gingen an den Reichsanwalt, der sie aber ignorierte. Er erwies sich später als Sympathisant der Nationalsozialisten, und als Hitler Kanzler wurde, behielt der loyale Beamte seinen Posten.

Drei Jahre später, 1933, waren die Nationalsozialisten an der Macht und handelten genau wie angekündigt. »Hitler verliert bestimmt keine Zeit«, schrieb Bella Fromm, die immer gut informierte politische Korrespondentin der *Vossischen Zeitung*, über den Tag der »Machtergreifung«, und »es scheint von ironischer Vorbedeutung zu sein, daß das Hitlerkabinett seine Arbeit ohne einen Justizminister beginnt.« »Frau Bella«, wie sie allgemein genannt wurde, war der Typ Journalist, der auf jeder Teeparty, auf jedem Empfang und bei jedem Bankett der besseren Gesellschaft auftauchte, dort dann aber auch jeden kannte. Sie war sehr stolz auf ihr Gespür für das politische Klima in Berlin, aber die Geschwindigkeit dieses Umschwungs hatte sie überwältigt. Wie konnte Hindenburg diesen Verrückten ans Steuer lassen?

»Das ist alles kaum zu glauben«, schrieb sie, »wenn man selbst eher zu geistiger Gesundheit neigt.«[169]

Im März berichtete der *London Herald*, die Nazis planten eine antijüdische Kampagne »in einem Maßstab, der jede Judenverfolgung der letzten zweitausend Jahre übersteigt«.[170] US-Außenminister Henry Stimson fand den Bericht zwar hysterisch und übertrieben, leitete ihn aber an die US-Botschaft in Berlin weiter und bat um eine Stellungnahme.

»Kleine selbsternannte Banden von Nazis setzen, entsprechend der jeweils verfügbaren Intelligenz, der Naziherrschaft noch die Glanzlichter auf«, berichtete Frederick Birchall, Korrespondent der *New York Times*, einige Tage später.[171] Vor Synagogen wurde die Hakenkreuzflagge aufgezogen, es gab Stinkbombenattentate auf jüdische Kaufhäuser. Eine Opernvorstellung in Dresden wurde durch Krawall unterbrochen, weil Nationalsozialisten im Publikum lautstark die Entfernung des Dirigenten, eines prominenten Sozialisten, verlangten.

Ununterbrochen kam es zu willkürlichen Festnahmen. Ein sozialistischer Politiker wurde aus seinem Haus gezerrt, bewusstlos geprügelt, bespuckt und mit Senfpulver geblendet. Ein anonymer Flüchtling sagte aus, er habe zwei Wochen in der Haftanstalt Spandau verbracht, wo die Wachen den Gefangenen die Augen ausquetschten und mit Gewehrkolben die Zähne ausschlügen. Ein Autor sei gezwungen worden, sein Manuskript zu schlucken.[172] »Es gibt keinen Zweifel mehr, dass es in den Augen der jetzigen Machthaber in Deutschland ein Verbrechen darstellt, praktizierender Jude oder jüdischer Abstammung zu sein«, berichtete die *Times* am 20. März. »Professoren werden aus ihren Hörsälen gezerrt, Dirigenten vom Pult und Schauspieler von der Bühne.«

Am 1. April 1933 blockierten SA-Männer den Zugang zu jüdischen Geschäften im ganzen Reich und versuchten Kunden vom Einkauf abzuhalten. Auf ihren Plakaten mahnten sie: »Deutsche, kauft nur bei Deutschen!«

Amerikaner, die aus Deutschland zurückkehrten, erzählten schreckliche Geschichten: Juden, die in einen der Folterkeller der SA verschleppt und dort gezwungen wurden, einander auszupeitschen; jüdische Stammgäste in einem Restaurant, auf die mit Schlagringen eingeprügelt und die anschließend auf die Straße geworfen wurden; Leichenfunde im Wald, die von der Polizei als »unbekannte Selbstmörder« verzeichnet wurden.[173]

»Überall Uniformen«, schrieb Willy Brandt, der damals der linkssozialistischen SAPD angehörte, »das Stampfen marschierender SA-Kolonnen, ihr Gejohle, das freche Rattern der Motorräder – die Stadt schien ein einziges Heerlager.«[174] Die berühmten Cafés blieben jetzt halb leer, die prominenten Intellektuellen, Künstler und Autoren trauten sich nicht mehr hin. »Die hier saßen, sprachen nur im Flüsterton, misstrauische Blicke folgten mir. Misstrauen und Angst waren wie ein giftiger Nebel, er drückte mich nieder, er presste mir die Brust zusammen, ich glaubte zu ersticken.«

Die Diplomaten in der amerikanischen Botschaft waren besorgt. So angespannt war die Lage, dass auch ein Massaker an allen Gegnern der Nationalsozialisten möglich schien.[175]

Und doch waren nicht alle Beobachter dieser unruhigen Tage so alarmiert, nicht einmal Birchall von der *Times,* der 1934 den Pulitzerpreis für seine Deutschland-Berichterstattung erhalten sollte. Im amerikanischen Radio erklärte er dem ganzen Land, es bestehe kein Grund zu befürchten, dass in Deutschland die Gegner des nationalsozialistischen Regimes abgeschlachtet oder es zu rassistischer Unterdrückung in größerem Ausmaß kommen werde. Man müsse auch nicht befürchten, dass Deutschland oder seine gegenwärtigen Machthaber einen Krieg gegen irgendjemanden wollten.

Birchall gestand ein, »unverbesserlicher Optimist« zu sein.[176] Er sollte es nicht mehr lange bleiben.

Die neuen Machthaber erließen umfassende Gesetze, die, wie es ein amerikanischer Diplomat formulierte, »den Juden aus Deutschland ausschließen« würden.[177] Über dreihundert neue Gesetze und Vorschriften schränkten das Leben der Juden in Deutschland ein. Juden verloren ihre Beamtenstellen, jüdische Professoren ihre Lehrstühle, jüdische Anwälte und Richter ihre Zulassung. Jüdische Ärzte wurden aus dem Gesundheitssystem ausgeschlossen. Juden durften nicht mehr in Aufsichtsräten sitzen. Die Berliner Börse schloss alle jüdischen Wertpapierhändler aus; mehrere der Betroffenen begingen daraufhin Selbstmord.

Der Plan dahinter war, die Juden möglichst zur Auswanderung zu treiben. Die Nationalsozialisten begrüßten die zionistischen Pläne für eine jüdische Heimstatt in Palästina. Dabei war die Frage, wie viel von ihren Vermögenswerten Juden, die Deutschland verließen, mitnehmen durften. Nicht viel, wenn die extremen Stimmen in der NSDAP sich durchsetzten.

Ein amerikanischer Diplomat in Berlin, George Messersmith, zeigte sich erstaunt, dass überhaupt noch jemand, der jüdischer Abstammung war, in einem Land bleiben wollte, das sich so sehr bemühte, ihm das Leben so schwer wie möglich zu machen. »Man muss selbst in Deutschland gelebt und den Alltag kennengelernt haben«, schrieb er in einem Bericht für das State Department im November 1933, »um die seelischen Grausamkeiten einschätzen zu können, die hier täglich verübt werden und die in vieler Hinsicht schlimmer sind als körperliche Gewaltakte, wie sie die ersten Tage der Revolution kennzeichneten.«[178]

Eine von Görings ersten Amtshandlungen als preußischer Innenminister war ein Termin mit Rudolf Diels, einem geschniegelten Zweiunddreißigjährigen, der sich bereits einen Ruf als erstklassiger Opportunist erarbeitet und 1932 zum Sturz der preußischen Regierung beigetragen hatte. Diels war seit 1932 im Innenministerium tätig; seine Aufgabe war die Beobachtung von Aktivitäten linksgerichteter Parteien und besonders der Kommunisten. Diels hatte ein gutes Verhältnis zu Göring, der ihn jetzt zum Chef der Preußischen Politischen Polizei ernannte. Göring wollte das Ministerium von Gegnern säubern.[179]

Diels suchte Personal- und Strafakten über Beamte mit fragwürdiger Loyalität heraus, und binnen weniger Tage war Göring schon dabei, sein bürokratisches Reich von Sozialdemokraten und anderen möglichen Störenfrieden zu säubern. Die Beamten des Ministeriums mussten Formulare ausfüllen, in denen sie nach ihrer Religion, Parteizugehörigkeit und »Rasse«

befragt wurden. Kempner machte ebenfalls die verlangten Angaben und erlaubte sich dabei einen kleinen Akt des Widerstands, indem er angab, zu seiner »Rasse« erst nachforschen zu müssen.

Göring berief eine Versammlung ein und erklärte den Beamten des Ministeriums, ab jetzt werde hier im nationalsozialistischen Geist gearbeitet. Wem das nicht passe, der solle gehen. Natürlich meldete sich niemand, aber es dauerte sowieso nicht lange, bis Kempner von seiner Amtsenthebung Kenntnis erhielt.

Er konnte seine Entlassung zunächst verzögern, indem er sich krankschreiben ließ.

Im April 1933 schloss das Gesetz zur Wiederherstellung des Berufsbeamtentums dann alle Juden vom Beamtenstatus aus; es galt auch für Lehrer, Dozenten, Richter und Staatsanwälte. Auf Drängen des Reichspräsidenten wurde es allerdings nicht auf jüdische Beamte, die bereits vor 1914 im Dienst gewesen waren, und Frontkämpfer des Ersten Weltkriegs angewandt. Auch mit diesen Ausnahmen verloren immer noch fünftausend Beamte ihren Posten.

Doch Kempner schützte dieser Frontkämpferbonus nicht.

Diels dagegen wurde mit der Beförderung auf einen wichtigen Posten belohnt. Im April wurde die Politische Polizei aus dem Innenministerium ausgegliedert und ein Geheimes Staatspolizeiamt (Gestapa) gebildet, zu dessen Inspekteur Diels berufen wurde.

Kempner und Diels waren gut bekannt miteinander. Mit Diels kam man leicht ins Gespräch; er hatte ein Talent dafür, Freundschaften und wichtige Verbindungen zu knüpfen. Die beiden saßen oft in der Kantine des Innenministeriums zusammen und tauschten Klatsch und Tratsch aus.

Diels' Gesicht war von Schmissen aus seiner Zeit in einer schlagenden Verbindung gezeichnet – zwei Narben auf der rechten Wange, eine tiefere quer über die linke –, aber Frauen fanden ihn attraktiv. Leni Riefenstahl meinte sogar, er habe das Zeug für die Hauptrolle in einem Western gehabt.[180] Obwohl verheiratet, hatte er eine Neigung zu Seitensprüngen, was ihm manchmal Ärger einbrachte. Kempner hatte seinem Kollegen 1931 einen großen Gefallen getan. Eines Abends hatte Diels bei einer Prostituierten seinen Ausweis liegen gelassen, und die Frau machte bald darauf im Ministerium Krawall und behauptete, von Diels geschlagen worden zu sein. Kempner nahm sich der Sache an, beruhigte sie mit Geld und konnte sie schließlich unauffällig hinausbringen.[181]

Eine von Diels' vielen Affären sorgte für besonderen Wirbel im Berliner Diplomatischen Korps: 1933 begann er, mit Martha Dodd auszugehen, der fünfundzwanzigjährigen Tochter des US-Gesandten William Dodd.[182] Man sah die beiden bei gemeinsamen Spaziergängen im Tiergarten, bei Kinobesuchen und in Bars. Martha Dodd, die sich von ihrem Mann getrennt hatte, bevor sie nach Berlin übersiedelte, hatte sich schnell einen Ruf als Frau mit vielen unvorsichtigen Affären erworben. Sie nannte Diels »Liebling« und bewunderte seine »grausame, gebrochene Schönheit«. Er erzählte ihr von den Machtkämpfen innerhalb des NS-Parteiapparats und seiner Befürchtung, früher oder später auf irgendeiner Abschussliste zu landen. Später, als seine Feinde ihm tatsächlich gefährlich wurden, indem sie seine Loyalität zur NSDAP infrage stellten, sollte ihm Martha Dodd wichtige Hilfe leisten.

Im Februar 1933 begegnete Kempner, kurz nach seiner Entlassung, aber noch bevor der Reichstagsbrand Göring einen Anlass lieferte, massenweise Regimegegner zu verhaften, dem Gestapochef zufällig im Café Kempinski am Potsdamer Platz.

»Diels, was ist los?«, fragte Kempner. »Was macht ihr denn jetzt, ist viel zu tun?«

»Ärger und Arbeit«, sagte Diels. »Ich muss Listen zusammenstellen.«

»Was für Listen?«

»Für einen eventuellen Vorgang.«

Die Verhaftungen der Linken würden also bald beginnen. »Da sind auch frühere Freunde von uns drunter«, warnte Diels.[183]

Kempner beschwor daraufhin alle seine Freunde aus der pazifistischen Menschenrechtsliga, das Reich zu verlassen, und zwar umgehend. Einer von ihnen, Kurt Grossmann, floh noch am Tag von Kempners Anruf in die Tschechoslowakei. Später meinte er, Kempner habe einfach ein Gespür für Entwicklungen, die anderen Leuten verborgen blieben.[184] Carl von Ossietzky, ebenfalls ein Bekannter Kempners, weigerte sich allerdings zu fliehen und wurde nach dem Reichstagsbrand prompt von der Gestapo verhaftet. Ossietzky wurde trotz seiner angeschlagenen Gesundheit zu Zwangsarbeit verurteilt und war in der Haft furchtbaren Misshandlungen ausgesetzt.

Die Deutsche Liga für Menschenrechte wurde verboten. Kempner verbrannte die Mitgliederkartei und streute, um sicherzugehen, die Asche in die Spree.[185]

Kempner hatte bereits 1930 die Folgen einer Machtübernahme der Nationalsozialisten vorausgesehen. In den ersten, besonders wüsten Monaten muss ihm klar geworden sein, in welcher Gefahr auch er persönlich als Jude und Nazigegner in Hitlers Reich schwebte, aber er blieb in Berlin, zumindest fürs Erste. In dieser Hinsicht tat er es der großen Mehrheit der deutschen Juden gleich. Auf jeden, der zu den Konsulaten eilte und um ein Visum anstand, kamen sehr viel mehr, die blieben und abwarteten.

Es waren meist Angehörige der Mittelschicht, und sie waren geistig und materiell an ihre Heimat gebunden. Sie fühlten sich ganz selbstverständlich als Deutsche.[186] Sie konnten sich einfach nicht vorstellen, ein Land aufzugeben, in dem es ihnen, besonders in den letzten beiden Generationen, so gut gegangen war.

Nach vielen Jahren als Bürger zweiter Klasse hatten die Juden von Kaiser Wilhelm I. nach der Reichsgründung 1871, jedenfalls de jure, volle Bürgerrechte erhalten, und sie nutzten die neuen Möglichkeiten voller Elan, die sich ihnen in einem Land boten, das jetzt rasch zu einer wichtigen europäischen Wirtschaftsmacht aufstieg.[187] Viele Juden assimilierten sich völlig oder versuchten es zumindest, indem sie den Glauben ihrer Väter gegen den Protestantismus oder Säkularismus eintauschten. Deutschland, besonders Berlin, wurde zum Ziel von Juden aller Herren Länder. Zum ersten Mal waren unter den wichtigen Persönlichkeiten in der Finanzwelt, der Wissenschaft, des Journalismus und der Kultur Deutschlands auch Juden. Im Ersten Weltkrieg meldeten sich 96 000 deutsche Juden zu den Fahnen, 77 Prozent kamen als Frontkämpfer zurück, und 11 500 fielen auf den Schlachtfeldern.

Die Nationalsozialisten hatten bei ihrer Machtübernahme gedroht, sie alle wieder aus Deutschland hinauszuwerfen, aber es fiel den Juden schwer, an die Ernsthaftigkeit dieser Hetzreden zu glauben. Hitler würde, so glaubten viele, seine Rhetorik zügeln müssen, wo er jetzt tatsächlich Regierungschef war und ernsthafte Arbeit leisten musste. Sicher würde es einen Kompromiss geben, der ihnen allen ein Weiterleben in Frieden ermöglichte. Die Führer der jüdischen Gemeinden rieten zu Geduld und Ruhe. Vielleicht würde Deutschland auch zur Vernunft kommen und Hitler nach einem oder zwei Jahren wieder von der Bildfläche verschwinden.

In jenen ersten Jahren der Naziherrschaft gab es immer wieder Gewaltausbrüche gegen die Juden, und sosehr sie auch fürchteten, dass es noch schlimmer kommen könnte, fürchteten sie die Ungewissheit einer Auswanderung doch noch mehr.[188] Würden sie nicht am Ende mittellos in einem fremden Land, dessen Sprache sie nicht beherrschten und in dem es für sie keine qualifizierte Arbeit gab, auf der Straße landen? Viele gut verdienende Juden missachteten das Flehen ihrer Ehefrauen, rechtzeitig aus dem Reich zu fliehen, so lange, bis es zu spät war. Alles in allem, so der Historiker John Dippel, gab es auch wirklich mehr Gründe zu bleiben als zu fliehen: »Es gab zu vieles, was zuerst überwunden sein wollte – Verwurzeltsein, Selbstzufriedenheit, Ungläubigkeit, Bequemlichkeit, Naivität, Wunschdenken und auch Opportunismus.«[189]

Selbst die Vorsichtigsten konnten nicht voraussehen, dass nur wenige Jahre später fast ganz Europa in den Händen der Nazis sein würde, schrieb Kempner später.

»Doch man wartete. Man wartete treudeutsch, patriotisch.«[190]

Auch Kempner tat dies, trotz der Verhaftungen, der diskriminierenden Gesetze und der widerlichen Hetze tollwütiger Antisemiten, die jetzt Machtpositionen besetzten – Männer wie Rosenberg, der unermüdlich seine Vision einer reinblütigen Rasse predigte, eines Landes, das von allem Jüdischen restlos befreit war.

Alfred Rosenberg, Reichsleiter der NSDAP.

(Bundesarchiv, Bild 146-2005-0168/Heinrich Hoffmann)

7

»Rosenbergs Weg«

Er hatte die Ausstrahlung eines Leichenbestatters. Seine Augen lagen tief in den Höhlen, umgeben von dunklen Ringen, der Mund war zu einer ständigen verächtlichen Grimasse verzogen, das dünne Haar war gescheitelt und von der hohen Stirn zurückgekämmt. »Er war mittelgroß; der aschfarbene Teint und die hängenden Wangen waren die eines Mannes mit angegriffener Gesundheit, der nicht viel Bewegung bekommt«, schrieb der amerikanische Reporter Henry C. Wolfe nach einer Begegnung mit Rosenberg.[191] Wolfe hatte den Eindruck, Rosenberg vermeide bewusst zu lächeln – als sei seine Mission so ernst, dass jede Vertraulichkeit frivol wäre. Entweder das war die Erklärung, so Wolfe, oder chronische Magenprobleme.

»Seine fahlen, glänzenden Augen schauten einen nicht an, sondern durch einen hindurch, als ob man gar nicht da wäre«, schrieb Kurt Lüdecke. Rosenberg sah sich selbst als anspruchsvollen Intellektuellen, aber die Welt sah in ihm einen kalten, arroganten, distanzierten und gnadenlos sardonischen Mann. »Ein Eisblock!«, so Lüdecke. »Rosenbergs überhebliche und kalte Ironie schreckte die Menschen ab; in seiner Gegenwart fühlte man sich klein und unwohl.«[192]

Albert Krebs dagegen ließ sich nicht so leicht einschüchtern, zumindest nicht von Rosenberg. Der ehemalige Hamburger Gewerkschaftsführer Krebs war zeitweise SA-Führer, Gauleiter von Hamburg und Chefredakteur der NS-Zeitung *Hamburger Tageblatt.* Ende der 1920er-Jahre, während eines Machtkampfs in der Partei zwischen rivalisierenden Fraktionen in Berlin und München, zog er sich Rosenbergs Feindschaft zu, weil er in einem Leitartikel für das *Tageblatt* die scharfe Gegnerschaft der NSDAP zur UdSSR infrage gestellt hatte, etwas, worüber man mit Rosenberg, dem Hauptschriftleiter der offiziellen Parteizeitung und Verfechter der orthodoxen Parteilinie, natürlich nicht diskutieren konnte. Rosenberg bestellte Krebs per Telegramm zum Rapport nach München. Als Krebs in der Redaktion in der Schellingstraße eintraf, erwartete ihn eine frostige Begrüßung. »Rosenberg saß an seinem Schreibtisch«, schrieb Krebs, »erhob sich aber nicht, blickte nicht auf, knurrte nur eine unverständliche Antwort auf meinen Gruß …«

Krebs nahm sich einen Stuhl. »Sie wollten mich sprechen!«

»Vor vierzehn Tagen«, erwiderte Rosenberg.

»Da hatte ich keine Zeit.«

»Ein Angestellter der Parteipresse muss Zeit haben, wenn er von mir gerufen wird!«, gab Rosenberg zurück.

Die beiden Journalisten begannen über den strittigen Artikel zu diskutieren, wie zu erwarten ergebnislos; aber Krebs erfuhr durch dieses Gespräch einiges über das Wesen des NS-Chefideologen. Rosenberg diskutierte eigentlich gar nicht – er hielt eine Vorlesung, in der er wiederholte, was er auch in seinen Zeitungsartikeln vorbrachte; wenn Krebs Einwände hatte, ignorierte er sie einfach. »Man hatte … den Eindruck, daß er gar nicht richtig zuhörte. Hie und da kniff er bei kritischen Bemerkungen die Lippen zusammen oder versuchte ein überlegenes Lächeln, was ihm natürlich den Ruf hochmütiger Unliebenswürdigkeit eintrug«, erinnert sich Krebs. »Er war nur derartig verkrampft in seinen anstudierten Vorstellungen und ichbezogenen Wunschbildern von baltischem Edelmann, englischem Lord, genialem Wissenschaftler von kopernikanischem Ausmaß, daß ihm darüber die ohnehin schwach entwickelten Fähigkeiten, mit anderen Menschen in Kontakt und ins Gespräch zu kommen, völlig verlorengegangen waren … da er, verbissen in die eigenen Anschauungen, einfach nicht begriff, wie jemand anderer Meinung sein konnte.«[193]

Krebs hatte noch mehrere Gelegenheiten, mit Rosenberg zu sprechen. Bei einer dieser Unterhaltungen behauptete der Parteivordenker ernsthaft, der damalige, dem Zentrum angehörende Reichskanzler Heinrich Brüning plane, Deutschland dem Kommunismus auszuliefern und die evangelische Kirche zu zerschlagen, damit der Vatikan freie Hand habe, den Katholizismus zur alleinigen Religion in Deutschland zu machen. Krebs war verblüfft. Rosenberg, so schrieb er, mache aus politischen Ereignissen unwirkliche Phantasmagorien, wie sie in Krimis und Spionageromanen vorkommen.[194]

Krebs konnte sich nicht erklären, warum Hitler diesen offensichtlich verwirrten Geist als Denker so hoch schätzte. Rosenbergs Theorien waren vage, konfuse Sammelsurien zusammengeklauter Ideen. »Obwohl er dank einem großartigen Gedächtnis und gewaltigem Fleiß über eine erstaunliche Menge von Einzelkenntnissen verfügte, fehlte ihm völlig die Gabe, diese Kenntnisse in die notwendige Ordnung zu bringen und sich von dem Zusammenhang und dem Ablauf der geschichtlichen Ereignisse ein richtiges Bild zu machen.«

Vielleicht fiel Hitler das gar nicht auf. Vielleicht aber doch, und er kalkulierte schlau, dass ein solcher Vordenker genau das war, was die Bewegung brauchte, so Krebs. »Als Meister der Propaganda wußte er eben, daß gerade das Unverständliche und Ungereimte auf die breite Masse die größte Wirkung hat.«[195]

Nur so konnte er sich den großsprecherischen Titel erklären, den Hitler Rosenberg verlieh, als das Dritte Reich heraufdämmerte.

Während seiner gesamten Tätigkeit als Hauptschriftleiter des *Völkischen Beobachters* in den 1920er-Jahren arbeitete Rosenberg gleichzeitig an einem Buch. Es sollte sein Magnum Opus werden, ein Grundlagenwerk über Rasse, Kunst und Geschichte, das Jahrtausende umfasste und über die ephemeren Kommentare hinaus Bestand haben sollte, die er als Journalist in die Welt hinaussandte. *Der Mythus des 20. Jahrhunderts* sollte für die Ewigkeit sein, der Gipfelpunkt seiner Gedanken über Deutschland und seinen Platz in der Welt, eine umfassende Darlegung seiner Philosophie und die vollständigste Formulierung der nationalsozialistischen Ideologie, die es je gegeben hatte. Er wollte dadurch zum führenden Vordenker der Partei aufsteigen.

Er hätte diesem Werk am liebsten seine gesamte Schaffenskraft gewidmet, kam jedoch nur in Schüben und mit Pausen dazu. »Ich hatte den ganzen Tag mit meiner Zeitung zu tun«, gestand er Jahre später ein, »und konnte es daher nicht so gründlich wie ein Gelehrter schreiben.«[196] Wenn er sich während der Arbeitszeit unauffällig absetzte, um daran zu arbeiten, grollte sein Chef. »Do hockt er wiader, der narete, hochnäsige, überkandidelte Tropf«, sagte Geschäftsführer Max Amann eines Tages zu einem Landsmann und zeigte auf Rosenberg. Der saß, umgeben von Büchern und Papieren, an einem Marmortisch am Fenster des Cafés Tambosi am Odeonsplatz, schaute auf die prächtige Theatinerkirche, die Grablege der Wittelsbacher, hinaus, und war offensichtlich tief in Gedanken versunken. »Schreibt Werke … der Bohem! Sollt liaber a guate Zeitung mach'n!«[197]

Rosenberg schloss die Arbeit schließlich 1929 ab und ließ das Manuskript von seiner Frau Hedwig ins Reine tippen, um es Hitler zur Genehmigung vorlegen zu können. Als der sich nach einem halben Jahr immer noch nicht geäußert hatte, fragte Rosenberg schließlich nach. Hitler meinte, er finde das Buch »klug«, fragte sich aber, wer wirklich mehrere Hundert Seiten Rosenberg'scher Gedankengänge lesen wolle.[198] Hitler selbst hatte ja mit *Mein Kampf* bereits das Grundlagenwerk der nationalsozialistischen Bewegung veröffentlicht, und außerdem waren manche Ideen im *Mythus* regelrecht aufrührerisch, was ihm als pragmatischem Politiker, der die Macht im Staat ergreifen und behalten wollte, nicht recht sein konnte.

Dennoch sah Hitler letztlich von seinen Vorbehalten, falls er welche gehabt hat, ab und gab die parteiliche Druckerlaubnis, sodass Rosenbergs Werk 1930 erscheinen konnte.

Der Mythus des 20. Jahrhunderts ist ein kompliziertes, schwer verständliches Buch. Rosenberg sah es als eine Darlegung seiner Kunst- und Religionsphilosophie und seiner unkonventionellen Ideen über Weltgeschichte und Rasse.[199] »Jede Rasse hat ihre Seele, jede Seele ihre Rasse, ihre eigene innere und äußere Architektonik, ihre charakteristische Erscheinungsform und Gebärde des Lebensstils, ein nur ihr eigenes Verhältnis zwischen den Kräften des Willens und der Vernunft«, heißt es da etwa. »Jede Rasse züchtet letzten Endes nur *ein* höchstes Ideal. Wird dieses durch andere Zuchtsysteme, durch überwiegendes Einsickern fremden Blutes und fremder Ideen verwandelt oder gar entthront, so ist die Folge dieser inneren Umwandlung äußerlich durch ein Chaos, Epochen der Katastrophe gekennzeichnet.«[200]

So ging das immer weiter, im Wesentlichen formlos und endlos. Ein Bewunderer versuchte sogar, dem Leser mit einem umfangreichen Glossar der obskursten darin gebrauchten Begriffe zu Hilfe zu kommen.[201]

In der endlosen Masse seiner Vagheiten hatte das Buch allerdings auch Momente der Klarheit, Ideen, die die nationalsozialistische Ideologie in den kommenden fünfzehn Jahren prägen sollten. Rosenberg schrieb, dass die germanische Kultur und die Bewahrung der nationalen Ehre für die Ausbreitung der Zivilisation im Lauf der Weltgeschichte ein entscheidender Faktor seien. Wo immer sich eine Hochkultur erhebe, sei das auf arischen Einfluss zurückzuführen. Rassenmischung – Rassenchaos – habe stets zum Untergang der betreffenden Hochkultur geführt. Indem die Germanen dem »fremden Blut«[202] gleiche Rechte zugestanden, hätten sie eine »Sünde gegen das eigene Blut« begangen. Nur eine Rückkehr zur Reinrassigkeit könne Deutschland wieder stark machen.

Eifrigen Lesern früherer antisemitischer und völkischer Autoren – Fichte, de Gobineau, Chamberlain – kam das alles gewiss bekannt vor. Rosenbergs Werk bot keine wirklich neuen grundlegenden Ideen. Nachdem die Nazis 1933 aber an die Macht gekommen waren, erklärten sie den *Mythus* zu einem der Ecksteine nationalsozialistischen Denkens, zu einem Buch, das wie *Mein Kampf* jeder echte Nationalsozialist besitzen sollte. Später bestritten viele führende Nazis, es je wirklich studiert zu haben. Goebbels nannte es einen »weltanschaulichen Rülpser«.[203] Göring lobte es in einem Brief an Rosenberg, gab aber hinter dessen Rücken zu, schon beim ersten Kapitel eingeschlafen zu sein.[204] Hitler soll gesagt haben, er habe es »nur zum geringen Teil gelesen, da es seines Erachtens auch zu schwer verständlich geschrieben sei«.[205] Nicht einmal der Titel gefiel ihm. Der Nationalsozialismus, so sagte er, verbreite schließlich keine Mythen, sondern offenbare eine neue Wahrheit. »Es ist Schund«, meinte Putzi Hanfstaengl zu Hitler, »und Schund bleibt Schund. Wenn man ein Blatt Papier mit einem Tintenklecks faltet, wird es auch in fünfzig Jahren niemand für einen Rembrandt halten. Rosenberg ist gefährlich und dumm, und je eher Sie ihn loswerden, desto besser.«[206] Franz von Papen, den Hitler im Januar 1933 zum Vizekanzler ernannte, erinnerte sich, dass Hitler sich unter vier Augen über das Buch und seinen Autor lustig gemacht habe.[207]

Hitler allerdings nutzte jeden politischen Vorteil und spielte gerne mit den Menschen. Otto Strasser, der 1930 aus der NSDAP austrat, erinnerte sich, dass Hitler sich entschieden positiv über Rosenberg und seine radikalen Ansichten äußerte.

Strasser kritisierte einmal bei einer Besprechung mit Hitler in seinem Berliner Büro Rosenbergs ausgeprägte Gegnerschaft zu den christlichen Kirchen, sein »Heidentum«.

Hitler sprang prompt auf und lief erregt in dem ziemlich großen Arbeitszimmer auf und ab.

»Die Ideologie Rosenbergs ist ein unveräusserlicher Teil des Nationalsozialismus«, mahnte er Strasser. »Rosenberg ist ein Vorläufer, ein Prophet, seine Theorien sind der Ausdruck der deutschen Seele. Ein echter Deutscher kann sie nicht verurteilen.«[208]

Zwei Jahre später, bei Erscheinen des *Mythus,* so erinnerte sich Strasser, schwärmte Hitler von dem Buch als der »großartigsten Leistung ihrer Art«. Bei jeder Revolution in der Geschichte sei es um die Rassenfrage gegangen. »Wenn Sie einmal das neue Buch Rosenbergs lesen, dann werden Sie diese Dinge begreifen, denn dieses Buch ist das Gewaltigste seiner Art ...«[209]

Was immer Rosenbergs Rivalen im Parteiapparat vom *Mythus* hielten, das Buch wurde in Deutschland zum Standardwerk. »Der Weg Rosenbergs«, so verkündete Reichsjugendführer Baldur von Schirach, sei »auch der Weg der deutschen Jugend.«[210]

Über eine Million Exemplare wurden im Lauf der Zeit verkauft, wodurch der Autor zu einer gewichtigen Stimme in den unzähligen ideologischen Kämpfen um Religion, Kunst und Rasse während der Hitlerzeit avancierte.[211] In den Buchhandlungen stand der *Mythus* direkt neben seinem einzigen Rivalen, was die Verkaufszahlen anging: *Mein Kampf.* Mehr hatte sich Rosenberg nicht wünschen können. Er hatte der nationalsozialistischen Bewegung eine Bibel geschenkt.

»Ich glaube«, so sagte ihm ein Leser, »dass wenn auch tausend Jahre vergehen, Ihr Werk bestehen bleibt.«[212]

In den 1930er-Jahren brodelte auf den Berliner Straßen das Leben. Jeden Morgen ergossen sich Massen von Pendlern in Anzügen und Arbeitskleidung aus den Bahnhöfen und U-Bahn-Haltestellen, die einen auf dem Weg ins Büro, die anderen in die Fabrik. Über dem Verkehrslärm hallten die Rufe der Straßenverkäufer, die Blumen, Obst, Zigaretten, Luftballons, Zeitungen oder Varietéveranstaltungen anpriesen.

Am meisten prägten sich Besuchern vielleicht Unter den Linden und das Brandenburger Tor ein oder die Waldwege im Tiergarten, aber nirgends war Berlin so sehr Berlin wie am Potsdamer Platz, der Antwort der Stadt auf den Times Square.[213]

Luxushotels und Straßencafés wechselten sich hier mit Trinkhallen und Ladengeschäften ab. Haus Vaterland, dessen Name in Leuchtschrift um eine Dachkuppel geschrieben stand, lockte die Berliner in sein Kino, seine Varietés und seine Restaurants mit internationalen Spezialitäten. »Die ganze Welt in einem Haus« lautete der Werbespruch; das Café mit 2500 Sitzplätzen galt als das größte der Welt. Aus acht Richtungen strömte der Straßenverkehr auf die chaotische Kreuzung. Oberleitungsbusse pflügten quer durch das Gewimmel, Opel-Kleinwagen und funkelnde Mercedes-Karossen wetteiferten mit Doppeldecker-Stadtbussen, Lastwagen, Taxis, Pferdekutschen, Radfahrern und offensichtlich todesmutigen Fußgängern. Hier wurde 1925 eine der europaweit ersten Verkehrsampeln installiert, aber nach allem, was man weiß, konnte sie das vorüberdonnernde Gewühl aus Fahrzeugen und Menschen nicht wirklich bändigen.

Als Rosenberg im Januar 1933 schließlich von München nach Berlin zog, um näher am Geschehen zu sein, wählte er ein gewöhnliches Wohnhaus, Margaretenstraße 17, nahe dieser geschäftigsten Kreuzung Berlins als Residenz. Die Wilhelmstraße, wo die Reichskanzlei und die wichtigsten Ministerien ihren Sitz hatten, wäre ihm lieber gewesen, aber die Margaretenstraße war ihm auch recht.

Der NSDAP-Parteiapparat bildete in Hitlers Reich eine Art Parallelregierung, und man musste nicht Minister sein, um große Machtbefugnisse zu haben.[214] In den ersten acht Jahren der Naziherrschaft arbeitete Rosenberg für die Partei, seit April 1933 als Leiter des Außenpolitischen Amts der NSDAP. Der neue Reichskanzler vertraute den Beamten des Auswärtigen Amtes bis hinauf zu Reichsaußenminister Konstantin von Neurath nicht, aber solange Paul von Hindenburg Reichspräsident war, konnte er es sich nicht erlauben, von Neurath, der Hindenburgs Protektion genoss, gegen einen Mann seiner Wahl auszutauschen. Fürs Erste wollte Hitler daher Rosenberg als eine Art Reserve-Außenminister einsetzen, der sich um die Auslandsarbeit der Partei kümmern sollte.

Rosenberg brachte für diesen Posten eigentlich gute Voraussetzungen mit. Er hatte schon 1927 ein Buch *Der Zukunftsweg einer deutschen Außenpolitik* vorgelegt, gehörte dem Auswärtigen Ausschuss des Reichstags an und war 1932 im Parteiauftrag nach Rom gereist, um auf einer internationalen Konferenz zur Zukunft Europas zu sprechen. Gleichzeitig aber fehlte ihm nicht nur das Verständnis für andere Länder und Völker und ihre Interessen, sondern auch jedes diplomatische Taktgefühl.

Die überlieferten Berichte zeigen, dass jedes Gespräch mit Rosenberg mehr oder weniger immer denselben Verlauf nahm. »Man konnte mit ihm über jedes Thema unter der Sonne sprechen, aber gleichgültig, womit die Unterhaltung begann – innerhalb fünf Minuten kamen die immer gleichen, von ständigem Gebrauch abgeschliffenen Phrasen zu seinen eigenen Blut- und Rasse-Theorien aus seinem Mund«, schrieb einer seiner Gesprächspartner. »Ob man nun über Geschichte, Gartenbau oder Fallschirmspringerstiefel mit ihm redete – Rosenberg schaltete so zuverlässig und rasch auf Blut und Rasse um, dass man es mit mathematischer Sicherheit voraussagen konnte.«[215]

William Dodd, damals US-Botschafter in Berlin, erinnerte sich an mehrere solche Unterhaltungen mit Rosenberg. Er hasste sie. Er wollte sich nicht einmal mit dem Parteiphilosophen gemeinsam fotografieren lassen, wie es ihm einmal passierte, als die beiden einander im Hotel Adlon am Pariser Platz eines Abends im November 1934 zufällig über den Weg liefen.

»Es war nicht erfreulich für mich«, schrieb Dodd in einem Tagebucheintrag, »denn es gibt keinen zweiten deutschen Politiker, der so wenig klar denkt oder sich mehr Plattheiten erlaubt.«[216]

Rosenbergs erste Reise nach London in der neuen Rolle endete in genau dem politischen und PR-Fiasko, das ein guter Bekannter ihm vorausgesagt hatte. »Sie sprechen doch kein Wort Englisch!«, hatte ihn Kurt Lüdecke vergeblich gewarnt. »Sie haben keinen einzigen anständigen Anzug. Ihre Abendgarderobe ist unmöglich. So können Sie in London einfach nicht erscheinen – gehen Sie erstmal zu einem guten Schneider.« Rosenberg hatte mit eisigem Lächeln erwidert: »Hitler hat Recht – Ihnen sollte man einen Maulkorb verpassen.«[217]

Die Reise führte zu Protesten, im Unterhaus wurden Forderungen laut, Rosenberg auszuweisen. Der britische Diplomat Robert Vansittart verglich ihn mit »kaltem Dorsch«, sowohl, was sein Aussehen, als auch, was sein Temperament angehe.[218] Rosenberg brach die Reise vorzeitig ab und verließ London so eilig, dass er seine Handschuhe, eine Krawatte, ein Taschentuch, Socken und seine Nagelbürste einzupacken vergaß.

Den nächsten Patzer als Außenpolitiker schloss er nahtlos an, als er Bekanntschaft mit zwei Briten schloss, die sich später als Spione entpuppten. Er verschaffte den beiden eine Audienz bei Hitler und lud sie anschließend zu einem Essen mit hohen Offizieren ins berühmte Restaurant Horcher ein.[219]

Trotzdem gab Rosenberg seine Position als Außenpolitik-Experte der Partei nicht auf. Er tat, was er nur konnte, um sie auszubauen, knüpfte internationale Kontakte mit Nazi-Sympathisanten weltweit und schmiedete Pläne für eine Zerschlagung der Sowjetunion. Und er wartete geduldig auf den Moment, um der Landkarte Europas seinen Stempel aufzudrücken.

Ob dieser Moment nun jemals kommen würde oder nicht, Rosenberg würde für immer der führende Ideologe des Nationalsozialismus bleiben. Bei den einfachen Parteimitgliedern hatte er inzwischen das Ansehen eines wichtigen Vordenkers und galt als derjenige, der ihrer radikalen Mission den intellektuellen Überbau lieferte. Im Juni 1933 wurde er als einer von nur sechzehn Parteigenossen zum Reichsleiter befördert, dem zweithöchsten Parteirang, direkt unter dem »Führer« selbst. Zum Jahresende belobigte ihn Hitler mit einem der Dankesbriefe an die führenden Parteifunktionäre, die im *Völkischen Beobachter* erschienen.

»Mein lieber Parteigenosse Rosenberg!«, schrieb Hitler. »Eine der ersten Voraussetzungen für den Sieg der nationalsozialistischen Bewegung war die geistige Zertrümmerung der uns gegenüberstehenden feindlichen Gedankenwelt. Sie … haben … nicht nur unentwegt den Angriff gegen diese Ideenwelt geführt, sondern … unerhört dazu beigetragen, die weltanschaulich einheitliche Durchdringung unseres politischen Kampfes sicherzustellen.«[220]

Anfang 1934 bestätigte Hitler Rosenbergs Führungsanspruch offiziell. Der treue Funktionär erhielt den Titel »Beauftragter des Führers für die Überwachung der gesamten geistigen und weltanschaulichen Schulung und Erziehung der NSDAP«.

Der endlos lange Titel – er stammte natürlich von Rosenberg selbst – war nicht viel kürzer als die zwei Sätze umfassende Ernennungsurkunde mit Hitlers Unterschrift.

Der neue Posten erwuchs aus einer Anforderung von Schulungsmaterialien durch Robert Ley, den neuen Reichsorganisationsleiter der Partei.[221] Ley leitete auch die Ausbildungsprogramme der Partei zur Schulung der gegenwärtigen und künftigen Führung des Dritten Reichs. Seit Hitlers Machtübernahme war die Partei exponentiell gewachsen: Bevor am 1. Mai 1933 ein Aufnahmemoratorium verhängt wurde, traten ihr 1,6 Millionen Deutsche bei. Ley wollte diese »Märzgefallenen«, wie man sie unter alten Kämpfern nannte, erst einmal gründlich in den Prinzipien des Nationalsozialismus geschult wissen. Für Rosenberg stellte er sich dabei eine Beraterrolle vor. Der Ideologe sollte die Lehr- und Unterrichtspläne und die Materialien dafür entwerfen, die Leys Leute dann in Kursen verwenden würden, um die Parteifunktionäre auf die richtige Linie einzuschwören.[222]

Rosenberg stellte sich allerdings weit mehr vor, als nur ein paar Stundenpläne zu schreiben. Er fasste seinen Auftrag so breit wie möglich auf und nahm seinen langatmigen Titel wörtlich.

Im Februar trat er ans Mikrofon in der eleganten Kroll-Oper gegenüber dem Reichstag und sprach vor einer Versammlung von Parteihonoratioren über seine umfassenden Pläne. Wie immer, wenn er eine Rede hielt, las er ein vorbereitetes Manuskript ab, und sein baltendeutscher Akzent ließ ihn wie einen Außenseiter erscheinen, einen Einwanderer der ersten Generation. Aber mit den Worten, die durch die Versammlung hallten, warb Rosenberg um nichts weniger als Herz und Seele des deutschen Volkes. »Wenn wir heute uns nur mit der rein staatlichen Macht begnügen wollten, dann hätte die nationalsozialistische Bewegung ihre Sendung nicht erfüllt«, mahnte er die Zuhörer. »Die staatspolitische Revolution des Staates ist zwar beendet, die geistig-seelische Umschmelzung aber steht erst am Anfang.«[223]

Bevor er sich an diese Aufgabe machen konnte, musste Rosenberg aber erst noch einen Kampf mit hohem persönlichem Einsatz gewinnen.

Hitlers Führungsstil beruhte auf der Auslese der Stärksten. Er verlieh seinen Vertrauten Titel und Ämter, deren Zuständigkeiten sich überschnitten, und gab ihnen nur sehr allgemeine Anweisungen. Innerparteiliche Machtkämpfe förderte er bewusst. Die höheren Parteifunktionäre sollten unter sich ausmachen, wer die Oberhand gewann, und erst wenn die Konflikte um territoriale oder ideologische Verantwortung ein bestimmtes Maß überschritten, griff er ein. Alle Beteiligten wussten, dass sie jederzeit ihr Amt – oder auch Freiheit und Leben – verlieren konnten, wenn sie bei Hitler in Ungnade fielen. Jeder misstraute jedem. »Unter den Funktionären der Nazis ist keiner, der nicht ohne mit der Wimper zu zucken jedem anderen die Kehle durchschneiden würde, um weiter aufzusteigen«, schrieb Politikjournalistin Bella Fromm. »Hitler gefällt das. So ruhen sie sich nicht auf ihren Lorbeeren aus, und anscheinend glaubt er, jemand, der sich seinen Weg erkämpfen kann, wird ihm sicher nützlich sein.«[224]

Rosenbergs neues Amt brachte ihn in direkten Konflikt mit einem der einflussreichsten NS-Funktionäre, einem verschlagenen und gefährlichen Mann, der die Massen manipulieren konnte wie kein Zweiter: Joseph Goebbels, Reichsminister für Volksaufklärung und Propaganda. Goebbels war vier Jahre jünger als Rosenberg und entstammte kleinbürgerlichen Verhältnissen in Rheydt bei Düsseldorf.[225] Seine Eltern waren fromme Katholiken, und Goebbels selbst wollte ursprünglich Priester werden. Eine Operation wegen einer Knochenmarkserkrankung brachte ihm ein verkrüppeltes Bein ein; er hinkte lebenslang. Das machte ihm sehr zu schaffen; er stürzte sich in die Welt des Geistes und versuchte auf akademischem Gebiet zu brillieren. Er studierte Germanistik, Geschichte und Klassische Philologie und wurde mit einer Dissertation zur Literatur der Romantik zum Dr. phil. promoviert. Von da an bestand er darauf, mit dem Doktortitel angesprochen zu werden.

Wegen seiner schriftstellerischen Ambitionen führte er regelmäßig Tagebuch und versuchte sich an einem autobiografischen Roman, mehreren Dramen und zahlreichen journalistischen Arbeiten. Nichts davon wurde je veröffentlicht; keine Zeitung wollte ihn einstellen.

Enttäuscht von der Gesellschaft wandte er sich 1924 dem Nationalsozialismus zu. Schnell profilierte er sich als wortgewandter Redner und machte sich im Verein mit Gregor Strasser daran, in West- und Norddeutschland die Arbeiter für die Sache der Nazis zu gewinnen. Strasser und Goebbels waren ebenso sehr Sozialisten wie Nationalisten, und das musste unweigerlich zu einer Konfrontation mit Hitler und den Parteirechten in München führen, darunter auch Rosenberg. Goebbels sah nicht ein, warum Nationalsozialisten und Kommunisten nicht gemeinsam kämpfen sollten.[226] Strasser und Goebbels arbeiteten im bewussten Gegensatz zur Münchner Fraktion ein neues Parteiprogramm aus, das die Enteignung des adligen Großgrundbesitzes und eine Zusammenarbeit des Reiches mit der Sowjetunion vorsah.

Davon wollte Hitler absolut nichts hören. Er lehnte jede Änderung des 1920 beschlossenen Programms der NSDAP ab und rief Strasser und Goebbels öffentlich und demütigend zur Ordnung und zwang sie zum Widerruf ihrer Thesen. Goebbels, der dem »Führer« völlig verfallen war, traf es innerlich tief, dass Hitler sich auf die Rosenberg-Linie festlegte. »Welch ein Hitler? Ein Reaktionär?«, schrieb er in seinem Tagebuch. »Russische Frage, vollkommen daneben. Italien und England naturgegebene Bundesgenossen! Grauenhaft! Unsere Aufgabe ist die Zertrümmerung des Bolschewismus. Bolschewismus ist jüdische Mache. Wir müssen Russland beerben… Ich kann kein Wort sagen! Ich bin wie vor den Kopf geschlagen.«[227]

Aber Goebbels war vor allem ein ehrgeiziger Pragmatiker und schwenkte bald genug auf die Parteilinie ein. Rasch strotzte sein Tagebuch wieder vor Lobgesängen auf seinen bewunderten Helden. (Einmal heißt es: »Wie lieb ich ihn!«[228]) Hitler wiederum bemühte sich demonstrativ, Goebbels zurückzugewinnen, und nachdem der Möchtegern-Dissident sich von Strasser distanziert hatte, wurde er als Gauleiter nach Berlin entsandt, um dort den Kampf gegen ebenjene Kommunisten zu führen, die er vor Kurzem noch umworben hatte. Für diese Aufgabe bedurfte es eines Mannes, der vor scharfen Worten nicht zurückschreckte, und dafür war er der Richtige. Selbst einer seiner Bewunderer notierte, seine Sprache gleiche einer Mischung aus »Salzsäure, Kupfervitriol und Pfeffer«.[229]

Goebbels, ein Meister der Hinterzimmerintrige, schien ebenso viel Kraft an die Verfolgung seiner Rivalen wie an die Leitung seines Ministeriums zu verwenden. Den Berliner Journalisten fiel an ihm außer seiner Arbeitswut, die keinen Feierabend kannte, und seinem Intellekt – kein häufiges Gut in einer vor allem für ihre Brutalität bekannten Partei – vor allem auf, dass er immer völlig überzeugend genau das sagte, was ihm den Sieg in einer Diskussion einbrachte. »… scheinbar freimütig und offenherzig, mit einem entwaffnenden Lächeln und einer einschmeichelnden Stimme, verstand er es in Wirklichkeit meisterhaft, seine Gedanken hinter einer Maske von Urbanität zu verbergen«, schrieb Louis P. Lochner, der für Associated Press aus Berlin berichtete.[230] Lochner erkannte in dem scheinbar so emotionalen Redner einen kühl kalkulierenden Schauspieler, der jedes Wort und jede Geste seiner Vorführung auf Effekt berechnete.

Goebbels demonstrierte seine rhetorischen Fähigkeiten gerne mit einer Art Partytrick. Nacheinander hielt er vier Reden, in denen er vier gegensätzliche Staatsformen – Monarchie, Kommunismus, Demokratie, Nationalsozialismus – verteidigte und nach jeder einzelnen seine Zuhörer überzeugt hatte, er hänge der jeweiligen Ideologie wirklich an. »Goebbels erwies sich als ein Hexenmeister der Demagogie«, so Lochner. »Mit seinen durchdringenden dunklen Augen, seinem glatt zurückgekämmten schwarzen Haar, seinen gespannten Zügen erinnerte er unwillkürlich an gewisse Darstellungen des Mephistopheles.«[231]

Für Rosenberg brachte Goebbels' Aufstieg Probleme mit sich, nicht zuletzt, weil der neue Propagandaleiter seinen Amtsbereich sehr großzügig definierte. Laut einer Verfügung Hitlers vom 30. Juni 1933 war er zuständig für »alle Aufgaben der geistigen Einwirkung auf die Nation, der Werbung für

Staat, Kultur und Wirtschaft, der Unterrichtung der in- und ausländischen Öffentlichkeit über sie und der Verwaltung aller diesen Zwecken dienenden Einrichtungen«.[232] Diese Definition umfasste unweigerlich auch das von Rosenberg beanspruchte Revier.

Der Verdrängungskampf, der zwischen den beiden Männern jetzt ausbrach, sollte sie die nächsten zwölf Jahre hindurch beschäftigen.

Das erste Konfliktfeld war ausgerechnet die Kunst. Der Sturz des Kaiserreichs am Ende des Weltkriegs hatte Berlin entfesselt. Über Nacht wurde es zu einer kulturellen und sozialen Drehscheibe. Langbeinige Blondinen und die Berühmtheiten des Tages promenierten auf den breiten Alleen und nahmen ihre Drinks in den Straßencafés. Besucher bewunderten die riesigen Kaufhäuser, besonders die Zentrale des Kaufhauses Wertheim in der Leipziger Straße, die mit ihrer gläsernen Eingangshalle und den von riesigen Gewölbebögen hängenden Kronleuchtern wie eine Kathedrale des Konsums wirkte.

Mit vier Millionen Einwohnern fand sich die Stadt auf einmal als drittgrößte Metropole der Welt wieder, übertroffen nur von London und New York. Der typische Berliner war Weltbürger, Zyniker und Zugereister. »Die Berliner sind anders als die übrigen Deutschen«, stellte ein Schriftsteller fest. »Ich sehe sie als die New Yorker von Mitteleuropa an.«[233] Sogar der Berliner Dialekt klang für andere Deutsche frech und respektlos.

In den 1920er-Jahren, während sich rechte und linke Extremisten Straßenschlachten und Rededuelle im Reichstag lieferten, blühte die moderne Kunst aller Richtungen und Spielarten in den Galerien und auf den Bühnen der Stadt.[234] Expressionistische Maler wie Otto Dix bannten das Grauen der Schlachtfelder und die Ausschweifungen der Großstadt auf die Leinwand. Die Dadaisten wandten sich gegen alles rationale Denken. Moderne Architekten wie Erich Mendelsohn entwarfen Gebäude mit fließenden, futuristischen Linien. Avantgardistische Horrorfilme, Marlene Dietrich in *Der blaue Engel*, Bertolt Brechts Gangsterdramen, Jazz, Oben-ohne-Cabarets, eine nackte Diva in der Badewanne, Josephine Bakers Tanz im Bananenröckchen – wenn es dunkel wurde, gab es all das und mehr in Berlin zu sehen. Die konservative, autoritäre Kaiserzeit war von einem Ausbruch sexueller Energie abgelöst worden. Nachtclubs und Bühnen gab es auch für eine blühende homosexuelle Subkultur. Das Berlin der Zwischenkriegszeit war chaotisch, eklektisch und stand politisch links.

Die Nationalsozialisten missbilligten das alles natürlich vehement. Der *Völkische Beobachter* verdammte die Hauptstadt als »Schmelztiegel alles Bösen – Hurerei, Bars, Kinos, Marxismus, Juden, Striptease-Tänzerinnen, Negertänzerinnen und alle lasterhaften Auswüchse der sogenannten ›modernen Kunst‹«.[235] Und das Kino war nach Überzeugung Rosenbergs in den Händen der Juden und deswegen ein Mittel zur Infektion des Volkes durch laszive Bilder geworden.[236]

Rosenberg wurde zum hervorstechendsten Verfechter eines völkischen Kulturprogramms gegen die Moderne – er nannte sie »Kulturbolschewismus« – und für eine Kunst, die er als in deutscher Tradition wurzelnd begriff. Die völkische Ideologie war eine Art romantischer, rassistischer Nationalismus, der den deutschen Soldaten, den deutschen Bauern und das deutsche Volkstum allgemein verherrlichte. 1929 gründete Rosenberg den »Kampfbund für deutsche Kultur«, der sich als überparteilich präsentierte, hochkarätige Vorträge mit angesehenen Geistesgrößen veranstaltete und die konservative Sache in seiner eigenen illustrierten Zeitschrift vertrat.

Goebbels dagegen unterstützte die moderne Kunst zumindest in einigen ihrer Spielarten und förderte Gruppierungen, die sich gegen eine Einschränkung ihrer Freiheit durch konservative Ideologen in Rosenbergs Lager aussprachen.[237] »Wir garantieren die Freiheit der Kunst«, sagte der Propagandaminister immer wieder. Er lieh sein Prestige einer Ausstellung italienischer Futuristen, schmückte die Wände seines Privathauses mit Aquarellen des Expressionisten Emil Nolde und ließ sich von Leo von König, einem Impressionisten, für seinen Amtssitz porträtieren.

Nach der Machtergreifung der Nationalsozialisten sah Rosenberg die Gelegenheit gekommen, sich mit seiner strikten Ablehnung moderner Kunst durchzusetzen. Aber im Herbst 1933 gründete Goebbels die Reichskulturkammer, um sich die Kontrolle über die bildenden Künste, das Theater, das Musikschaffen, Radio, Kino, die Presse und die Literatur zu sichern, wodurch er im Streit mit Rosenberg zunächst die Oberhand gewann.

Rosenberg gab den Kampf aber noch lange nicht verloren und sicherte seinem Kampfbund die Durchführung der Schulungs- und Kulturprogramme für das beliebte Programm *Kraft durch Freude* der Deutschen Arbeitsfront.

Gleichzeitig suchte er nach effektiven, öffentlichkeitswirksamen Angriffsstrategien, um Goebbels' Position zu untergraben und die neue Kulturkammer letztlich auszuhebeln.

Er führte den Angriff gegen den Bildhauer Ernst Barlach, der nach dem Ersten Weltkrieg den Auftrag für mehrere Ehrenmäler erhalten hatte. Goebbels zählte sich zu Barlachs Bewunderern und hatte sogar einige Kleinplastiken des Künstlers bei sich zu Hause aufgestellt. Besonders heftige Kontroversen löste das Ehrenmal im Magdeburger Dom aus. Rosenberg wetterte im *Völkischen Beobachter* gegen die Figurengruppe, die eine

Trauernde und fünf Soldaten zeigte, zwei mit Stahlhelm, einen mit Pickelhaube, einen mit bandagiertem Kopf und einen mit einer Gasmaske. Für den echten Deutschnationalen war jeder deutsche Soldat ein Held. Barlachs Darstellung, so Rosenberg, zeige indes das genaue Gegenteil: »Kleine, halbidiotisch dreinschauende Mixovariationen undefinierbarer Menschensorten mit Sowjethelmen sollen deutsche Landsturmmänner versinnbildlichen!«[238] Nach der »Machtergreifung« wurden Barlachs Werke doch aus den staatlichen Museen entfernt, und 1934 wurde auch das Magdeburger Ehrenmal demontiert.

Rosenberg protestierte auch heftig gegen den Komponisten Richard Strauss als Leiter der Reichsmusikkammer, der mit jüdischen Librettisten wie Hugo von Hofmannsthal und Stefan Zweig zusammenarbeitete. Als die Gestapo einen Brief Strauss' an Zweig abfing, in dem Strauss schrieb, er habe nur aus Opportunismus die Leitung der Musikkammer übernommen, blieb Goebbels nichts übrig, als ihm den Posten wieder zu entziehen. Strauss musste aus »gesundheitlichen Gründen« zurücktreten.

1935 wurde dem Propagandaminister dann klar, wie prekär seine Lage eigentlich war. Nicht nur von Rosenberg wurde er ständig unter Beschuss genommen, er hatte auch die Fühlung mit Hitler verloren, der ebenfalls ein entschiedener Gegner aller modernen Kunst war. In seiner Hauptrede zur Kulturpolitik auf dem Reichsparteitag 1934 hatte sich Adolf Hitler über »das ganze Kunst- und Kulturgestotter von Kubisten, Futuristen, Dadaisten« beklagt.

Aber auch diesmal, wie schon ein Jahrzehnt zuvor, als er die Wahl zwischen Strasser und Hitler hatte, schwenkte Goebbels wieder auf die Linie seines geliebten Hitler ein und vollzog eine radikale Wende in seiner Einstellung zur modernen Kunst.

Als echter Konvertit machte Goebbels keine halben Sachen, sondern bewies seine Treue zur Partei, indem er die berüchtigte Ausstellung »Entartete Kunst« konzipierte und organisierte. »Trostlose Beispiele von Kulturbolschewismus wurden mir vorgelegt«, schrieb Goebbels in seinem Tagebuch. »Und ich will in Berlin eine Ausstellung der Kunst der Verfallszeit veranstalten.«[239] Die Ausstellung wurde am 19. Juli 1937 in München eröffnet und umfasste mehr als sechshundert Stücke moderner Kunst, etwa von Emil Nolde, Ernst Barlach, Ernst Ludwig Kirchner, Paul Klee, Franz Marc und Wassily Kandinsky, absichtlich unvorteilhaft gehängt und mit gehässigen Kommentaren versehen.

Hitler freute sich, Goebbels war erleichtert. In gewohnter aalglatter Manier hatte er sich seinen Platz an Hitlers Seite erhalten.

Rosenberg konnte Goebbels also zwar letztlich nicht stürzen, nutzte aber seine Position als Hitlers Weltanschauungs-Beauftragter, seine Agenda bis in die fernsten Winkel des Reiches zu tragen. Bei allen innerparteilichen Kämpfen und selbst noch im Krieg hielt er die vielen Dienststellen und Unterdienststellen seiner Kulturbehörden am Laufen.

Sein Amt Kunstpflege rezensierte und beurteilte die weltanschauliche Qualität neuer Musik- und Theaterstücke und führte ideologische Hintergrundüberprüfungen bei Künstlern und Rednern durch, die auf NS-Versammlungen auftreten sollten.[240] Die Beamten schickten Aktenvermerke an die Gestapo, wenn ein Künstler in den Verdacht der politischen Unzuverlässigkeit geriet.[241] Rosenberg war der Ansicht, die Bemühungen des Amtes Schulung, einer weiteren Unterbehörde seiner Dienststelle, dürften nicht durch Kunst, Literatur, Theater und Musik untergraben werden, die von der NS-Parteilinie abwich.

Rosenberg gab außerdem die reich illustrierte monatliche Kunstzeitschrift *Die Kunst im Deutschen Reich* heraus, die zur Verbreitung des Verständnisses der NSDAP von echt germanischer Kunst dienen sollte, sowie eine Musikzeitschrift, die für die Ausschaltung jüdischer Einflüsse im Konzertleben kämpfte.

Rosenbergs Reichsstelle zur Förderung des deutschen Schrifttums verfügte über einen Beamtenstab und eine Armee unbezahlter Lektoren – 1400 Menschen zu Spitzenzeiten –, die »systematisch das gesamte deutsche Schrifttum, soweit es irgendeine bildnerische oder erzieherische Bedeutung für das deutsche Volk hat«, durchsahen.[242] Die Mitarbeiter überprüften neu erschienene Bücher auf Linientreue und veröffentlichten die Ergebnisse in der Zeitschrift *Bücherkunde*, die an achttausend Abonnenten im Verlagsgewerbe ging. Für gut befundene Werke wurden auf weißen Seiten rezensiert, abzulehnende auf roten. Oft genug genügte eine solche negative Besprechung, um das Propagandaministerium zu veranlassen, das Buch auf den Index zu setzen. Die Liste der in NS-Deutschland verbotenen Bücher umfasste Tausende Werke. Auch ein Verzeichnis jüdischer Autoren brachte das Amt in Umlauf; es enthielt zuletzt elftausend Namen.

Sogar private Haushalte wurden im Rahmen einer Kampagne Rosenbergs, die eigentlich als Buchspendensammlung für Frontsoldaten gedacht war, von »unerwünschtem Schrifttum gesäubert«.[243]

Die Ämter brachten immer mehr Ämter hervor, je weiter Rosenbergs Weltanschauungsverwaltung sich über die kulturelle Landschaft ausbreitete.[244] Ein Forschungsamt bewertete Lehrstuhlvergaben an Universitäten. Ein weiteres Amt befasste sich mit deutschen Bauernhäusern, um zu beweisen, dass ihre Architektur unbeeinflusst von allen schädlichen äußeren Faktoren geblieben und ein vollkommener Ausdruck des germanischen Blutes ihrer Erbauer geblieben sei. Schließlich gab es auch noch das Amt Volkskunde und Feiergestaltung, das für treue Parteimitglieder neue Formen der Gestaltung von Lebensfeiern wie Geburt, Heirat und Tod entwickelte.

Es gab sogar eine Abteilung im Amt Rosenberg, die Gemälde und Büsten, die den »Führer« darstellten, genehmigen musste, bevor sie in der Öffentlichkeit gezeigt werden durften.

Rosenberg selbst bereiste ganz Deutschland, verbreitete seine Botschaft und nahm den Beifall der Parteimitglieder entgegen. Außerhalb Berlins konnte er sich großen Zulaufs und eines begeisterten Willkommens sicher sein. Was immer seine Konkurrenten und Mitstreiter in der Parteispitze von ihm hielten – draußen im Lande war er einer der Helden der »Bewegung«.

In der Hauptstadt ging der Kleinkrieg mit Goebbels weiter. Der Propagandaminister nannte Rosenberg im vertraulichen Gespräch gerne »Beinahe-Rosenberg«, weil Rosenberg alles immer nur fast erreiche: Er sei beinahe ein Gelehrter, beinahe ein Journalist, beinahe ein Politiker, aber eben nur beinahe.[245]

Für Rosenberg wiederum war die nationalsozialistische Weltanschauung heilig und unveränderlich. Er verachtete Goebbels' Neigung zu Kurswechseln aus politischer Opportunität. »Als sich die Partei nach 1933 an den Früchten des Sieges gütlich tat«, so ein Biograf, »gab Rosenberg den alttestamentarischen Propheten, der sein Volk mahnt, nicht fremden Göttern zu verfallen.«[246] Rosenberg kam zu dem Schluss, für seinen Rivalen, den Meister der großen Show, sei die NS-Weltanschauung letztlich nur ein Werkzeug der Propaganda, nicht mehr als die blutroten Banner und die Fackelzüge der marschierenden SA.

Er fragte sich, ob Goebbels überhaupt ein echter Anhänger des Nationalsozialismus sei, und bezweifelte es. So bereitwillig lavierte der Propagandaminister, dass Rosenberg annehmen musste, er würde alles tun, um seine Macht zu erhalten.

»Wir sehen täglich«, schrieb er einige Jahre später, »dass unsere Revolution eine Eiterbeule hat …«[247]

Allerdings stand nicht nur Goebbels zwischen Rosenberg und seinem Traum einer unter seiner weltanschaulichen Führung vereinten Partei.

Rosenberg hatte zwar beträchtlichen Einfluss auf die einfachen NSDAP-Mitglieder, aber die Spitzenfunktionäre des Dritten Reichs waren so besessen davon, ihre eigene Macht auszubauen, dass sie sich von dem »Philosophen«, wie sie ihn spöttisch nannten, nicht behindern lassen wollten. Sie waren ohnehin Männer der Tat und misstrauten jedem Intellektualismus. Hitler wiederum wollte das Ausland in Sicherheit wiegen, während er im Geheimen die Streitkräfte aufrüstete, und es sich außerdem nicht mit Reichspräsident von Hindenburg verderben, der nicht nur der größte Volksheld Deutschlands war, sondern auch der Einzige, der ihn jetzt noch aus dem Amt werfen konnte. Hitler musste auf einmal flexibel sein. Er musste politisch denken.

Rosenberg sah das prinzipiell anders. »Ich sagte [Darré] darauf«, schrieb er einmal, »ich würde eine Haltung vertreten, gleich ob einer für oder gegen sie sei, wenn ich sie zutiefst als richtig für die Bewegung halte. Ich würde das tun, auch wenn ich zum Schluss allein bleiben würde.«[248] Es durfte ihn eigentlich nicht wundern, dass es sein größtes Talent war, sich Feinde zu machen.

Einer dieser Feinde war ein Mann, der mit Rosenbergs ständigen Moralpredigten absolut nichts anfangen konnte: SA-Stabschef Ernst Röhm. Der stiernackige Ex-Weltkriegsoffizier agitierte in den Monaten nach Hitlers Ernennung zum Reichskanzler für eine »zweite Revolution«.[249] Die Reichswehr sollte abgeschafft und durch eine Volksmiliz ersetzt werden, die natürlich aus seinen gefürchteten Schlägertrupps bestehen würde.

Zum offenen Zusammenstoß zwischen den beiden Männern kam es auf einem opulenten Empfang des türkischen Botschafters. Der großmäulige, lärmende Röhm und seine im Braunhemd erschienenen SA-Begleiter ließen sich mit Champagner volllaufen, fielen unangenehm auf und wurden schließlich gebeten zu gehen.[250] Daraufhin zog sich die Bande mit noch mehr Champagner in einen anderen Raum zurück.

Als Rosenberg, der korrekten Frack trug, auf die Gruppe stieß, hielt Röhm, der auf einem rosafarbenen Sofa saß, gerade einen seiner Männer auf dem Schoß.

Röhms offen ausgelebte Homosexualität hatte Rosenberg schon immer angewidert. »Er umgab sich mit Schlemmern u. Schmarotzern«, schrieb Rosenberg später in sein Tagebuch. »Seine Offiziere hatten alle Lustknaben, sie kapselten sich immer mehr von der Bewegung ab u. provozierten durch ihr Auftreten die Bevölkerung.«[251] Nach Rosenbergs Ansicht waren Röhms Männer nichts als eine aufdringliche Bande »Berliner Gigolos im Braunhemd«.

Rosenberg zischte dem betrunkenen Stabschef eine wütende Bemerkung zu. Der brüllte vor Lachen.

»Seht nur dieses Baltenschwein!«, rief er laut in den Raum. »Das Püppchen hat ja nicht einmal den Mumm zu trinken! Und dann zu eingebildet, um Uniform zu tragen, dieser emporgekommene baltische Baron! Frackschöße stehen Ihnen auch nicht besser.«[252]

Rosenberg stampfte wütend aus dem Raum.

Aber bald sollte er Schadenfreude in ihrer schwärzesten Form genießen können. Im Sommer 1934 zeigte sich, dass Rosenberg nicht der Einzige war, der Ernst Röhm gründlich satthatte.

Rosenbergs von Hand geschriebene Tagebücher umfassen zehn Jahre auf fünfhundert Seiten.

(U.S. Holocaust Memorial Museum, courtesy of Miriam Lomaskin)

8

Das Tagebuch

Im Mai 1934, demselben Monat, in dem Rosenberg begann, seine Gedanken in einem ledergebundenen privaten Tagebuch niederzuschreiben, ging eine Welle der Angst vor dem wiedererstarkten Deutschland durch die USA und Europa. Amerikanische, britische und französische Unterhändler, die in Genf tagten, zeigten sich verzweifelt über die ergebnislosen Versuche, ein neues Abrüstungsabkommen mit dem Deutschen Reich zustande zu bringen. Die *New York Times* berichtete, US-Flugzeughersteller lieferten Flugzeuge und Luftfahrttechnik an Deutschland, einheimische Konzerne wie BMW produzierten Flugzeugmotoren in großen Stückzahlen, und das Naziregime werde bald über eine schlagkräftige Luftwaffe und widerstandsfähige Luftabwehr verfügen. »Ende nächsten Jahres«, schrieb das Blatt im Mai, »wird Deutschland so gut gegen mögliche Luftangriffe gerüstet sein, wie ein Land es nur sein kann.« Führende britische Politiker vertraten immer mehr die Überzeugung, man müsse sich unweigerlich auf einen neuen Krieg vorbereiten.[253]

Derweil versammelten sich auf der anderen Seite des Atlantiks, in New York, an einem Donnerstagabend desselben Monats zwanzigtausend Deutschamerikaner zu einer Kundgebung in einem Sportstadion mit dem Charme eines Lagerhauses an der Kreuzung Eighth Avenue und 50th Street.[254] Sie strömten unter dem großen roten Baldachin mit der Aufschrift MADISON SQ GARDEN hindurch und wurden von Ordnern mit weißen Hemden und Hakenkreuzarmbinden zu ihren Sitzplätzen dirigiert. Von der Bühne drohten zwei große NS-Adler.

Diese kämpferische Menge war zusammengekommen, um eine hitlerfreundliche Gruppierung namens Friends of the New Germany (»Freunde des neuen Deutschland«) zu unterstützen. Diese Organisation war im Jahr zuvor von Heinz Spanknöbel, einem Einwanderer aus Deutschland, gegründet worden, um die miteinander rivalisierenden amerikanischen Nazivereinigungen unter ein Dach zu bringen, die sich in den deutsch geprägten Vierteln von Detroit, Chicago und New York gebildet hatten.[255] Der streitlustige, ehrgeizige Spanknöbel sicherte sich die Unterstützung von Hitlers Stellvertreter Rudolf Heß, machte dann aber in den USA vor allem mit ungeschickten Aktionen von sich reden. Einmal stürmte er in die Redaktion einer großen deutschsprachigen New Yorker Tageszeitung und verlangte, sie solle sofort auf die NSDAP-Parteilinie einschwenken. Der Chefredakteur warf ihn hinaus und rief die Polizei. Als Nächstes machte er sich unbeliebt, indem er verlangte, bei einer deutschen Parade in New York müsse die Hakenkreuzflagge neben dem Sternenbanner geführt werden. Führende jüdische Persönlichkeiten wollten das nicht hinnehmen; daraufhin beschmierten US-Nazis mehrere Synagogen mit Hakenkreuzen. Eine Rede Spanknöbels in Newark, New Jersey, endete mit einer Massenschlägerei, bei der einer seiner Gefolgsleute mit einem bleigefüllten Gummischlauch um sich schlug.

Die US-Bundesbehörden stellten bald darauf einen Haftbefehl für Spanknöbel aus, weil sie ihn als illegalen Agenten der deutschen Regierung betrachteten, woraufhin er nach Deutschland floh. Die von ihm gegründete militante Gruppierung bestand unter neuer Führung weiter. Ihre Mitglieder – nur wer erklärte, »reinrassiger Arier« zu sein, wurde aufgenommen – schworen Adolf Hitler Treue. Die uniformierten »Sicherheitskräfte« der Friends of the New Germany standen unter dem Kommando eines ehemaligen SA-Manns, und die Propaganda des Vereinsblatts *Deutsche Zeitung* wurde direkt aus Berlin übernommen. Es gab sogar eine Jugendorganisation, die in Sommercamps die nächste Generation heranziehen sollte.

Genau wie es Hitler mit der NSDAP vorgemacht hatte, versuchten die Friends auch in den USA mit Versammlungen und Reden eine Unterstützerbasis für die Nazi-»Bewegung« aufzubauen.

Bei der Veranstaltung im Madison Square Garden wetterte ein Redner nach dem anderen gegen einen Boykott, den amerikanische Juden unter Führung eines New Yorker Anwalts namens Samuel Untermyer gegen deutsche Importe forderten. Draußen marschierte derweil ein Protestzug von tausend Kommunisten, die »Nieder mit Hitler!« riefen; drinnen zogen die Nazi-Freunde über ihre Feinde her. »Hängt ihn auf!«, rief jemand aus der Menge, als Untermyers Name fiel.

»Wir können und dürfen nicht zulassen, dass dieses Deutschland täglich verleumdet und als ein großes Gefängnis dargestellt wird«, sagte Walter Kappe, Herausgeber der *Deutschen Zeitung*, in Nachahmung des kämpferischen Stils, wie ihn Goebbels im Reich pflegte. »Wir können das weder länger dulden, noch dürfen wir es, und wir werden es auch nicht. Wir rufen aus: Es sind alles Lügen, Lügen, Lügen!« Er klagte die führenden Persönlichkeiten der amerikanischen Juden der Volksverhetzung an. Sie vergifteten angeblich die öffentliche Meinung in den USA und hetzten gegen Deutschland. »Wir warnen euch ein letztes Mal«, so Kappe. »Wenn ihr Streit wollt, werdet ihr uns gut gerüstet finden, und die Konsequenzen habt ihr euch selbst zuzuschreiben.«

Die Kommunisten draußen – etwa fünfhundert Mann aus dem Protestzug – hatten nichts dagegen, die Herausforderung auf der Stelle anzunehmen.[256] Nachdem sie vor dem Stadion demonstriert hatten, warteten sie auf dem Times Square auf das Ende der Versammlung. Die Polizei bildete Absperrketten, um sie von den Ausgängen des Madison Square Garden fernzuhalten, und lieferte sich Straßenschlachten mit Demonstranten, die sie durchbrechen wollten. Die Freunde des neuen Deutschland eilten angesichts dieser bedrohlichen Lage dann möglichst unauffällig in die U-Bahn-Stationen oder verdrückten sich in Taxis. Immerhin einer von ihnen war mutig genug, an der Ecke Broadway und 51st Street seine Botschaft in den New Yorker Frühlingsabend zu rufen:

»Heil Hitler!«

Dann musste er sich hastig in einem Laden in Sicherheit bringen, und Polizisten schützten ihn vor dem wütenden Mob.

Auch Berlin stand im Mai 1934 unter Spannung. Eine Woche vor der Versammlung im Madison Square Garden hielt Goebbels im Sportpalast eine Rede, in der er ebenfalls den amerikanischen Boykott deutscher Waren scharf angriff. Der Propagandaminister verkündete, die Kampagne werde das Los der Juden in Deutschland nicht etwa erleichtern: »Sie sollen nicht glauben, wenn sie in der Tat den Boykott so weit trieben, daß er wirklich eine ernstliche Bedrohung unserer wirtschaftlichen Situation darstellen würde, daß wir deshalb die Juden frei ausgehen ließen«, erklärte er seinen Zuhörern. »Nein! Der Haß, die Wut und die Verzweiflung des deutschen Volkes würden sich ja zuerst auf jene von ihnen richten, die man in der Heimat zu fassen bekommt. Wenn die Juden glauben, der unblutige Verlauf der deutschen Revolution gebe ihnen das Recht, sich wieder mit ihrer üblichen Frechheit und Arroganz zu verhalten und das deutsche Volk zu provozieren, dann sollen sie gewarnt sein, unsere Geduld nicht überzustrapazieren.«[257]

Die Juden, rief er, müssten ihren Platz in der neuen deutschen Ordnung akzeptieren. Sie seien nur Gäste im Land und sollten sich »ruhig und bescheiden in ihre vier Wände zurückziehen«.

Als Goebbels diese Rede hielt, zeigten sich allerdings erste Risse im Gebälk der Revolution. Die NS-Regierung hatte ihr Versprechen einer schnellen wirtschaftlichen Erholung Deutschlands nicht einlösen können. Die öffentliche Unterstützung für die NSDAP schwand, in der Presse wurde Kritik laut, Witze über die Parteiführer waren überall zu hören.

Um dem entgegenzuwirken, ließ Goebbels am 11. Mai eine neue Propagandakampagne gegen alle »Miesmacher« anlaufen, für die er das Wort »Kritikaster« prägte.[258] In den Zeitungen wurde vor den Folgen negativer Äußerungen über die Regierung gewarnt, falls jemand die Gestapo und die Konzentrationslager vergessen haben sollte. An einem Redakteur, der in einem sarkastischen Kommentar gegen Goebbels' Pressezensur protestiert hatte, wurde ein Exempel statuiert: Er fand sich hinter Stacheldraht wieder, im KZ Oranienburg nördlich Berlins. In Cafés und Restaurants bauten sich NS-Propagandisten auf und hielten den Gästen Reden; damit die Gäste auch gut zuhörten, verstellten SA-Männer die Ausgänge.

Auf Massenversammlungen wurden Plakate mit der Aufschrift »Nicht jammern, arbeiten!« hochgehalten, und durch die Straßen fuhren Lastwagen voller SA, die ihre Parolen brüllten.

Regimetreue Bürger sollten sich Hakenkreuzabzeichen kaufen und in der Öffentlichkeit tragen. Selbst kleine Äußerungen der Unzufriedenheit konnten Folgen haben. Eine Frau, die gemeint hatte, unter den Nazis »werde es auch nicht besser«, bekam die Auflage, sich täglich auf dem Rathaus zu melden und den Spruch »Heute ist es schon besser als gestern, und es wird jeden Tag besser« aufzusagen.[259]

Aber während Goebbels auf den Rednerpodien tobte, hatten die Nazis in Wirklichkeit größere Probleme als nur die schwindende Begeisterung der Bevölkerung. Ein Bürgerkrieg braute sich zusammen, und Hitler war gerade dabei, sich zu positionieren.

Im Sommer 1934 herrschte im politischen Berlin das Gefühl eines zunehmenden Drucks, der sich im Dritten Reich nicht anders als gewaltsam entladen können würde.

Mitten in dieser brodelnden Ungewissheit, am 14. Mai, begann Rosenberg Tagebuch zu führen. Er schlug einen in rotes Leder gebundenen Band auf, dessen Vorsatzblätter gezackte Aquarellstreifen zeigten, die an Marmorpapier erinnerten. Mit einem Füllfederhalter setzte er auf die erste Seite, rechts oben, das Datum: »Berlin, 15. 5. 34«, dann strich er die 15 durch und ersetzte sie durch die korrekte 14. Mit krakeliger Schrift verfasste er den ersten Eintrag:

»Ich habe die 15 Jahre über kein Tagebuch geführt; dadurch ist vieles heute geschichtlich Gewordene in Vergessenheit geraten. Jetzt stehen wir mitten drin in einer neuen Entwicklung, die für die Zukunft entscheidend sein wird, und an der ich mich namentlich in zwei Fragen mitbeteiligt fühle.«[260] Die eine war die zukünftige Rolle der christlichen Kirchen in Deutschland, die er als Hitlers Chefideologe scharf angegriffen hatte. Rosenberg wollte das Christentum und seine Amtsträger beiseiteschieben und stattdessen den Nationalsozialismus in Herz und Seele der Deutschen pflanzen. Die andere war Großbritannien, das Rosenberg als außenpolitischer Experte der NSDAP immer noch für die Politik des NS-Regimes zu gewinnen hoffte, trotz seines fehlgeschlagenen Besuchs in London 1933 und der ungebrochenen Ablehnung, die Hitler und seinen kriegslüsternen Schergen vonseiten der Briten entgegenschlug.

Rosenberg hatte in einer historischen Wendezeit einen Platz mitten im Geschehen, und er wollte seine Beobachtungen detailliert dokumentieren. Was genau ihn dazu trieb, erneut ein Tagebuch anzulegen – das frühere, das er erwähnt, ist nach dem Krieg nicht mehr aufgetaucht –, war wohl nicht nur das Selbstbewusstsein eines Politikers, der davon ausging, eines Tages eine bedeutende Gestalt der Geschichte zu sein. Es wird auch mit einem anderen Buch zu tun gehabt haben, das kurz zuvor erschienen war: Sein Erzfeind Goebbels, seit vielen Jahren eifriger Tagebuchschreiber, hatte seine Aufzeichnungen von 1932 und 1933 in einer bearbeiteten Fassung herausgebracht, um seinen Ruf als entscheidend wichtiger Mitstreiter Hitlers bei der Machtergreifung zu zementieren.

Wenn Rosenberg sein Vorhaben durchhalten wollte, würde er sich gegen seine angeborene Disziplinlosigkeit durchsetzen müssen. Er war dafür bekannt, sich zu verzetteln, tausend Projekte anzufangen und sie dann liegen zu lassen oder an Untergebene zu delegieren, die sie dann zu Ende brachten oder auch in den Sand setzten. Außerdem hatte er ja schon eine Menge damit zu tun, politische Traktate, Propaganda und eine Denkschrift nach der anderen zu verfassen.

Falls er daran dachte, das Tagebuch eines Tages zu veröffentlichen, schrieb er jedenfalls nichts davon. Möglicherweise wollte er die Einträge als Gedächtnisstütze nutzen, falls er eines Tages, nach Ende seiner aktiven Laufbahn, einmal Zeit für Memoiren fände.[261]

Was auch immer er mit dem Tagebuch bezweckte, den Sommer über blieb er eifrig dabei. Die unlinierten Seiten des roten Notizbuchs füllten sich mit dem, was ihn jeweils gerade beschäftigte. Als Tagebuchschreiber neigte Rosenberg zu Gefühllosigkeit, Selbstmitleid und demselben Narzissmus, den er bei seinen Rivalen immer kritisierte. Er badete in Klatsch und Tratsch. Er war leicht reizbar, hatte keinerlei Sinn für die Unmenschlichkeit seiner gnadenlosen Ideologie und kannte kaum ein Thema außer der Politik. Seine Familie wird kaum jemals erwähnt; ein Privatleben neben der Arbeit scheint er nicht geführt zu haben.

Auf den ersten Seiten, die aus der zweiten Maihälfte datieren, geht es um Berichte Rosenbergs an Hitler über die öffentliche Meinung in Großbritannien, seine Abneigung gegen Goebbels und die angebliche Doppelzüngigkeit im Diplomatischen Korps und im Auswärtigen Amt.

Goebbels' Angriffe auf die Juden in der Sportpalastrede Anfang des Monats hatten laut William de Ropp, einem der Agenten, die Rosenberg unwissentlich als Verbindungsleute zu den Briten angeheuert hatte, zu einem neuen Entrüstungssturm in London geführt. So sehr Rosenberg auch Goebbels hasste, hier unterstützte er ihn loyal: »Was müssten wir dann zur Hetze des ›Evening Standard‹ gegen Hitler sagen? In London lässt man über jeden u. alles schimpfen, ist aber wie eine Mimose, wenn es die Juden angeht!«[262] Rosenberg wusste allerdings im Grunde schon, dass de Ropp recht hatte: Es wäre besser, wenn Goebbels seine Rhetorik etwas dämpfte. So etwas bekam in Deutschland leicht Beifall, führte aber im Ausland nur zu Problemen.

Auch über die massive Propagandakampagne Goebbels' gegen »Miesmacher und Kritikaster« machte sich Rosenberg Sorgen. Damit gestand man ja erst einmal öffentlich ein, dass es in der Bevölkerung große Unzufriedenheit gab. Warum sollten sich die Machthaber sonst solche Mühe geben, die Kritiker zum Schweigen zu bringen? »Das stärkste Mittel deutscher Politik, dass die ganze Nation hinter dem Führer steht, droht zu zerbrechen.«

Was Rosenberg in diesem Monat am meisten ärgerte, war allerdings ein Fall von schlechter Presse – für ihn selbst. Am 9. Mai hatte die Londoner *Times* in einem Artikel über die sich herausbildende Machtstruktur des Dritten Reiches geschrieben, Rosenbergs Macht als Hitlers Weltanschauungsbeauftragter sei längst nicht so umfassend, wie der Titel nahelege. »Im Hinblick auf kürzlich aufgekommene Gerüchte, Herr Rosenberg sei ›auf Eis gelegt‹ worden, ist zu bemerken, dass dieser pompöse Titel in gut unterrichteten Kreisen schon von Anfang an als weit umfassender formuliert gegolten hat als die damit verbundene praktische Autorität und der Zuständigkeitsbereich«, so der Korrespondent des Blattes. »Diese Ansicht wurde jetzt untermauert, als Herr Hitler sich von der zuvor groß angekündigten Teilnahme an Herrn Rosenbergs erster großer weltanschaulichen Rede in seiner neuen Eigenschaft kurzfristig entschuldigte und lieber mit Dr. Goebbels zu einem Eishockeyspiel und einer Eiskunstlaufvorführung Mademoiselle Sonja Henies ging«[263], der blonden norwegischen Olympiasiegerin, die später in Hollywood Karriere machen sollte.

Rosenberg schäumte. Er stürmte in Hitlers Arbeitszimmer und beschwerte sich: Dahinter konnten nur die Karrierediplomaten im Auswärtigen Amt stecken.

Hitler zuckte nur mit den Schultern über den Zorn seines Weltanschauungsbeauftragten. Was sollte er machen?

Aber als Rosenberg dann Berichte weitergab, der ehemalige deutsche Botschafter in London Albrecht Graf von Bernstorff habe britischen Diplomaten anvertraut, das NS-Regime stehe unmittelbar vor dem Zusammenbruch, wurde auch Hitler wütend.

»Was soll man mit diesem Schwein machen?«, fragte Hitler. Er sagte Rosenberg, er müsse von Neurath und das diplomatische Korps mit Rücksicht auf Hindenburg vorläufig noch schonen. »Ich will mit dem Alten keinen Kampf, um ihm nicht die letzten Tage zu verbittern.« War der Reichspräsident tot – und er war schon sehr altersschwach, es konnte jeden Tag so weit sein –, »dann aber muss mit einem Schlage die ganze Kameraderie davongejagt werden. Den B[ernstorff] muss man dann gleich verhaften.«[264]

Rosenberg erwartete diesen Tag sehnsüchtig. »Die Sabotage dieser überlebten Herren wird geradezu grotesk! ... Ihr Erwachen wird einmal sehr plötzlich u. bitter sein.«[265]

Aber Hitler hatte drängendere Probleme als Sabotage aus dem Auswärtigen Amt. Rosenberg kannte sie natürlich – wie jeder in der Regierung –, aber er nannte sie in seinem neuen Tagebuch lieber nicht beim Namen. Es gab Angelegenheiten, über die man besser gar nichts sagte, auch nicht in einem privaten Tagebuch, das nur für einen selbst bestimmt war.

Ernst Röhm, Stabschef der Sturmabteilung (SA) der NSDAP, agitierte schon seit Mitte 1933 für eine »zweite Revolution«. Die Partei sollte sich jetzt, wo sie die Macht im Staate hatte, gegen die Großindustriellen und mächtigen Konzernherren und vor allem die preußischen Generäle wenden. »Es gibt heute noch immer Leute in amtlicher Stellung, die nicht die geringste Ahnung vom Geist der Revolution haben«, sagte er in einer Rede. »Wir werden sie rücksichtslos entfernen, wenn sie es wagen sollten, ihre reaktionären Ideen in die Praxis umzusetzen.«[266] Hinter Röhms Worten steckte echte Macht. Unter seinem Kommando standen Anfang 1934 drei Millionen

SA-Männer, die jahrelang Straßenkämpfe für die Partei geführt hatten und jetzt als Gegenleistung Posten und Arbeitsplätze erwarteten. Röhm wollte aus seiner SA eine neue deutsche Armee bilden und die alte konservative Offiziersschicht dabei loswerden.

Das war gar nicht nach Hitlers Geschmack. Für ihn war die Revolution vorbei. Weitere Umbrüche konnten nur Chaos bringen, und Hitler wusste außerdem, dass er den Rückhalt der Reichswehr brauchte. Die war zwar nur hunderttausend Mann stark – die Personalstärke war immer noch durch den Versailler Vertrag begrenzt –, aber es handelte sich um gut bewaffnete und ausgebildete Berufssoldaten, weit disziplinierter als Röhms Schlägertrupps. Außerdem stand Reichspräsident von Hindenburg fest hinter der Reichswehr. Also umwarb Hitler mit strategischer Schmeichelei die Generäle, nicht zuletzt, indem er auf eine Wiederaufrüstung setzte, die den Versailler Vertrag ignorierte.

Im Februar 1934 kam ein Vorschlag von Röhm, die SA mit der Reichswehr zu verschmelzen und ihm das Oberkommando zu übertragen. Hitler schmetterte das ab und schloss stattdessen im April bei einer Besprechung an Bord des Schweren Kreuzers *Deutschland* ein Geheimabkommen mit der Generalität. Hindenburg lag im Sterben, und Hitler fürchtete immer noch, das Offizierskorps könne sich gegen ihn wenden, wenn der »Alte« nicht mehr war; also sagte er zu, die SA in die Schranken zu weisen, wenn die Reichswehr ihn ihrerseits als Hindenburgs Nachfolger akzeptierte.

Röhm, der von dieser Absprache nichts ahnte, agitierte weiter, und im Frühling 1934 liefen in Berlin bereits Gerüchte über Putschpläne und Verrat um.

Zwei mächtige Feinde Röhms im Parteiapparat schufen die Voraussetzungen für einen Schlag gegen den SA-Chef. Der eine war Göring, der vor dem Hitlerputsch bis 1923 die SA kommandiert hatte; den anderen hatte Röhm seinerzeit selbst für die Partei gewonnen: Heinrich Himmler. Dessen Vater, ein frommer Katholik und Gymnasialdirektor, sorgte dafür, dass sein Sohn mit der deutschen Geschichte aufwuchs.[267] Als Kind lernte er die Daten der wichtigsten Schlachten seines Vaterlands auswendig, und als Jugendlicher konnte er es gar nicht abwarten, sich für den Weltkrieg an die Front zu melden. Aber der Waffenstillstand im November 1918 kam zu früh, als dass es der Freiwillige Himmler noch an die Front geschafft hätte. Nach dem Krieg besuchte er weiter die Schule und arbeitete unter anderem auf einem Bauernhof.

In die NSDAP wurde Himmler 1923 von Ernst Röhm eingeführt und sechs Jahre später zum Reichsführer der SS ernannt. Diese sogenannte Schutzstaffel war damals nur eine kleine Einheit innerhalb der SA, aber Himmler machte sich daran, sie zu einer furchterregenden Armee auszubauen.[268] SA-Männer waren als undiszipliniert und streitsüchtig bekannt; im Gegensatz dazu konzipierte Himmler die SS als Eliteeinheit. Nur die besten, reinblütigsten »Arier« sollten aufgenommen werden und nach einem strikten germanischen Ehrenkodex leben. Als Hitler Reichskanzler geworden war, diente ihm die schwarz uniformierte SS als Leibwache. Himmlers Ehrgeiz ging allerdings viel weiter. Er wollte den gesamten Polizei- und Geheimdienstapparat des Deutschen Reiches unter seiner Kontrolle vereinigen, und er machte sich systematisch daran, eine Machtposition aufzubauen. Zuerst übernahm er 1933 die Leitung der Politischen Polizei Bayerns und schuf eine Geheimdienstabteilung unter Reinhard Heydrich, die gegen innerparteiliche Saboteure und Spione vorgehen sollte.

Himmler selbst war keine imposante Erscheinung. Ein fliehendes Kinn und kleine Äuglein hinter einer runden Brille ließen ihn fast mickrig wirken. Aber er war zielbewusst und gründlich, und als Göring ihn 1934 zum Inspekteur der preußischen Gestapo ernannte, hatte er bereits Behörden der Politischen Polizei im ganzen Reich unter seiner Kontrolle. Göring und Himmler bestärkten Hitler in seiner Überzeugung, die Reichswehr zu einer modernen und kriegsfähigen Armee auszubauen und nicht auf die SA zu setzen, und trugen so dazu bei, Röhm aus dem Weg zu räumen. Sie sahen ihn als persönliche Konkurrenz und als Bedrohung für die Partei – er war einfach im Weg, wie es Göring später formulieren sollte. Die SS fälschte Indizien dafür, dass Röhm einen Putsch vorbereite, und gab sie an Hitler weiter.

Es gab noch andere Kräfte, die gegen Röhm arbeiteten. Die Konservativen wie etwa Vizekanzler Franz von Papen und sein Förderer Reichspräsident Hindenburg machten sich schon lange Sorgen, die nationalsozialistische Revolution könne Deutschland destabilisieren. Papen hielt am 17. Juni 1934 eine für seine Verhältnisse ungewöhnlich scharfe Rede an der Universität Marburg, in der er den zügellosen NS-Terror und Röhms lautstarken Ruf nach einer zweiten Revolution kritisierte. »Deutschland darf nicht ein Zug ins Blaue werden, von dem niemand weiß, wo er zum Halten kommt«, erklärte von Papen. »Die Regierung ist wohlunterrichtet über all das, was an Eigennutz, Charakterlosigkeit, Unwahrhaftigkeit, Unritterlichkeit und Anmaßung sich unter dem Deckmantel der deutschen Revolution ausbreiten möchte.« Auch Goebbels musste Kritik von Papens einstecken; das deutsche Volk werde auf seine amateurhafte Propaganda nicht hereinfallen: »Es lächelt über plumpe Versuche, es durch falsche Schönfärberei zu täuschen. Keine Organisation und keine noch so gute Propaganda wird auf die Dauer allein imstande sein, das Vertrauen zu erhalten.« Goebbels verbot voller Wut, die Rede weiterzuverbreiten. Wenige Tage später bezeichnete er die Konservativen verächtlich als »lächerliche Dummköpfe«. Papen beschwerte sich bei Hitler über das Verbot seiner Rede und kündigte an, die Sache Hindenburg vorzutragen.

Hitler kam ihm zuvor. Am 21. Juni flog er auf Hindenburgs Rittergut in Ostpreußen, um sich mit dem bereits sehr hinfälligen greisen Reichspräsidenten zu besprechen. Dort wurde er mit einer unerwarteten Drohung konfrontiert: Entweder, so Hindenburg, beende Hitler sofort alles Gerede von einer zweiten Revolution und die Unruhen in Berlin, oder er, Hindenburg, werde das Kriegsrecht ausrufen und die Regierungsgewalt der Reichswehr anvertrauen.

Der entscheidende Anstoß zum Handeln kam dann von Göring und Himmler. Röhm hatte sich für einige Wochen zur Kur ins bayerische Bad Wiessee begeben, wo er im Hotel Hanselbauer abgestiegen war. Seine Männer hatte er in Urlaub geschickt. Am 28. Juni erhielt Hitler jedoch von Görings Stab frisch gefälschte Berichte, dass Röhms SA sich in Wahrheit auf einen bewaffneten Aufstand im ganzen Reich vorbereite.

Jetzt reichte es Hitler. Er beauftragte Göring damit, die Feinde der Regierung in Berlin auszuschalten; er selbst würde derweil nach Bayern fliegen, um sich Röhm persönlich vorzunehmen.

Einige Tage später vertraute Rosenberg seinem Tagebuch einen atemlosen Bericht dessen an, was danach geschehen war.

Der Eintrag liest sich wie ein reißerischer Krimi.[269]

Rosenberg schildert, wie Hitler zunächst vorsichtig an die Tür des Hotelzimmers in Bad Wiessee klopft, in dem Röhm gerade den Umsturz des Regimes, die Hinrichtung seiner Gegner und die Übergabe der Macht an eine Bande Homosexueller plant.

Aber der Führer als echter Held hat ja das Komplott gerade noch rechtzeitig aufgedeckt. Jetzt ist der böse Röhm geliefert.

»Meldung aus München«, ruft Hitler mit verstellter Stimme durch die Tür.

»Kommt doch rein«, ruft Röhm zurück, »die Tür ist ja offen.«

Hitler stürmt ins Zimmer, findet Röhm im Bett vor und packt ihn an der Kehle. »Sie sind verhaftet, Sie Schwein!«, knurrt der Diktator, während er den Verräter der SS übergibt. Als Röhm sich weigert, sich anzukleiden, schlägt ihm ein SS-Offizier seine Kleidung ins Gesicht.

Nebenan stößt Hitler auf Röhms Stellvertretenden Stabschef Edmund Heines »in homosexueller Betätigung«.

»Das alles wollen Führer in Deutschland sein«, sagt Hitler gequält.

Heines verteidigt sich verzweifelt: »Mein Führer, ich habe dem Jungen nichts getan.« Rosenberg weiter: »Und der Lustknabe küsst vor Angst und Wehe seinen Liebling auf die Backe.« Der wütende Hitler packt Heines' Liebhaber und wirft ihn gegen die Wand.

»Im Korridor«, so Rosenberg, »kommt dem Führer eine hagere Gestalt entgegen mit geschminkten Wangen. ›Wer sind Sie?‹ – ›Der Zivildiener des Stabschefs.‹ Da packt den Führer eine Wut ohne gleichen, auf solche Weise seine S.A. beschmutzt zu sehen, er befiehlt, die Lustknaben samt u. sonders in den Keller zu packen u. zu erschiessen.«

Hitler möchte Röhm, einen alten Kameraden, nicht selbst erschießen, aber Amann bittet ihn, zu tun, was nötig sei. »Das größte Schwein muss weg.« Rudolf Heß wendet ein, Röhm zu erschießen, sei *seine* Pflicht. Schließlich bekommt Röhm eine Pistole in die Zelle gebracht, um ihm Gelegenheit zum ehrenvollen Selbstmord zu geben.

Er weigert sich, die SS erschießt ihn schließlich in seiner Zelle, und so endet ein weiteres Kapitel in Hitlers Kampf um die Ehre und den guten Ruf Deutschlands.

Das Erstaunliche an Rosenbergs wüster Räuberpistole über das Ende des sogenannten Röhm-Putschs ist, dass sie im Wesentlichen zutrifft. In der Morgendämmerung landete Hitlers Maschine in München. Es hatte ein wenig genieselt, aber als Hitler auf das Rollfeld trat, hatte sich der Himmel aufgehellt. »Das ist der schwärzeste Tag meines Lebens«, sagte er zwei Reichswehroffizieren, die ihn abholten. Er stieg in einen wartenden Mercedes und machte sich auf zur Abrechnung. Gemeinsam mit einer Abteilung der SS fuhr er zum Hotel, in dem Röhm – der nichts Böses ahnte – noch schlief.

Mit gezogener Pistole weckte Hitler den SA-Stabschef, nannte ihn einen Verräter und befahl seine Verhaftung. Dann stürmte er ins angrenzende Zimmer, wo er auf Heines mit seinem jungen Liebhaber im Bett stieß. »Heines, wenn Sie nicht in fünf Minuten angezogen sind«, schrie Hitler, »lasse ich Sie auf der Stelle erschießen!« Die SA-Männer ließen sich widerstandslos nach München bringen und wurden ins Gefängnis Stadelheim eingeliefert. Dann folgte der verabredete Anruf bei Göring mit einem Codewort: Kolibri.

Das war das Signal für Göring, in Berlin loszuschlagen und mit den Hinrichtungen zu beginnen. Nicht nur die in der Hauptstadt festgenommenen SA-Führer wurden von einem Erschießungskommando niedergemäht, sondern die Säuberungsaktion umfasste zahlreiche ehemalige und gegenwärtige politische Gegner, darunter den ehemaligen Reichskanzler General Kurt von Schleicher (mit seiner Frau) und den abtrünnigen alten Kämpfer Gregor Strasser. Die Leiche Gustav Ritter von Kahrs, des bayerischen Politikers, der 1923 den Hitlerputsch niedergeschlagen hatte, wurde später in einem Sumpfgebiet gefunden; sie war mit einer Axt zerhackt worden. Göring ordnete sogar die Erschießung von Papens Redenschreiber Edgar Jung an, der für die unvorsichtige Ansprache des Vizekanzlers in Marburg verantwortlich war. Papen selbst war vorläufig zu wichtig, als dass man ihn einfach hätte umbringen können, und wurde unter Hausarrest gestellt.

Göring und Himmler befehligten die Aktion von einem Palast in Berlin aus. Ein Augenzeuge beschreibt, wie die beiden fröhlich den Fortgang der Erschießungen verfolgten und anhand von Listen kontrollierten. Göring war in bester Laune, bis er erfuhr, dass eines der vorgesehenen Opfer entkommen war. Das regte ihn furchtbar auf, und er forderte, einfach alle »abzuknallen«!

Hitler befahl noch die Exekution mehrerer SA-Führer in München – allerdings noch nicht Röhms, da zögerte er – und flog dann nach Berlin zurück.

Die genaue Anzahl der Opfer lässt sich heute nicht mehr feststellen. Göring ließ nach der Aktion alle Aufzeichnungen vernichten. Manche Schätzungen gehen von über tausend Toten aus.

Röhm war einer der Letzten, die erschossen wurden. Hitler war mit sich selbst uneins über sein Schicksal. Immerhin war Röhm einer seiner ältesten Freunde, ein treuer Mitkämpfer von Anfang an. Aber Göring und Himmler drängten ihn, sich des angeblichen Verräters zu entledigen, und Hitler stimmte schließlich zu. Mehrere SS-Offiziere wurden ins Gefängnis Stadelheim geschickt; sie übergaben Röhm ein Exemplar des *Völkischen Beobachters* mit einem Bericht über seine Putschpläne und eine Pistole, die mit einer einzigen Kugel geladen war.

Als sie zehn Minuten später zurückkehrten, lebte der uneinsichtige Röhm immer noch.

Sie zogen daraufhin ihre eigenen Waffen; er entblößte die Brust und starb mit den Worten: »Mein Führer, mein Führer«.

Nach der Säuberungsaktion war Himmler mächtiger denn je. Hitler löste die SS aus der Zugehörigkeit zur SA, die wiederum, unter neuer Führung und in die Schranken verwiesen, weiterhin Angst und Schrecken unter den Gegnern des Regimes verbreitete. Himmler allerdings unterstand damit direkt dem »Führer«, und sein Imperium weitete sich aus. Es umfasste inzwischen nicht nur die SS, die Gestapo und die Politische Polizei im ganzen Reich, sondern auch ein wachsendes Netz von Konzentrationslagern, in denen die Gegner des Regimes verschwanden.

Am 2. August 1934 verstarb Reichspräsident Hindenburg. Hitler legte das Amt des Staatsoberhauptes kurzerhand mit dem des Reichskanzlers zusammen und führte fortan den Titel »Führer und Reichskanzler«. Noch am selben Tag wurde auch die Reichswehr auf Hitler vereidigt. Damit war er ganz offiziell Diktator geworden, und niemand widersprach – zumindest niemand, der ihn hätte aufhalten können.

Rosenberg hatte an diesem Tag eine Besprechung mit Hitler und nutzte die Gelegenheit, gegen Außenminister von Neurath und das Diplomatische Korps zu agitieren. Hitler entgegnete, er habe jetzt wirklich genug von den Überbleibseln der Hindenburgzeit, die er habe abwarten müssen. »Dort im AA. werden sie heute die Ohren hängen lassen, da ich die Befugnisse Hindenburgs habe. Nun hat der Spass ein Ende«, gibt Rosenberg seine Worte wieder. Hitler schwor, die Verräter im Diplomatischen Korps ausfindig zu machen und sie auf das »neue Volksgericht hinzuweisen, eine Bekanntschaft mit ihm zu machen wird niemand Lust verspüren«, so Rosenberg,[270] der sich zu Hindenburgs Tod nur beiläufig äußerte: »Über ganz Deutschland liegt tiefe Trauer. Ein Grosser ist dahin.«[271]

Dann aber wurde aus der Trauer schon wieder Freude. Endlich hatte Hitler freie Hand! »Jetzt ist der Führer alleiniger Herr über Deutschland.« Jetzt konnten sie nach Belieben schalten und walten.

Ausweis. Nr. A. 97.

Der durch nebenstehendes Lichtbild kenntlich gemachte Regierungsrat Robert Kempner,

Wohnung: Berlin-Lichterfelde Potsdamerstraße 58a

ist bei dem Preuß. Ministerium des Innern, Unter den Linden 72/74, beschäftigt. Alle militärischen und polizeilichen Organe werden gebeten, ihm Schutz und Hilfe angedeihen zu lassen und ihm in der Ausübung seines Berufes bei Absperrungen Durchlaß zu gewähren.

Berlin, den 7. September 1929.

Der Preußische Minister des Innern.

In Vertretung.

Eigenhändige Unterschrift des Inhabers:

Preussisches Ministerium des Innern

Robert Kempners Ausweis, ausgestellt vom Preußischen Innenministerium im Jahr 1929.

(U.S. Holocaust Memorial Museum, courtesy of Robert Kempner)

9

»Schlaue Planung und glückliche Zufälle«

Als seine Freunde sich ins Exil absetzten, eröffnete Robert Kempner in Berlin ein Geschäft. Er hatte seine Beamtenstelle verloren und musste jetzt auf andere Weise sein Auskommen finden. Sein »Übersiedlungsbüro« lag nur einen halben Block vom belebten Kurfürstendamm südwestlich des Tiergartens. Gemeinsam mit Ernst Aschner, einem ehemaligen Richter, den das NS-Regime ebenfalls aufgrund seiner jüdischen Abstammung entlassen hatte, half Kempner Emigrationswilligen bei der Erledigung der umfangreichen Formalitäten: Sie klärten Steuerfragen, eisten so viel Besitz wie möglich zur Mitnahme ins Ausland los und kümmerten sich um den Papierkram.

Die Lage des Geschäfts konnte nicht besser sein. Gleich nebenan, im Haus Meinekestraße 10, befanden sich mehrere Organisationen, die für jüdische Auswanderung ins Heilige Land warben, darunter die *Jüdische Rundschau* – eine große zionistische Zeitung –, die Zionistische Vereinigung für Deutschland und das Palästinaamt der Jewish Agency. Kempner und Aschner versprachen ihren Kunden eine »glatte, günstige und schleunige« Ausreise – nicht nur nach Palästina, sondern auch nach Südamerika, Italien oder wohin auch immer es sie zog.[272] Die beiden Juristen verlangten lediglich ein Erfolgshonorar, das erst nach geglückter Emigration fällig wurde.

Das Geschäft blühte. Die Mehrzahl der Juden blieb zwar zunächst in Deutschland, aber etwa 81 000 wanderten zwischen 1933 und 1935 aus. Die meisten gingen ins europäische Ausland oder nach Palästina. Die erste Emigrationswelle setzte nach dem Boykott jüdischer Geschäfte im April 1933 und dem Gesetz im selben Monat ein, das Juden aus zahlreichen Berufen ausschloss. Der Strom sollte das ganze restliche Jahrzehnt hindurch stetig anhalten.

Den Nazis war der Exodus nur recht. Sie begrüßten alles, was die Juden aus dem Land brachte. Andererseits machten sie es ihnen aber auch nicht leicht: Auswandern war teuer und umständlich. Vielen Juden hatte die Unterdrückungspolitik bereits berufliche Existenz und Einkommen genommen. Jetzt sollten sie, wenn sie das Land verlassen wollten, auch noch einen Großteil ihres Besitzes zurücklassen.[273] Schon 1931 war eine Reichsfluchtsteuer eingeführt worden, damit kein Kapital ins Ausland verlagert wurde. Die NS-Regierung wandte dieses Gesetz gegen die Juden an und verschärfte es dermaßen, dass viele Emigrationswillige praktisch alles verkaufen mussten, um diese Steuer überhaupt bezahlen zu können.

Ihre Bankkonten wurden gesperrt, und sie konnten nur noch an ihr Geld kommen, indem sie es zu sehr ungünstigen Kursen in ausländische Währungen wechselten. Dann mussten noch haufenweise Dokumente beigebracht, Anträge gestellt und Genehmigungen erwirkt werden. Bestechungen, Geschenke, sogar sexuelle Gefälligkeiten wurden oft als Gegenleistungen erwartet.[274] Vielleicht schauten auch Gestapobeamte vorbei und sahen sich in der Wohnung um, ob ihnen vielleicht ein Tisch, ein Teppich oder ein schönes Gemälde gefiel.

Natürlich brauchte man außerdem ein Visum des Ziellandes, und für die bestanden Wartelisten. Viele Einreiseländer verlangten den Nachweis, dass der Emigrant nicht der staatlichen

Wohlfahrt zur Last fallen werde. In den USA musste sich ein Bürge notariell bereit erklären, für den Emigranten aufzukommen, wenn der in Geldschwierigkeiten kam.

Ein Emigrant nach dem anderen kapitulierte vor diesem bürokratischen Hürdenlauf und vertraute sich der fachmännischen Beratung durch Kempners und Aschners Agentur an. Später zuckte Kempner mit den Achseln, wenn er gefragt wurde, ob er keine Gewissensbisse gehabt habe, sein Geld mit Juden zu verdienen, die in Todesangst aus Deutschland flohen. Er musste unter einer Diktatur überleben, die eben kein Rechtsstaat mehr war. Wenn man wusste, wie man mit dem System umging, konnte man trotzdem Geld verdienen.[275]

Wie lange das gut gehen würde, wusste er allerdings nicht. Kempner war skeptischer als viele, die glaubten, mit dem Naziregime werde es bald zu Ende gehen. Die Agentur wurde ständig von amtlichen Aufsehern überwacht, die in den Büchern nach Beweisen suchten, dass er womöglich Juden dabei half, ihr Geld illegal aus dem Land zu bringen.

Er wusste, dass ein Fehler genügte, um ihn ins Gefängnis zu bringen. Oder an den Galgen.[276]

Aber es war das Risiko wert, glaubte er. Die Agentur war so lukrativ, dass er es sich nicht leisten konnte, *nicht* in Deutschland zu bleiben. Nachträglich schätzte er seine jährlichen Einkünfte in diesen Jahren auf zehntausend bis dreißigtausend Dollar nach damaligem Kurs (nach heutigem etwa 175 000 bis 510 000 Dollar).[277]

Ein weiterer Grund, nicht außer Landes zu gehen, war seine Mutter Lydia. Er wollte sich um sie kümmern und auf sie aufpassen; sie hatte bereits unter der NS-Herrschaft zu leiden gehabt, war aber gesundheitlich nicht mehr in der Lage zu emigrieren.[278] Im Jahr 1934 war sie sechzig Jahre alt, und es ging ihr nicht gut. Ihre Tochter war 1933 an Tuberkulose gestorben, die auch schon 1920 ihren Ehemann Walter ins Grab gebracht hatte. Als das Regime seine Macht konsolidierte, wurde Lydia als Direktorin des Bakteriologischen Labors am Krankenhaus Moabit entlassen und verlor auch ihre Stelle als Herausgeberin des Fachblatts *Zeitschrift für Tuberkulose.*

Allerdings schickte Robert Kempner seinen Sohn ins Ausland und in die relative Sicherheit eines jüdischen Internats in Florenz. Lucian war aus der Ehe mit Helene Wehringer hervorgegangen, die 1932 nach neun Jahren geschieden worden war. Es war keine einvernehmliche Trennung; Helene beschuldigte ihn, sie geschlagen zu haben, und Kempner stritt das vor Gericht nicht ab. Dennoch erhielt er das Sorgerecht für seinen Sohn, und sein Anwalt gab später amtlich zu Protokoll, seine Frau habe sich von ihm und seiner Familie wegen deren jüdischer Herkunft abgewandt.[279]

Im Jahr 1933 wohnte Kempner noch zu Hause bei seiner Mutter und fuhr sie jeden Morgen zur Arbeit ins Krankenhaus, bis sie hinausgeworfen wurde. Als eines Morgens Hakenkreuzfahnen die Straßen säumten, begann sie zu weinen.

»Mutter, was ist denn los?«, fragte er.

Sie war im litauischen Kaunas aufgewachsen und kannte die Geschichten der Judenpogrome im Zarenreich. Für sie war es keine Frage, dass den Juden im Deutschen Reich dasselbe bevorstand.

»Jetzt wird hier das Pogrom anfangen«, erklärte sie ihrem Sohn.[280]

Zwei Jahre danach, im März 1935, sah es dann so aus, als habe Kempner den richtigen Moment für den Absprung schließlich doch verpasst.

Die Gestapo hatte in einer aufwendigen Geheimoperation den Journalisten Berthold Jacob entführt, der im französischen Exil lebte.[281] Jacob schrieb über die geheime Aufrüstung der Reichswehr, die den Bestimmungen des Versailler Vertrags zuwiderlief. Unter dem Vorwand, ihm einen falschen deutschen Reisepass zu verkaufen (die NS-Regierung hatte ihm die deutsche Staatsbürgerschaft aberkannt), war Jacob von deutschen Agenten nach Basel gelockt worden. Bei einem Abendessen im Restaurant *Schiefes Eck*, das in entspannter Atmosphäre mit viel Alkohol verlief, ließ sich Jacob überreden, seinen Kontaktpersonen in eine konspirative Wohnung zu folgen, um dort den Handel perfekt zu machen. Die Wohnung gab es allerdings nicht – sowie der Journalist im Auto der Agenten saß, raste der Fahrer Richtung Norden, am Schweizer Grenzposten vorbei und auf deutsches Gebiet. Noch in der Nacht wurde der Entführte nach Berlin gebracht.

Die Gestapo ging das Adressbuch, das er bei sich getragen hatte, gründlich durch; es enthielt die Namen von Quellen in der Reichswehr und anderen möglichen Informanten, darunter auch Robert Kempner und Ernst Aschner.

Am 12. März traten dann mehrere Gestapoleute durch das eiserne Gartentor der Kempner-Villa in Lichterfelde, ein schmal gebautes, aber drei Stockwerke hohes Haus, gekrönt von einem Fachwerkgiebel und einem Ziegeldach. Links gab es eine Veranda unter drei Arkadenbögen mit Steinbalustrade, im ersten Stock einen Balkon mit Blick auf die Straße. Die Männer hämmerten gegen die Haustür.

Als Kempner öffnete, hörte er das gefürchtete Wort: »Mitkommen!«

Vor diesem Moment hatten alle Deutschen Angst – besonders alle, die Juden oder politische Gegner des Regimes waren: die plötzliche, unerwartete Vorladung ins Gestapo-Hauptquartier in der Prinz-Albrecht-Straße. Manchmal kam sie schriftlich mit der Post, manchmal kamen die Geheimpolizisten persönlich, um ihr Nachdruck zu verleihen. Es war immer möglich, dass die Gestapo nur eine Auskunft wollte und einen nach ein paar Fragen wieder gehen ließ; es konnte allerdings auch passieren, dass man in »Schutzhaft« genommen wurde und in einem Konzentrationslager landete.

Für Kempner war es Letzteres. Er fand sich im verfallenen Columbia-Haus wieder, einem ehemaligen Militärgefängnis, das als Konzentrationslager diente. Über die fürchterlichen Zustände dort, die entsetzlichen Misshandlungen, liefen wilde Gerüchte um.

»Es ist zu Ende«, dachte er immer wieder.[282]

In den neun Tagen Einzelhaft, die folgten, machte ihm am meisten zu schaffen, dass er nicht wusste, warum er abgeholt worden war.[283] Hing es mit seiner Auswanderungsagentur zusammen? War es die Novelle über die nationalsozialistische Bedrohung, die er unter Pseudonym veröffentlicht hatte? Oder seine Verbindung zu Ossietzky und der Deutschen Liga für Menschenrechte? Die erwähnte er tunlichst mit keinem Wort, denn, wie er später bemerkte, »Ossietzky war nicht gerade eine erste Empfehlung bei einer Gestapo-Vernehmung«.[284]

Erst als er wieder in der Prinz-Albrecht-Straße war und dort vernommen wurde, stellte sich heraus, dass Berthold Jacob seinen Namen notiert hatte. Die Gestapo verdächtigte Kempner deswegen, Informant Jacobs über Aktivitäten der Partei in Berlin zu sein.

Als Lydia Kempner hörte, ihr Sohn sei verhaftet worden, erlitt sie einen Herzanfall. Kempners Angehörige setzten sofort alle Hebel in Bewegung, um ihn wieder frei zu bekommen, denn, so schrieb er später, wenn jemand aus der eigenen Familie von der Gestapo abgeholt wurde, wartete man nicht auf den Lauf der Gerechtigkeit, sondern unternahm sofort etwas – je schneller, desto besser.

Bevor er seine Villa in Lichterfelde mit den Gestapomännern verließ, hatte Kempner noch seinen Anwalt Sidney Mendel anrufen können, und dieser hatte förmliche Beschwerde eingelegt. Ferdinand Sauerbruch, der berühmte Mediziner, ein persönlicher Bekannter von Kempners Mutter, wurde gebeten, bei Oskar von Hindenburg, dem einflussreichen Sohn des verstorbenen Reichspräsidenten, vorstellig zu werden und ihn um seine Hilfe zu bitten.

Ob Sauerbruch wirklich zu Hindenburg ging, ist nicht mehr feststellbar, aber eine Frau, die Kempner gut kannte, die Sozialarbeiterin Ruth Hahn, aktivierte einen anderen guten Bekannten, der möglicherweise etwas tun konnte: Rudolf Diels.

Der war allerdings nicht mehr Gestapochef. Er hatte sich mächtige Feinde gemacht und war 1934 durch Reinhard Heydrich, einen Zögling Himmlers, abgelöst worden. Allerdings hielt Göring immer noch seine schützende Hand über ihn; Diels wurde zum Regierungspräsidenten von Köln ernannt und entging der Säuberungsaktion während des Röhm-Putsches. Er wusste noch gut, wie ihm Kempner aus der kompromittierenden Geschichte mit der Prostituierten herausgeholfen hatte. Die Frage, ob er 1935 den Gefallen erwiderte und zugunsten seines ehemaligen Kollegen eingriff, wollte später keiner der beiden beantworten.

Kempner war dann nach knapp zwei Wochen jedenfalls wieder auf freiem Fuß. In einem Brief an einen Freund erklärte er später, er sei nur dank »dem sehr geschickten Vorgehen meiner Frau gepaart mit einigen günstigen Zufällen« lebend und in einem Stück aus dem Columbia-Haus herausgekommen.[285]

Berthold Jacob kam ebenfalls davon; nachdem die Presse Wind von der Entführung bekommen hatte, gab es einen internationalen Aufschrei. Die Schweiz legte förmlichen Protest dagegen ein, dass deutsche Gestapo-Agenten ohne Genehmigung oder auch nur Unterrichtung ihrer Behörden auf ihrem Staatsgebiet tätig gewesen waren. Hitler, der in den ersten Jahren noch auf das Ausland Rücksicht nehmen musste, ordnete nach einem halben Jahr an, Jacob freizulassen.[286]

Auch für Kempner war es jetzt keine Frage mehr, dass er sich ins Ausland absetzen musste. Im August 1935 starb seine Mutter,[287] und er begann mit den konkreten Vorbereitungen. Wenn er für seine Mandanten geschäftlich im Ausland war, sah er sich bereits unauffällig nach dem besten Ort für sein eigenes Exil um – und das seiner nunmehrigen Frau Ruth und ihrer Mutter. Kempner und Ruth hatten am 25. Mai 1935 geheiratet, kurz nach seiner Haftentlassung.

Die Niederlande lagen zu nah an Deutschland, Großbritannien kam nur für die prominentesten Emigranten infrage, Frankreich war für einen längeren Aufenthalt zu ungastlich. Palästina war nur eine sehr vage Möglichkeit.

Eines Tages traf sich Kempner mit einem alten Kollegen aus dem preußischen Innenministerium auf einen Kaffee am Potsdamer Platz, im Gewühl der Fußgänger und dem Lärm der Straßenbahnen und des tobenden Autoverkehrs. Werner Peiser war vor 1933 Pressesprecher des preußischen Ministerpräsidenten gewesen und danach ins Konsulat in Rom versetzt worden, bevor er endgültig entlassen wurde, weil er Jude war.

Peiser hatte sich nach Arbeit umgesehen und war auf die Idee gekommen, ein Internat für jüdische Kinder zu eröffnen, deren Eltern sie zur Sicherheit ins Ausland vorausschicken wollten. Er suchte sich einen Partner für die Finanzierung, besorgte die nötigen Genehmigungen und schaltete Anzeigen in deutschen Zeitungen. Der Hauptvorteil seiner Schule war ihre Lage. »Landschulheim Florenz«, hieß es in den Anzeigen, »inmitten der toskanischen Landschaft«.[288] Ein Internat in der

Toskana anzupreisen sei ja schließlich wirklich nicht schwierig, meinte ein ehemaliger Schüler später.[289]

Je mehr Kempner darüber nachdachte, desto geeigneter erschien ihm Italien, um dort das Ende des NS-Regimes abzuwarten.

Hitler bewunderte zwar den italienischen Diktator Mussolini sehr, der sich bereits 1922 in Rom an die Macht geputscht hatte, aber umgekehrt galt das weniger. Besonders misstraute Mussolini Hitlers etwaigen Plänen mit Österreich. Nachdem im Sommer 1934 österreichische Nationalsozialisten mit Rückendeckung aus Deutschland den österreichischen Bundeskanzler Engelbert Dollfuß bei einem Putschversuch ermordet hatten, schickte Mussolini Truppen an die Alpengrenze und erklärte, der österreichischen Regierung notfalls zu Hilfe zu kommen. Hitler schäumte.

Kempner wusste, dass Deutsche in Italien schon immer willkommen waren, und es war ein Land, in das man schon damals visafrei einreisen konnte.

»Vor allen Dingen«, schrieb er später, »gab es keine Judenfrage.«[290] Zumindest noch nicht.

Also verkaufte er die Familienvilla in Lichterfelde und die Bibliothek seiner verstorbenen Mutter. Der Konzertflügel ging für fünfhundert Mark an den Vergnügungspalast *Haus Vaterland* am Potsdamer Platz. Ein Polizist, der ihm noch einen Gefallen schuldete, besorgte Kempner einen neuen Reisepass. Ruth bekam zur Ausreise von ihm einen Ring geschenkt.

Dann packte er seinen Koffer. Nur einen kleinen – es sollte nicht nach Flucht aussehen.

Er durfte schließlich keinen Verdacht erregen.

Rosenberg verbreitet die nationalsozialistische Weltsicht, 1933.

(Bundesarchiv, Bild 102-14594/Georg Pahl)

10

»...dass die Zeiten für mich noch nicht reif sind«

Auf einer von sechs Rappen gezogenen Geschützlafette rollte Paul von Hindenburgs Sarg unter der Reichsflagge durch Ostpreußen. Der Trauerzug wirkte endlos: Fanfarenbläser, Fahnenträger, Infanterie, Kavallerie, Artillerie, hohe Offiziere, Angehörige, Dienstboten. Unter den Rädern der Lafette wurden Blumen und Eichenlaub zermahlen, die vor der Prozession gestreut waren. In langer Reihe flackerten Fackeln in der Sommernacht.

Die sterblichen Überreste des Reichspräsidenten waren auf dem Weg zum Tannenberg-Nationaldenkmal, das an die Tannenberg-Schlacht vom August 1914 erinnerte, bei der Hindenburg mit dem Sieg über die Russen seinen größten militärischen Triumph errungen hatte. Dort würde er inmitten zwanzig unbekannter Gefallener zur letzten Ruhe gebettet werden. Am frühen Morgen des 7. August 1934 erreichte die Prozession die enorme Gedenkstätte. Acht klobige Türme, durch Mauern verbunden, erhoben sich über die Landschaft und umschlossen einen achteckigen Ehrenhof. An diesem ernsten Tag der Trauer waren die Türme mit schwarzen Fahnen behängt, und weißer Rauch stieg von ihnen auf, sodass sie, wie es ein Teilnehmer beschreibt, »wie Opferaltäre wirkten«.[291] Sieben Flugzeuge mit schwarzem Trauerflor an den Flügelspitzen kreisten über dem Denkmal, in dem militärische und Parteieinheiten in Formation angetreten waren.

Ausländische Würdenträger, Parteifunktionäre und Regierungsmitglieder nahmen ihre Plätze ein; dann trat Hitler an das Rednerpult hinter dem Sarg, um dem Feldmarschall die letzte Ehre zu erweisen.

»Toter Feldherr, geh' nun ein in Walhall!«, kommandierte der Diktator.

Rosenberg, der unter den Zuhörern war, jubelte im Stillen über diese Wortwahl. Seit Jahren bekämpfte er das Christentum und war international berüchtigt als Galionsfigur der radikal antichristlichen Fraktion innerhalb der NSDAP. Während der Begräbnisfeier hatte er verärgert und angewidert der Predigt eines Feldgeistlichen zugehört, der erklärt hatte, Hindenburg sei »bis zum Tode dem lebendigen Gotte treu geblieben«.[292] Rosenberg beschwerte sich später in seinem Tagebuch, der Feldbischof habe uns »mit Bibelzitaten überschüttet«.[293] Er verstand nicht, warum noch irgendein Deutscher, der seines Blutes würdig ist, auf diesen Aberglauben hereinfalle. »Die Kirche hat wieder gezeigt, dass sie in deutschen Worten eine chinesische Sprache spricht«, schrieb Rosenberg später in sein Tagebuch. »Die Nation will diesen Kauderwelsch aus Psalmen, ›Propheten‹ usw. nicht mehr hören ...«

Aber Rosenberg konnte darauf zählen, dass Hitler etwas dagegen unternehmen würde. Er war sehr zufrieden, dass Hitler den Toten in seinem Nachruf nicht in den Himmel, sondern nach Walhalla, der Banketthalle Odins, geschickt hatte. Wer gut zuhörte, so war sich Rosenberg sicher, musste darin einen Warnschuss für die christlichen Kirchen erkennen.

Er hoffte sehr, dass es der erste von vielen sein würde. Er hatte bereits oft mit Hitler über das verräterische Wesen der Kirchen gesprochen. Wenn er ihn doch nur überzeugen könnte, sich öffentlich zur Notwendigkeit zu bekennen, die deutsche Seele den Fängen des Klerus zu entreißen!

Sosehr Rosenberg in seinen Vorträgen und Reden auch gegen die Juden hetzte – wenn er zur Feder griff, um in sein Tagebuch zu schreiben, thematisierte er die Judenfrage nur selten. Sie schien ihm kaum noch der Rede wert, ein Kampf, der mit der Machtübernahme gewonnen war. Rosenberg richtete seine Gedanken bereits auf die nächste ideologische Schlacht.

Mit den christlichen Kirchen nahmen sich die Nationalsozialisten einen Gegner vor, der als religiöse Organisation bereits seit zweitausend Jahren Bestand hatte. Sie stürzten sich in einen Kampf, der, das war Rosenberg klar, ganze Zeitalter dauern konnte, aber trotzdem missionierte er mit dem Eifer eines Mannes, der den Sieg noch zu Lebzeiten erhoffte.

Heiliger Boden sei vielleicht gar nicht Palästina, sondern Deutschland, erklärte er in einer Rede vor 40 000 Bauern.[294] Jeder noch so kleine Fortschritt war ihm ein Lob wert. In Oldenburg hörte er, in einer Gemeinde von viertausend Menschen müsse die Predigt an einunddreißig Sonntagen im Jahr ausfallen, weil niemand komme. Um mit den Kirchen zu brechen, so glaubte Rosenberg, müsse der Nationalsozialismus den Deutschen ihren innersten Glauben nehmen, den Glauben ihrer Väter, und ihn durch einen neuen ersetzen. »Wenn ein Nationalsozialist das Braunhemd anzieht, hört er auf, Katholik, Protestant, Deutschkirchler usw. zu sein, er ist dann ausschließlich ein kämpfendes Glied der gesamten deutschen Nation.«[295]

Das sagte er auch im *Mythus*. Die Juden des Altertums, vor allem Paulus, hätten die wahre Botschaft Jesu untergraben, das Christentum unterwandert und die Macht in der Kirche an sich gerissen, eine falsche Botschaft der Demut und Leidensbereitschaft, der Unterwürfigkeit und Nächstenliebe verbreitet. Das sei ein Komplott gewesen, um die Gläubigen zu unterwerfen und in ihrer Schwäche formbar zu halten. In Rosenbergs Denkweise war die Botschaft des Paulus, dass alle Menschen vor Gott gleich seien – »Da ist nicht Jude noch Grieche, da ist nicht Sklave noch Freier, da ist nicht Mann und Frau; denn ihr alle seid einer in Christus Jesus« –, regelrecht nihilistisch. Er war kein Anhänger der Vorstellung, es könne eine Religion für alle Menschen geben. Man konnte von den Deutschen nicht erwarten, einen Glauben zu haben, der ihnen abverlangte, mit niederen Rassen an einem Tisch zu sitzen. Auch die Erbsünde leugnete er, denn der nordische Mensch war ein heldischer Mensch. Über die katholischen Traditionen einer feurigen Hölle, der Jungfrauengeburt Jesu und der Auferstehung am dritten Tage machte er sich lustig. Das alles war nur Scharlatanerie: »Zu gleicher Zeit steigt der willenmäßige Teil hinab zu magisch-zauberhaften Trieben und gebiert Aberglauben auf Aberglauben.«[296]

Im *Mythus* zählte Rosenberg ausführlich alle Sünden auf, die die christlichen Kirchen in ihrer langen Geschichte begangen hatten, wie sie sich auf »systematische Geschichtsfälschung«[297] stützten, wie der Vatikan gnadenlos alle als Ketzer verfolgt, gejagt und vernichtet hatte, die die offizielle Linie der katholischen Kirche infrage stellten, wie Geistliche ihre Macht mit dem Schwert und der Inquisition verteidigt hatten. Die Lehren der Kirche seien, so schrieb er, »tot, innerlich unwahr«.[298]

Die Deutschen – ein freies, mächtiges, hartes Volk – bräuchten einen neuen, kraftvollen Glauben, eine »Religion des Blutes«,[299] die sie in einem gemeinsamen Kampf für die nationale Ehre vereinte. Sie waren eine Rasse von »Übermenschen«, die Deutschland nach Jahrzehnten des Leids und der Demütigung wieder zu Ruhm und Ehre führen würden. Rosenbergs Vision war eine neue deutsche Kirche, ein vaterländischer Volksglauben. Das Alte Testament würde abgeschafft, aus dem Neuen die angeblich jüdischen Lehren gestrichen, und ein noch zu schreibendes »notwendiges fünftes Evangelium«[300] sollte die authentische Botschaft Jesu verkündigen. Die »fürchterlichen Kruzifixe«[301] müssten aus den Kirchen verschwinden, denn die Kirche würde sich nicht mehr auf Jesu Leidensgeschichte, sondern auf sein heldenhaftes Leben konzentrieren. Der germanische Jesus, das sei »der gewaltige Prediger und Zürnende im Tempel«[302], und er würde als »schlank, hoch, blond, steilstirnig, schmalköpfig«[303] dargestellt, denn er sei wahrscheinlich Arier und kein Jude gewesen. Hosianna-Rufe an den jüdischen Jehovah würden aus den Messbüchern gestrichen, statt der Bibel mit ihren Geschichten über »Zuhälter und Viehhändler« würden sich die Gläubigen an den germanischen Sagen erbauen. »Heute erwacht ein *neuer* Glaube: der Mythus des Blutes, der Glaube, mit dem Blute auch das göttliche Wesen der Menschen überhaupt zu verteidigen«,[304] verkündigte der Prophet dieser neuen völkischen Religion. »Der mit hellstem Wissen verkörperte Glaube, daß das nordische Blut jenes Mysterium darstellt, welches die alten Sakramente ersetzt und überwunden hat.«

Auch in seinem Tagebuch äußerte Rosenberg den Wunsch nach einem großen charismatischen Reformator, der die heutigen Konfessionen, ihre unglaubliche Heuchelei und ihre elende religiöse Kunst hinwegfegen sollte. Die »oft scheusslichen, verzerrten«[305] spätgotischen Schnitzereien sollten aus den Kirchen verschwinden und ins Museum wandern. Die »widerlichen barocken Embleme« sollten ihnen folgen. Heiligenfiguren sollten durch Büsten großer germanischer Helden ersetzt werden. Erst dann würde dem Nationalsozialismus wirklich die deutsche Seele gehören. Die Evangelien von »Blut und Boden«, Rosenbergs Botschaft, dass die arische Rasse und

Deutschland sich gegen alle Feinde behaupten werde, würden statt der Bücher Mose von den Kanzeln gepredigt, und in den Kirchen werde es keine Aussprüche »jüdischer ›Propheten‹« mehr geben.

Ende 1934 erklärte Rosenberg in einer Rede in Stuttgart, die NSDAP wolle in der Münchner Parteizentrale »einen gesellschaftlichen Orden mit der ganzen heiligen Mystik des Mittelalters« schaffen. »Sie wissen alle, daß sich im Braunen Haus in München eine Senatorenhalle mit einundsechzig Sitzen befindet, die bis jetzt noch nicht benutzt wurde«, sagte er. »Wir warten auf einen Wink des Führers, um in dieser Halle den Grundstein des heiligen Ordens von Deutschland zu legen.«[306] Rosenberg, der 1933 aus der Kirche ausgetreten war, glaubte Hitler auf seiner Seite. Im Laufe der Jahre hatte er mit ihm weitreichende Diskussionen über das Christentum und seinen zweitausendjährigen Verrat geführt.

Einmal hatte Rosenberg Hitler von dem Schock erzählt, den er als Achtzehnjähriger beim Besuch des Benediktinerklosters Ettal südlich von München erlitten hatte, als er in der Klosterkirche »die Skelette der Heiligen mit goldenen Ringen an den Knochen u. goldenen Kronen auf den Schädeln« aufgebahrt gesehen hatte. Das, so erklärte er empört, war afrikanischer Fetischismus. So etwas gab es nur in einer »Aschanti-Religion«.[307] In Russland gehe man einfach nur so in die Kirche, aus Gewohnheit; es sei »ein unverpflichtendes orientalisches Brauchtum m. schönen Gesängen«. Nur in Deutschland werde von der Gemeinde erwartet, die Geschichten aus der Bibel wirklich zu glauben.

Hitler erzählte Rosenberg, wie sehr er sich wünschte, die Menschheit könne in die Zeit vor Christus zurückkehren, in die große Zeit der klassischen Antike. Hitler schwor, niemals Athen zu bombardieren; er liebte Rom. Sogar in seinem Verfall sei es noch großartig, und man verstehe, warum junge Deutsche von diesem Anblick überwältigt seien, sagte Hitler. Man schaue sich nur den Unterschied zwischen »dem königlichen Haupt des Zeus« und »dem gequälten Jesus« an, und man verstehe den Unterschied zwischen den Kulturen. »Wie frei und heiter wirkt die Antike gegenüber der Inquisition, den Hexen- u. Ketzerverbrennungen.«

Hitler entgegnete Rosenberg, die Alten hätten in gesegneter Unkenntnis zweier Übel gelebt: der Syphilis und des Christentums.[308]

Das alles verkündete Hitler aber doch lieber nicht öffentlich. »Er betonte lachend nun mehr als einmal, er sei von jeher Heide gewesen«, schrieb Rosenberg in seinem Tagebuch, aber »diese Ausführungen sind streng geheim geblieben.«[309] Der Reichskanzler musste praktische Bedenken berücksichtigen. Auch ein Politiker, der die Kirchen verachtete, hatte anzuerkennen, dass Religion der Schlüssel zur Aufrechterhaltung der bürgerlichen Ordnung war.

Die vierzig Millionen Protestanten und zwanzig Millionen Katholiken in Deutschland konnte er nicht vor den Kopf stoßen, wenn er das Volk auf seiner Seite behalten wollte.

In den Jahren vor 1933 hatten sich die Nazis an die Tradition des deutschen Protestantismus gehängt, um auch für gläubige Christen wählbar zu werden. Nach der »Machtergreifung« bildete eine Gruppe völkisch gesinnter Protestanten, die offen nationalsozialistischen Deutschen Christen, aus den evangelischen Landeskirchen die Deutsche Evangelische Kirche. Mit Hitlers Unterstützung wurde der Nationalsozialist Ludwig Müller zum Reichsbischof dieser Institution gewählt, der die Gläubigen führen und das NS-Evangelium verkündigen sollte.[310] Noch war dies nicht die offizielle »Reichskirche«, aber ein Teil der nationalsozialistischen Gleichschaltung, die sich jetzt in allen Lebensbereichen vollzog. Die Völkischen, die diese neue Kirche dominierten, waren nur zu gerne bereit, die jüdische Gefahr zu bekämpfen und ein »rassenreines« Christentum zu verbreiten. Einige Geistliche hielten sogar den Gottesdienst in ihrer SS-Uniform ab.

Die Beziehung der katholischen Kirche zum Nationalsozialismus war komplizierter. In einigen Punkten stimmten beide überein. Die Kirche beklagte den Aufstieg des atheistischen Kommunismus und befürwortete Hitlers antibolschewistische Ideologie. Die katholischen Bischöfe in Deutschland verurteilten den kulturellen Liberalismus der Weimarer Zeit. Am bedeutsamsten war, dass es auch im Katholizismus seit Jahrhunderten eine antisemitische Strömung gab. Für manche Theologen fing die Verderbnis durch die Juden schon mit Golgatha an. Die Katholiken definierten Juden allerdings über die Religion, nicht über die Rasse. Wenn ein Jude zum Christentum konvertierte, dann war er durch den Glauben an Jesus erlöst. Den Nazis war das natürlich egal – auch ein getaufter Jude blieb für den NS-Staat ein Jude.

Die Differenzen zwischen katholischer Kirche und der NSDAP waren hauptsächlich politischer Art. Der katholische Klerus unterstützte schon seit dem Kaiserreich die explizit katholische Zentrumspartei und würde sich nie ganz auf eine Partei einlassen, die ein Heidentum Rosenberg'scher Prägung förderte. Katholische Theologen hatten den *Mythus* sehr wohl gelesen und fürchteten, die Drohungen gegen den Klerus, die darin ausgesprochen wurden, könnten in die Tat umgesetzt werden. »Rosenbergs Weltsicht«, schrieb ein Theologe, der 1937 aus Deutschland floh, »ist völlig verrückt, und seine Geisteskrankheit wird wahrscheinlich immer mehr seiner Landsleute anstecken, wenn sich die gegenwärtigen Verhältnisse nicht ändern.«[311] Wenn Hitler und seine Parteigenossen diesem Programm folgten, so meinten sie, war die Kirche verloren.

Ende 1930, kurz nach Erscheinen des *Mythus*, erhob der Erzbischof von Breslau, Adolf Kardinal Bertram, seine Stimme gegen den Nationalsozialismus und dessen Anbetung einer arischen Herrenrasse. »Es handelt sich da nicht mehr um rein politische Fragen«, schrieb er in einem Artikel für eine Zeitung der Zentrumspartei, »sondern um ein religiöses Wahngebilde, das mit aller Festigkeit bekämpft werden muß.«[312]

1931 beschlossen die katholischen Bischöfe, dass Priester nicht Mitglieder der NSDAP werden durften, weil die Partei dem Glauben feindlich gegenüberstehe; außerdem durften Nationalsozialisten die Sakramente verweigert werden.

Als er einmal im Amt war, handelte Hitler so, wie es unvermeidlich war. Er sagte den Kirchen, was sie gerne hören wollten, und tat dann, was er wollte – oft genug das Gegenteil des Versprochenen. In der ersten Radioansprache an das deutsche Volk nach seiner Wahl zum Reichskanzler erklärte Hitler ausdrücklich, das Christentum sei die Grundlage der nationalen Moral.[313] Vor der Abstimmung über das Ermächtigungsgesetz am 23. März 1933 machte Hitler den Zentrumspolitikern verbale Zugeständnisse, weil er ihre Stimmen brauchte. Noch am Tag der Abstimmung sagte er vor dem Plenum, die Rechte der Kirchen würden nicht eingeschränkt.

Im Gegenzug hoben die katholischen Bischöfe ihre Restriktionen gegenüber NSDAP-Mitgliedern auf. Bischöfe und katholische Gewerkschaften, Jugend- und Studentenorganisationen riefen die Schäfchen zum Gehorsam gegenüber der neuen völkischen Regierung und zur Mitarbeit an der Erneuerung von Deutschlands Ehre auf.[314]

Die katholische Kirche war eifrig darauf bedacht, sich in der neuen Ordnung einen guten Platz zu sichern. Die Bischöfe fürchteten eine Einschränkung der Predigtfreiheit und eine Schließung katholischer Schulen. Beamte, die Mitglied des Zentrums waren, wurden bereits entlassen und viele katholische Organisationen bedroht und eingeschüchtert. Es ging ihnen, mit anderen Worten, um den Schutz der Kirche als Institution. Gegen die wütenden Attacken des neuen Regimes auf die Kommunisten hatten sie nichts. Die Bischöfe sprachen sich zwar gegen die nationalsozialistische Ideologie aus, eine bestimmte Rasse sei mehr wert als alle anderen, denn der römische Katholizismus hatte sich schon immer an alle Menschen ohne Unterschied gewandt und sie in seine Kirchen eingeladen. Auch gegen die Verfolgung getaufter Juden sprach sich die katholische Kirche aus, aber sie widersprach nicht ausdrücklich dem nationalsozialistischen Antisemitismus und seinen Folgen für die jüdischen Deutschen.

Im Frühling und Sommer 1933 handelten Hitlers Beauftragte mit dem Vatikan einen förmlichen Vertrag zwischen dem Reich und dem Heiligen Stuhl aus, das Reichskonkordat. Es wurde am 20. Juli 1933 abgeschlossen; der Vatikan sagte zu, sich aus der deutschen Politik herauszuhalten, und die NS-Regierung, sich nicht in innerkirchliche Angelegenheiten einzumischen. Aber die Bestimmungen des Konkordats konnte man ja verschieden auslegen, und Hitler ließ sich auch nicht unbedingt von diplomatischen Versprechungen aufhalten.

Die Repressalien des NS-Systems gegen die Kirchen gingen denn auch unvermindert weiter.

Die Führung der Katholiken erlag hier offenbar einem grundlegenden Missverständnis, indem sie glaubte, das Regime werde die Kirche in Ruhe lassen, wenn sie patriotische Lippenbekenntnisse ablegte und sich aus der Politik heraushielt – wie sie es ja auch schon in anderen Ländern tat. Wenn die Nazis sie nicht immer weiter drangsaliert hätten, wäre die

Kirche bereit gewesen, sich mit dem Regime abzufinden. Zumindest anfangs sahen die deutschen Bischöfe einfach nicht, dass zur nationalsozialistischen Ideologie die totale Kontrolle über das Leben der Deutschen gehörte.[315] Das machte die Kirche zu einer Konkurrenz der NSDAP, und das totalitäre NS-Regime war nie bereit, auf seinen ideologischen Absolutheitsanspruch zu verzichten.

Zur Heiligen Messe an einem Adventssonntag im Dezember 1933 drängte sich eine unübersehbare Menge von Gläubigen in die Münchner St.-Michaels-Kirche.[316] Über ihnen breitete in dem Renaissance-Bauwerk aus dem 16. Jahrhundert eine große Bronzestatue des namensgebenden Erzengels ihre Flügel. Der Verteidiger des Glaubens schlug mit seinem langen Stab den halb als Mensch, halb als Monster dargestellten Satan nieder, der mutlos zu Boden sank. Als sich die Kirchenbänke unter den leuchtend weißen Gewölbebögen gefüllt hatten, stieg Michael Kardinal Faulhaber auf die Kanzel, um in seiner Predigt den Abfall Rosenbergs vom Glauben zu geißeln.

Faulhaber, Erzbischof von München und Freising, stand der größten deutschen Erzdiözese vor. Er hatte sich 1923 gegen Hitlers Putschversuch gewandt, und als Reaktion auf Angriffe der Nazis in jenem Winter hatte er erklärt, jedes Leben sei wertvoll, wobei er ausdrücklich die Juden einschloss.[317] Aber wie auch andere deutsche Kirchenmänner sah er die Dinge pragmatischer, nachdem Hitler Reichskanzler geworden war. Nach dem Judenboykott im April 1933 äußerte er sich in einem nicht öffentlichen Schreiben, dass ein Protest der katholischen Kirche gegen diese Aktion nicht nur wirkungslos geblieben sei, sondern Hitler womöglich zu einem Vergeltungsschlag gegen die Kirche gereizt hätte. Andererseits habe ein weltweiter empörter Aufschrei von jüdischer Seite, so der Kardinal, das Regime schnell zur Aufhebung des Boykotts gebracht. »Die Juden«, meinte er, »helfen sich schon selbst.«[318]

Nachdem der Heilige Stuhl das Reichskonkordat ratifiziert hatte, sandte Faulhaber ein Glückwunschschreiben an Hitler, in dem es hieß, »Gott erhalte unserem Volk unseren Reichskanzler«.[319]

Aber an jenem Morgen bei der Predigt in St. Michael hatte Faulhaber religiöse Fragestellungen im Sinn. Er wandte sich gegen jene, die wie Rosenberg das Alte Testament als jüdisches Buch abtaten, das Gift für das Christentum sei, und gegen jene, die behaupteten, Jesus sei kein Jude gewesen, und sich ihren Christus »durch einen falschen Geburtsschein retten« wollten.

»Zu solchen Stimmungen und Bewegungen kann der Bischof nicht schweigen«, sagte Faulhaber. In der gewaltigen Kirche lauschten die Gläubigen in völliger Stille. Lautsprecher übertrugen die Stimme nach draußen, wo vor der Kirche die zahlreichen Zuhörer standen, die drinnen keinen Platz mehr gefunden hatten. »Wenn die Rassenforschung, an sich eine religiös neutrale Sache, zum Kampf gegen die Religion sammelt und an den Grundlagen des Christentums rüttelt, wenn die Abneigung gegen Juden von heute auf die Heiligen Bücher des Alten Testaments übertragen … wird … kann der Bischof nicht schweigen.«[320] Der Erzbischof musste keine Namen nennen. Jedem war klar, wen er meinte.

Als Hitler kurz darauf im Januar 1934 Rosenberg zu seinem Weltanschauungsbeauftragten ernannte, reagierten die Kirchen mit ernster Besorgnis. Hitler bestand zwar darauf, dass Rosenberg den *Mythus* als Darlegung seiner eigenen, persönlichen Gedanken bezeichnete – und nicht als offizielle Publikation der Partei –, aber kaum jemand in Deutschland glaubte, der Parteiphilosoph habe nicht zumindest das stillschweigende Einverständnis des »Führers«. Hitler mahnte den weltanschaulichen Brandstifter Rosenberg weder ab, noch hinderte er ihn an der Veröffentlichung und ließ ihn schon gar nicht maßregeln.

Zwei Wochen nach Rosenbergs Ernennung ließ Papst Pius X. den *Mythus* auf den Index der katholischen Kirche setzen. »Das Buch verspottet alle Dogmen der katholischen Kirche und die Fundamente der christlichen Religion, und lehnt sie ab«, hieß es in der offiziellen Verlautbarung des Vatikans.[321] Rosenberg freute sich. »Dieser ohnmächtige Protest wird für die weitere Verbreitung des Werkes das seinige beitragen. Ich befinde mich auf dem Index in bester Gesellschaft.«[322]

Am Tag, als diese Bekanntmachung erschien, wurde der Kölner Erzbischof Karl Joseph Kardinal Schulte in die Reichskanzlei entsandt, um bei Hitler förmliche Beschwerde gegen die Förderung eines eingestandenen Ketzers und Kirchenfeinds einzulegen. Hitler unterbrach Schultes Einlassung: »Ich will das Buch nicht«, sagte er. »Rosenberg weiß es, ich habe es ihm selbst gesagt.« Von solchen »heidnischen Dingen« wolle er nichts wissen.[323]

Schulte ließ das nicht gelten. »So können Sie, Herr Reichskanzler, über Rosenberg und sein Buch heute nicht mehr reden.«

»Warum denn nicht?«

»Weil Sie vor wenigen Tagen denselben Herrn Rosenberg zum weltanschaulichen Instruktor der NSDAP und damit eines gewaltigen Teils des deutschen Volkes amtlich bestellt haben. Fortan werden Sie, ob Sie wollen oder nicht, mit Herrn Rosenberg identifiziert werden.«

»Jawohl«, erwiderte Hitler. »Ich identifiziere mich mit Herrn Rosenberg, aber nicht mit dem Verfasser des Buches *Mythus.*« Wenn Rosenbergs Werk den Vatikan so aufrege, warnte Hitler, solle er nicht zu laut protestieren. Das würde nur noch mehr

Deutsche neugierig auf das Buch machen, ob sie nun die Lektüre wirklich bewältigten oder nicht. Schließlich habe erst Faulhaber den *Mythus* überhaupt so bekannt gemacht, indem er ihn auf einer Bischofskonferenz 1930 angeprangert habe.

Die Kirche kam zu dem Schluss, es bleibe ihr kein anderes Mittel mehr, als Rosenbergs Angriff im Druck und von der Kanzel zu erwidern. Hitler selbst konnte sie nach den Bestimmungen des Reichskonkordats nicht angreifen. (So wurde zum Beispiel *Mein Kampf* nie vom Vatikan indiziert.) Aber wenn Rosenbergs Thesen, wie Hitler gesagt hatte, nicht die offizielle Parteilinie waren, dann konnte man wenigstens ihn angreifen. Die Kirche wagte einen Balanceakt: Sie blieb dem Regime gegenüber loyal, wandte sich aber gegen die Häresie eines seiner führenden Männer.[324]

»Es gibt wieder Heiden in Deutschland«, deklamierte Clemens Graf von Galen, der Bischof von Münster, und kritisierte Rosenberg, weil er die »Arier« als wertvollste Rasse ansah. »Die sog[enannte] ewige Rassenseele ist in Wirklichkeit ein Nichts.«[325] Die Kirche protestierte gegen Rosenbergs Plädoyer für eine Eugenik, mit der »die Aufzucht des Untermenschentums«[326] zu verhindern sei, und gegen seine Befürwortung der Mehrehe zur Förderung der »Aufzucht des gesunden deutschen Blutes«.[327] Rosenberg hatte im *Mythus* geschrieben, es sei die vaterländische Pflicht jeder deutschen Frau, Kinder auszutragen. Die einfachen Fakten rechtfertigten auch extreme Maßnahmen, weil es weit mehr Frauen als Männer in Deutschland gebe. Außerdem fragte er: »Sollen diese Frauenmillionen mitleidig als alte Jungfern belächelt, ihres Lebensrechts beraubt durchs Dasein gehen?«[328]

Katholische Gelehrte verfassten eine Reihe von Schriften, in denen auf die Tatsachenfehler, historischen Ungenauigkeiten und theologischen Falschaussagen im *Mythus* hingewiesen wurde.[329] Das waren nicht wenige. Sie wurden in fünf Städten gleichzeitig gedruckt, damit die Gestapo bei einer Beschlagnahme möglichst nicht alle Exemplare bekam, und von Galen ließ sie unter seinem eigenen Namen veröffentlichen, um die anonymen Kritiker zu schützen, die sie in Wirklichkeit verfasst hatten. Das war keine übertriebene Vorsicht. Die Behörden überwachten die Kirche und unterrichteten Rosenberg regelmäßig über deren Aktionen.[330]

Als Kardinal Faulhaber Rosenberg im Februar 1935 erneut von der Kanzel aus angriff, wollte Rosenberg ihn verhaften lassen.

»Da man den Führer noch nicht anzutasten wagt, will man seine gefährlichsten Mitarbeiter madig machen«, schrieb er. »Die Antwort an den Mann wird nicht ausbleiben. An sich könnte ich ihn auf Grund der neuen Gesetze anklagen und einsperren lassen…«[331] Nach dem Erlass des neuen Heimtückegesetzes wurden Deutsche, die sich heimtückischer Angriffe gegen Staat und Partei schuldig machten, vor Sondergerichten angeklagt. Aber selbst Rosenberg sah ein, dass die Verhaftung eines Prominenten wie Faulhaber einen Entrüstungssturm hervorrufen musste.

Auf die eine oder andere Art würde der »bösartige Kardinal«, wie Rosenberg ihn nannte, aber schon noch bezahlen.

Das erklärte jedenfalls Alban Schachtleitner kurz darauf gegenüber Rosenberg, »geradezu auf dem Sterbebett«.[332] Abt Alban, ein früher Nazi-Sympathisant, war 1933 von Faulhaber entlassen worden. Mit krächzender Stimme, »aber durchglüht von Hass«, sagte Schachtleitner, »die irdische Gerechtigkeit wird ja den Kardinal nicht mehr erreichen, aber ich hoffe, dass die himmlische ihm alles heimzahlen wird«.

In einem hatte Hitler recht: Roms Kriegserklärung hatte Rosenbergs Buch nur interessanter gemacht. »Mein ›Mythus‹ hat jetzt 250 000 Stück Auflage, ein Jahrhunderterfolg«, schrieb Rosenberg am 2. Weihnachtstag 1934 in sein Tagebuch. Er genoss die Angriffe und schwor, den Vatikan in einen Kampf bis zum Tod zu verwickeln. »Der Gegenstoss Roms soll also eine Antwort haben. Sie haben gemerkt, dass es jetzt um alles geht… Der Grosse Umbruch hat begonnen.«[333]

Während die Katholiken gegen Rosenberg kämpften, musste der evangelische Reichsbischof Ludwig Müller zusehen, wie seine Kampagne, die Protestanten hinter sich zu vereinigen, zerfiel. Die Nazi-Sympathisanten in den Gemeinden verlangten die Ablösung regimekritischer Pfarrer und die Entlassung aller jüdischen Kirchenangestellten, sogar der getauften Juden. Manche folgten der Argumentation Rosenbergs und forderten, die evangelische Kirche solle das Alte Testament nicht mehr als Heilige Schrift anerkennen und die Kreuze abnehmen. Jetzt begannen die Kritiker, sich zu organisieren und ihren Widerstand öffentlich zu machen. Sie bildeten die Bekennende Kirche, die sich von Reichsbischof Müller lossagte.

Hitler schuf daraufhin 1935 ein Reichskirchenministerium. Der neue Minister Hanns Kerrl sollte die rebellischen Kleriker zur Räson bringen. In den folgenden Jahren versuchte der neue Oberaufseher alles Mögliche: Ein bekannter protestantischer Verleger wurde verhaftet. Eine Gemeinde in München wurde aufgelöst. Kritische Pfarrer wurden zum Schweigen gebracht – siebenhundert von ihnen verschwanden hinter Gittern.

Einer davon, Martin Niemöller aus Berlin, war ursprünglich Anhänger des Nationalsozialismus und hatte 1933 noch für Hitler gestimmt.[334] Obwohl er schließlich freigesprochen und aus der Untersuchungshaft entlassen wurde – er konnte geltend machen, nur religiöse Bedenken erhoben zu haben –, ließ ihn Hitler anschließend ins KZ Sachsenhausen nahe Berlin stecken, wo er in Einzelhaft saß. Niemöller warf sich nach dem Ende der Diktatur in Reden oft selbst vor, nichts unternommen zu haben, als die Nationalsozialisten erst die Kommunisten, dann die Sozialdemokraten und schließlich die Juden in Konzentrationslager verschleppten, sodass niemand mehr da war, der für ihn Partei ergriff, als er an der Reihe war.

Rosenberg hatte von Anfang an etwas gegen Kerrls neues Reichskirchenministerium. Er hielt den Minister für schlicht überfordert; seine Ansichten seien »primitiv«. Das ganze Unternehmen sei von vornherein falsch angelegt, meinte er – man dürfe mit den Kirchen nicht zusammenarbeiten, sondern müsse sie zerschlagen.

»Die ganze gesunde Partei geht hier mit mir«, schrieb Rosenberg im Tagebuch, »u. betrachtet das Kirchenministerium als das, was es ist, als ein notwendiges Übel, wobei die Überzeugung von der Notwendigkeit ständig abnimmt.« Gleichzeitig waren Rosenberg aber die Kontroversen, die Kerrl mit seiner Förderung der Deutschen Christen auslöste, durchaus willkommen. »...wie denn alles, was auch geschieht, schließlich in jenes Bett münden muss, das ich in erster Linie vorbereitet habe.«[335]

»Kerrl liebt mich naturgemäß nicht«, fügte er dann noch hinzu.

Kerrl seinerseits wollte die Kirchen mit allen Mitteln zur Zusammenarbeit mit der NS-Regierung bewegen und nicht zulassen, dass sie sich in Opposition stellten. Aber überall stifteten eifrige NS-Demagogen Aufruhr.

Einer von ihnen war Rosenbergs Verbündeter Carl Röver, ehemals Ministerpräsident des Freistaates Oldenburg und danach Reichsstatthalter für Bremen und Oldenburg. Er verfügte am 4. November 1936, dass in öffentlichen Gebäuden weder das Kreuz noch Porträts Martin Luthers aufzuhängen seien, sondern stattdessen Bilder des »Führers«.

Der Protest der Gläubigen war so heftig wie noch nie. Hunderte demonstrierten in den Straßen. Ein Priester schwor sogar, bis zum Tode zu kämpfen, falls nötig. Gläubige traten massenweise aus der Partei aus, mehrere Bürgermeister drohten mit Rücktritt, ununterbrochen läuteten die Kirchenglocken. An einem Tag fuhren so viele Protestierende gleichzeitig in die Stadt Oldenburg, um dort Petitionen abzugeben, dass der kleine Marktplatz mit Autos völlig verstopft war. Auch der Münsteraner Bischof von Galen schrieb in seinem monatlichen Hirtenbrief, angesichts dieser Verordnung sei allen »ein Erschrecken, ein Entsetzen durch unsere Herzen« gegangen: »Soll hier, im oldenburgischen Münsterland, der erste verhängnisvolle Schritt getan werden auf dem Wege Rosenbergs …?«[336]

Angesichts dieses unerwarteten öffentlichen Aufruhrs handelten auch die Nazis unerwartet: Sie gaben nach. Vor siebentausend Zuhörern erklärte Reichsstatthalter Röver, eine »weise Staatsregierung« müsse auch aus ihren Fehlern lernen können: »Die Kreuze bleiben in den Schulen.«

Bischof von Galen zollte den Gläubigen Beifall für ihren Kampf gegen die Beschneidung religiöser Freiheit. »Aus fast allen Gemeinden sind euere Vertreter, tapfere deutsche Männer, bewährt im Krieg und Frieden, nach Oldenburg gefahren, haben ohne Scheu ihren christlichen Glauben bekannt, haben ohne Menschenfurcht Zeugnis abgelegt für euch und für eure Treue zu Christus dem Gekreuzigten.«[337]

Wenn Hitler sich in Berlin aufhielt, hatte er täglich Gäste zum Mittagessen in der Neuen Reichskanzlei an der Wilhelmstraße. Es wurde spät und sehr lange gegessen, gemäß dem exzentrischen Stundenplan Hitlers. Er pflegte lange zu schlafen, dann noch im Bett Zeitungen und Akten zu lesen, um schließlich gegen Mittag aus seinen Privaträumen aufzutauchen und sich im Wintergarten mit Blick auf den Garten Bericht zur Lage erstatten zu lassen. Dann erst erschien er im Esszimmer und nahm an der großen runden Tafel Platz, über der Kaulbachs *Einzug der Sonnengöttin* hing.

Gewöhnlich waren zwanzig bis dreißig Gäste eingeladen – Rosenberg, Goebbels und Göring gehörten regelmäßig dazu –, vor denen Hitler dann lange Monologe über die Weltpolitik hielt oder sich anhörte, was andere zu dieser oder jener Frage zu sagen hatten, um dann sein Urteil zu fällen. Einmal dozierte er über die richtige Ernährungsweise und stellte Vegetarier wie sich selbst den Fleischessern oder, wie er sie zu nennen pflegte, »Leichenesser[n]« gegenüber. »Er ist der Überzeugung, dass Pflanzenesser die Ausdauernden Kräfte des Lebens seien«, schrieb Rosenberg im Tagebuch. »Fleischfresser wie der Löwe hätten eine plötzliche ungeheure Kraft, aber keine Ausdauer. Elefanten, Stiere, Kamele[,] Büffel seien sprechende Gegenbeispiele.«[338]

Ein solches Mittagessen konnte unerträglich für jemanden sein, der an die Arbeit musste.

Eines Tages im Januar 1937, zwei Monate nach dem Kreuzaufstand in Oldenburg, saß Rosenberg wieder bei Hitler zu Tisch. Kerrl beklagte sich über diesen Vorfall. Wie sollte er mit den Kirchen Frieden schließen, wenn örtliche Parteigrößen das derart torpedierten?

Hitler winkte ab und wurde philosophisch. Ein paar »taktische Fehler« kommen nun einmal immer vor. So ist das im Krieg. Diese Konflikte würden sich legen, und die Beschwerden des Klerus hätten auch nicht viel Gewicht.

»Das grosse Ringen um die absolute Vormacht des Staates über die Kirche gehe weiter«, rekapitulierte Rosenberg später im Tagebuch Hitlers Argumentation, »wir hätten den Kampf der grossen Kaiser gegen die Päpste weiterzuführen und würden ihn beenden. Wolle die Kirche nicht, so wäre nur die Taktik[,] nicht der Wille über ihre Unterdrückung zu überlegen: ob man ihr eine Ader nach der anderen durchschneiden wolle oder offenen Kampf führe. Die Kirche verliere innerlich doch in der ganzen Welt immer mehr an Macht…«[339]

»Sind wir mit oder ohne die Kirchen an die Macht gekommen?«, fragte Hitler. »Und was glauben Sie, Kerrl, stehen die Leute heute mehr hinter uns als früher?«

»Früher mehr.«

»Also«, erwiderte Hitler, »spielen Sie hier nicht verrückt, Kerrl.«

Kerrl klappte bei der folgenden Predigt Hitlers »völlig zusammen«, schrieb Rosenberg. Er solle sich nicht darum kümmern, die Kirchen zur Zusammenarbeit zu gewinnen, sondern die NSDAP als »Herrin der Kirche« zu etablieren. Nach Rosenbergs Ansicht ging es den Kirchen ohnehin schon lange nicht mehr um die Religion, sondern um politische Macht.

Man musste sie aufhalten. Kerrl, dieser Narr, sah das nicht ein. Er begriff die Aufgabe, die er ausführen sollte, nicht einmal.

Rosenberg dagegen hatte keinen Zweifel über seinen Auftrag. Bei jeder Gelegenheit wandte er sich gegen die Kirchen und polemisierte, dass derjenige, der ehrenvoll kämpfe und sich für seine Rasse und deren höchste Werte opfere, sicherer in den Himmel gelange als jener, der Gebete spreche und dabei sein Volk und sein Land verrate.[340]

Während dieser politischen und kulturellen Wirren innerhalb des Reiches rüstete die neue Regierung bereits die Reichswehr auf und bereitete sie auf den Krieg vor.

Nach dem Ersten Weltkrieg war das Saargebiet aus der Westflanke Deutschlands herausgeschnitten und als Mandatsgebiet des Völkerbundes unter französische Verwaltung gestellt worden. Nach fünfzehn Jahren sollte eine Volksabstimmung entscheiden, ob das Gebiet an Deutschland zurückginge. Im Januar 1935 stimmte die Bevölkerung mit überwältigender Mehrheit für den Anschluss an das Deutsche Reich. »Am Ende«, so Hitler am Tag der Wiedervereinigung, dem 1. März 1935, »ist das Blut immer stärker als alles Papier.«[341]

Zwei Wochen später gab er der Welt bekannt, dass Deutschland mit dem Aufbau einer Luftwaffe unter Göring begonnen und die allgemeine Wehrpflicht durch Einberufung einer halben Million Rekruten wieder eingeführt habe. Beides verletzte die Bestimmungen des Versailler Vertrages und war eine Herausforderung an die europäischen Großmächte.

Anfang 1936 weitete Hitler den Machtbereich Deutschlands durch Einmarsch der nunmehr Wehrmacht genannten Reichswehr ins Rheinland aus. Das Gebiet westlich des Rheins und das Ruhrgebiet waren nach dem Krieg zwar bei Deutschland verblieben, aber entmilitarisiert worden. Hitlers Generäle warnten, die Wehrmacht sei noch nicht kampfbereit, falls die Franzosen dem Einmarsch mit ihren Truppen entgegenträten. Aber als Hitler die Besetzung bekannt gab, waren dreißigtausend Mann bereits in aller Stille in ihre neuen Standorte eingerückt, und Frankreich versuchte nicht, sie aus einem Gebiet zu vertreiben, das immerhin zu Deutschland gehörte. Die Bereitschaft, das Risiko einzugehen, hatte sich ausgezahlt.

Hitler nutzte die Gunst der Stunde, setzte neue Reichstagswahlen ohne lästige Gegenkandidaten an und koppelte sie mit einer Volksabstimmung über die Besetzung des Rheinlands. Die Doppelabstimmung fand am 29. März 1936 statt und ergab 98,8 Prozent Ja-Stimmen.

Am Abend dieses Tages traf Rosenberg Hitler auf der Treppe zu dessen Privaträumen. »Nun, Rosenberg«, rief Hitler lachend, »was sagen Sie dazu? Habe ich nicht eine gute Wahlparole gefunden? Selbst die Bischöfe mussten der Stimmung am Rhein weichen und die Glocken läuten!« Er lachte und fügte dann, nach Meinung von Beobachtern als Stichelei gegen den Autor Rosenberg, hinzu: »Aber das Resultat wäre nicht so gewesen, wenn wir über den ›Mythus‹ abgestimmt hätten.«

»Nein. Das wird man erst in hundert Jahren tun können«, entgegnete Rosenberg.

Rosenberg war stolz darauf, als gefährlicher, umstrittener, unbeugsamer Mann zu gelten, den man unter Kontrolle halten musste, damit er nicht die ganze nationalsozialistische Umwälzung durch sein Ungestüm gefährdete. Trotzdem, so sagte er Hitler einmal, sei es nicht leicht, immer nur als Theoretiker zu gelten. Rosenberg schrieb im Tagebuch, Hitler habe ihm erwidert, er sage stets jedem und allen, Rosenberg sei »der tiefste Kopf der Partei« und der »Kirchenvater des Nationalsozialismus«.

Rosenberg beurteilte diese Entgegnung realistisch. »Ich weiss ... sehr wohl, schrieb er, »dass die Zeiten für mich noch nicht reif sind ...«[342]

Er gab jedoch die Hoffnung nicht auf. Einige Jahre später dachte er beim Durchsehen der zahlreichen Leserbriefe, die ihn zum *Mythus* erreichten, er müsse wohl wirklich Millionen Deutsche aus ihrem geistigen Schlummer aufgeweckt haben, in den sie von den Priestern und ihren Bibeln versetzt worden waren. »Es ist jetzt wahrhaftig ein Weltanschauungskampf losgebrochen ... Unser Gegner im Vatikan weiss das. Der Kampf gegen Rom wird nach einem d. Siege in D. seinem Ende entgegengeführt … Die Briefe zeigen, wie ein alter Glaube zerbricht, sich auflöst, aufhört, eine Kraft zu sein.

Manchmal sage ich mir: Hättest Du das Buch geschrieben angesichts dieser Einzelschicksale? Und antworte doch mit Ja.«[343]

Margot Lipton (rechts), Kempners Sekretärin am Internat, wurde seine Geliebte.

(U.S. Holocaust Memorial Museum, courtesy of Robert Kempner)

11

Exil in der Toskana

Als Kempner schließlich aus Nazideutschland flüchtete, ergriffen seine Frau und er eine einfache Vorsichtsmaßnahme: Sie reisten getrennt. »Wenn einer verhaftet wird«, hatte er entschieden, »muß der andere draußen sein.«[344]

Mehrere Monate nach seiner Verhaftung und den Verhören war er immer noch traumatisiert. Er packte seinen Koffer, nahm den Zug zum Flughafen Tempelhof und fragte am Schalter, wann die nächste Maschine Richtung Italien abgehe, und wurde zu einem Flugsteig gewiesen, an dem, wie es das Schicksal wollte, eine Sondermaschine wartete, die Fritz Heß, der Vater des »Stellvertreters des Führers« Rudolf Heß, gechartert hatte und in der noch Plätze frei waren. Sie war auf dem Weg nach Kairo und würde in Venedig zwischenlanden. Kempner kam aber unerkannt an Bord und nahm unbehelligt seinen Platz ein.

Als er beim Start aus dem Fenster blickte und sah, wie Berlin unter ihm zurückblieb, fühlte es sich wie ein endgültiges Lebewohl an. Er musste damit rechnen, dass er seine Geburtsstadt nie wiedersehen würde.[345]

In Venedig angekommen, kaufte sich Kempner eine Bahnfahrkarte nach Florenz. Am Tag darauf traf er am dortigen Bahnhof wieder mit seiner Frau und seiner Schwiegermutter zusammen.

Nach all den bangen Überlegungen und Jahren der Angst war die Reise schließlich völlig ohne Zwischenfälle verlaufen.

Die Kempners waren nicht die einzigen Juden, die es nach Italien zog, sondern Teil einer ganzen Einwanderungswelle.[346] Zwei Jahre nach dem austrofaschistischen Putschversuch in Österreich, der die Italiener so alarmiert hatte, ließen die Spannungen zwischen Hitler und Mussolini langsam wieder nach. Als der Völkerbund Italien mit Wirtschaftssanktionen drohte, weil es in Abessinien, dem heutigen Äthiopien, einmarschiert war, um sich das souveräne Kaiserreich als Kolonie einzuverleiben, blieb Deutschland, sehr zu Mussolinis Erleichterung, neutral.

Dennoch galt das Land immer noch als Zufluchtsort vor dem NS-Terrorregime. Das italienische Außenministerium gestattete Juden die dauernde Einreise, sofern sie nicht zuvor »in Parteien aktiv waren, die sich gegen den Faschismus richten«. Kein Visum wurde gefordert, auch nicht von Staatenlosen, und eine Arbeitserlaubnis war ohne Probleme zu haben. Wichtig war dabei, dass auch die deutschen Ausreisebestimmungen Italien bevorzugten: In dieses Land durfte man nach wie vor größere Devisenbeträge überweisen, zumindest vorläufig. So machten sich denn Künstler, Autoren, Politiker, Ärzte und Wissenschaftler auf den Weg nach Süden, angezogen von den günstigen Bedingungen und den niedrigen Lebenshaltungskosten.

Kempner wollte in Italien die Verwaltung von Werner Peisers Internat vor den Toren von Florenz übernehmen. Sein Sohn Lucian war ja bereits Schüler hier. Das im Herbst 1933 gegründete Istituto Fiorenza hatte schnell einen Stamm von dreißig Schülern gewonnen.

Es war eine Zuflucht für jüdische Schüler geworden, die vom NS-Regime immer stärker aus den öffentlichen Schulen verdrängt wurden.[347] Wegen angeblicher Überfüllung wurde für Sekundarschulen im Reich 1933 eine Höchstquote für »Nichtarier« von anderthalb Prozent festgelegt. Die jüdischen Kinder waren ständig Opfer von Hänseleien und Drangsalierungen sowohl durch ihre Klassenkameraden als auch durch die Lehrer. Es gehörte zum Lehrstoff, dass Juden grundsätzlich unehrlich waren. Manchmal mussten sie auf eigenen »Judenbänken« sitzen. Auf dem Schulhof drohten ihnen Prügel von HJ-Pimpfen. Ein Schüler erinnert sich, dass Julius Streichers antisemitisches Hetzblatt *Stürmer* an seiner protestantischen Schule in München offiziell aushing. »Du riechst nach Jude«, erklärte ihm ein Klassenkamerad unverblümt.[348] Die Nazis, so erinnerte sich ein anderer Schüler später, hätten keinen Zweifel daran gelassen, »dass sie uns loswerden wollten. Das ließen sie entweder höflich durch den Klassenlehrer oder unhöflich durch die Polizei ausrichten.«[349]

Die Eltern mancher Schüler in Peisers Internat waren bereits aus Deutschland emigriert und brauchten einen Ort, an dem ihre Kinder den Schulabschluss machen konnten. Andere hatten ihre Kinder sicherheitshalber vorausgeschickt, während sie selbst noch die Ausreiseformalitäten erledigten. Sie waren, wie Kempner es ausdrückte, »vorangeschickte Pioniere«.[350]

Manchmal schien es, als nähmen die Anmeldungen für die Schule jedes Mal zu, wenn Goebbels den Mund aufmachte.[351]

Kempner war erstaunt, dass das Regime dem Internat weiter gestattete, in deutschen Zeitungen zu inserieren. »Wir warben sozusagen mit der Botschaft: Schicken Sie Ihr Kind zu uns, oder es wird umgebracht.«

Die Fahrt von Florenz hinaus zum Internat ging über schmale, gepflasterte Sträßchen, von denen aus sich immer wieder unvermutet prachtvolle Ausblicke über Olivenhaine und Weingärten öffneten. »Die toskanische Landschaft ist wie eine schöne Frau: Sie verändert sich ständig«, schrieb einer der Schüler über diese Fahrt.[352]

Das Hauptgebäude war ein Herrenhaus aus dem 18. Jahrhundert auf dem höchsten Punkt des Dorfes, die Villa Pazzi.

Für ankommende Schüler wirkte es mit seinem schmiedeeisernen Einfahrtstor und der Zypressenallee dahinter wie ein Palast. Unterrichts- und Wohnräume hatten rote Fliesen und hohe Decken. Im Speisesaal öffneten sich verglaste Türen auf einen terrassierten Garten mit Zitronenbäumen, Blumenbeeten, Zypressen und einem Tennisplatz. In der Ferne erhoben sich hinter den Hügeln die Gipfel des Apennins. Die Villa Pazzi war ein stiller Zufluchtsort, umgeben von blühenden Gärten, gelegen zwischen den Weinbergen und den Landsitzen hinter ihren dicken alten, efeuüberwucherten Umfassungsmauern. Ein ehemaliger Schüler erinnert sich, wie er einmal auf einem Balkon saß und die Aussicht genoss. »Es war ein wenig dunstig, der Himmel leicht bewölkt, aber die Sonne kam immer wieder durch. Es war so ruhig und friedlich – in der Ferne krähten Hähne, die Vögel sangen. Die Luft war mild, die Kirchenglocken fingen gerade zu läuten an.«[353] Das Istituto Fiorenza war wie ein sicheres Versteck vor einer durchgedrehten Welt.

Der Lehrplan bot die übliche humanistische Bildung. Die Schüler rezitierten Plato und lasen Caesars *Gallischen Krieg*. Sie führten Theaterstücke, Gesangsabende und Gedichtlesungen auf. Das Internat war klein genug, dass die Lehrer sich individuell um jeden Einzelnen kümmern konnten, und Lehrer wie Schüler bildeten eine enge Gemeinschaft.

Peiser konnte berühmte Namen als Lehrer gewinnen, allerdings waren kaum ausgebildete Pädagogen darunter. Zum Lehrkörper zählten angesehene Sprachwissenschaftler, ein Journalist, eine Schauspielerin und eine zukünftige Autorität für die Philosophie der Renaissance. Das Gehalt war nicht der Rede wert; manche unterrichteten für Kost und Logis. Alle waren in winzigen Kammern untergebracht. »Die einmalig schöne Landschaft war unser Hauptnahrungsmittel«, erinnerte sich einer der Lehrer.[354] Die Schulgebühren waren nicht eben niedrig, und folglich meldeten hauptsächlich Eltern aus besseren Verhältnissen ihre Kinder an. Die Schüler waren also, wie sich einer der Lehrer beklagte, »die verzogenen Gören der Bourgeoisie«.[355]

Kempners Ankunft veränderte das Internat allerdings. Er förderte die Anmeldungen, und bald zählte es fast hundert Schüler. Die meisten waren Juden, nicht nur aus Deutschland, sondern auch aus Österreich, Ungarn, Rumänien und Polen. Die politische Lage in Europa verschärfte sich, und die Schüler lernten jetzt nicht mehr nur den Gymnasialstoff, der sie auf das Abitur und ein Universitätsstudium vorbereiten sollte, sondern auch praktische Fertigkeiten für das Leben im Exil, das ihnen bevorstand – lebende Fremdsprachen wie Italienisch, Hebräisch, Polnisch und vor allem Englisch sowie handwerkliche Grundkenntnisse, die ihnen helfen sollten, einmal ihren Lebensunterhalt als Schreiner, Schweißer, Buchbinder, Sekretärin, Apotheker oder Laborantin zu verdienen. Manche Lehrer empörten sich, Kempner verwandle mit seiner Fixiertheit auf das Exil ihre »kleine Nische der humanistischen Kultur in eine Transitzone«.[356]

Bei Weitem nicht jedem war es recht, dass dieser kompromisslose und streitlustige Anwalt 1936 zu ihrer gemütlichen akademischen Gemeinde stieß.

»Er gebärdete sich anderen gegenüber stets wie ein Ermittlungsbeamter«[357], schrieb Ernst Moritz Manasse, ein Lehrer, der mit Kempner in Streit geriet. Kempner erzählte gerne Geschichten, wie er aus den NS-Beamten, mit denen er in Berlin immer noch zwangsläufig zu tun hatte, wichtige Informationen herausholte. Ohne in die Einzelheiten zu gehen, kritisierte Manasse die »moralisch bedenklichen Methoden«, die Kempner dazu angewandt hatte.

Ein anderer Lehrer fand, Kempner habe mit der Zeit diese Methoden auch gegenüber Lehrern und Personal des Istituto Fiorenza angewandt. Wolfgang Wasow schrieb in seinen Erinnerungen, Kempner habe zu den wenigen Menschen gehört, die er nach persönlicher Bekanntschaft wirklich verachtet habe. Er machte sich nicht die Mühe, Italienisch zu lernen, und verwechselte einmal, als er einen Besucher ungeduldig aus seinem Büro scheuchen wollte, *vada* (»Geh!«) mit *venga* (»Komm!«). »Er verband brüske Ungeduld, sogar Grobheit, mit einer offensichtlich gestellten Anteilnahme, wenn ihm das taktisch richtig erschien«, schrieb Wasow. »Meiner Überzeugung nach war er … ein Gauner.«[358]

Eines Tages beschuldigte er Kempner, die Briefe des Personals zu überwachen, indem er sie über heißem Dampf öffnete und las, bevor er sie zur Post gab. Wasow wurde daraufhin fristlos entlassen.

Aber den Jugendlichen gefiel das Leben in Italien. »Wir waren sorglos, glücklich und nur mit unseren eigenen Angelegenheiten beschäftigt«, erinnerte sich einer. Sie klatschten und tratschten, spielten einander Streiche und diskutierten über den Zionismus. Sie stahlen Kirschen aus den Obstgärten. Sie schlichen sich hinaus, um mit jungen Italienern zu tanzen. Sie schliefen bei offenem Fenster und kreischten, wenn sich Fledermäuse hineinverirrten. Sie ahmten den polternden Ton des »Führers« bei seinen Reden nach und hielten sich dabei einen Kamm als Schnurrbart unter die Nase. Sie verliebten sich.[359]

Jeden Sommer wurde die ganze Schule zu einer Art Arbeitsurlaub ins Hotel Continentale in Bordighera an der Riviera verlegt, um der toskanischen Hitze zu entfliehen. Damals war im Sommer noch keine Hochsaison; es kamen um diese Zeit kaum Touristen, und der Hotelier war froh, sein ganzes Haus dem Internat vermieten zu können. Unter leuchtend blauem Himmel und Palmen unternahmen die Schüler Wanderungen, schwammen und gestalteten Varieté-Abende. Einige machten Tagesausflüge nach Monte Carlo. »... du weißt, wie herrlich schön es hier ist«, schrieb Kempner, »jeder Tag mit Sonne, Baden und Sport.«[360]

Von den Balkons ihrer Zimmer aus konnten die Exilanten die Passagierschiffe auf dem Weg zum Atlantik und weiter nach Amerika beobachten und davon träumen, einmal selbst an Bord eines solchen Dampfers zu gehen.[361]

Die düsteren Zustände zu Hause in Deutschland schienen weit weg. »Wir waren erleichtert, entkommen zu sein«, schrieb ein Lehrer, »und ließen uns von der Schönheit der Stadt Florenz und ihrer Umgebung, der Freundlichkeit unserer italienischen Nachbarn und der guten Kameradschaft einlullen, die zwischen vom Schicksal zusammengeworfenen Lehrern und Schülern gewachsen war.«[362]

All das sollte sich nur zu bald ändern. Im Frühling 1938 wurde allen Beteiligten deutlich gemacht, wie prekär ihre vermeintlich sichere Lage war.

Robert Kempners jüngerer Bruder Walter war bereits 1935 in die USA emigriert, um dort eine Stelle an der Duke University anzutreten.[363] Er hasste Hitler und zog die Konsequenz, indem er sicherheitshalber einen Ozean zwischen sich und den gefährlichen Diktator legte. Robert Kempner fragte sich drei Jahre später, ob er nicht einen Fehler gemacht hatte, den er lebenslang bereuen würde, indem er ihm nicht sofort gefolgt war.

Die Nürnberger Gesetze hatten 1935 Juden im Deutschen Reich ganz offiziell zu Bürgern zweiter Klasse gemacht.[364] Mit der Begründung, dass die Reinheit des Blutes für das Überleben des deutschen Volkes unabdingbar sei, verbot das NS-Regime Ehen und Geschlechtsverkehr zwischen Juden und »Ariern«. Juden durften keine »arischen« Frauen unter fünfundvierzig Jahren mehr als Hauspersonal beschäftigen. In seinen ersten vier Jahren hatte das Regime die Juden bereits aus praktisch allen Lebensbereichen verdrängt.

Ausländern, die als Touristen oder Geschäftsleute ins Reich kamen, fiel diese Diskriminierung allerdings nicht unbedingt auf, und viele fanden sie wohl auch nicht sehr beunruhigend. Im Gegenteil, viele kehrten beeindruckt vom schnellen Aufschwung Deutschlands unter Hitler in ihre Heimat zurück.

Die Diktatur verstand es, wenn nötig, sich nach außen hin freundlich und locker zu geben. Das war besonders bei den Olympischen Spielen 1936 in Berlin augenfällig. Goebbels hatte die Deutschen aufgefordert, sich »charmanter als die Pariser« zu zeigen.

Von den Läden und Restaurants verschwanden die Schilder *Juden unerwünscht*, die Zeitungen hetzten ein paar Wochen lang nicht mehr, und der gewalttätige Mob blieb zu Hause.[365] Toleranz zu demonstrieren war angesagt.

Besucher zeigten sich »gebührend beeindruckt von der Machtentfaltung des Regimes, dem Enthusiasmus der Jugend, der Goebbelsschen Propaganda«, schrieb Willy Brandt. »Es war schwer, ihr nicht zu erliegen, denn wohin immer man blickte, schien man sie bestätigt zu sehen in den lachenden Gesichtern der jungen Menschen, in den Bauwerken, die hochschossen, im wirtschaftlichen Aufschwung. Berlin war eine großartige Kulisse für ein Schauspiel, das der Welt den Atem verschlug.«[366]

Aber es war eben nur ein Schauspiel in einer Kulisse. Als die Spiele vorüber und die Zuschauer abgereist waren, begannen die Verfolgungen erneut.

Zwei Tage nach der Schlussfeier erschoss sich der Kommandant des Olympischen Dorfes, Wolfgang Fürstner. Er war NSDAP-Mitglied und Offizier der Wehrmacht, aber die Behörden hatten entdeckt, dass er nach den Nürnberger Gesetzen als »Halbjude« einzustufen war; er wurde degradiert und ihm drohte Parteiausschluss. Rosenberg zeigte wenig Betroffenheit und lobte vielmehr die »germanische« Art, mit der Fürstner die Konsequenz aus seiner persönlichen Tragödie gezogen habe. »Alle Achtung vor seiner Tat«, schrieb er im Tagebuch.[367]

In den folgenden beiden Jahren sollten alle Illusionen über Hitlers Pläne, die die Juden noch hegen mochten, zerstieben.

Im Sommer 1938 schrieb ein Freund aus Deutschland an Kempner: »Wer nur kann, bereitet sich auf die Flucht vor.«[368]

Die Exilanten in Florenz dachten, sie seien dem Verhängnis entkommen. Mussolini hatte zwar auch immer wieder antisemitische Bemerkungen gemacht, aber die italienischen Faschisten waren längst nicht so fanatische Antisemiten wie die deutschen Nationalsozialisten. In privaten Gesprächen hatte Mussolini die rassistische Ideologie des Dritten Reichs abgelehnt; Hitlers Kopf sei vollgestopft mit »verworrenen« Ideen und Philosophien.

Im Jahr 1936 zeichnete sich allerdings eine erneute Annäherung der beiden Diktatoren ab. Hitler hatte im Spanischen Bürgerkrieg gemeinsam mit Mussolini General Francisco Franco und seine Nationalisten unterstützt. Dadurch standen jetzt sowohl Deutschland wie Italien in Opposition zu Frankreich und Großbritannien, was den Weg für ein Zweckbündnis beider Diktatoren ebnete. Sie fanden schnell zu einem geheimen Übereinkommen, der Grundlage der späteren »Achse Berlin – Rom«, und 1937 kam Mussolini auf Staatsbesuch nach Deutschland, begrüßt mit großen militärischen Aufmärschen und begeistert Fähnchen schwenkenden Mengen.[369]

Im folgenden Jahr erwiderte Hitler den Besuch. Er traf am 3. Mai 1938 in Rom ein und fuhr gemeinsam mit dem italienischen König in einer Kutsche durch die Porta S. Paolo vorbei an der Cestius-Pyramide in die Innenstadt.[370] Rom war in dramatische Festbeleuchtung getaucht, die den Staatsbesuch wie ein religiöses Zeremoniell wirken ließ und »an eine riesige Opernbühne denken ließ«, so ein italienischer Journalist. Das Spektakel war »eines Nero würdig, das Kolosseum sprühte Flammen aus seinen Fensterbögen, die Pinien leuchteten mit grünen und gelben Lichtern, die sie wie aus Kristall wirken ließen, der Konstantinsbogen glomm in Phosphor, und aus den Ruinen des Forums strahlte es silbern«.[371]

In der folgenden Woche besichtigte Hitler historische Bauten, bekam sorgfältig einstudierte militärische Übungen vorgeführt und verbrachte viele Stunden in Museen und Galerien. »Rom«, so sagte er später, »nahm mich gefangen.«

Und am allerletzten Tag seines Besuchs machte Hitler für eine Stippvisite in Florenz halt, begleitet von Mussolini. Die beiden Diktatoren wurden in einem schwarzen Kabriolett an der Spitze einer Kolonne von zwanzig schweren Limousinen, flankiert von Motorradpolizisten, durch die Straßen kutschiert, die Stadt war vollgestopft mit jubelnden Italienern und überzogen mit Hakenkreuzflaggen. Hitler und Mussolini besuchten die Basilika Santa Croce mit den Grabmälern Michelangelos, Machiavellis und Galileis. Unter Fanfarenstößen ließen sie sich von einer begeisterten Menge auf einem Balkon des Palazzo Vecchio feiern und genossen den Jubel. Sie besichtigten die Uffizien, speisten im Palazzo Medici und sahen sich eine Verdi-Aufführung an.[372]

Auf dem Weg zum Bahnhof wurden sie mit einem Feuerwerk verabschiedet, das die beiden Wörter *Führer* und *Duce* an den Himmel schrieb.

Dann war das Schauspiel vorbei. Hitler bestieg seinen gepanzerten Sonderzug und verließ Italien.

Der Zwischenstopp in Florenz hatte zehn Stunden gedauert. Die jüdischen Lehrer des Internats, ihre Ehefrauen, zwanzig männliche Schüler und Kempners bejahrte Schwiegermutter saßen drei ganze Wochen im Gefängnis. »Unsere Haft gehörte zum Besuchsprogramm«, schrieb einer der Schüler. »Wir waren Geiseln und in der seltsamen Lage, dass wir hoffen mussten, dem hohen Besuch würde kein Haar gekrümmt.«[373]

Schon 1936 hatten die Polizeibehörden beider Länder begonnen, Informationen und Akten über potenzielle subversive Elemente im jeweiligen Land auszutauschen. Bei der Vorbereitung von Hitlers Italienbesuch 1938 arbeiteten Gestapo und italienische Polizei eng zusammen, um deutsche, österreichische und polnische Exilanten im faschistischen Italien systematisch ausfindig zu machen und auszuspionieren.[374] In etwa zwei Dutzend italienischen Polizeipräsidien stellten deutsche Kontaktbeamte ausführliche Listen zusammen und stuften die Emigranten als »gefährlich«, »verdächtig« oder »harmlos« ein.

Im April, einen Monat vor Hitlers geplanter Ankunft, fielen SS- und Gestapomänner in Italien ein, um massenhaft Verhöre und Haussuchungen durchzuführen. Es gab zwei große Verhaftungswellen am 20. April und am 1. Mai.

Männer und Frauen wurden getrennt inhaftiert. Das Frauengefängnis Le Murate – wörtlich »Die Eingemauerten [Klausnerinnen]«, ein 1424 erbauter ehemaliger Benediktinerinnenkonvent – wurde von Nonnen betreut, und die Schwestern brauchten eine Weile, bis sie sich überzeugt hatten, dass die Emigrantinnen nichts mit den Diebinnen und Prostituierten zu tun hatten, die gewöhnlich eingeliefert wurden. Die Männer mussten ihre Gürtel abgeben, damit sie sich nicht etwa erhängten, und fanden sich unter anderem mit einem Mann zusammengesperrt, der seine Frau ermordet hatte. Aber während Gefängnis in Deutschland damals oft Konzentrationslager bedeutete, waren die Haftbedingungen für die Emigranten in Italien relativ erträglich. Im Auftrag des florentinischen Erzbischofs schmuggelte ein hilfsbereiter Priester Nachrichten und Briefe unter seiner Soutane von und zu den Insassen, die sich tagsüber außerhalb der Zellen aufhalten durften. Nachdem Hitler sicher über den Brenner gekommen und wieder in Deutschland war, kamen alle wieder frei.

Aber wie durch Osmose sickerte jetzt die Judenfeindlichkeit auch nach Italien ein. Die Präventivhaft für jüdische Emigranten, auf der die Deutschen vor Hitlers Besuch bestanden hatten, schien in Mussolini tatsächlich den Verdacht zu erwecken, auch in seinem Land stellten die Juden ein Problem dar. Einige Monate nach dem Staatsbesuch, im Sommer 1938, begann der »Duce« seinen nördlichen Nachbarn nachzuahmen. »Ohne ein klares, sicheres und allgegenwärtiges Rassenbewusstsein kann sich kein Reich auf die Dauer halten«, schrieb er in einem Zeitungskommentar und ließ durchblicken, seine Familie sei reinrassig nordischer Abstammung. Im Juli proklamierte die Regierung ein »Rassenkundliches Manifest« und legte damit das Fundament für umfassende Maßnahmen zum Ausschluss der Juden aus dem öffentlichen Leben.[375]

Schon das erste Rassengesetz, erlassen im September 1938, bedeutete das Ende für das Internat. Juden durften italienische

Schulen künftig weder als Schüler besuchen noch an ihnen als Lehrer oder als Hauspersonal arbeiten. Alle Juden, die nach 1919 in Italien eingewandert waren, mussten das Land binnen sechs Monaten verlassen.

Kempner hatte das kommen sehen, und dieses Mal zögerte er nicht. Er wusste schon seit Monaten, dass seine Tage in Italien gezählt waren; die Warnzeichen hatten sich den ganzen Sommer über gehäuft.[376] Amtliche Stellen in Berlin hatten angefangen, sich zu fragen, ob diese Schule etwa dem Nationalsozialismus feindlich gegenüberstehe, und die Überweisungen der Schulgebühren durch die Eltern unterbunden.[377] Italienische Aufsichtsbeamte machten Inspektionen, die nichts Gutes verhießen. Am 22. August wurde der Schulleitung aufgegeben, die Rassenzugehörigkeit der Lehrer und Schüler anzugeben. »Böse Vorahnungen hingen über der Schule«, schrieb ein Schüler, »und wir wussten, dass unser sorgloses Leben sich dem Ende zuneigte.«[378]

Eines Tages erschien dann ein italienischer Beamter bei Peiser und verlangte, er solle ein »Geständnis« unterschreiben, dass sein Internat liberal und sozialdemokratisch sei. Peiser fragte, ob er verhaftet werde, wenn er unterschreibe. Die Antwort lautete »Ja«.

Peiser und Kempner hatten nicht vor, noch einmal ein italienisches Gefängnis von innen zu sehen oder sich gar nach Deutschland ausliefern zu lassen. »Gleichzeitig wurde uns vertraulich mitgeteilt, dass es besser sei, das Land möglichst bald zu verlassen und nicht erst bis zum letzten Augenblick zu warten«, wie Kempner einem Freund mitteilte.[379]

Am 3. September kam dann das Unvermeidliche: Der italienische Staat schloss die Schule mit der Begründung, sie sei »eine jüdische Anstalt, deren Position dem faschistischen Geist widerspricht«.[380]

Schüler und Lehrer befanden sich damals gerade zum jährlichen Sommerurlaub in Bordighera. Kempner und Peiser begannen hastig, die Kinder unter Betreuung »geeigneter Personen« nach Hause zu ihren Familien zu schicken. Die Schulleitung informierte alle Eltern, die das Schulgeld bereits entrichtet hatten, und deponierte die Gesamtsumme bei einem Anwalt in Bordighera, der sie später zurückzahlen sollte. Dann setzten sie sich über die nahe Grenze nach Nizza ab, zusammen mit ihren Frauen, einigen Lehrern und den zehn Schülern, die zu diesem Zeitpunkt Einreisevisa nach Frankreich besaßen.

Als die Lehrerin Gabriele Schöpflich am Morgen des 4. September in den Frühstücksraum kam, wurde sie mit der Nachricht konfrontiert, Kempner und Peiser seien abgereist und mit ihnen »alle jene Kinder, deren Schulgeld in Devisen bezahlt worden war«.

Die zurückgelassenen Schüler waren »wie vom Donner gerührt«.[381] Frau Schöpflich und einer ihrer Kollegen blieben auf der Aufgabe sitzen, das hinterlassene Chaos aufzuräumen. Das Personal war seit einer Woche ohne Lohn und ging geschlossen. Ladenbesitzer im Ort – unter anderem der Metzger, der Milchmann, der Gemüsehändler und der Krämer – verlangten die Begleichung großer aufgelaufener Schulden, für die kein Geld mehr da war. In den folgenden zehn Tagen mühten sich die beiden ab, alle Kinder zu ihren Familien oder Vormündern zurückzubringen. »Wir bekamen beide nicht viel Schlaf in jenen zehn Tagen«, schrieb sie.[382] Sie begleitete zwei der Kinder persönlich im Zug nach Florenz, wo ihre Mutter sie auf dem Bahnhof abholte, um sie nach Wien zurückzuholen.

In der jüdischen Gemeinde verbreiteten sich Gerüchte über die unfeine Art von Peisers und Kempners Abreise. Kempners Sekretärin Margot Lipton erhielt bald darauf einen Brief ihrer Freundin Beate Davidson aus Rom.

Diese meinte, sie fände die Berichte über die Auflösung der Schule empörend. Wie könne man einfach so über Nacht dichtmachen? Stimmte es, dass einige Kinder auf die Obhut von Freiwilligen in der Gemeinde angewiesen waren? »Und die Schule ist doch für die unmündigen Kinder verantwortlich. Es ist einfach haarsträubend, Kinder in einem fremden Land mittellos in den dortigen Verhältnissen zurückzulassen.«[383] Sie hatte gehört, Kempner habe den Kindern verboten, den Eltern zu erzählen, wie die Schließung der Schule abgelaufen sei. Sie hatte gehört, die Schule habe unbezahlte Schulden hinterlassen. Das seien ja Kriminelle, sagte Davidson. Ob Lipton vielleicht irgendetwas darüber wisse?

Frau Davidson bekam postwendend Antwort von Kempner und Peiser selbst, die sich gegen die Anschuldigungen verwahrten und sie als bösartiges Geschwätz von »Judenweibern« abtaten.[384]

Man habe einen italienischen Anwalt engagieren müssen, der die offenen Rechnungen begleichen sollte. Schulden habe man hinterlassen, weil einige Eltern mit dem Schulgeld im Rückstand gewesen seien. (In einem anderen Brief, der anscheinend an die Eltern ging, führten Kempner und Peiser die säumigen Zahler auf, die der Schule mehr als 3000 Lire schuldeten.[385]) Außerdem sei ja schließlich die italienische Regierung am Bankrott des Internats schuld. Und hätten sie nicht schließlich gezwungenermaßen alles Mobiliar des Instituts zurücklassen müssen? Wie könne man sie in der jüdischen Gemeinde da als Betrüger bezeichnen? Wie könne es jemand wagen, sie zu kritisieren, weil sie flohen, um nicht wieder von den Italienern ins Gefängnis gesteckt zu werden? »Glauben Sie denn, dass wir nach den Erfahrungen im April und Mai, wo wir und unsere Frauen das Quartier mit Huren und Verbrechern teilen mussten, und zwar drei Wochen lang, weil der deutsche Kanzler elf Stunden in Florenz war, nochmals Lust hatten, uns einsperren zu lassen, (…) Nein, sehr verehrte gnädige Frau, so lethargisch oder masochistisch waren wir doch noch nicht geworden, uns ausser dem Verlust von Geld und wertvollen Sachen auch noch Freiheit und Leben nehmen zu lassen.«[386]

Was die Kinder angehe, so hätten sie, so Peiser und Kempner, schon seit Monaten den Eltern immer wieder gesagt, das Internat habe Probleme, und die Kinder brauchten eine neue Zuflucht. Sie hätten so viele Kinder wie nur möglich gerettet.

In vielen Fällen, so schrieben die beiden Schulleiter an andere Freunde, wollten – oder konnten – die Kinder gar nicht gefahrlos zurück zu ihren Eltern nach Polen, Ungarn oder Deutschland. »Wenn wir allein gewesen wären, wären wir z. B. nie verhaftet worden«, schrieb Kempner an einen Freund in Paris, »denn wir hatten ja die Möglichkeit, fortzufahren, konnten ja aber nicht die Kinder alleine lassen. Ebenso hätten wir aber auch nicht hundert Kinder mitnehmen können, denn das hätte viel Geld gekostet und die Eltern … hätten uns geschrieben, diese Maßnahme wäre überflüssig und nicht von den Eltern zu bezahlen, denn Kinder würde man ja nie verhaften.«[387]

Kempners Leben war unvorstellbar kompliziert geworden. Er hatte keinen Grund anzunehmen, dass Frankreich »die letzte Station unseres Erdenwallens« sein würde, schrieb er an einen Freund, denn die westlichen Demokratien schienen »in völliger Unkenntnis der Methoden des dritten Reichs und seines Achsen-Freundes«.[388]

Er hatte jetzt zehn Schulkinder in seiner Obhut, dazu seine Frau, seine Schwiegermutter und seine Sekretärin Margot Lipton.

Dann kam der Punkt, an dem es Zeit wurde, seiner Frau drei unangenehme Fakten zu gestehen: Margot Lipton war seine Geliebte, sie war schwanger, und das Kind war von ihm.

Kempners fünfzehnjähriger Sohn Lucian kam nicht mit seinem Vater zusammen nach Frankreich. Der Junge hatte fast zwei Jahre im Istituto Fiorenza verbracht. Lucians Mutter Helene, die keine Jüdin war, hatte gerichtlich zu verhindern versucht, dass der Vater den Jungen ohne ihre Erlaubnis außer Landes brachte.

Ende 1937 arrangierte Kempner für seine Exfrau und Lucian einen zweiwöchigen gemeinsamen Ferienaufenthalt »in einem kleinen italienischen Wintersportort oder ähnlich«.[389] Kempner bezahlte ihr die Bahnfahrkarte. Die beiden gingen täglich lange miteinander spazieren – bis sie eines Tages zu Kempners Schrecken nicht mehr zurückkamen. An Silvester fuhr Helene gemeinsam mit dem Jungen zurück nach Deutschland. Lucian gab später an, er sei entführt worden, und die Behörden in Italien und Deutschland hätten seine Mutter bei dem Plan unterstützt.[390] Er hatte zu diesem Zeitpunkt nicht einmal einen gültigen Reisepass.

Als Sohn eines Juden galt Lucian unter dem NS-Regime als »Halbjude«, und es war noch nicht ganz klar, welche Personen mit dieser Einstufung als Juden diskriminiert werden sollten. Kempner wagte es nicht, nach Deutschland zu reisen, um sein Sorgerecht einzufordern, aber er reichte von Italien aus Klage ein und stellte Helenes Eignung als Erziehungsberechtigte infrage.[391] Er legte Briefe vor, aus denen hervorging, dass sie Alkoholikerin und tablettensüchtig war, dass sie bereits einmal Selbstmord durch eine Überdosis hatte begehen wollen, dass sie geschlechtskrank war, dass ein Arzt sie ermahnt hatte, sie müsse ihr Leben gründlich umkrempeln. Anders als seine

Exfrau, so argumentierte Kempner, lebe er in stabilen finanziellen Verhältnissen, und er betreibe eine Schule, die Lucian besuchen könne. Helene hielt dem entgegen, diese Schule sei vom marxistisch-bolschewistischen Geist geprägt und stehe unter jüdischem Einfluss; die Schüler bekämen eine »deutschfeindliche Einstellung« vermittelt.[392]

Das Urteil fiel zugunsten Kempners aus, aber Lucian wurde daran gehindert, Deutschland zu verlassen. Er habe keinen Reisepass erhalten, sagte er später, und die Gestapo achtete darauf, dass er bei seiner Mutter blieb. Sie meldete den Jungen an der Privatschule der Herrnhuter Brüdergemeinde in Königsfeld (Schwarzwald) an.

»Durch meine Mutter habe ich viel gelitten«, schrieb er später, »und die Deutschen machten es nur noch schlimmer.«[393]

Kempner konnte nicht mehr tun, als seinem Sohn Briefe nach Deutschland zu schreiben. »Ich dachte, du hättest schon ganz vergessen, dass du einen Vati hast«, schrieb er kurz nach seiner Flucht nach Nizza. Er versicherte Lucian, »heute ist hier wieder Ruhe eingetreten«, und schwieg über die chaotische Art der Abreise und der Schließung der Schule.[394] »Wir sind hier noch in dem sehr schönen Nizza, das du ja auch aus den Ausflügen vom vorigen Jahr kennst«, schrieb er eine Woche später. »Es ist noch herrlich warm und schönes Wetter … Hast du mit den italienischen Arbeitern auch italienisch gesprochen oder hast du alles vergessen? Was machen deine fremdsprachigen Kenntnisse überhaupt, französisch, englisch? Du weisst, dass du sie sehr pflegen musst, ein Junge wie du, mit jüdischem Vater und arischer Mutter hat in besonders starkem Masse Fremdsprachen nötig, Du bist gross genug, um das zu wissen und Dir vor Augen zu halten.«

Er schickte Briefmarken für eine Rückantwort mit und bat Lucian um Fotografien. »Schreibe nur recht bald wieder.«[395]

Rosenberg an Hitlers Seite (in der ersten Reihe) anlässlich einer NSDAP-Versammlung im Nürnberger Apollo-Theater 1934.

(SZ Photo/Scherl/The Image Works)

12

»Ich hatte das Herz der alten Partei gewonnen«

In Nürnberg, »der deutschesten aller deutschen Städte«, läuteten am 6. September 1937 die Glocken eine halbe Stunde lang ununterbrochen, um Hitlers Ankunft auf dem Reichsparteitag zu verkünden. Hunderttausende Parteigenossen waren zum größten Parteitag versammelt, den die NSDAP je abgehalten hatte – acht Tage Reden und Spektakel, uniformierte Aufmärsche und furchterregende Demonstrationen militärischer Stärke.[396]

Die einfachen Parteigenossen würden in großen Zeltlagern mit Kommissbrot und kameradschaftlicher Atmosphäre versorgt werden, sofern das Wetter sich hielt. Feste Unterkünfte waren so schwer zu finden, dass Delegierte aus den USA und Großbritannien lieber gleich im Sonderzug wohnen blieben, mit dem sie aus Berlin eingetroffen waren. Höhere NSDAP-Funktionäre logierten in Hotels und speisten in den besseren Restaurants der Stadt, wie etwa dem Bratwursthaus *Goldenes Posthorn*, gegründet 1498. Albrecht Dürer war hier Stammgast gewesen. Nicht wenige Besucher würden die Gelegenheit nutzen und versuchen, sich an einer SS-Absperrkette vorbei ins Rotlichtviertel zu schmuggeln, das günstig in der Nähe des Parteitagsgeländes lag.[397]

Alfred Rosenberg war in jener Woche nicht nur ein Redner unter vielen. Er war Ehrengast. Achtzehn Jahre nachdem er sich zum ersten Mal bei einer Versammlung einer kleinen Gruppe von Antisemiten in einem Münchner Bierkeller hatte blicken lassen, galt er allgemein als Schöpfer der ideologischen Grundlagen des Nationalsozialismus. Sein Hauptwerk, der *Mythus*, ruhte bereits neben *Mein Kampf* im Grundstein der Nürnberger Kongresshalle, eines Monumentalbaus, der in der Mitte des Parteitagsgeländes emporwuchs. Die Halle würde einmal größer als das Kolosseum in Rom sein.

Rosenberg selbst ahnte natürlich nicht, dass der Kult um seine Person auf diesem Reichsparteitag 1937 der Höhepunkt seiner Laufbahn sein würde.

Hitler hatte Nürnberg zur Stadt der Reichsparteitage erklärt, um vom Symbolwert des Ortes zu profitieren. Er wollte den Nimbus der ruhmreichen Vergangenheit nutzen. Fünfhundert Jahre zuvor hatte die Freie Reichsstadt Nürnberg zu den bestbefestigten, reichsten und wichtigsten Städten Europas gehört.[398] Hinter einer massiven Stadtmauer mit Wallgraben von sechs Kilometer Umfang war das alte Stadtbild mit seiner mittelalterlichen Architektur immer noch wohlerhalten – ein Wunderland gotischer Treppengiebel und geschnitzter Haustüren, mit einem traditionellen Marktplatz, reich geschmückten Kirchen und ganz oben einer uneinnehmbaren Burg, die schon die Kaiser des Heiligen Römischen Reiches beherbergt hatte. Für eine Partei, die sich auf die mythischen Traditionen des Deutschtums berief, war Nürnberg die beste denkbare Kulisse. »… in wenigen Städten«, hieß es im *Völkischen Beobachter*, »kommt der Gegensatz zwischen Vergangenheit und Gegenwart so deutlich zum Ausdruck wie in Nürnberg – Befestigungen, mächtige Mauern und Türme geben Zeugnis von mannhafter Stärke und kämpferischem Geist.«[399]

Die Reichsparteitage der NSDAP in Nürnberg waren mehr als nur politische Versammlungen. Sie waren mystische Zeremonien, die die Stärke der nationalsozialistischen Bewegung vorführen und dem Führerkult neue Nahrung geben sollten.[400]

In den kommenden Tagen würde Goebbels den Bolschewismus anprangern, die Diplomaten würden bei Hitler in seinem Hotel zum Tee zu Gast sein, Reichsfrauenführerin Gertrud Scholtz-Klink, die Leiterin der NS-Frauenschaft, würde den deutschen Hausfrauen erklären, wie man den Haushalt im Geiste des Nationalsozialismus führte. Neue SA-Standarten würden mit der »Blutfahne«, die beim fehlgeschlagenen Hitlerputsch 1923 vorangetragen worden war, geweiht werden. SS und SA würden aufmarschieren, endlose Kolonnen im perfekten Gleichschritt in den engen Pflasterstraßen der Stadt, während sich über ihnen die Zuschauer aus den Fenstern lehnten. Die Wehrmacht würde, das durfte inmitten der weltweiten Angst vor einem neuen Krieg nicht fehlen, in einer beeindruckenden Demonstration militärischer Stärke ihre fortschrittliche Waffentechnik vorführen: motorisierte Artillerie, Panzerwagen, Motorräder, Panzer, Aufklärungsflugzeuge, Bomber. Die neuen Sturzkampfbomber würden sich mit fast halber Schallgeschwindigkeit in Scheinangriffen auf das Gelände hinunterstürzen, abgewehrt von ebenfalls aufgebauten neuen Flakgeschützen.

Das beeindruckendste Bild des Parteitags aber würde die Paradeaufstellung Hunderttausender Uniformierter auf dem Zeppelinfeld abgeben, die in vollkommenen Karrees in Habachtstellung ausharrten. Als Einzelmenschen, als Individuen, so die Aussage dieses Bildes, waren sie bedeutungslos. Im Mittelpunkt dieses Aufmarsches würde der »Führer« selbst auf einer imposanten Tribüne stehen, die auf 170 weißen Steinpfeilern ruhte. Nachts würden so viele Scheinwerfer die Szenerie erhellen, darunter der berühmte »Lichtdom« aus himmelwärts gerichteten Flakscheinwerfern, den sich der Architekt Albert

Speer ausgedacht hatte, dass man den Schein noch in Frankfurt, hundertfünfzig Kilometer entfernt, sehen würde.

»Heil, Männer!«, würde Hitler rufen.

»Heil, mein Führer!«, würden die Massen schreien.

Es regnete dann fast die ganze Woche lang. Am Nachmittag nach seiner umjubelten Ankunft in Nürnberg begab sich Hitler mit seinem Gefolge in einer Kolonne schwarzer Mercedes-Limousinen durch die von Anhängern verstopften Straßen zur Luitpoldhalle, wo der Parteitag eröffnet wurde.[401] »Die Jubelschreie kündigten sein Kommen schon aus einer halben Meile Entfernung an«, berichtete Frederick Birchall für die *New York Times*. »Sie wurden immer lauter, bis dann die Menge am Eingang der Halle selbst in einen entrückten Chor von Heilrufen ausbrach.« Die Parteispitze passierte das Eingangsportal, das in weißem monolithischen Stein gehalten war und von zwanzig hoch aufragenden Parteistandarten flankiert wurde, und betrat das Mittelschiff der kathedralartig gestalteten Halle, das auf eine Rednertribüne zulief, hinter der ein riesiges Hakenkreuz hing. Parteifahnen wurden nach vorne getragen. Die Luft in der Halle wurde schnell feucht und warm, die Redner schwitzten unter den Scheinwerfern.

Die Atmosphäre der Eröffnungsveranstaltung war immerhin eindrucksvoll genug, auch die zynischen Reporter aus dem westlichen Ausland nicht unberührt zu lassen. William Shirer, Berlinkorrespondent für CBS Radio, schrieb in sein Tagebuch, sie habe etwas vom Mystischen und religiösen Eifer einer Oster- oder Weihnachtsmesse in einem großen gotischen Dom gehabt. War es ein Wunder, fragte er, dass vielen Deutschen Hitlers Worte als Evangelium galten?

Später trafen Hitler und Rosenberg im Opernhaus ein. Es lag direkt neben Hitlers Hotel, dem Deutschen Hof, von dessen

Balkon aus der »Führer« oft über einer Leuchtschrift HEIL HITLER vorbeimarschierenden Einheiten zusah oder sich den begeisterten Volksgenossen zeigte.

Im Opernhaus erhob sich Goebbels, um eine Ankündigung zu machen: Alfred Rosenberg gehörte zu den Trägern des auf dem Parteitag erstmals verliehenen, neu gestifteten Deutschen Nationalpreises für Kunst und Wissenschaft.[402]

»Als mein Name dann auf der Kulturtagung fiel«, schrieb Rosenberg, »ging es wie ein fühlbarer Ruck durch alle u. dann setzte ein Beifall ein, von einer einmütigen Wucht«, der nicht enden wollte.[403]

Den Preis hatte Adolf Hitler geschaffen. Er sollte als Ersatz für den Nobelpreis dienen, den Deutsche nicht mehr annehmen durften, seitdem er 1936 vom Nobelkomitee in Stockholm an Carl von Ossietzky verliehen worden war, dem Pazifisten und Freund Kempners. Ossietzky saß im Konzentrationslager, als ihn das Komitee als aufrechten Bürger auszeichnete, der für Gedankenfreiheit, Redefreiheit und »freien Wettbewerb im Reich der Ideen« kämpfe.[404] Die Nazis waren empört. »Das ist lächerlich und fatal«, sagte einer von ihnen der *Times*.[405] Hitler reagierte, indem er allen Deutschen untersagte, künftig einen Nobelpreis anzunehmen, und stattdessen den Nationalpreis stiftete. Der Preis war mit 100 000 Reichsmark dotiert; die Träger erhielten unter anderem einen Ordensstern aus Platin mit Diamanten, goldenen Adlern und dem ebenfalls aus Gold gefertigten Relief einer behelmten Athene. »Ich schäme mich fast, einen so kostbaren Stern zu tragen«, schrieb Rosenberg.[406]

Er sah den Preis als Anerkennung seines »bitteren Kampfes gegen Rom«. Er hatte gehört, der Vatikan sehe die Verleihung als Schlag gegen den Heiligen Vater selbst. »Ich habe zu meinem Werk gestanden, und wenn der Führer auch amtlich sich zurückhalten musste, so hat er mich doch den Kampf führen lassen.«[407] Rosenbergs illusionsgesättigtes Ego schwoll mit jedem Satz in seinem Tagebuch. Für ihn war klar, dass seine Thesen – jene radikalen Sätze im *Mythus,* von denen Hitler immer betont hatte, sie seien nur Rosenbergs persönliche Ansicht – jetzt offizielle Politik geworden waren. Sie waren nichts weniger als »Grundlagen der ganzen Revolution des Führers«.

Alle waren sehr bewegt von dieser Anerkennung, die Rosenbergs Lebenswerk zuteilwurde – zumindest erschien das dem Geehrten so. Hitler selbst hatte die Tränen zurückhalten müssen, als er ihm die Nachricht überbrachte. »Den ersten Preis des Reiches können doch nur Sie erhalten. Sie sind doch der Mann...«

Freunde weinten. Carl Röver, Reichsstatthalter von Oldenburg und enger Vertrauter Rosenbergs, ging zu Hitler und sagte ihm, dies sei auch der schönste Tag *seines* Lebens. »Und ich wusste nun, dass ich mir das Herz der alten Partei erkämpft hatte«, schrieb Rosenberg, »die durch die grosse Geste des Führers nun wie befreit war.«

Vor allem freute er sich diebisch, dass Goebbels die Laudatio verlesen musste. »Dies, nachdem er mit allen möglichen Schikanen ... mich beiseite zu drücken sich bemüht« und behauptet hatte, der *Mythus* sei zum Vergessen verdammt. »Der Herr hat sich hier, wie in allen tieferen Fragen getäuscht«, prahlte Rosenberg im Tagebuch. »Jetzt musste er vorlesen, dass erst eine spätere Zeit überhaupt begreifen werde, was A.[lfred] R.[osenberg] für die Gestaltung des n.s. Reiches bedeute.«

Er genoss seinen Ruhm. Im Monat nach der Ankündigung der Preisverleihung hielt er eine Rede in Freiburg und wurde auf dem mit Girlanden geschmückten Marktplatz von begeisterten Anhängern mit Fähnchen und Jubel empfangen. Sogar die Kirchen waren festlich geschmückt.

So etwas hatte die Stadt noch nie gesehen, schrieb er später im Tagebuch: der »radikale antirömische Ketzer in der bischöflichen Hochburg vom Volk wie ein König empfangen«,[408] und das im »schwarzen Freiburg«.

Beim Empfang zu seinem fünfundvierzigsten Geburtstag zählte Rosenberg auch Hitler zu seinen Gästen.[409] Die Feier fand in der neuen Villa Rosenbergs im wohlhabenden Vorort Dahlem statt, die er sich, ebenso wie andere Nazigrößen, aus jüdischem Besitz angeeignet hatte. Hitlers Geburtstagsgeschenk war eine Büste Dietrich Eckarts, der Hitler und Rosenberg 1919 zusammengebracht hatte, und dazu eine handsignierte Fotografie Hitlers im Silberrahmen. Die Inschrift bewegte den Empfänger am meisten. »Meinem alten treuesten Mitkämpfer Alfred Rosenberg mit den besten Glückwünschen zum 45. Geburtstag in herzlicher Freundschaft Adolf Hitler.«

Goebbels hatte ihm zwar den Nationalpreis überreicht, aber Rosenbergs Kleinkrieg gegen den Propagandaminister verlor deshalb nicht etwa an Schärfe. Sein Angstgegner hatte eine gewaltige Hausmacht angesammelt. Er kontrollierte viele Tausend Arbeitsplätze und konnte so viele Leute um Lohn und Brot bringen, wenn er wollte, dass selbst viele, die ihn hassten, einfach nicht wagten, ihn herauszufordern. »Sie sehen zu, wie ich den Kampf führe«, beklagte sich Rosenberg.[410]

Auch Hitler traf keine Maßnahmen gegen Goebbels, wie sehr Rosenberg auch gegen das »flagrante Versagen« wetterte, das er in fast jeder Goebbels-Produktion sah. Der Propagandaminister arrangierte zum Beispiel bei einer dreitägigen Jubiläumsfeier der Universität Heidelberg eine Tanzvorführung; dadurch sollte gezeigt werden, dass die Partei keineswegs, wie es oft hieß, der akademischen Welt feindlich gegenüberstehe. Zu Rosenbergs Empörung gehörten zu den Tänzern auch

Schwarze. »Niggerstep!«, schäumte er im Tagebuch. »Nun kämpften wir seit Jahren gegen Niggerweisen – und diese treten als unsere Festtänze auf!«[411]

Warum, fragte Rosenberg in seinen Einträgen, unternahm Goebbels nichts, um dem deutschen Volk die nationalsozialistische Überzeugung von der Gefährlichkeit der Juden nahezubringen? Kein Mensch kannte mehr die Grundlagentexte wie Theodor Fritschs *Handbuch der Judenfrage.* Rosenberg schloss sich der Meinung des Thüringer Gauleiters Fritz Sauckel an, der ihm gesagt habe: »...wenn es so weitergeht, dann werden unsere Kinder uns einst für dumm halten, uns wegen der Juden so aufgeregt zu haben!«[412] Künftigen Generationen werde womöglich gar nicht mehr bewusst sein, dass die Bewegung eine Verschwörung abgewendet hatte, mit der die Juden Deutschland vernichten und die Weltherrschaft erringen wollten.

Das Problem mit Goebbels war, so Rosenberg, dass dieser zu sehr um sich selbst kreise, zu narzisstisch sei und zu beschäftigt damit, für Fotos zu posieren. Hitler entging das vielleicht, den einfachen Parteigenossen aber nicht.

Als Rosenberg und Goebbels im November 1937 beide auf einer Parteiversammlung sprachen, wurde Goebbels von »Gezisch« und »eisigem Schweigen« empfangen, behauptete Rosenberg im Tagebuch. »Die Partei hatte gesprochen; nach dem Urteil auch zurückhaltender Menschen war das eine moralische Vernichtung. ... Partei u. Volk lassen sich eben auf die Dauer den skandalösen Missbrauch der Exekutive zu widerliche Selbstbeweihräucherung nicht gefallen.« Seine eigenen Ausführungen, so meldete Rosenberg stolz im Tagebuch, seien von »unaufhörlichem Beifall« begleitet worden. »Das Herz der Bewegung habe ich mir erkämpft, das ist die grosse Freude angesichts der manchmal scheinbar vergebens gewesenen Abwehr gegen die Vergiftung der Partei durch die Eitelkeit des Dr. G.«[413]

Noch mehr freute sich Rosenberg, dass Goebbels' Machtposition bald in echte Gefahr geriet, nicht durch Rosenbergs ständige Anschuldigungen, sondern durch Goebbels' ständige Seitensprünge.[414] Er konnte die außerehelichen Affären einfach nicht lassen. Als er seine Frau Magda anflehte, einer offenen Beziehung zuzustimmen, weigerte sie sich. 1936 kam dann heraus, dass sie selbst mit einem anderen NS-Bonzen schlief. Goebbels war wütend – umso mehr, als er es von Rosenberg erfuhr. Im selben Jahr noch verliebte er sich in die 22-jährige tschechische Schauspielerin Lida Baarova, und beide taten wenig, um ihre Beziehung geheim zu halten. Baarovas Mann ertappte dann beide in flagranti und Magda verbannte ihren Mann ins Gästehaus.

Nachdem das zwei Jahre so gegangen war, schlug Goebbels seiner Frau allen Ernstes vor, eine *ménage à trois* sei doch eine akzeptable Lösung für ihr Problem. Magda klagte daraufhin Emmy Göring ihr Leid, und Hermann Göring verschaffte Magda dann eine Audienz bei Hitler, der schließlich der Trauzeuge der Goebbels gewesen und in den ersten Jahren der Ehe ein enger Freund des Paares war. Magda wollte sich eigentlich scheiden lassen, aber Hitler wollte davon nichts hören. Er nahm sich vielmehr Goebbels vor und stellte ihn vor die Alternative, er könne entweder seine Affäre fortsetzen oder sein Ministeramt behalten, aber nicht beides. Hitler wollte keinen rufschädigenden Skandal in den höchsten Parteikreisen, aber auch seinen teuflisch begabten Propagandaminister behalten, und setzte ihm deswegen die Pistole auf die Brust. Goebbels musste sich fügen und seine Beziehung zu Baarova abbrechen. »Das Leben ist so hart und grausam«, beklagte er sich in seinem Tagebuch.[415]

Magda ließ sich allerdings nicht so leicht besänftigen. Im Oktober 1938 verlangte sie abermals, sich von ihrem Mann trennen zu dürfen, und wieder musste Hitler persönlich einen Waffenstillstand vermitteln.

Goebbels' Feinde im politischen Berlin witterten ihre Chance. Als der Reichsführer SS Heinrich Himmler Ende 1938 zu Besuch bei Rosenberg war, sprachen beide auch über den Propagandaminister. Himmler sagte, der Gestapo lägen »Dutzende« Beschwerden gegen Goebbels wegen sexueller Nötigung vor. Einige davon habe er an Hitler weitergeleitet und ihn zu überzeugen versucht, Goebbels aus der Machtelite zu entfernen. »Er ist aber heute der gehassteste Mann in Deutschland«, habe Himmler zu Hitler gesagt. »Früher schimpften wir über die jüdischen Generaldirektoren, die ihre Angestellten sexuell zwangen. Heute tut es Dr. G.«[416] Rosenberg verbreitete diese unbestätigten Anschuldigungen nur zu gerne weiter.

Er verstand wirklich nicht, warum Hitler Goebbels nicht feuerte. Dieser Minister gehöre ins Gefängnis, nicht an die Spitze eines wichtigen Ministeriums, schrieb er im Tagebuch. »Dr. G. ist moralisch in der Partei isoliert, verachtet.«

Aber Rosenberg konnte sich denken, was Goebbels tun würde: Er würde auch diesmal den Konsequenzen seines Handelns ausweichen. »Er glaubt, das alles zu überstehen u. über alles Gesunde doch noch zu siegen.« Er gab es zwar nicht gerne zu, aber wahrscheinlich würde Goebbels recht behalten.

Zwei Monate später äußerte Goebbels bei einem Empfang für das Diplomatische Korps, wenn Hitler sein Lebensstil nicht gefalle, hätte er ihn in der Kampfzeit eben nicht in den inneren Führungszirkel holen sollen. Man müsse ihm schon zugestehen, sein Privatleben so zu führen, wie er es für richtig halte. »Trotz der Kenntnis der Schäbigkeit des Charakters von

Dr. G.«, schrieb Rosenberg, als er diesen Klatsch zugetragen bekam, »war ich über die Offenheit doch erstaunt.«[417]

Wenn doch Hitler den jungen Möchtegernschriftsteller Goebbels schon 1924 aus der Partei ausgestoßen hätte, als der seine kurze Rebellion wagte! Der Nationalsozialismus wäre von einem zerstörerischen Einfluss befreit gewesen. »Mit dauernder Duldung dieses Charaktereiters beginne die Zersetzung unserer Revolution«, zitierte Rosenberg einen Parteifreund.

Der Skandal um Goebbels war allerdings nur Nebenschauplatz der Ereignisse eines bewegten Jahres, in dem Hitler das Reich endgültig auf Kriegskurs brachte.[418]

Ende 1937 befahl er dem Oberkommando der Wehrmacht, sich auf den Einmarsch in die Tschechoslowakei und nach Österreich vorzubereiten. Nach der Wiedereingliederung des Saargebiets und der militärischen Besetzung des Rheinlands wollte er das Deutsche Reich jetzt mit den deutschsprachigen Gebieten im Osten abrunden. Sie sollten eine strategische Pufferzone bilden und dem Reich neue Arbeitskräfte und Rohstoffe sichern. Bei einer Besprechung im November erklärte Hitler den führenden Außenpolitikern und Militärs, das Ziel der deutschen Politik sei die Sicherung und Erhaltung der Volksmasse und die Vermehrung der Rasse. Somit handele es sich um ein Problem des Raumes.[419] Das bedeutete den Angriff, und zwar schon im nächsten Jahr.

Die Generäle sträubten sich. Die gewaltsame Einverleibung der beiden kleinen Nachbarstaaten bedeutete fast unvermeidlich Krieg mit Frankreich und England, und Deutschland war trotz jahrelanger Aufrüstung noch nicht bereit, sich mit den westlichen Großmächten militärisch zu messen.

Aber Hitler musste sich über solche lästigen praktischen Einwände aus der eigenen Führung bald keine Sorgen mehr machen. Als Außenminister Konstantin von Neurath, Überbleibsel der Hindenburg-Ära und immer noch im Amt, eindringlich vor den Militäraktionen warnte, entließ Hitler ihn – ersetzte ihn aber nicht durch Rosenberg, sondern durch den sehr viel weniger eigensinnigen Joachim von Ribbentrop.

Als Nächstes wurden mithilfe zweier auffällig termingerechter Skandale die beiden wichtigsten Generäle der Wehrmacht aus dem Weg geräumt. Anfang Januar 1938 hatte Generalfeldmarschall Werner von Blomberg, Reichswehrminister und Oberbefehlshaber der Wehrmacht, seine Sekretärin Erna Gruhn geheiratet. Während das junge Paar sich in die Flitterwochen nach Capri aufmachte, führten anonyme Anrufe zu Ermittlungen im Vorleben der Braut, und wie sich herausstellte, hatte Fräulein Gruhn einmal als Prostituierte gearbeitet. Göring legte Hitler die Akten vor; der bekam einen Wutanfall und feuerte den Feldmarschall.

In derselben Besprechung hatte Göring auch noch Dokumente vorzuweisen, die belegten, dass der Oberbefehlshaber des Heeres, Generaloberst Werner von Fritsch, eigentlich aussichtsreichster Anwärter auf Blombergs Nachfolge, ebenfalls Dreck am Stecken hatte. Laut dem von der Gestapo zusammengestellten Dossier hatte sich der Chef des OKH bei homosexuellen Handlungen erwischen lassen und schon jahrelang Schweigegeld gezahlt. Der Generaloberst hatte wenig Mühe, alle Anschuldigungen zurückzuweisen, aber auch er musste gehen.[420] Hitler nutzte die Gelegenheit, entließ, wo er einmal beim Aufräumen war, noch sechzehn weitere Generäle und versetzte vierundvierzig weitere. Den Oberbefehl über die Wehrmacht übernahm er von nun an selbst.

Schon bald diente ihm die Wehrmacht als nützliches Einschüchterungsinstrument. Am 12. Februar 1938 zitierte er den österreichischen Bundeskanzler Kurt von Schuschnigg zu sich auf den Berghof. Schuschnigg erlebte einen vor Tatkraft berstenden Hitler.[421] Der »Führer« drohte unumwunden mit dem Einmarsch nach Österreich, wenn der Bundeskanzler nicht eine Forderungsliste unterzeichnete, mit der die verbotene österreichische nationalsozialistische Partei legalisiert wurde und ihre prominenten Funktionäre wichtige Ministerämter erhielten. Schuschnigg musste nachgeben, hielt aber einige Wochen später eine Rede, in der er auf Österreichs Status als unabhängigem Staat bestand und eine Volksabstimmung über den »Anschluss« ankündigte. Hitler kochte. Deutsche Truppen marschierten am 12. März an der gemeinsamen Grenze auf, die Regierung Schuschnigg trat zurück, und Hitler fuhr im Triumph als Eroberer über Linz nach Wien.

Nachträgliche Volksabstimmungen im nunmehrigen »Altreich« und der neuen »Ostmark« sollten den Anschluss sanktionieren. Österreichische Wähler, die gar nicht oder gegen den Anschluss abstimmten, wurden angepöbelt, verprügelt und mit Schildern, die sie als Verräter brandmarkten, durch die Straßen geführt; manche landeten in der Psychiatrie. Nach der Einschüchterungskampagne und zusätzlichen Fälschungsaktionen konnte dann stolz gemeldet werden, dass 99 Prozent der Österreicher ihr Land gerne ins Deutsche Reich eingegliedert sahen.[422]

Ermutigt durch den unblutigen Eroberungsfeldzug, wandte sich Hitler jetzt der Tschechoslowakei zu, in der mehr als drei Millionen Sudetendeutsche lebten. Die von der deutschen NSDAP unterstützte Sudetendeutsche Partei begann Anfang 1938, Forderungen an die tschechische Regierung zu stellen. Hitler ließ seine Generäle einen Einmarsch vorbereiten, während er noch nach einem plausiblen Vorwand suchte, ihn durchzuführen, ohne dass eine internationale Krise folgte.

Im Geheimen stand für ihn schon fest, was er den Generälen am 28. Mai gesagt hatte: »Es ist mein unumstößlicher Wille, dass die Tschechoslowakei von der Landkarte verschwinden muss!« In der Öffentlichkeit sprach er nur davon, die Sudetendeutschen in den Schutz des Reichsverbands aufnehmen zu wollen. Großbritannien und Frankreich waren zu Zugeständnissen bereit. Sie folgten einer »Appeasement«-Politik, die letztlich darauf abzielte, dem Diktator zu geben, was er wollte, und so den Krieg zu vermeiden. Ende September wurde nach wochenlangen Verhandlungen mit einem zunehmend gereizten Hitler in München ein Abkommen unterzeichnet, in dem die beiden westlichen Großmächte der Annexion des Sudetenlands zustimmten.

»Peace in our time«, den Frieden in unserer Zeit, glaubte damit der britische Premierminister Neville Chamberlain gesichert zu haben, als er das berühmte Wort bei einer Ansprache aus dem ersten Stock seines Amtssitzes in Downing Street 10 prägte.[423]

Fünf Wochen später, befreit von der wankelmütigen öffentlichen Meinung des Auslands, schlug das Regime dann gegen seinen größten inneren Feind zu.

Bis dahin waren die antijüdischen Kampagnen im Reich eher durch Einschüchterung und juristische Ausgrenzung als durch echte physische Angriffe gekennzeichnet. Im laufenden Jahr 1938 hatte es bereits eine ganze Reihe neuer diskriminierender Vorschriften gegen Juden gegeben, um sie aus dem deutschen Wirtschaftsleben auszuschließen.[424] Sie mussten ihr Vermögen registrieren lassen und durften nur bis zu gewissen Höchstbeträgen und nach Genehmigung auf ihre Konten zugreifen. Um sie leichter erkennbar zu machen, mussten jüdische Ladeninhaber ihren Namen mit weißer Farbe an der Fassade anbringen, und alle Juden mussten als zweiten Vornamen »Israel« oder »Sara« annehmen.

Diese Maßnahmen bereiteten eine Welle offener Gewalt vor. Am 7. November 1938 betrat ein junger in Hannover geborener Jude mit polnischer Staatsangehörigkeit namens Herschel Grynszpan die deutsche Botschaft in Paris und schoss einen Diplomaten nieder.[425] Offenbar wollte er sich dafür rächen, dass seine Eltern aus Deutschland nach Polen ausgewiesen worden waren. Als das Opfer des Mordanschlags, der Botschaftssekretär Ernst vom Rath, zwei Tage später seiner Verletzung erlag, erreichte die Nachricht Goebbels, Hitler und die anderen NS-Spitzenfunktionäre bei den jährlichen Feierlichkeiten zum Gedenken an den Hitlerputsch von 1923 in München. Diese Gelegenheit konnten sie sich nicht entgehen lassen.

Hitler befahl sofortige Vergeltungsmaßnahmen gegen alle Juden in Deutschland: Ihre Synagogen sollten niedergebrannt, ihre Wohnungen und Geschäfte zerstört und so viele wie nur möglich festgenommen werden. Es musste aber unbedingt wie ein spontaner Racheakt der aufgebrachten Bevölkerung an den Juden für das Pariser Attentat aussehen.

Bei einer Versammlung von NS-Spitzenfunktionären informierte Goebbels über den Tod des Diplomaten in Paris. »Wir können diesen Anschlag des internationalen Judentums nicht hinnehmen!«, rief er. »Er muss gerächt werden.«[426]

Die Funktionäre verstanden das als Anweisung und gaben sie telefonisch an die Gauleitungen, SA-Einheiten und Parteidienststellen weiter.

Um 23 Uhr 55 am 9. November ging ein Fernschreiben mit Anweisungen Hitlers von der Gestapozentrale an alle Staatspolizei-Leitstellen im Reich ab: In Kürze werde es zu Aktionen gegen jüdisches Eigentum kommen, die nicht unterbunden werden dürften, außer wenn es sich um Plünderungen oder

Angriffe auf Ausländer handele. Niederzubrennen seien nur die Synagogen, denn jüdische Läden und Wohnungen in Brand zu stecken würde auch das benachbarte Eigentum von Ariern gefährden.

SA- und SS-Männer, meist in Zivilkleidung, ergossen sich in die Straßen und schlugen gegen mehr als tausend Synagogen im ganzen Reich los. Das war allerdings noch nicht alles. Systematisch wurden in allen jüdischen Ladengeschäften die Schaufenster eingeschlagen, Einrichtung und Warenbestand zerstört. Wohnungen von Juden wurden überfallen und verwüstet. Teilweise wurden jüdische Friedhöfe geschändet. Ein jüdisches Waisenhaus wurde ausgeplündert und die Kinder sich selbst überlassen. Juden mussten im Schlafanzug vor ihrem Bethaus tanzen, während sie mit dem Schlauch abgespritzt wurden. Mehrere Hundert Juden wurden ermordet oder in den Selbstmord getrieben.

Im pfälzischen Oberlustadt zum Beispiel, von wo der Großvater von Henry Mayer, dem Archivar des Holocaust Memorial Museum, 1937 geflohen war, schlug der Mob mit einer Kartoffelhacke die Eingangstür der Synagoge ein und drang mit Äxten ins Innere vor.[427] Die Thorarollen wurden aus ihrem Schrein gerissen, im Hof mit herausgerissenem Gestühl auf einen Haufen geworfen und in Brand gesteckt. Die Täter griffen sich einige der Pergamentrollen und taten höhnisch so, als rezitierten sie den hebräischen Text, während die Menge um sie herumtanzte und »Hokuspokus!« rief. Ein Dorfpolizist goss Benzin unter die Holztreppe, die zur Chorempore führte, und bald stand das ganze Gebäude in Flammen. Daraufhin setzte sich der Mob wieder in Bewegung und fiel über die ortsansässigen Juden her.

Dorfbewohner, darunter auch Kinder, warfen die Scheiben des Hauses der Cousins Salomon und Elise Frank ein. Elise wollte die Fensterläden schließen, woraufhin ein Nachbar die Läden herunterriss. Die Meute stürmte mit Äxten ins Haus, zerschlug Möbel und Geschirr und stieß die Familie auf die Straße hinaus, wo der körperbehinderte Salomon mit Knüppeln zusammengeschlagen wurde.

Jacob Frank, Salomons Bruder, wollte an diesem Tag den Geburtstag seiner Frau gemeinsam mit den Kindern, Irma und Martha, feiern. Am Vormittag wurde er von der Polizei abgeholt, und die Frauen blieben alleine im Haus. Martha schloss die Haustür ab, als das Pogrom begann, aber der Mob brach sie auf und schlug Martha die Zähne ein. Sie floh ins Haus, die marodierenden Dorfbewohner dicht auf den Fersen.

Die hackten mit Äxten auf das Sofa ein, zerfetzten die Polstermöbel und zerschlugen Tische und Stühle. Sie rissen die Lampen herunter, warfen das Bettzeug auf die Straße und räumten die Speisekammer aus. Die Frauen flohen in Panik von einem Zimmer ins andere, mussten aber das Haus schließlich aufgeben. In Salomons Scheune stand ein Leiterwagen. Sie legten Salomon, der nicht gehen konnte, in das Gefährt und schoben ihn zum Bahnhof. Von dort flüchteten sie weiter nach Karlsruhe.

Die männlichen Juden Oberlustadts waren alle am Vormittag festgenommen worden. Bis auf die Alten wurden sie alle ins Konzentrationslager Dachau bei München eingeliefert. Insgesamt wurden in der Woche, die die Pogrome anhielten, etwa dreißigtausend Personen in die KZs verschleppt.[428] In Dachau mussten die »Zugänge« stundenlang bei eisiger Kälte im Freien zum Appell antreten. Wer aus dem Glied trat, wurde gnadenlos verprügelt. In den Unterkünften gab es keine Betten, sondern nur Strohlager auf dem Boden.

In München war Goebbels begeistert über das, was bald mit bitterem Spott als »Kristallnacht« bezeichnet wurde. »Als ich ins Hotel fahre«, schrieb er in seinem Tagebuch, »klirren die Fensterscheiben. Bravo! Bravo!«[429] Später würde er der Welt weismachen, es habe sich um einen spontanen Racheausbruch gegen die Juden gehandelt, der von der aufgebrachten Bevölkerung ausgegangen sei; die Behörden hätten getan, was sie konnten, um der Gewalt Einhalt zu gebieten.

Mit der für das nationalsozialistische Regime typischen Perfidie mussten die betroffenen Juden alle Versicherungsleistungen für ihre erlittenen Schäden und Verluste an das Reich abtreten und zusätzlich – eine Idee Görings – eine kollektive »Sühne« von einer Milliarde Reichsmark zahlen.

»Mir wäre es lieber gewesen, ihr hättet 200 Juden erschlagen und hättet nicht solche Werte vernichtet«, sagte er.[430]

Rosenberg beklagte sich aus denselben Gründen über die Pogrome. Das Schicksal der Juden, die Wohnungen und Synagogen, oft die Freiheit und manchmal das Leben verloren hatten, war ihm gleichgültig; er hielt die Aktion lediglich für einen übertriebenen und unnötigen Ausbruch, der wenig dazu beitragen werde, Deutschland von den Juden zu befreien. Außerdem ärgerte er sich über die Zerstörungen, die der Mob angerichtet hatte, und machte seinen üblichen Sündenbock dafür verantwortlich: »Schaden an Volksgut: fast 2 Winterhilfswerke: 600 Millionen!«, schrieb er im Tagebuch. »Für alles das, was Dr. G. anrichtet, müssen wir bezahlen. Es ist furchtbar.«[431]

Für die Juden im Reich gab es nach der Pogromnacht keine Hoffnung mehr, dass sie in Deutschland überleben konnten, indem sie einfach stillhielten und unauffällig blieben. Die Zeit des Abwartens war vorbei. Ihre Landsleute würden Hitler nicht stürzen und zu einer Politik der Toleranz zurückkehren. Rosenbergs Tiraden und Goebbels' Hetzreden waren keine leeren Worte. Das Regime wollte die Juden loswerden, und wenn sie nicht freiwillig gingen, würde man sie mit Gewalt vertreiben.

In den folgenden beiden Jahren emigrierten fast 100 000 Juden aus Deutschland, aber mehr als doppelt so viele blieben zurück.

Ein Schnappschuss Kempners vom Hudson River und dem Empire State Building, aufgenommen während der Ankunft in den USA an Bord der SS Nieuw Amsterdam am 1. September 1939.

(U.S. Holocaust Memorial Museum, courtesy of Robert Kempner)

13

Flucht

Die Angehörigen des Istituto Fiorenza, die nach Nizza entkommen waren, blieben zunächst dort und suchten nach einem Fluchtweg. Für alle war es eine sehr entmutigende Erfahrung. Einer von ihnen meinte, jetzt brauche man eine realistische Einstellung, hilfsbereite Freunde und Glück.[432] »Sie alle warten mit der Uhr in der Hand auf eine Gelegenheit, endlich in ein anderes Land ausreisen zu dürfen«, schrieb Walter Hirsch, ein nach der Schließung des Internats arbeitsloser Lehrer. Für den Augenblick fand er die Lage »erträglich«. Mit Nachhilfeunterricht verdiente er das Geld für Zigarettennachschub und neue Schuhsohlen. Aber vor der Zukunft hatte er Angst.

»Ich habe so viele Enttäuschungen erlebt«, schrieb er, »so viel Verachtung, Gemeinheiten, Missverstehen und Zurückweisung, wenn ich um Verständnis warb, dass ich bitter und verzweifelt geworden bin.«[433]

Am 21. Oktober 1938 wurde Kempner und seiner Frau, sechs Wochen nach der Ankunft in Frankreich mit ihren nur begrenzt gültigen Visa, formell die deutsche Staatsbürgerschaft aberkannt.[434] Sie konnten also weder zurück nach Berlin noch sich in Nizza niederlassen und machten sich auf die Suche nach Arbeit in den USA, um dorthin auswandern zu können. Kempner kontaktierte Kollegen in Übersee und erkundigte sich nach freien Universitätsstellen; außerdem sammelte er Empfehlungsbriefe von Freunden und Bekannten. Er stellte sich als Fachmann für Polizeiverwaltung, Dozent für Verwaltungsrecht und Autor vor. Eines der Empfehlungsschreiben früherer Kollegen hob besonders seinen Mut hervor, mit dem er der nationalsozialistischen Bewegung entgegengetreten sei.[435]

Unter anderem schrieb Kempner auch an die Dekanin des Women's Medical College in Philadelphia, weil seine Mutter dort vor vielen Jahren eine Stelle als Dozentin innegehabt hatte, bevor sie nach Berlin zurückgekehrt war, um zu heiraten und in dem von Robert Koch begründeten Preußischen Institut für Infektionskrankheiten zu arbeiten. Lydia Kempners Porträt hing immer noch in der Bakteriologie des College. Die Dekanin verwies ihn an Stephen Sweeney, der das Institute of Local and State Government an der University of Pennsylvania leitete, und der wiederum konnte ihm tatsächlich eine Stelle anbieten. Allerdings müsse er bereit sein, in die USA zu kommen, »ohne daraus eine Verpflichtung für mein Institut abzuleiten«, und das Gehalt werde nur einige Hundert Dollar betragen.[436] In seiner Antwort vom Dezember 1938 akzeptierte Kempner. Die Höhe des Gehalts sei eigentlich »nicht so wichtig«, schrieb er, da er noch über »mehrere hunderttausend Franc« verfüge,[437] grob gerechnet vielleicht siebzigtausend Euro in heutigem Geld. Worauf es ihm ankam, war eine offizielle Bestätigung des Instituts, dass er dort eine reguläre, bezahlte Stellung antreten könne. Damit würde er nicht unter die generelle jährliche Einwanderungsquote fallen, die auch für Deutsche galt. »Ohne dieses Arbeitsvisum, müsste ich Jahre warten, um nach Amerika zu kommen, weil die Wartelisten für die Quote sehr lang sind«, schrieb er. »Ich hoffe sehr, dass Sie mir eine Chance geben.«[438]

Gleichzeitig versicherten sich die Kempners der Hilfe eines Freundes der Familie in Philadelphia. Otto Reinemann war

1934 aus Deutschland ausgewandert und war jetzt bei den städtischen Gerichten Philadelphias beschäftigt. Er versprach, sich bei den Zuständigen für Kempners Fall einzusetzen.

Während Kempner darauf wartete, hatte er gleichzeitig noch ein anderes Eisen im Feuer. Wenn möglich, wollte er durchaus lieber an der Côte d'Azur bleiben als sich völlig zu entwurzeln und bis in die USA zu fliehen. Er und der ehemalige Leiter des Internats, Werner Peiser, verbrachten Herbst und Winter 1938/39 damit, die Schule in Nizza neu aufzubauen. Dazu beantragten sie eine Finanzbeihilfe des American Jewish Joint Distribution Committee, kurz Joint, das Spenden für die bedrängten Juden Europas sammelte.[439] Durch Vermittlung des Journalisten Kurt Großmann, der vor der Machtergreifung der Nazis Generalsekretär der Deutschen Liga für Menschenrechte in Berlin gewesen war, erhielt die Schule eine Spende von einundzwanzigtausend Franc.[440] So konnte unter anderem der Lebensunterhalt der zehn mit ihnen aus Italien geflohenen Schüler gesichert werden.

Immer noch gab es Dutzende jüdischer Eltern in Deutschland, Polen, der restlichen Tschechoslowakei, dem angeschlossenen Österreich und jetzt auch in Italien, die ihre Kinder nur zu gerne und ohne auf die Kosten zu schauen nach Nizza in Sicherheit schickten. Das Problem war, dass die prospektiven Schüler keine Visa bekamen; es dauerte Monate, bis die französischen Behörden die Anträge bearbeitet hatten.[441]

Kempner wandte sich an die Menschenrechtsliga in Paris, um die Sache zu beschleunigen und »die unglücklichen Kinder, deren Eltern vielfach im K.Z. sind oder sonst aufs schlimmste gequält werden«, nach Frankreich zu holen.[442] Als sich aber abzeichnete, dass es schwierig bis unmöglich werden würde, überhaupt noch solche Flüchtlingsvisa zu bekommen, konzentrierten sich Kempner und Peiser auf die Anwerbung der Kinder von Emigranten, die sich bereits in Frankreich befanden. Sie schalteten Anzeigen in französischen und Schweizer Zeitungen, und als dann im Dezember 1938 der französische Außenminister Georges Bonnet doch noch ein Programm zur Aufnahme deutsch-jüdischer Flüchtlingskinder vorschlug, drängte Kempner Großmann, der solle die Schule als Träger des Programms ins Spiel bringen. »Machen Sie sich auf die Beine«, schrieb er, »und der Lohn wird nicht ausbleiben!«[443] Kempner bat den bekannten pazifistischen Wissenschaftler Emil Julius Gumbel, den die Emigration nach Lyon verschlagen hatte und der dort ein Hilfswerk für andere Emigranten leitete, um seine Mitarbeit. Gumbel warnte ihn, er könne nicht mit Bezahlung rechnen, wenn er Kinder beherbergte und unterrichtete.[444] Kempner ließ sich nicht abschrecken und schrieb an britische und französische Flüchtlingshilfskomitees, denen er Plätze an seiner Schule für 600 Franc monatlich anbot (etwa 250 Euro in heutigem Geld).[445] Der Alliance Israélite in Paris erklärte er, in Nizza gebe es reiche Juden, die man ja vielleicht um Spenden für die Schulbildung armer jüdischer Flüchtlingskinder bitten könne.

Während Kempner und Peiser so um Schüler warben, organisierten britische Aktivisten Kindertransporte auf die Insel, eine selbstlose Rettungsaktion vor der Nazigefahr, die ihnen auf dem Kontinent drohte. Kempners Briefe dagegen klangen eher so, als sorge er sich mehr um seinen eigenen Lebensunterhalt als um die Lösung einer drohenden humanitären Krise, und als sich Anfang 1939 die Bewerbungsangelegenheit in den USA günstig entwickelte, gab er den Wiederaufbau des Internats auch relativ schnell auf. Jetzt suchte er einfach nur noch jemanden, dem er die Schüler anvertrauen konnte, die mit ihm aus Bordighera geflüchtet waren. »Haben Sie ein Interesse daran, ein kleines Heim mit zehn jüdischen Kindern aus verschiedenen Ländern, das zurzeit eine günstige Existenz bietet und wahrscheinlich auch sehr ausbaufähig ist, weiter zu führen?«,[446] schrieb er einem Pariser Kollegen. »Herr Peiser und ich erwarten Verträge aus Amerika und würden die hiesige Arbeitsstätte unter diesen Umständen aufgeben.«[447]

Während Kempner so verzweifelt nach einer Möglichkeit zu entkommen suchte, fielen im Frühling 1939 die Nachbarländer Deutschlands eines nach dem anderen, und Krieg drohte am Horizont.

Machenschaften des NS-Regimes brachten die Slowakei dazu, sich von der Regierung in Prag für unabhängig zu erklären, und die Tschechoslowakei brach auseinander. Dann gaben die Tschechen klein bei und unterwarfen sich dem Reich.[448] Bei einem kurzfristigen nächtlichen Gespräch mit dem tschechischen Präsidenten Emil Hácha hatte Hitler unverblümt erklärt, die Wehrmacht habe mit dem Einmarsch bereits begonnen, und die Luftwaffe werde in wenigen Stunden sämtliche Flugplätze besetzt haben. Der Diktator stellte Hácha vor die Wahl, entweder nachzugeben oder die blutigen Konsequenzen zu tragen. Hácha erlitt einen Schwächeanfall, wurde von Hitlers Arzt mit einer Injektion wieder auf die Beine gebracht und leistete die verlangte Unterschrift. Die nächste Nacht, vom 15. auf den 16. März 1939, verbrachte Hitler bereits auf dem Hradschin, der Prager Burg, von wo aus böhmische Könige, deutsche Kaiser und tschechische Präsidenten regiert hatten.

Dann begann Hitler eine Hetzkampagne gegen Polen.[449] Sein großes Ziel war die Gewinnung von »Lebensraum« für das angeblich eingeengte deutsche Volk, und Polen war eines der Länder, das ihn hergeben sollte. Das Land hatte bei seiner Wiedererrichtung nach dem Ersten Weltkrieg unter anderem einen Korridor als Zugang zur Ostsee erhalten, der Ostpreußen vom Rest des Reiches abtrennte und es zu einer Exklave machte, die von polnischem und litauischem Gebiet umgeben war. Die größtenteils deutsch bevölkerte Stadt Danzig war von den Alliierten aus dem Reich ausgegliedert und als Freie Stadt unter Verwaltung des Völkerbunds gestellt worden.

Das alles war für die Nationalsozialisten unerträglich. Polen, so verlangten sie, müsse zunächst der Rückgliederung Danzigs ins Reich zustimmen und außerdem eine exterritoriale Verkehrsverbindung zwischen Pommern und Ostpreußen, bestehend aus einer Autobahn und einer Eisenbahnlinie, durch den Korridor gestatten. Die polnische Regierung sah das nicht ein und erzürnte Hitler noch weiter, indem sie sich am 31. März 1939 von Großbritannien und Frankreich eine Garantie der Souveränität des polnischen Staates geben ließ.

Ich werde ihnen eine Suppe einbrocken, an der sie ersticken sollen, grollte Hitler in privaten Gesprächen. Er wies die Wehrmacht an, sich auf einen Einmarsch in Polen vorzubereiten.

Vier Wochen später, am 28. April 1939, antwortete Hitler in einer Rede vor dem Reichstag auf ein Telegramm des US-Präsidenten Franklin D. Roosevelt, in dem dieser darum gebeten hatte, Hitler möge klarstellen, er habe nicht vor, seine Nachbarn anzugreifen. In dieser weltweit registrierten Rede beteuerte Hitler die friedlichen Absichten des Reiches. Er hege keine Kriegspläne gegen irgendeinen anderen Staat. »Ich habe die uns 1919 geraubten Provinzen dem Reich wieder zurückgegeben«, donnerte er, »ich habe Millionen von uns weggerissener, tiefunglücklicher Deutscher wieder in die Heimat geführt, ... und ich habe, Herr Präsident [Roosevelt], mich bemüht, dies alles zu tun, ohne Blut zu vergießen und ohne meinem Volk oder anderen daher das Leid des Krieges zuzufügen.«

Das waren schöne Worte, aber bald sollten sie nichts mehr wert sein. Den Sommer 1939 verbrachte Hitler damit, eine neue Art der Kriegsführung vorzubereiten: den Blitzkrieg.

Als der Frühling 1939 zu Ende ging, hatten sich Kempners Aussichten auf eine Universitätsstellung in den USA immer noch nicht in einen konkreten Vertrag verwandelt. Im Mai schrieb er wieder an Sweeney von der University of Pennsylvania und gestand, er verzweifle allmählich. Sein Visum für Frankreich laufe bald ab. »Ich komme in die größten Schwierigkeiten, wenn ich nicht sehr bald in die USA ausreisen darf.«[450] Auch Peiser, der im Mai bereits eine Stelle als Lehrer in Atlanta hatte antreten können, wandte sich in Kempners Angelegenheit brieflich an Sweeney, desgleichen Kempners Bruder Walter, der ja schon länger an der Duke University in North Carolina lehrte.

Auch an Reinemann schrieb Kempner und bat nochmals um dessen Vermittlung. Viel länger konnte das Ehepaar Kempner nicht mehr warten. Schon eine kurze Verlängerung des Durchreisevisums hatten die französischen Behörden ungerne und auch nur deswegen gewährt, weil Ruth sich einer Blinddarmoperation unterziehen musste und zwölf Wochen im Krankenhaus lag.

Das Problem war, dass die Stelle, die Sweeney anzubieten hatte, zwar bezahlt war, aber so armselig – insgesamt nur wenige Hundert Dollar –, dass man dafür kein Arbeitsvisum in den USA bekommen konnte. Das gab es nur, wenn die Stelle, die man antrat, den Lebensunterhalt sicherte – konkret waren zweihundert Dollar monatlich über mindestens zwei Jahre vorgeschrieben.

Um diese Vorschrift zu umgehen, griff Kempner als erfahrener Jurist und Emigrationsagent auf einen finanziellen Trick zurück. Wenn sich das Universitätsinstitut pro forma bereit erklärte, sein Gehaltsangebot auf die erforderliche Höhe aufzustocken, schrieb er Sweeney im Mai, würden »seine Freunde den Fehlbetrag aufbringen« und ihn der Universität zurückerstatten.[451] Was Kempner in Wirklichkeit plante, war im Grunde, sich sein eigenes Gehalt vorzustrecken. Er wollte sein kleines Vermögen an einen Dritten übertragen, der es wiederum der Universität spenden sollte. Sweeney ging tatsächlich auf den ungewöhnlichen Handel ein, und Kempner machte sich auf die Suche nach einem vertrauenswürdigen »Treuhänder«, dem er sein Geld überweisen konnte. Sein Freund Reinemann schlug die Dekanin des Women's Medical College vor, aber die sträubte sich. Wenn sie jemandem einen solchen Gefallen tat, dann höchstens einer Frau.

Daraufhin wandten sich die Kempners an Wilbur Thomas, dessen Stiftung, die Carl Schurz Foundation, sich mit der Förderung der deutsch-amerikanischen Freundschaft befasste.[452] Der erklärte sich bereit einzuspringen, und am 9. Juni erhielt Kempner in Nizza ein Telegramm Reinemanns, alles sei geklärt, und er könne das Geld kabeln.

Am nächsten Morgen gab Kempner ein Telegramm nach Philadelphia auf: ÜBERWEISUNG VERANLASST TAUSEND DANK.[453]

Reinemann schrieb zurück, der Arbeitsvertrag sei in der Post. »Sie können sich gar nicht vorstellen, wie dankbar wir Ihnen für diese Mitteilung sind. Erhalten wir doch dadurch die Möglichkeit, mit einer neuen Lebensepoche zu beginnen«, antwortete Kempner und dankte seinem Freund nochmals für den unermüdlichen Einsatz.[454] Am 20. Juni hielt er den Vertrag der University of Pennsylvania in der Hand, und am 21. stellten die Kempners ihren Visumsantrag auf dem amerikanischen Konsulat. Damit auch alles glattging, hatte Kempner sich auf einem maschinengeschriebenen Zettel, den er bei sich trug, notiert, was er sagen wollte. »How do you do«, hieß es da in etwas unbeholfenem Englisch. »I have received an appointment at the University of Philadelphia and I beg you to give me a non quota visa. I have all my papers with me and I think that everything is alright.«[455]

War es auch – fünf Tage später hatten sie das Arbeitsvisum für die USA, und in den folgenden Briefen an den Freund jenseits des Atlantiks spürt man die ungläubige Begeisterung, als die Existenzangst praktischen Fragen wich.

Konnte man in den USA ein europäisches Radio benutzen? Welches Hotel empfahl Reinemann für den Übergang, bis sie eine Wohnung gefunden hatten?

Wie viel Miete kostete eigentlich eine Wohnung mit zwei oder drei Schlafzimmern in einer netten Gegend? Hatten solche Wohnungen in Philadelphia einen Balkon?

Ihr Mobiliar würden sie leider in Florenz zurücklassen müssen; konnte man in den USA wohl Möbel mieten?

Und sollten sie Reinemann etwas aus Europa mitbringen?

Aber ganz ungetrübt war die Freude natürlich nicht, und es mischte sich auch Bitterkeit darunter, wenn er bedachte, was er da eigentlich vor sich hatte. Die Reise von Berlin nach Philadelphia mit ihren vielen bizarren Wendungen verwandelte ihn aus einem wohlhabenden, arrivierten höheren Beamten im preußischen Innenministerium in einen im Grunde mittellosen, unbekannten Neueinwanderer und kleinen Forschungsassistenten. Er hatte seine Beamtenstelle verloren, die Familienvilla, seinen beweglichen Besitz und fast seine ganzen Ersparnisse. Eigentlich hatten ihm die Nazis nur das nackte Leben gelassen.

Und jetzt, auf der letzten Etappe der Flucht, ließ Kempner noch mehr zurück: seine Söhne.

Margot Lipton, seine Geliebte, hatte im März einen Sohn geboren, André. Für das Neugeborene war in so kurzer Zeit kein

Visum zu bekommen, und die beiden beschlossen notgedrungen, ihn der Obhut eines Nizzaer Kinderheims anzuvertrauen und das Beste zu hoffen.[456] Lucian saß immer noch in Deutschland fest und war dort, wie sein Vater wusste, ständig in Gefahr. Jüdische »Mischlinge« waren zwar von den diskriminierenden Bestimmungen der Nürnberger Gesetze vorläufig ausgenommen, aber wie ein Freund Kempner 1938 gewarnt hatte, gab es für »Halbjuden« im Dritten Reich letztlich wohl keine Zukunft.[457]

Im Juli 1939, kurz nachdem die Kempners ihre Visa erhalten hatten, schrieb Kempner in resigniertem Ton an Lucian in Deutschland.

»Lieber Lucian«, hieß es in dem Brief. »Du wirst nun 16 Jahre alt, und ich will Dir zu diesem Deinen Geburtstag alles Gute, alles Beste wünschen, vor allem, dass Du einst das Glück haben wirst, in einem freien Lande als freier gleichberechtigter Mensch zu leben, wo Du arbeiten kannst, was Du willst, ohne dass Du Rasse- oder Glaubensbeschränkungen unterworfen bist. Dieser mein Wunsch wird, wovon ich überzeugt bin, eines Tages in Erfüllung gehen, und ich werde glücklich sein, Dich dann wieder als Sohn zu haben. Die Erfüllung dieses Wunsches wird für Dein ganzes Leben wichtiger sein, als die kleinen materiellen Wünsche, die ich Dir, so gern ich es früher stets tat, jetzt nicht erfüllen kann, weil, wie Du weisst, das dritte Reich mich, in der gegenüber Nichtariern und politisch Missliebigen üblichen Weise ausgeplündert hat. – Ich weiß nicht, wo Du in diesem Jahre Deinen Geburtstag feierst, weiss auch nicht, ob Dir dieser Brief von irgendwelchen *Verbrechern* unterschlagen wird, aber das alles schadet nichts. Ich bin auch so im Geiste bei Dir, mit meinem Denken und Fühlen für Dich, das heute noch trotz allem, was man mir angetan hat, genauso ist wie früher. Vergiss nicht, dass ich aus Liebe diesen Kampf um Dich führe, nicht aus eigensüchtigen Motiven, sondern weil ich, Dein Vater, es besser als alle, die Dich im dritten Reich weiter vegetieren lassen wollen, weiss, was es heisst, Jude, Nichtarier, Mischling zu sein.«[458]

Ende August fuhr Kempner mit Anhang dann nach Boulogne-sur-Mer am Ärmelkanal und schiffte sich auf der SS *Nieuw Amsterdam* ein, dem Flaggschiff der Holland-Amerika-Linie, einem schnellen, luxuriösen Passagierdampfer, der erst im Jahr zuvor vom Stapel gelaufen war.[459] Als der Transatlantikriese in Richtung USA in See stach und dunkler Rauch aus den beiden grün-golden gestreiften Schornsteinen quoll, war Kempner völlig im Ungewissen, wann – und ob – er seine beiden Söhne wiedersehen würde.

Eine Woche später lief das Schiff majestätisch im New Yorker Hafen ein und legte am 5th Street Pier vor Hoboken an. Der Kai war voller erwartungsvoll winkender und jubelnder Amerikaner, die zurückkehrende Angehörige und Freunde begrüßten. Die Kempners sammelten ihr Gepäck ein, gingen an Land und nahmen den Bus nach Manhattan auf der anderen Seite des Hudson River. Drei Jahre nach der Flucht aus Berlin waren sie endlich wirklich in Sicherheit.

Es war der 1. September 1939. Früh am selben Morgen hatte Adolf Hitler seine Armeen losgelassen und die Welt in den furchtbarsten Krieg aller Zeiten gestürzt.

IM KRIEG

1939–1946

Anlässlich seines 45. Geburtstags trifft Rosenberg in seiner Wohnung in Berlin-Dahlem mit Hitler zusammen.
(SZ Photo/Scherl/The Image Works)

14

»Die Last der kommenden Dinge«

Er hatte es nicht kommen sehen. Alfred Rosenberg vernahm die welterschütternde Nachricht wie jeder andere Reichsbürger auch, kurz vor Mitternacht am 21. August 1939 am Radio. Sein geliebter Führer schloss Frieden mit Rosenbergs meistgehasstem Feind, der Sowjetunion. Hitler schickte eine Delegation unter Leitung von Reichsaußenminister Joachim von Ribbentrop nach Moskau, um dort einen Nichtangriffspakt zu unterzeichnen.

Schon die Vorstellung, wie Stalin und der unsympathische Ribbentrop einander im Kreml mit Wodka zutranken, war für Rosenberg unerträglich.

Die Nachricht vom Nichtangriffspakt mit Stalin hätte niemanden schwerer treffen können als Rosenberg. Seit zwanzig Jahren predigte er unermüdlich gegen die Bolschewisten und ihr »jüdisches Verbrechertum«.[460] Das war seine Mission, das Zentrum seiner gesamten politischen Weltsicht. Was sollte er jetzt machen? Tief durchatmen und wieder in den Gleichschritt der Parteilinie fallen?

Das war auf jeden Fall nicht mehr der Hitler, der in *Mein Kampf* geschworen hatte, die Bedrohung aus dem Osten zu vernichten. Es war nicht mehr der Mann, der ihm vor wenigen Jahren noch versichert hatte, ein Nationalsozialist könne niemals gemeinsame Sache mit der Sowjetunion machen, jenem

Räubernest, »weil es unmöglich sei, dem d.[eutschen] Volk das Stehlen zu verbieten und zugleich mit Dieben Freundschaft zu halten«.

Dieses Abkommen war nichts weniger als ein »moralischer Gesichtsverlust angesichts unseres zwanzigjährigen Kampfs«, schrieb der wütende Rosenberg im Tagebuch.[461] »Die Geschichte wird vielleicht einmal klären, ob die Lage, die entstanden war, hat entstehen müssen.« Er konnte nur noch hoffen, dass es sich in Wirklichkeit um einen der genialen strategischen Schachzüge Hitlers handelte, ein kurzfristiges Zweckbündnis, während Deutschland langfristig nach wie vor den von Rosenberg aufgestellten großen Plan verfolgte, der vorsah, die Kommunisten zu vernichten, anstatt sie zu umwerben.

Er musste unbedingt mit Hitler sprechen. Bevor er über diesen Punkt nicht Klarheit hatte, würde er keine Ruhe finden.

Tatsächlich war der deutsch-sowjetische Nichtangriffspakt im Zuge der Pläne Hitlers zum Einmarsch in Polen zustande gekommen. Die Generäle arbeiteten eine Strategie für die Truppen aus, und der »Führer« machte sich daran, die diplomatischen Hindernisse aus dem Weg zu räumen. Er wollte keinen Krieg gegen Großbritannien im Westen – zumindest noch nicht –, und eine Konfrontation mit Stalins UdSSR im Osten konnte er sich noch nicht leisten.

Angesichts der ungünstigen geopolitischen Lage beriet er sich mit einem Außenminister, dem es in den Augen aller Beteiligten außer Hitler an diplomatischem Talent wie an außenpolitischem Urteilsvermögen fehlte und der den schwerwiegenden Fragen, die anstanden, überhaupt nicht gewachsen war. Sogar Rosenberg erkannte das. »Dass er sich selbst durch Eitelkeit und Arroganz im Wege steht, ist … kein Geheimnis«, schrieb er schon 1936 über Ribbentrop. »Die Art, wie er, gleich als die Sonne über ihm zu scheinen begann, sich betragen hat, habe ich in Briefen an ihn niedergelegt.«[462]

Joachim von Ribbentrop entstammte einer distinguierten Familie.[463] Nach dem Tod seiner Mutter heiratete sein Vater in zweiter Ehe eine Frau aus dem Adel. Er selbst hatte allerdings ursprünglich nicht das Recht, das magische »von« im Namen zu führen, und verschaffte es sich erst als Erwachsener, indem er sich pro forma, aber rechtsgültig von einer entfernten Verwandten adoptieren ließ, deren Adelsprädikat und Wappen er anschließend führte. Als Jugendlicher war er begeisterter Tennisspieler, erhielt Geigenunterricht, verbrachte einige Zeit in den Schweizer Alpen, absolvierte ein Studienjahr in London und segelte als Siebzehnjähriger mit Freunden nach Kanada, wo er die nächsten vier Jahre damit verbrachte, sich in eine Frau zu verlieben und eine Weinhandlung aufzubauen.

Der Krieg brachte ihn dann nach Deutschland zurück. Im Jahr 1932 trat er der NSDAP bei und konnte Hitler bei den Verhandlungen mit Hindenburg, die ihn schließlich zum Reichskanzler machten, behilflich sein.[464] In Konstantinopel hatte er nämlich Franz von Papen kennengelernt, der 1932 Reichskanzler wurde und in den entscheidenden Wochen Anfang 1933 das Ohr des Reichspräsidenten hatte. Ribbentrop verbrachte den Januar damit, Botschaften zwischen von Papen und Hitler zu übermitteln, als die beiden die neue Machtverteilung aushandelten. Seine Villa in einem wohlhabenden Berliner Vorort wurde Schauplatz wichtiger Geheimtreffen – Papen wurde in Ribbentrops Limousine gebracht, Hitler schlich sich heimlich durch den Garten herein.

Beim ersten Gespräch mit dem zukünftigen Diktator im Jahre 1932, auf einer Party, die Ribbentrop gab, ging es ausführlich um Großbritannien. Ribbentrop hatte nur kurz in London gelebt, aber Hitler hatte diese Unterhaltung wohl im

Gedächtnis behalten, denn von da an betrachtete er den Weingroßhändler als Experten für das Britische Empire – womit er allerdings völlig falschlag.

In der Anfangszeit der NS-Diktatur nutzte Ribbentrop seinen Status als führender Parteifunktionär, um sich Termine bei britischen und französischen Amtsträgern zu verschaffen. Niemand sagte das Hitler ins Gesicht, aber unter Diplomaten galt Ribbentrop als Leichtmatrose. Er kannte die diplomatischen Gepflogenheiten nicht, war als Unterhändler einerseits taktlos unverblümt und andererseits doppelzüngig, und es gelang ihm, gleichzeitig ahnungslos und arrogant aufzutreten. All das hielt Hitler nicht davon ab, ihn zum Chef einer Art außenpolitischer Eingreiftruppe, des Büros Ribbentrop, zu machen und ihn zu Verhandlungen über ein Flottenabkommen nach London zu schicken.[465] Zum Erstaunen seiner zahlreichen Feinde, zu denen auch Rosenberg zählte, schloss er die Gespräche mit der britischen Regierung erfolgreich ab, und Hitler ernannte ihn daraufhin 1936 zum Botschafter in London.

Die britische Politik allerdings wies seine plumpen Annäherungsversuche immer wieder zurück; in London hieß er wegen seiner Ungeschicklichkeit bald »Herr von Brickendrop«. Als Hitler sich einmal Göring gegenüber beeindruckt äußerte, dass Ribbentrop alle bedeutenden britischen Amtsträger persönlich kenne, meinte Göring nur: »Ja, aber das Problem ist, dass sie ihn auch kennen.«[466] Als Ribbentrop schließlich einsah, dass er keinen Erfolg mit seinem Liebeswerben haben würde, begann er die Briten umso entschlossener zu hassen.

Auch das hielt Hitler weder davon ab, ihn 1938 zum Reichsaußenminister zu ernennen, noch auf seine Einschätzung zu hören, dass er sich wegen einer britischen Reaktion auf den geplanten Polenfeldzug keine Sorgen zu machen brauche. Als die Tschechoslowakei zerschlagen und teilweise besetzt wurde, hatten die Briten ja auch weggeschaut, und deswegen würden sie, so versprach Ribbentrop, sich wegen Polen nicht in einen neuen Krieg ziehen lassen.[467]

Diese gefährlich falsche Einschätzung der Lage übernahm Hitler und wiegte sich in Sicherheit, was den Westen anging. Jetzt musste er sich nur noch nach Osten absichern.

Allgemein bekannt war im Frühjahr 1939, dass Großbritannien und Frankreich an einem Abkommen mit der Sowjetunion arbeiteten, um Stalin gegen einen deutschen Angriff auf Polen in Stellung zu bringen. Hitler hielt natürlich seit Jahren Brandreden gegen die Sowjetunion, aber jetzt, wo es bald losgehen sollte und im Westen mächtige Gegner drohten, fanden es Hitler und seine Diplomaten taktisch sinnvoll, Stalin um jeden Preis auf ihre Seite zu ziehen. Die Wehrmacht sollte möglichst nicht im Herbst losschlagen, wenn sie auf den oft unbefestigten polnischen Straßen im Schlamm versinken würde, und Hitler hatte daher als Termin den 1. September gesetzt, sodass dem NS-Regime nicht mehr viel Zeit blieb, die Einigung unter Dach und Fach zu bringen.[468]

Stalin, der ohnehin kein Freund westlicher Demokratien und ein ebenso kalter Pragmatiker wie Hitler war, schien einem Nichtangriffspakt auch gar nicht abgeneigt. Ein Bündnis mit Großbritannien und Frankreich würde die UdSSR, so fürchtete er, womöglich in einen Weltkrieg hineinziehen, und dessen Folgen würden sein Land, das einzige Bollwerk gegen Deutschland im gesamten Osten, unverhältnismäßig hart treffen.

Nach monatelangen Vorgesprächen und Telegrammwechseln war es dann am 20. August 1939 so weit: Hitler benachrichtigte Stalin, er wolle das Abkommen »so schnell wie möglich« abschließen, die polnische »Krise« könne jederzeit akut werden.

Um 21 Uhr 35 am folgenden Tag kabelte Stalin seine Zustimmung. »Das Einverständnis der Deutschen Regierung mit dem Abschluß des Nichtangriffspaktes schafft die Grundlage für die Liquidierung der politischen Spannung und für die Aufrichtung des Friedens und die Zusammenarbeit zwischen unseren Ländern.«[469]

Die Einigung wurde im Reich sofort über den Rundfunk verbreitet, und zwei Tage darauf flog Ribbentrop nach Moskau, um die Einzelheiten zu besprechen.[470]

Bei einem dreistündigen Arbeitstreffen mit seinen sowjetischen Verhandlungspartnern am Nachmittag, das am Abend fortgesetzt wurde, stellte sich schnell heraus, dass es eigentlich keine großen Unstimmigkeiten gab, selbst als es um die Aufteilung Osteuropas in eine deutsche und eine sowjetische Interessensphäre ging. Die Sowjetunion sollte alles Gebiet nördlich von Litauen und östlich des Bug bekommen; alles Land westlich und südlich überließ Stalin dem Reich, und schon war das Schicksal Polens entschieden. Den größten Teil des Abends verbrachten die beiden Delegationen tatsächlich nicht etwa mit zähem Ringen um Einzelheiten, sondern plauderten über internationale Politik und brachten Trinksprüche aufeinander aus, und zwar ziemlich viele. »Ich weiß, wie sehr das deutsche Volk seinen Führer liebt«, deklamierte Stalin, »ich möchte deshalb auf seine Gesundheit trinken!« Dann wurde auf Stalins Gesundheit getrunken, auf die Ribbentrops, auf das Deutsche Reich und auf die guten Beziehungen zur Sowjetunion.

Schon war Mitternacht vorbei, und bevor man auseinanderging, zog Stalin Außenminister Ribbentrop noch einmal beiseite und erklärte eindringlich, er nehme den Nichtangriffspakt sehr ernst. Er gab sein Ehrenwort, er werde ihn keinesfalls als Erster brechen.

Den dogmatischen Antibolschewisten Rosenberg hatte Hitler über die Verhandlungen zum Nichtangriffspakt wohlweislich im Dunkeln gelassen. Rosenberg hatte die ganze Zeit weiter gehofft, das Reich werde doch noch zu einem Interessenausgleich mit Großbritannien kommen. England war doch eine arische Nation genau wie Deutschland; beide sollten zusammenarbeiten und nicht auf Krieg gegeneinander sinnen. Sie sollten gemeinsam die Welt beherrschen! Aber es war anders gekommen, und dafür machte Rosenberg in bitteren Worten Ribbentrop verantwortlich, diesen »Witz der Weltgeschichte«, wie er ihn nannte,[471] weil der in London so ungeschickt agiert habe. Ribbentrop habe nicht nur nichts bewirkt, um bei den Engländern Sympathien für Deutschland zu wecken, sondern sogar im Gegenteil. Dass Rosenberg mit seiner eigenen Goodwill-Reise nach London vor einigen Jahren so spektakulär Schiffbruch erlitten hatte, verdrängte er anscheinend.

»Im übrigen sei ich der Überzeugung, dass er sich in Engl. genau so dumm u. arrogant aufgeführt habe wie hier«, habe er Göring vor einiger Zeit gesagt, »u. deshalb auch persönlich genauso abgelehnt worden sei.«

Eigentlich habe der Außenminister in Deutschland überhaupt nur einen einzigen Freund, hatte Göring erwidert, nämlich Hitler. »Ist v. R.[ibbentrop] ein Narr oder ein Dummkopf?«[472]

»Ich: Ein richtig dummer Mensch, mit der üblichen Arroganz«, habe er erwidert, schreibt Rosenberg.

»Heute glaubt der Dummkopf, überall Eiserner Kanzler spielen zu müssen«, habe Göring gesagt. »Aber: So ein Idiot erledigt sich nach und nach doch selber; nur kann er furchtbares Unheil anrichten.«

Jetzt, mit dem Nichtangriffspakt, war das Unheil also gekommen. Rosenbergs Treue zu Hitler kollidierte jetzt mit der

Überzeugung, dass der Diktator einen ungeheuren, tragischen Fehler begangen habe. Die taktische Notwendigkeit eines Stillhalteabkommens mit der Sowjetunion sah er durchaus ein, er behauptete sogar, einmal mit Göring die Möglichkeit eines solchen befristeten Vertrags durchgesprochen zu haben. Der Hitler-Stalin-Pakt aber klang nicht nach Befristung und taktischer Rückversicherung, sondern in allen Zeitungen hieß es auf einmal, Deutsche und Russen seien schon immer Freunde und Verbündete gewesen. »Als ob unser Kampf gegen Moskau ein Missverständnis und die Bolschewiken die wahren Russen seien, mit lauter Sowjetjuden an der Spitze! Diese kleine Umarmung ist mehr als peinlich.«

Rosenberg war zwar immer bereit, sich der unendlichen Weisheit, die er bei Hitler voraussetzte, zu beugen, und versuchte sich selbst zu überzeugen, Hitler habe keine andere Wahl gehabt, als die Sowjetunion auf seine Seite zu bringen, bevor sie sich an Großbritannien und Frankreich band. Es war wohl eine Frage der Selbsterhaltung Deutschlands gewesen. Aber es blieb ihm das ungute Gefühl, dass Hitler hier einen zu hohen Einsatz wagte.

»Ich habe das Gefühl als ob sich dieser Moskau-Pakt irgendwann am Nationalsozialismus rächen wird«, schrieb er im Tagebuch. »Das war nicht ein Schritt aus freiem Entschluss, sondern die Handlung einer Zwangslage, ein Bittgesuch seitens einer Revolution gegenüber dem Haupt einer anderen … Wie können wir noch von der Rettung und Gestaltung Europas sprechen, wenn wir den Zerstörer Europas um Hilfe bitten müssen? … Und wieder entsteht die Frage: musste diese Situation kommen? Musste die polnische Frage jetzt gelöst werden und in dieser Form?«[473]

Antworten auf diese Fragen hatte er keine.

»Eiserne Entschlossenheit bei uns«, befahl Hitler seinen Kommandeuren neun Tage vor dem geplanten Einmarsch in Polen. »Herz verschließen gegen Mitleid. Brutales Vorgehen. … Seien Sie hart, seien Sie schonungslos …«

Die Wehrmacht sollte die polnischen Streitkräfte nicht nur besiegen, sondern den Feind physisch auslöschen.[474]

Auch im Fall Polens entsprang Hitlers Hass einem Rassenvorurteil. Alle Deutschen bekamen jetzt schon in der Schule beigebracht, dass die Polen ein schlampiges, primitives Volk seien, das eine starke Hand brauche. Gleichzeitig stand Polen einer weiteren Ostausdehnung Deutschlands unvermeidlich im Weg, und die Führung in Warschau hatte Hitler mit der Ablehnung unverhohlener Gebietsforderungen in Rage gebracht.

Am 1. September 1939 durchbrachen deutsche Truppen also von Norden, Süden und Westen her die Grenze: anderthalb Millionen Soldaten, dreihunderttausend Zugpferde für Artillerie und Trosswagen, fünfzehnhundert Panzer, mehrere Hundert Maschinen der neuen Luftwaffe.[475] Gegen die Taktik des Blitzkriegs hatte die polnische Armee keine Chance. Ihre Linien wurden von Jagdflugzeugen unter Feuer genommen und von Panzerdivisionen aufgerollt. Die polnische Luftwaffe wurde am Boden vernichtet. Die Städte wurden zerstört. Zivilisten flohen zu Tausenden in Autos und Fuhrwerken, auf Fahrrädern und zu Fuß. Sie waren auf dem Weg nach Osten, wo aber schon die bis an die Demarkationslinie vorgerückte Rote Armee auf sie wartete. In den Kämpfen fielen einhundertzwanzigtausend polnische Soldaten, das Zehnfache der Verluste der Wehrmacht, und eine Million geriet in Gefangenschaft.

Zwei Jahrzehnte nach der Niederlage im Weltkrieg, die letztlich zum Aufstieg des Nationalsozialismus geführt hatte, hatte das NS-Regime die Wehrmacht zur meistgefürchteten Armee der Welt aufgebaut. »Die Armee heute stehe unvergleichlich über der von 1914«, zitiert Rosenberg Hitler im Vollgefühl des Sieges, »eine ganz andre Bindung zwischen Führung u. Truppe: die Generäle m. d. Mannschaft Einheitsküche, die Generäle vorne an der Front. Wenn er … die Bataillone vorüberziehen sehe: ein solches Menschentum gebe es nicht wieder.«[476]

Rosenberg selbst war bei Kriegsausbruch buchstäblich außer Gefecht. Eine chronische Knochenhautentzündung im Fußgelenk machte ihn den ganzen August und September über praktisch gehunfähig. Rosenbergs Gesundheit war schon lange nicht die beste. 1935, 1936 und 1938 hatte er insgesamt mehrere Monate in den Heilanstalten Hohenlychen verbracht, wo in einem SS-Sanatorium, das bei den Spitzenfunktionären der Partei sehr beliebt war, die Gelenkentzündung behandelt wurde, die so schmerzhaft war, dass er sich kaum noch bewegen konnte. »Die alte heftige Gelenkentzündung im Fuss ist mit ebenso alter Schmerzhaftigkeit wieder da«, schrieb er 1936 im Tagebuch.[477] Oberarzt Karl Gebhardt diagnostizierte bei Rosenberg eine starke Wetterfühligkeit sowie Übergewicht infolge mangelnder Bewegung. Außerdem berichtete er über »psychische Einsamkeit«, denn Rosenberg habe zu wenige Freunde, mit denen er offen und kontrovers diskutieren könne.[478]

Selbst wenn er nicht praktisch ans Haus gefesselt gewesen wäre, so beklagte er sich im Tagebuch, hätte Hitler ihn in den entscheidenden ersten Tagen des Feldzugs ohnehin nicht besucht. Der Diktator konnte einen Ideologen, der sich als Hauptgegner des neuen Verbündeten UdSSR hervorgetan hatte, jetzt nicht brauchen.

»… da heute andere Männer als zur Kampfzeit die Umgebung des Führers in entscheidender Weise ausmachen.«[479]

Am Tag des Kriegsausbruchs humpelte Rosenberg mühsam zur Reichstagssitzung, in der Hitler den Angriff auf Polen begründete. Polen sei selbst schuld, erklärte Hitler.[480] Die Übergriffe gegen Volksdeutsche auf polnischem Gebiet und die Ablehnung seiner, Hitlers, Kompromissvorschläge habe jede friedliche Lösung verhindert und dem Reich keine andere Möglichkeit mehr als den Einmarsch gelassen. »Meine Friedensliebe und meine endlose Langmut soll man nicht mit Schwäche oder gar Feigheit verwechseln!«, so Hitler. »Ich habe mich daher nun entschlossen, mit Polen in der gleichen Sprache zu reden, die Polen seit Monaten uns gegenüber anwendet!« Angeblich hatten polnische Soldaten auf deutsche geschossen – was nicht stimmte –, und die Wehrmacht habe lediglich zum Vergeltungsschlag ausgeholt. »Von jetzt ab wird Bombe mit Bombe vergolten!«[481]

Vor der Sitzung begegnete Rosenberg im Foyer zufällig Göring, und die beiden tauschten sich über ihre Einschätzung aus. »Ich habe nur das Gefühl«, seufzte Rosenberg, »dass man England geflissentlich unterschätzt hat.«[482]

Damit hatte er durchaus recht. In den letzten Tagen vor dem dräuenden Unheil hatte die britische Regierung immer weiter versucht, Deutschland und Polen doch noch an den Verhandlungstisch zu bringen. Hitler versicherte dem britischen Botschafter Nevile Henderson, dass er keinesfalls Krieg mit Großbritannien wolle. Probleme gebe es nur mit den uneinsichtigen Polen. Sowie diese Frage erledigt sei, werde Deutschland nirgends mehr einmarschieren. Nie wieder. Aber inzwischen, nachdem sie mit angesehen hatte, was mit Österreich, dem Sudetenland und der Tschechoslowakei geschehen war, hatte die britische Regierung endlich verstanden, was von derlei heiligen Schwüren Hitlers zu halten war. Am 25. August unterzeichnete sie ein gegenseitiges Beistandsabkommen mit Polen. Ribbentrop hatte sich geirrt, und England würde nicht wegschauen.

Nur Stunden vor dem Einmarsch, nach langen Tagen fruchtloser diplomatischer Bemühungen, saß Botschafter Henderson noch bei Göring, der zum Tee geladen hatte. Göring hielt sich in seiner Wortwahl nicht gerade zurück. Wenn die Polen nicht nachgäben, meinte er gegenüber Henderson, werde Deutschland sie »wie Läuse« zerquetschen, und es wäre »sehr unvorsichtig«, sollte sich England etwa einmischen.[483]

Am Morgen des 3. September, zwei Tage nach Beginn der Kampfhandlungen in Polen, ließ sich Henderson dann im Auswärtigen Amt melden, um die Kriegserklärung Großbritanniens zu überbringen. Ribbentrop sah sich nicht in der Lage, die kurze Note persönlich entgegenzunehmen, sondern überließ den historischen Akt seinem Übersetzer. Der nahm sie entgegen und eilte zu Hitler, wo er den Diktator an seinem Schreibtisch und Ribbentrop an einem Fenster stehend vorfand. Beide hörten schweigend zu, was der Übersetzer berichtete. Beide schwiegen, dann, nach einem langen Moment – »die mir wie eine Ewigkeit vorkam«, wie der Übersetzer später schilderte –, wandte sich Hitler mit »wütendem Blick« an seinen Außenminister. »Was nun?«[484]

William Shirer, damals Radiokorrespondent des amerikanischen Senders CBS in Berlin, stand auf dem Vorplatz der Reichskanzlei und hörte inmitten einer versammelten Volksmenge der Lautsprecherdurchsage zu, die besagte, Hitler habe das Land in den nächsten Weltkrieg gestürzt. »Es war ein lieblicher Septembertag heute, mit warmer Sonne und linder Luft, ein Tag, wie ihn die Berliner gern in den Wäldern oder an den nahegelegenen Seen verbringen«, schrieb er in seinem Tagebuch. Als die Lautsprecherstimme schwieg, »gab es nicht einmal ein Murmeln. Sie standen unverändert dort. Betäubt.«[485]

Obwohl Großbritannien und Frankreich Deutschland den Krieg erklärt hatten, sahen beide Mächte doch ohne militärisches Eingreifen zu, wie Polen überrannt wurde. Auf deutsche Angebote zu Friedensgesprächen ging London allerdings auch nicht ein. Rosenberg verstand das einfach nicht.[486] Er hatte sich sechs Jahre intensiv mit Land und Leuten befasst, aber er rätselte genauso wie jeder andere Verantwortliche in Berlin, was die verdammten Engländer eigentlich wollten. »Wir hätten doch fast alles getan«, zitiert er Hitler im Tagebuch, »aber es herrscht eine jüdisch geführte wahnsinnige Minderheit. Chamberlain sei ein willenloser Greis. Es scheint, die würden nicht eher sehend, als bis sie einmal furchtbar etwas hereingeschlagen bekommen würden.«[487]

Und nachdem jetzt der Krieg erklärt war, machten sich die führenden Männer der NS-Diktatur langsam mit dem Gedanken vertraut, dass nichts, was sie den Engländern anbieten konnten, diese zum Einlenken bewegen würde. Die Zeit war gekommen, sie mit Gewalt zu unterwerfen, erklärte Hitler Rosenberg.

»Wenn die Engländer keinen Frieden wollten«, schrieb Rosenberg nach einem Monat Krieg, »werde er sie mit allen Mitteln anfallen u. vernichten.«[488]

Inzwischen hatten die Polen unter der praktischen Umsetzung der unmenschlichen nationalsozialistischen Ideologie zu leiden.[489] Heinrich Himmler tat, was er nur konnte.

Er war es gewesen, der im Sommer 1934 die angeblichen Beweise, dass Ernst Röhm einen Putsch gegen Hitler plane, vorgelegt hatte, und seine SS hatte bei der folgenden Säuberungsaktion einen Großteil der Morde begangen.[490] Seit damals organisatorisch selbstständig, war die SS zu einer beängstigenden Macht geworden. Die schwarzen Uniformen trugen auf den Kragenspiegeln das gefürchtete Symbol mit der doppelten »Sigrune«. Die Schirmmützen zeigten vorne unter dem Hoheitsadler einen Schädel mit gekreuzten Knochen. »Ich weiß, daß es manche Leute in Deutschland gibt, denen es schlecht wird, wenn sie diesen schwarzen Rock sehen«, sagte Himmler einmal. »Wir haben Verständnis dafür und erwarten nicht, daß wir von allzu vielen geliebt werden.«[491] Für ihn war die SS ein »quasireligiöser Orden«, und er führte heidnische Rituale für sie ein, die von den Germanen des Altertums und den Wikingern stammten, die vom Nationalsozialismus als geistige Ahnen in Anspruch genommen wurden. Rosenberg war unter den höheren NS-Chargen nicht der Einzige, der das Christentum ablehnte. Auch Himmler glaubte, er lebe »im Zeitalter der endgültigen Auseinandersetzung mit dem Christentum«. Bei der SS feierte man jedenfalls nicht Weihnachten, sondern das Julfest.[492]

Im Zuge der Kriegsvorbereitungen ließ Himmler sich die Genehmigung zur Aufstellung eigener paramilitärischer Verbände geben, der Waffen-SS. Sie gehörten nicht zur Wehrmacht, sondern unterstanden seiner persönlichen Befehlsgewalt.

Nach dem Anschluss Österreichs folgten SS-Kommandos der Wehrmacht auf dem Fuße und begannen sofort mit der Verhaftung Zehntausender »unerwünschter Elemente« und grausamen Demütigungen der österreichischen Juden. Als Shirer nach Wien reiste, um von dort zu berichten, sah er schockiert, wie Juden unter den Augen eines hämischen Mobs Anti-Anschluss-Parolen von den Bürgersteigen schrubben und Toiletten reinigen mussten. »Zahlreiche Juden begehen Selbstmord«, notierte der Journalist. »Viele Berichte über den Sadismus der Nazis.«[493]

Vor dem Einmarsch in Polen im September 1939 bildete Himmler aus seiner weitverzweigten Geheimdienst-, Polizei- und paramilitärischen Organisation das Reichssicherheitshauptamt (RSHA) der SS, das er dem zuverlässig skrupellosen Reinhard Heydrich anvertraute.[494] Nach dem Zusammenbruch der polnischen Verteidigung entsandte die SS sogenannte Einsatzgruppen hinter die Front, die als Vorsorgemaßnahmen jeden erschossen oder erhängten, der eines Tages zu einem antideutschen Widerstand gehören könnte – Intellektuelle, Adelige, führende Geschäftsleute, Pfarrer.

Nach dem Abschluss der Kämpfe wurde Polen dreigeteilt. Der Osten jenseits der Demarkationslinie des Hitler-Stalin-Pakts ging an die Sowjetunion, die nordwestlichen Gebiete wurden dem Reich angeschlossen, um »entvölkert und mit Deutschen besiedelt« zu werden,[495] wie es Hitler auf dem Berghof wenige Tage vor dem Überfall angekündigt hatte. Die restlichen Teile in der Mitte und im Süden um die Städte Warschau, Krakau und Lublin mit einer Gesamtbevölkerung von elf Millionen Menschen wurden zu einem Nebenland des Reiches unter dem bekannt brutalen Generalgouverneur Hans Frank zusammengefasst. Das Generalgouvernement sollte zu einem riesigen Freiluftgefängnis für alle vom NS-Regime als unerwünscht abgeschobenen Elemente werden.

Im Oktober verlieh Hitler dem Reichsführer SS noch einen weiteren Titel: Himmler war jetzt auch Reichskommissar für die Stärkung des deutschen Volkstums. Er sollte die schwierige Aufgabe der Kolonisierung der neu eroberten Gebiete mit Volksdeutschen leiten und den schädlichen Einfluss »volksfremder Elemente« eliminieren, soweit sie eine Gefahr für das Reich darstellten.[496]

Im folgenden Jahr veranlasste Himmler die Deportation von anderthalb Millionen Polen und Juden in das vernachlässigte Generalgouvernement. Sie wurden zu Hunderttausenden aus ihren Häusern und Wohnungen gezerrt, in ungeheizte Viehwaggons gestopft und dann irgendwo ausgesetzt, ohne dass sich jemand um ihre Versorgung kümmerte. Generalgouverneur Frank sperrte sie in Ghettos, verpflichtete sie zur Zwangsarbeit und ließ sie hungern.

»Die Juden interessieren mich überhaupt nicht«, sagte er im Frühjahr 1940. »Ob die etwas zu futtern haben oder nicht, ist für mich die allerletzte Frage.«[497]

Andere Polen wurden nach Deutschland zwangsverpflichtet, wo sie als Sklavenarbeiter unter oft elenden Bedingungen schufteten und in überfüllten Barackenlagern untergebracht waren. Sie mussten das Wort OST auf ihre Kleidung genäht tragen, damit sich nicht etwa Deutsche mit ihnen einließen. Kindern aus polnischen Waisenhäusern, die oft ihre Eltern durch den NS-Terror verloren hatten, wurden an Pflegeeltern im Reich übergeben.

Währenddessen wurden Volksdeutsche aus dem Baltikum, Rumänien und anderen Gebieten in die annektierten westpreußischen Gebiete um die Städte Posen und Lodz umgesiedelt, um sie einzudeutschen.

Rosenberg berichtete, dass ein Kurzbesuch Hitlers in seinen neuen Ländern dessen düstere Ansichten über die dortige Bevölkerung nur bestätigt habe: »Die Polen: Eine dünne germanische Schicht, unten ein furchtbares Material«, schrieb er nach einem Gespräch mit dem Diktator Ende September 1939.[498] »Die Juden, das grauenhafteste, was man sich überhaupt vorstellen könnte. Die Städte starrend von Schmutz. Er habe viel gelernt in diesen Wochen. Vor allem: Hätte Polen noch ein paar Jahrzehnte über die alten Reichsteile geherrscht, wäre alles verlaust u. verkommen, hier könne jetzt nur eine zielsichere Herrenhand regieren.«

Aber inmitten der schicksalsschweren Umwälzungen in Europa suchte Rosenberg auch nach geistiger Zerstreuung. »Habe heute nach langer Zeit gemalt«, notierte er im Tagebuch. »Studien, die ich vor 21 Jahren gemalt habe, sind aus Reval angekommen. Durch weitermalen werden sie leider nicht besser.«[499] Zum Geburtstag erhielt er zahlreiche Glückwünsche, und die Erkenntnis machte ihn froh, dass »nach u. nach Hunderttausende inwendig durch mein Werk revolutioniert worden sind. Viele haben dadurch innere Ruhe u. Befreiung bekommen; einen neuen Sinn, da der alte verloren gegangen war. So schreiben denn Frauen u. Männer, Mädel u. Schüler, manche dichten, viele schildern ihre Entwicklung.«[500]

Er sinnierte über den gegenwärtigen Krieg, über die Kriege, die noch bevorstanden, und über die Menschen, für die er seit 1919 geschrieben hatte, die deutschen Männer und Frauen. Er fragte sich, ob sie eigentlich wussten, was alles noch auf sie zukam.

Ob sie wohl die Kraft hatten, »die Last der kommenden Dinge« zu tragen?

Kempner arbeitete die ersten Jahre des US-amerikanischen Exils in der Blanchard Hall der Universität von Pennsylvania in der Walnut Street.

(University of Pennsylvania)

15

Neuanfang

Bei der Ankunft in New York nach der langen Überfahrt von Boulogne-sur-Mer stiegen Robert und Ruth Kempner zunächst im Hotel Pennsylvania an der Seventh Avenue ab, direkt gegenüber dem Bahnhof Penn Station mit seinen weißen Säulen vor der klassizistischen Fassade. Sie bekamen Zimmer 1063. Ruth schickte sofort eine Ansichtskarte an Otto Reinemann, der ihnen geholfen hatte, die Schwierigkeiten der Einwanderung zu überwinden: Sie sei ganz überwältigt von der Reise, von Manhattan und vor allem von dem unglaublichen Glück, das sie gehabt hatten.[501]

In den Zeitungen hieß es, wenn sie nur eine Woche später gefahren wären, hätte der Kapitän nachts das Schiff verdunkeln lassen, um keine U-Boote auf sich aufmerksam zu machen. Die Holland-Amerika-Linie legte die *Nieuw Amsterdam*, auf der die Kempners übergesetzt waren, lieber vorläufig in New York still; die Überquerung des Atlantiks war zu riskant geworden. Freunde und Bekannte der Kempners, die noch in Deutschland oder Frankreich festsaßen, würden sich bald mit verzweifelten Briefen bei ihnen melden.

Ruths schon betagte Mutter hatte die Reise ebenso mitgemacht wie Kempners Geliebte Margot Lipton. Welchen Belastungen auch immer Kempners Seitensprung die Ehe ausgesetzt hatte – Ruth muss sich schließlich mit Margots Anwesenheit abgefunden haben. Sie sollte bei den Kempners mit einziehen. Ihre Eltern wurden bald darauf ins Konzentrationslager Theresienstadt deportiert, wo sie umkamen; ihre Geschwister sollten überleben und sich schließlich in England beziehungsweise Israel niederlassen.[502] Aber ihre wahre Familie waren für Margot bald die Kempners, und offensichtlich beruhte diese Zuneigung auf Gegenseitigkeit.

Vor der Abreise hatten die Kempners intensiv Englisch gelernt. Ansonsten waren sie so gut wie unvorbereitet auf ihre neue Heimat. Worauf es ankam, so Kempner später, war, dass sie es in ein »großes, reiches und politisch freies« Land geschafft hatten.[503]

Kempner wusste, dass er es als Neueinwanderer nicht leicht haben würde. Seinen früheren beruflichen und gesellschaftlichen Status in Berlin würde er nie wieder erlangen. In Preußen war er immerhin Oberregierungsrat gewesen, aber in Amerika war dieser Titel bedeutungslos. Auch sein detailliertes Fachwissen über das deutsche Rechtswesen und die deutsche Polizeiverwaltung half ihm in der völlig anders strukturierten angloamerikanischen Justiz natürlich nichts. Es half ihm auch nicht gerade, dass der erste Eindruck, den er vermittelte, oft ein wenig exzentrisch war. Einem Interviewer, der ihn für eine Studie über emigrierte Wissenschaftler in den 1940er-Jahren befragte, fiel auf, dass er »ziemlich unordentlich gekleidet« war und »zusammengesunken in seinem Stuhl saß«. Er starrte sein Gegenüber während des Gesprächs ununterbrochen an. »Einige seiner Behauptungen und die ganze Art seiner Antworten wirkten unaufrichtig«, schrieb der Befrager, »und mein Eindruck war der einer gestörten Persönlichkeit.«[504]

Zumindest aber hatte er einen Arbeitsplatz. So unsicher und schlecht bezahlt der Posten auch war, immerhin konnte er sich jetzt Research Associate (Forschungsassistent) am Institute of

Local and State Government der University of Pennsylvania nennen. Anderen Einwanderern ging es da weit schlechter: Kempner wusste von Richtern, Geschäftsleuten und angesehenen Professoren, die als Tellerwäscher oder Buchhalter hatten arbeiten müssen.

Nicht jeder Emigrant wurde hofiert wie Albert Einstein, und auch nicht jedem gelang es, an der University of Exile unterzukommen, einer ausdrücklich für heimatvertriebene Gelehrte gegründeten Abteilung der pazifistischen New School for Social Research (heute The New School). Akademische Ehren und Grade aus Europa wurden nicht immer anerkannt. Viele hoch qualifizierte Neueinwanderer kämpften zunächst ums nackte Überleben und verfolgten ängstlich die Stellenanzeigen in den Emigrantenblättern.

Weil Kempner nicht unter falscher Bescheidenheit litt, begnügte er sich nicht damit, die Zeitungen nach einem guten Posten zu durchforsten; er wollte selbst in der Zeitung stehen, damit prospektive Arbeitgeber ihn auch leicht finden konnten. Erstaunlicherweise gelang ihm das sogar, möglicherweise mithilfe Reinemanns, der bei den Behörden in Philadelphia arbeitete und wahrscheinlich einige Journalisten kannte. Jedenfalls erschien eine Story über ihn, noch bevor er einen Monat im Land war.

»Ex-Advisor to Germany's Police Comes Here to Begin New Life« (»Ehemaliger deutscher Polizeiberater beginnt in den USA neues Leben«) lautete die Überschrift im *Evening Public Ledger* aus Philadelphia am 29. September. In dem kurzen Artikel wurde auch die Lehrtätigkeit seiner Mutter am Women's Medical College in Philadelphia erwähnt und natürlich seine Flucht vor dem NS-Regime. Er erzählte dem Reporter, er sei auf Dauer in die USA gekommen; in Europa halte ihn nichts mehr.

Sehr wichtig war ihm, dass er trotz seiner Beamtentätigkeit für die Polizei nicht etwa Nazi war; mit der Gestapo habe er nichts zu tun. Er sei lediglich Verwaltungsfachmann in einem Ministerium gewesen, und zwar vor der »Machtergreifung«.

»Bitte schreiben Sie, dass ich nur als Forscher an die Universität gekommen bin«, schloss er, »und bitte schreiben Sie auch, dass ich ganz unpolitisch bin und zur Politik gar nichts sagen kann.«[505]

Er hatte seinen Grund, sich prophylaktisch zu verteidigen, schrieb Kempner später in seiner Autobiografie. Während des Krieges hieß es in den USA oft einfach »Deutsch ist Deutsch«.[506] Aus Furcht vor eingeschleusten Saboteuren und Spionen glaubten die Amerikaner oft, auch die Emigranten seien nicht vertrauenswürdig, ob Jude oder nicht, ob ausgebürgert oder nicht, ob Widerstandskämpfer oder nicht.

Mit dem kurzen Artikel im *Public Ledger* verschaffte sich Kempner so eine erste Visitenkarte, die er vorweisen konnte, ein klein bisschen Glaubwürdigkeit, als er sich daranmachte, im neuen Land ein neues Leben aufzubauen.

Kempner zog mit seinem Anhang zuerst in ein Reihenhaus aus roten Ziegeln an der Osage Avenue von Philadelphia, nicht weit vom Campus seiner Universität. Sein Büro lag im obersten Stockwerk der Blanchard Hall, eines dreigeschossigen Verwaltungsgebäudes im romantischen Ivy-League-Stil: imitierte Gotik an der Fassade, Mansardendach, extraschweres geschnitztes Eingangsportal.

Als Forschungsassistent schrieb er Berichte, hielt Vorlesungen und publizierte in Fachzeitschriften. Außerdem schrieb er sich selbst in Politologieseminaren ein, interviewte Flüchtlinge aus Deutschland für eine wöchentliche Anti-Nazi-Radiosendung und hielt sehr gerne öffentliche Vorträge. Hier präsentierte er sich als Überlebender der Mordbanden Hitlers. Er sei dem Tode so knapp entkommen, behauptete Kempner, dass mehrere europäische Zeitungen nach seiner Verhaftung durch die Gestapo 1935 bereits seinen Tod gemeldet hätten. Seine Vorträge in Clubs, vor Schulklassen und an Colleges hatten packende Titel wie »I Know These Men: Hitler, Göring, Himmler, Goebbels« (»Ich kenne diese Leute: Hitler, Göring, Himmler, Goebbels«), »Love in Dictatorships« (»Liebe unter Diktaturen«) und natürlich »My Scrapbook Begins With My Death« (»Mein Notizbuch fängt mit meinem Tod an«).[507]

Nachdem Kempner im ersten Jahr noch sein eigenes Gehalt hatte zahlen müssen, erhielt er später Fördermittel, darunter ein Stipendium des Emergency Committee of Displaced European Scholars und einen Zuschuss von eintausend Dollar der Carnegie Corporation für ein Projekt zu den Polizei- und Verwaltungsmethoden des Dritten Reiches. Forschungsunterlagen aus Deutschland konnte er nicht direkt anfordern. »Weil mein Name auf sämtlichen schwarzen Listen der Nazis als ausgebürgerter Reichsfeind steht und meine Bücher verbrannt worden sind, habe ich Namen wie Cemper oder Cempen angegeben.«[508]

Manchmal führte ihn seine Forschungstätigkeit in etwas seltsame Bahnen. Einmal wandte er sich an einen Dozenten der Washington University mit der Frage, ob es so etwas wie eine »Nazi-Physiognomie« bei Hitlerjungen und SS-Männern gebe. »Die neue Generation der Nazis«, schrieb er, »hat ›eingefrorene Gesichter‹, die durch bestimmte Verwaltungsmethoden hervorgebracht werden. Im Hinblick darauf wollte ich Sie fragen, ob es Studien zu diesem Phänomen gibt, also über eine veränderte Physiognomie von Langzeitsträflingen, Einwanderergruppen usw.«[509]

Kempner hatte auf seiner Odyssee aus Deutschland über Italien und Frankreich bis über den Großen Teich einen Großteil seiner Bibliothek mitnehmen können, und er setzte die geretteten Bücher intensiv ein. Er suchte nach einem Verleger für den Bericht über die NSDAP, an dem er 1930 für das Preußische Innenministerium mitgewirkt hatte und der diese Partei als grundsätzlich staatsfeindliche Verbrecherbande darstellte. Er sollte jetzt unter dem neuen Titel *Blueprint of the Nazi Underground* (etwa »Grundriss des NS-Untergrunds«) erscheinen.

Außerdem versuchte er die Verlage für eine kommentierte Ausgabe in englischer Sprache von Rosenbergs *Mythus des zwanzigsten Jahrhunderts* zu begeistern, »die Prophezeiungen jenes Nostradamus, Rosenberg«. Auch die englischsprachige Welt müsse »die einzige vorhandene und amtliche Darlegung der Nazi-Philosophie, einer neuen Religion und politischen Theorie« kennenlernen, warb Kempner brieflich bei Alfred Knopf, der Oxford University Press und Macmillan.

Auf jeden Fall werde das Werk ein Bestseller; die Gewinne könne man ja, schlug er vor, an unbemittelte deutsche Exilanten spenden.[510]

Zu seiner Enttäuschung erhielt er nur Absagen. »Ich fürchte leider, dass dieses verworrene Machwerk auf dem amerikanischen Markt einfach keine Absatzchance hat«, schrieb einer der Lektoren. »Neunundneunzig von hundert amerikanischen Lesern könnten ohnehin nicht das Geringste damit anfangen.«

Während all dieser Aktivitäten als Forscher, Autor und Vortragsredner strebte Kempner jedoch nach Höherem. Er wollte nichts weniger als einen Posten bei der berühmtesten Polizeibehörde der Welt.

Den ersten Brief an J. Edgar Hoover, den Direktor des Federal Bureau of Investigation (FBI), hatte Kempner bereits vor der Abreise aus Frankreich im Dezember 1938 geschickt.

Das Englisch des hoffnungsvollen Flüchtlings war zwar noch nicht perfekt – seine Schule hatte mehr Wert auf Altgriechisch gelegt –, aber er machte sein Anliegen klar genug.

Er stellte sich selbst als »Kriminalistikexperten«, ehemaligen Polizeiausbilder und »First Secretary in the Police Department of the German Home Office in Berlin« vor. Er wisse, behauptete der ehemalige Oberregierungsrat, um »zahlreiche Rechtsbrüche, die für die USA von unmittelbarer großer Wichtigkeit« seien, und fragte an, ob das FBI eventuell eine Planstelle für ihn habe. »Ich glaube, dass ich Ihrem Land auf diese Weise sehr gute Dienste leisten könnte.«[511]

Der Empfänger dieses Briefes war damals dank zahlreicher Hollywoodfilme, die ihn als unermüdliche Nemesis skrupelloser Bankräuber und Mörder darstellten, der berühmteste Polizist Amerikas.[512] Hoover diente sich während des Ersten Weltkriegs von der Pike auf im »Bureau« nach oben. Auch damals herrschte hysterische Angst vor feindlichen Spionen und Saboteuren. Beim Kriegseintritt der USA 1917 wurden über hundert Deutsche vorsorglich festgenommen, über zwölfhundert unter Überwachung gestellt. Der Espionage Act von 1917 stellte alle möglichen »illoyalen« Verhaltensweisen unter Strafe; es war schon verboten, sich auch nur gegen den Krieg auszusprechen. Das »Bureau« jagte deutsche Spione und sprengte Streiks der pazifistischen Gewerkschaft *Industrial Workers of the World.*

Hoover leitete die 1917 geschaffene »Radical Division« des FBI, die Opposition gegen den Kriegseintritt unterdrücken sollte. Ziemlich schnell verfügte er über mehrere Tausend Akten von Personen, die möglicherweise die US-Regierung stürzen wollten. Das FBI schleuste V-Leute in kommunistische Gruppen ein, verhaftete die Mitglieder und trieb die Kommunisten in den Untergrund. Hoover hielt seinen Leuten den Rücken frei, indem er gegen besorgte Bürgerrechtler vorging, die mahnten, das FBI überschreite seine Kompetenzen. Als herauskam, dass auch loyale Oppositionelle überwacht wurden, rief Präsident Calvin Coolidge seinen Polizeichef zur Ordnung. Der aber machte weiter – jetzt im Geheimen.

Als sich 1938 ein neuer Krieg abzeichnete, steigerte sich die Angst vor »Nazis« und Faschisten allgemein bis zum Verfolgungswahn. Der Bestsellerautor Sinclair Lewis veröffentlichte 1935 den sehr erfolgreichen Roman *It Can't Happen Here* (der unter dem Titel *Das ist bei uns nicht möglich* im folgenden Jahr auch auf Deutsch erschien – natürlich nicht im Deutschen Reich, sondern in Amsterdam), in dem ein ordnungsgemäß gewählter US-Präsident sich zum Diktator ausruft. Der *German American Bund* verkündete in der Presse und auf den Straßen seine pro-nationalsozialistische Botschaft. Father Charles Coughlin, ein katholischer Priester aus Michigan, der in der Zwischenkriegszeit eine große Radiohörergemeinde aufgebaut hatte, predigte auf CBS Antisemitismus und Antikommunismus, und Dutzende Millionen lauschten seinen Hasstiraden.

Angesichts dieses Trommelfeuers von Angst und Panik vor Spionen und Saboteuren wandte sich der neu gewählte Präsident an Hoover.

Franklin D. Roosevelts Befehl war so geheim, dass er ihn nicht einmal aufschreiben ließ. Am 25. August 1936 instruierte er den Direktor des FBI mündlich, Informationen über Nationalsozialisten und Kommunisten zu sammeln, die sich in den USA aufhielten. Hoover legte diese Anweisung sehr weitgehend aus und ließ nicht nur Daten zu eingeschleusten ausländischen Agenten sammeln, sondern auch gleich über Roosevelts politische Gegner – unter anderem wurde auch Charles Lindbergh ausspioniert, der berühmte Transatlantikflieger. Der hatte sich schließlich bei seinen Besuchen in Deutschland verdächtig beeindruckt über Hitlers Wirken und die Errungenschaften des Dritten Reiches gezeigt. »Ich bin absolut überzeugt, dass Lindbergh ein Nazi ist«, vertraute Roosevelt einem seiner Minister an.[513]

Im Februar 1938 ließen verdeckte Ermittler einen deutschen Spionagering auffliegen, der Lieferanten für die US-Armee ausspähte. Diesen sehr erfolgreichen Agenten war es ein Jahrzehnt lang gelungen, Blaupausen neuer Flugzeuge und Kriegsschiffe an Deutschland weiterzugeben. Der Fall sorgte in der Öffentlichkeit für große Unruhe: Es stimmte also, die Nazis waren wirklich auch auf ihrer Seite des Atlantiks am Werk![514]

Hoover nutzte die Gunst der öffentlichen Meinung und ließ sich von Roosevelt noch weiter reichende Kompetenzen über die Geheimdienste der USA einräumen. Seine Beamten zapften ohne Genehmigung Telefone an und brachen ohne Durchsuchungsbefehl in Privatwohnungen ein. Das FBI stellte Listen potenzieller »Gefährder« auf, die im Fall eines Kriegseintritts der USA prophylaktisch interniert werden sollten. Bei den Bürgerrechtlern machte sich Hoover mit diesem aggressiven Vorgehen keine Freunde. Als Präsidentengattin Eleanor Roosevelt durch Zufall herausfand, dass FBI-Beamte sogar im Vorleben ihrer Sekretärin herumschnüffelten, erteilte sie Hoover einen brieflichen Rüffel. »Diese Ermittlungsmethoden sehen doch ein wenig allzu sehr nach Gestapo aus.«[515]

Das also war der Mann, an den sich Kempner im Sommer 1938 wandte, und das war die Behörde, bei der er sich um eine Stelle bewarb.

Kempners Brief verschaffte ihm allerdings nicht sofort einen Termin beim FBI-Direktor, sondern erbrachte als Antwort nur ein kurzes Formschreiben mit einer Broschüre »Wie werde ich Special Agent« als Beilage. Worte der Ermutigung fand Hoover für den unbekannten deutschen Emigranten nicht.[516]

Das schreckte Kempner nicht etwa ab. Unverdrossen wandte er sich im Januar erneut an Hoover: Er habe jetzt Arbeit in den USA gefunden und werde bald einreisen. Wäre der Herr Direktor wohl bereit, ihn zu empfangen, wenn er nach Washington käme? Er könne »Informationen liefern, die für Ihre Behörde zum gegenwärtigen Zeitpunkt von größtem Interesse« seien. Hoover ließ antworten, Kempner könne jederzeit gerne zu einer »großen Besichtigungstour unseres Amtssitzes und des Museums« vorbeischauen.

Selbst jetzt war Kempner nicht abzuschütteln. Am 25. September 1939 teilte der Jurist im Exil Hoover die frohe Botschaft mit, er sei jetzt im Lande und sofort verfügbar. »Ich betrachte es als besondere Auszeichnung, in den USA leben und arbeiten zu dürfen und meinen bescheidenen Beitrag auf demjenigen Gebiet zu leisten, auf dem ich in vielen Dienstjahren in Berlin und an anderen Orten Erfahrungen gesammelt habe. Ich hoffe, dass ich bald Gelegenheit finde, zu einem Besuch nach Washington zu fahren. Ich freue mich schon darauf, mich persönlich mit Ihnen über Gegenstände von gemeinsamen Interesse zu unterhalten.«

Eines schien Kempner über seine neue Heimat schon gelernt zu haben: Wollte man es in Amerika zu etwas bringen, dann war vornehme Zurückhaltung fehl am Platz.

Aufgestapelte NS-Raubkunst in der Schlosskirche Ellingen, Bayern.
(National Archives)

16

Diebe in Paris

Pläne für ein Attentat auf Hitler gab es im Dritten Reich immer wieder. Eine Gruppe von Verschwörern bildete sich bei Kriegsausbruch unter den Wehrmachtsgenerälen, die entsetzt darüber waren, dass sich Hitler nach dem erfolgreichen Ende des Polenfeldzugs unmittelbar nach Westen wenden und in Frankreich einmarschieren wollte. Die Wehrmacht sei damit überfordert, beharrten sie. Hitler tobte, das seien alles Weichlinge, und ließ Hinweise fallen, man könne fast vermuten, sie planten Verrat. Erschrocken zerstreuten sich die Verschwörer in spe wieder.[517]

Am 8. November 1939, dem sechzehnten Jahrestag des fehlgeschlagenen Hitlerputschs in München, wurde es dann ernster. Hitler sprach wie jedes Jahr zur Feier des Tages im Bürgerbräukeller, wo er damals seine Pistole in die Decke gefeuert und die bayerische Staatsregierung als Geisel genommen hatte. Jedes Jahr versammelten sich die alten Kämpfer zum Gedenken daran in München und marschierten dieselbe Strecke wie damals 1923, nur diesmal feierlich und von einer jubelnden Menge als Sieger begrüßt. Hitler freute sich immer auf dieses Jubiläum. Einmal wandte er sich auf dem Marsch an Rosenberg, der dicht hinter ihm ging, und strahlte: »An das kommen sie mit ihren alten Heiligen nicht mehr heran.« Rosenberg erwiderte, das hier sei die »germanische Fronleichnamsprozession« – sozusagen die nationalsozialistische Antwort auf den Papst, der die geweihte Hostie durch die Straßen Roms trug.[518]

Hitlers Gedenkrede im Bürgerbräu war ebenfalls eine jährliche Tradition; sie begann gewöhnlich um halb neun Uhr abends und dauerte bis gegen zehn Uhr. Dieses Mal, 1939, tickte in einer Stützsäule hinter dem Rednerpult eine Zeitbombe, die um 21 Uhr 20, mitten während der Rede, explodieren sollte.[519]

Aber dieses Mal änderte auch Hitler seinen Zeitplan. Schon kurz nach neun beendete er seine Rede, und anstatt sich unter die Parteigenossen zu mischen wie sonst, sprang er in seinen Wagen und ließ sich zum Bahnhof fahren. »Er erzählte, dass er unbedingt nach Berlin hätte zurückmüssen«, notierte Rosenberg drei Tage darauf in seinem Tagebuch.[520] Eine wichtige Besprechung zum geplanten Einmarsch in Frankreich stand an, die ursprünglich für den 7. November angesetzt war, aber wegen schlechten Wetters verschoben werden musste. »Nach seiner kürzeren Rede sei er noch gebeten worden, auf die Galerie des Bürgerbräus zu den alten Kämpfern zu kommen. Er hätte gefragt, wieviel Uhr es sei. 9.10; da aber der Sonderzug für 9.30 angesetzt war u. er aus Rücksicht auf die Fahrtordnung sich nicht verspäten wollte, was angesichts d. Verdunkelung möglich gewesen wäre, so wäre er doch gleich weggegangen. Hätte er das nicht getan, so wären wir eben alle unter den Trümmern begraben worden.«

Die Bombe zündete pünktlich, zerriss den Stützpfeiler und sprengte ein Loch in die Saaldecke. Es gab 63 Verletzte und acht Tote. Am nächsten Tag verkündete Rosenbergs *Völkischer Beobachter* »die wunderbare Rettung des Führers«.

Genau wie Hitler, der den britischen Geheimdienst hinter dem Anschlag vermutete, schrieb auch Rosenberg, ausländische Saboteure wollten »uns doch aus der Welt schaffen«. Nach dem Attentatsversuch überprüfte Rosenberg sicherheitshalber sein eigenes Haus. »Sehe ich mein Haus an, so ist es eine Kleinigkeit, in der Nacht hier in der menschenleeren Gegend mir eine Bombe mitten ins Schlafzimmer zu werfen.« Gleichzeitig nahm er die Gefahr philosophisch. Große Männer müssen große Risiken eingehen. War das nicht gerade die Lehre aus dem Putschversuch in München 1923? »[O]hne Unbekümmertheit hätten wir nie beginnen können.«

Das knappe Entkommen machte ihn auch nachdenklich, was die Stimmung der Öffentlichkeit in Deutschland anging. Für die machte er, wie immer, Goebbels verantwortlich. Der Propagandaminister habe das Vertrauen des Volkes zerstört, so Rosenberg, und sei schuld an der »Erbitterung im Lande«.

Rosenberg wusste nicht, dass er hier auf der richtigen Spur war. Die Zeitbombe im Bürgerbräukeller stammte tatsächlich nicht von ausländischen Agenten, sondern von einem deutschen Schreiner namens Georg Elser, der das Attentat völlig alleine vorbereitet hatte. Monatelang hatte er sich immer wieder in dem Lokal über Nacht einschließen lassen, um den Stützpfeiler auszuhöhlen und die Sprengladung anzubringen.

Als die Bombe losging, saß er übrigens schon in Haft. Er war festgenommen worden, als er versuchte, illegal die Schweizer Grenze zu überqueren.

In der Vernehmung sagte er aus, er habe aus Empörung über Hitlers Politik, Angst vor einem neuen Krieg und die Abschaffung der Bürgerrechte gehandelt. Deshalb habe er Hitler umbringen wollen, und Goebbels und Göring gleich mit.

Großbritannien und Frankreich sahen tatenlos zu, wie die Wehrmacht Polen überrollte. Sie waren auf einen Krieg in Wirklichkeit gar nicht vorbereitet und mussten ab Herbst 1939 zunächst einmal ihre Rüstungsproduktion ankurbeln. Während dieser Zeit hatte das Deutsche Reich seine Aufmerksamkeit bereits Dänemark und Norwegen zugewandt.[521]

Zwei strategische Erwägungen führten in Berlin zu der Entscheidung einer Besetzung der beiden neutralen skandinavischen Länder. Die deutsche Seekriegsführung fürchtete eine erneute britische Blockade der Nordsee wie im Ersten Weltkrieg. Außerdem, so warnte sie Hitler, und zwar zu Recht, wie sich herausstellen sollte, würden die Briten ganz sicher versuchen, Norwegen zuerst zu besetzen und damit Deutschland vom schwedischen Eisenerz aus Kiruna abzuschneiden. Damals war der Seeweg von Schweden nach Deutschland über die Ostsee im Winter regelmäßig vereist, und die Erzfrachter mussten in norwegischen Häfen wie Narvik beladen werden, das über eine Bahnstrecke mit Kiruna verbunden war. In diesem nächsten Kapitel des Kriegs fand Rosenberg auch für sich selbst eine Rolle. Er hatte schon seit 1933 die Freundschaft eines potenziellen Verbündeten in Norwegen gepflegt, eines nationalistischen Politikers namens Vidkun Quisling, dessen Nasjonal Samling (»Nationale Sammlungspartei«) Norwegen mit dem Nationalsozialismus beglücken wollte. Rosenberg verschaffte 1939 einer Gruppe von Quislings Parteiarmee eine paramilitärische Ausbildung in Deutschland, und als die Besetzung Norwegens sich abzeichnete, ließ er die Marine wissen, Quisling plane einen Staatsstreich. Ob der norwegische Umstürzler und Deutschland vielleicht zusammenarbeiten könnten?

Im Dezember 1939 kam Quisling dann zu drei Gesprächen mit Hitler nach Deutschland, erläuterte seine Putschpläne und versicherte, das norwegische Militär stehe hinter ihm. Hitler zögerte allerdings, in Norwegen direkt einzugreifen. Er sagte Quisling, ein neutrales Norwegen sei ihm lieber, aber er werde nicht zusehen, wenn die Briten sich der Häfen des Landes bemächtigten und den deutschen Eisenerznachschub abschnitten. Fürs Erste wollte er der Quisling-Bewegung nur finanzielle Unterstützung gewähren.

Bevor Quisling wieder abreiste, schaute er noch bei Rosenberg vorbei und dankte ihm herzlich für seine Hilfe.

Rosenberg erwiderte, er freue sich schon auf ein ebenso herzliches Willkommen in Skandinavien. »Wir drückten uns die Hand u. werden uns wohl nur dann wiedersehen, wenn die Aktion gelungen ist und Norwegens Ministerpräsident Quisling heißt«, schrieb Rosenberg im Tagebuch.[522]

In den folgenden Monaten erwärmte sich Hitler dann zunehmend für die Vorstellung einer Besetzung Norwegens, und am 9. April 1940 schlug die Wehrmacht los, gegen starken Widerstand der britischen Kriegsmarine und der norwegischen Armee.

Am Tag des Einmarschs hielt Quisling eine Radioansprache, in der er sich zum neuen Führer Norwegens proklamierte und seine Landsleute dazu aufrief, den Deutschen keinen Widerstand zu leisten. »Heute ist ein grosser Tag deutscher Geschichte. Dänemark u. Norwegen besetzt. Ich gratuliere dem Führer zu diesem auch durch mich vorbereiteten Werk.«[523]

Der norwegische König und die rechtmäßige Regierung setzten sich in Richtung Norden ab und sandten dem NS-Regime am nächsten Tag eine etwas andere Botschaft: Sie würden Quisling nicht unterstützen, sondern sich zur Wehr setzen. Das half aber auch nicht viel, und nicht einmal die britische Marine konnte die Besetzung verhindern. Schnell hatte sich die Wehrmacht der Hauptstadt Oslo und anderer wichtiger Orte bemächtigt.

Rosenberg war mächtig stolz, wie er das eingefädelt hatte. Man könne nicht abstreiten, dass sein Außenpolitisches Amt eine »historische Aufgabe erfüllt« habe, indem es die Grundlage für diese Operation gelegt habe, schrieb er Ende April. »Die Besetzung Norwegens ist vielleicht kriegsentscheidend.«[524]

Das war sie zwar letztlich nicht, aber der deutsche Sieg in Skandinavien führte zu einer wichtigen Veränderung: Der britische Premierminister Neville Chamberlain verlor die Unterstützung im Unterhaus. Der Fall Norwegens war nach der Zerschlagung der Tschechoslowakei und der Auslöschung Polens einfach zu viel, und die Opposition forderte offen seinen Rücktritt.

Am 10. Mai 1940 bat die Regierung Chamberlain um Entlassung, und ein Mann zog in Downing Street 10 ein, dem der Ruf eines unnachgiebigen Gegners des Dritten Reiches vorausging: Winston Churchill.

Im April 1940 reiste Alfred Rosenberg durch das westliche Deutschland, um Reden zu halten; er kam dabei auch nach Saarbrücken. Entlang der Grenze nach Frankreich hatte die Wehrmacht den Westwall errichtet, um der französischen Maginotlinie etwas entgegenzusetzen. Beide Befestigungslinien bestanden aus schweren, tief eingegrabenen Panzersperren, Stacheldrahtverhauen, großen Bunkerkomplexen und Geschütztürmen. Frankreich hatte Deutschland unmittelbar nach dem Einmarsch in Polen 1939 den Krieg erklärt, aber keine der beiden Seiten war auf einen Angriff vorbereitet, und beide hielten vorläufig still. Im Frühling 1940 endete dieser damals sogenannte »Sitzkrieg«; jetzt wurde blutig gekämpft. In den Wochen vor Rosenbergs Besichtigungstour zur Front flogen schwere Artilleriegranaten hin und her, es kam zu ersten Luftgefechten und Scharmützeln am Boden, als die deutschen Truppen die Stärke der französischen Befestigungen testeten. Die Spannung stieg.[525]

Rosenberg durchwanderte die verwüstete Gegend und notierte Impressionen in seinem Tagebuch. »...die zerschossenen

Dörfer im Niemandsland. Verlassene alte französische Gräben mit Matratzen und Decken. Ein franz. Café, ausgebaut als kl. Betonfort. Ununterbrochener Bunkerbau. Vor uns schanzende Franzosen.«[526] Die deutschen Offiziere und Soldaten, mit denen er sprach, waren zuversichtlich. Aber in Saarbrücken lagen die Häuser in Trümmern.

»Wenn so einst der ganze Westen aussehen sollte«, schrieb er nachdenklich, »wäre es schauerlich.«

10. Mai 1940. »Der Endkampf beginnt und entscheidet über das Schicksal Deutschlands. Wohl für immer, jedenfalls für Jahrhunderte«,[527] schrieb Rosenberg.

Die Alliierten hatten Jahre Zeit gehabt, um sich vorzubereiten, waren aber immer noch nicht bereit, der Strategie erfolgreich entgegenzutreten, mit der die Wehrmacht rasch die Niederlande, Belgien und Nordfrankreich besetzte.[528] Erwartet hatten sie einen schnellen Vorstoß durch Belgien. Der kam auch, aber an anderer Stelle als vermutet: Hitler entschied sich für einen wagemutigen Durchbruch durch das Hochland der Ardennen im Grenzgebiet zwischen Belgien, Frankreich und Luxemburg. Die Maginotlinie endete südlich dieses unwegsamen, waldigen, schlecht erschlossenen und oft nebligen Gebiets, und nur wenige Truppen verteidigten es, weil es als undurchdringlich für Panzer galt. Dennoch gelang es großen Panzer- und Infanterieeinheiten, hier durchzustoßen, während die Hauptmasse der alliierten Truppen durch zeitgleiche deutsche Vorstöße in Belgien und den Niederlanden gebunden war. Die Niederlande kapitulierten am 15., Belgien am 28. Mai.

Deutsche Panzerspitzen rasten jetzt auf über 150 Kilometer Breite ungehindert durch Nordfrankreich. Das britische Expeditionskorps wurde zusammen mit französischen Einheiten auf Dünkirchen an der Kanalküste zurückgeworfen, und obwohl von dort Tausende alliierter Soldaten nach England entkamen, war die erste Runde des Kampfs gelaufen. Die Wehrmacht wandte sich jetzt südlich und fegte durch Nordfrankreich. Am 14. Juni stand sie vor Paris.

Die französische Führung bat um einen Waffenstillstand. Eine Woche später wurden die Generäle in den Wald von Compiègne bestellt, an genau denselben Ort, wo die kaiserlichen deutschen Truppen sich 1918 den Franzosen hatten ergeben müssen. Hitler führte die Delegation der Eröffnungsgespräche selbst an, und als er den historischen Ort erreichte, ließ er es sich nicht nehmen, den Gedenkstein zu betrachten, der dort stand, um das Ende des Ersten Weltkriegs und die Niederlage Deutschlands zu feiern, »bezwungen von den freien Völkern, die es zu versklaven suchte«. Er las die Inschrift mit sichtlicher Verachtung. CBS-Radiokorrespondent William Shirer, der mit der Presse vor Ort war, beobachtete Hitler genau. »Ich habe dieses Gesicht viele Male in den großen Momenten seines Lebens gesehen«, schrieb er in sein Tagebuch. »Aber heute! Es spiegelt Spott, Zorn, Haß, Rachsucht, Triumph wider.«[529]

Am folgenden Tag unterschrieb die französische Delegation einen harten Waffenstillstand. Zwei Tage später baute die Wehrmacht den Gedenkstein ab.

In den sechs Jahren seit Rosenbergs Ernennung zum Weltanschauungsbeauftragten der Partei waren seine Lehren bis in jeden Winkel des Alltags vorgedrungen. Das NS-Regime kontrollierte alle gesellschaftlichen Bereiche, Gewerkschaften, Handelskammern, Lehrerverbände, Studentenverbindungen, Jugendorganisationen und nahezu jede andere Gruppierung bis hin zu örtlichen Schützenvereinen, Männergesangvereinen und Sportvereinen.[530]

Alle Deutschen waren durch die ideologische Vereinnahmung unentrinnbar Rosenbergs radikalen Ideen ausgesetzt.

Er hielt regelmäßig Vorträge vor Einheiten der Hitlerjugend, die 1939 über 8,7 Millionen Mitglieder zählte.[531] Hitler betrachtete die Jugendorganisation als Vorbereitung für künftige Soldaten und treue Parteimitglieder. Hier gab es nicht nur Sport, Wandern, Zelten und sonstige körperliche Ertüchtigung, sondern seit Kriegsausbruch auch vormilitärische Ausbildung wie Morsen und Orientierungsmärsche und schon immer eine gehörige Dosis Indoktrination. Die Botschaft des Nationalsozialismus wurde den Pimpfen und Mädels in Liedern, Büchern und sorgfältig durchdachten Lektionen über den Führer, das Germanentum und die Reinheit der Rasse nahegebracht. Zu den vorgeschriebenen Materialien, deren sich die HJ-Führer zu bedienen hatten, gehörte auch der *Mythus*.

Dieses Buch schien im Dritten Reich geradezu allgegenwärtig. Jeder Deutsche sollte es kennen. Lehrer, Studenten, Beamte, sogar Geschäftsleute wurden in NS-Schulungskursen anhand des *Mythus* und von *Mein Kampf* über die Wichtigkeit der Rassereinheit belehrt.[532]

Himmlers Männer erhielten Rosenbergs Botschaft durch das offizielle Organ der SS, das *Schwarze Korps*; seine Artikel erschienen auch im *SS-Leitheft*, das in grellen Umschlägen mit den SS-Runen auf rotem oder schwarzem Grund ideologische Schulungsmaterialien bot.

Obwohl Rosenberg es also geschafft hatte, die gesamte Kultur mit seiner Philosophie zu durchtränken, drängte er Hitler immer wieder, ihm größere Macht über die Herzen und Hirne der Deutschen zu geben. Er wollte eine größere Bühne, um den Menschen zu predigen. Gerade im Krieg, so argumentierte er, werde er gebraucht, um Partei- und Volksgenossen bei der Stange zu halten.

Es war natürlich kein Zufall, dass er dabei gleichzeitig seinem Erbfeind Goebbels Zuständigkeiten als Propagandaminister abnehmen würde.

»Das Volk schaue jetzt auf die Partei«, habe er zu Rudolf Heß gesagt, schrieb er im September 1939 in sein Tagebuch, als er ein Gespräch mit dem stellvertretenden NSDAP-Vorsitzenden nachzeichnete. Das Volk habe der Partei vertraut, aber viele führende Funktionäre hätten dieses Vertrauen missbraucht. »Und so viele Tausende anständiger Nationalsozialisten fragen immer wieder: Wird denn der Führer nicht eingreifen? Kann er den Dr. G. uns noch immer aufzwingen? Wird denn keine Ordnung kommen? – Sie arbeiten treu wie bisher, weil sie kämpfen und diesen Kampf nicht preisgeben können, aber nicht mehr mit jenem inneren Glauben, wie wir ihn alle früher einmal hatten.«[533] Rosenberg sah ohne seine energische weltanschauliche Leitung die Partei zerfallen und untergehen. Das Dritte Reich werde ausschließlich noch von Hitlers unangefochtener Autorität zusammengehalten. Starb der Führer, würde es zu Diadochenkämpfen kommen. Es sei Zeit für eine »Reformation« und er ihr gegebener Anführer.

Im weiteren Verlauf des Jahres 1939 trug er sein Anliegen Hitler vor. Es gehe in diesem Krieg nicht nur um Gebietsgewinne, sondern er sei auch ein Kampf um die Seele der Menschen. Er sorgte sich, die Menschen würden von neuen Führern und »Jugendstilphilosophen« verführt.[534] Die Kirchen verstärkten ihre Wühlarbeit wieder, und der Nationalsozialismus dürfe in diesem Kampf nicht nachgeben. Immer noch hänge der Klerus der Vorstellung an, das Christentum – nicht die NSDAP, nicht Rosenberg – sei berufen, für das seelische Wohl der Deutschen zu sorgen. Mancherorts hätten Pfarrer den Krieg als Strafe Gottes bezeichnet. Sie zersetzten die Seelen der Menschen, und Goebbels' Taktik – »Märchen u. Tagespropaganda und Variétévorführungen«[535] – sei wirkungslos dagegen.

»Ich glaube in diesen Jahren mir das Vertrauen der Partei ehrlich erstritten zu haben u. wenn wir nicht hart sind, so ist in Zukunft unser Kampf vergebens, weil die alten W[elt]-A[nschauungen] noch ungebrochen dableiben«, so Rosenberg.[536]

Er formulierte seinen Antrag schriftlich und schickte ihn auf den Weg durch die Bürokratie des Regimes, verhandelte und bot Kompromisse an, um ihn seinen Rivalen schmackhaft zu machen. Im Frühling 1940 erklärte Hitler dann plötzlich seine endgültige Ablehnung. Schuld war ausgerechnet Benito Mussolini. Der italienische Diktator sorge sich um die Reaktion des Heiligen Stuhls, wenn Rosenberg einen neuen, wichtigen Posten erhielt, so Hitler, und er selbst denke ähnlich. Eine solche Ernennung würde in deutschen Kirchen »wie eine Bombe einschlagen«.[537] Später einmal könnte die Partei tun, was sie wolle, aber jetzt sei nicht die richtige Zeit, eine neue Rebellion des Klerus zu provozieren. »Die Kirche hat vielleicht noch immer so etwas wie eine Hoffnung, sich noch fortsetzen zu können«, erklärte Hitler. »Mit Ihrer Ernennung würde sie endgültig alle solche Hoffnungen begraben, alle Hemmungen fallen lassen.«

Aber bald schon hatte der »Führer« eine andere wichtige Aufgabe für seinen tatendurstigen Gefolgsmann.

In den folgenden fünf Jahren sollten Rosenberg sein grenzenloser Ehrgeiz und sein persönliches Machtstreben zur Mittäterschaft bei einigen der furchtbarsten Verbrechen des NS-Regimes führen.

Das neue Kapitel in Rosenbergs Leben begann unschuldig genug mit der Planung einer neuen Bibliothek.[538] Auf Anweisung Hitlers sollte er eine sogenannte Hohe Schule der NSDAP planen. Diese NS-Version einer Universität würde dann, so hofften sie, den institutionellen Rahmen für die unverfälschte Weitergabe der reinen Parteilehre von Generation zu Generation bieten. Das Hauptgebäude sollte am malerischen Chiemsee entstehen. Der Architekt plante ein gewaltiges klotziges Hauptgebäude im NS-Monumentalstil, überragt von Obelisken und bewacht von zwei steinernen Adlern an der Spitze.[539] Außenstellen der Hohen Schule sollten in ganz Deutschland entstehen, darunter auch ein Institut für die Erforschung der Judenfrage in Frankfurt am Main.

Die Hohe Schule würde an der Spitze des weltanschaulichen Erziehungssystems der NS-Elite stehen. Jugendliche, die im künftigen Reich Führungspositionen erstrebten, würden zunächst eine der neu eingerichteten Adolf-Hitler-Schulen besuchen, die Teil der HJ waren und viel Wert auf vormilitärische Ausbildung und Körperertüchtigung legten. Deren Spitzenabsolventen würden dann in die sogenannten Ordensburgen eintreten – von denen mit großem Aufwand drei errichtet wurden, Vogelsang in der Eifel, Sonthofen im Allgäu und Crössinsee in Pommern –, wo diese Auserwählten dann gründlich in Rassenbiologie, Leistungssport und NS-Weltanschauung unterrichtet würden. Auch die bereits im Amt befindlichen Spitzenfunktionäre sollten dort ständig weitergebildet werden. Die Hohe Schule wiederum würde die Lehrkräfte für die Adolf-Hitler-Schulen und die Ordensburgen ausbilden, womit Rosenberg tatsächlich die Kontrolle über die gesamte weltanschauliche Schulung der Partei erhielt.

Darüber hinaus sollte die Hohe Schule ganz nach dem Vorbild einer echten Universität mit der Lehre die Forschung kombinieren, nach nationalsozialistischer Art natürlich. Die Außenstellen im gesamten Reich würden sich mit Kommunismus, Theologie, »Rassenhygiene«, deutscher Folklore, deutscher Kunst und so weiter befassen. Das erste Institut, das seinen Betrieb aufnahm, war das für die Erforschung eines sehr aktuellen Gegenstands: der Judenfrage.

Ein Institut braucht natürlich eine Bibliothek, und in der müssen Bücher stehen. Im Januar 1940 wies Hitler Partei- und Regierungsbeamte an, Rosenbergs Bemühungen um den Aufbau entsprechender Sammlungen für die Hohe Schule zu unterstützen.[540] Die Stadt Frankfurt konnte überzeugt werden, ihre Sammlung jüdischer Dokumente und Werke mit dem Institut zu teilen, und Rosenberg machte sich daran, diesen Grundstock zu erweitern.

Mit dem Krieg eröffneten sich ihm hierzu ganz neue Möglichkeiten. Am 18. Juni, vier Tage nach dem Fall von Paris, entdeckte einer von Rosenbergs Beauftragten, dass große jüdische Einrichtungen und Freimaurerlogen in der französischen Hauptstadt verlassen dalagen. Ihre Archive würden eine Fundgrube für das Institut in Frankfurt darstellen.

Rosenberg ging gründlich und planmäßig vor und bat Hitler um die offizielle Genehmigung, einen Einsatzstab einzurichten, der Archive und Bibliotheken geflüchteter Juden systematisch requirieren sollte, sodass das Material zukünftigen Forschern nicht verloren gehe. Hitler hatte nichts dagegen, und so entstand der berüchtigte Einsatzstab Reichsleiter Rosenberg (ERR). Schon bald schwärmten seine Männer aus und plünderten Büchereien, Archive und Privatsammlungen in den Niederlanden, Belgien und Frankreich.

Mit der Unterstützung des Wehrmachtsgeheimdienstes suchte der ERR nach den Sammlungen zweier der wichtigsten jüdischen Einrichtungen in Paris und fand sie auch. Aus den Beständen der *Alliance Israélite Universelle* und der *Ecole Rabbinique* wurden insgesamt mehr als 50000 Bände beschlagnahmt, aus der jüdischen Buchhandlung Lipschuetz in Paris über 20000.

Der ERR bemächtigte sich der Privatbibliothek der Rothschilds und räumte eine wichtige Sammlung zur jüdischen Kulturgeschichte in Amsterdam aus. Er requirierte den Besitz der Freimaurerlogen, die nach Rosenberg nichts weiter als »Kampforganisationen« waren.[541] Weil Rosenberg fanatischer Antikommunist war, gerieten auch russische und ukrainische Bibliotheken in den eroberten westlichen Gebieten in sein Fadenkreuz. Der ERR musste sich beeilen; er hatte eine scharfe Konkurrenz insbesondere im RSHA, das ebenfalls dabei war, sich eine große Forschungsbibliothek aufzubauen, allerdings im Geheimen und als Recherchemittel zur leichteren Verfolgung von NS-Gegnern.[542] Rosenberg schaffte es aber, mehrere Hunderttausend Bände einzusacken. Ein Transport von 1224 Bücherkisten, der im August 1940 abging, füllte elf Eisenbahnwaggons.[543]

»Die Dinge, die mein Einsatzstab in Paris beschlagnahmt hat«, schrieb Rosenberg im Tagebuch, »sind zweifellos einzigartig.«[544]

Das ganze Unternehmen war der größenwahnsinnige Versuch, die größte Judaica-Bibliothek der Welt aufzubauen. Rosenberg wollte der Forschung das nötige Material an die Hand geben, den größten Feind des deutschen Volkes genau zu studieren. »Wer später aus der Welt einmal d. Judenfrage erforschen will«, schrieb er im Tagebuch, »wird nach Frankfurt müssen.«[545]

Binnen Kurzem allerdings sollte sich das Augenmerk des ERR auf mehr richten als nur staubige Bücherstapel. Die beiden Spitzen des Dritten Reichs waren hinter einigen der größten Schätze Westeuropas her.

Hitler wünschte sich für Linz in Oberösterreich, wo er aufgewachsen war, einen großen Museumskomplex.[546] Sein Blitzbesuch in den Florentiner Uffizien und den Borghese-Galerien in

Rom 1938 hatte ihn davon überzeugt, dass sein Land noch nicht über die Weltklassekunst verfügte, die man brauchte, um dieses Museum auch zu füllen. Das sollte sich ändern. Im Reich konfiszierte die Gestapo bereits fleißig Kunst- und Wertgegenstände von den Juden – natürlich nur, um sie »sicherzustellen«. Die besten Stücke wurden für Linz und andere deutsche Museen aussortiert, der Rest auf dem Kunstmarkt angeboten oder vernichtet.

Als 1939 immer mehr Kunstwerke seine Magazine überschwemmten, beauftragte Hitler den Kunsthistoriker Hans Posse, die Masse der beschlagnahmten Werke durchzugehen und auszuwählen, was des Führermuseums in Linz würdig wäre. Posse begann auch auf dem freien Kunstmarkt einzukaufen – mit einem beneidenswert großen Budget und der Macht, Angebote zu machen, die der Verkäufer nicht ablehnen konnte.

Sein Hauptkonkurrent war Hermann Göring, der größte Kunsträuber in der NS-Führungsriege.[547] Unter anderem hatte er eine Schale mit Diamanten auf dem Schreibtisch, um während langweiliger Besprechungen etwas zum Herumspielen zu haben. Er sah sich als Universalgenie im Stil der Renaissance. Seine Berliner Villa hängte er mit Meisterwerken voll, die ihm führende deutsche Museen leihen durften; hinter einem enormen Rubens-Original verbarg sich die Filmleinwand seines Privatkinos. Schon bald nach der Machtübernahme hatte er begonnen, sich eine auserlesene Privatsammlung aufzubauen. Als Hitler ihn 1936 zum Beauftragten für den Vierjahresplan ernannte, begannen Regierungsgelder den Weg auf seine Privatkonten zu finden, und wer an öffentlichen Aufträgen interessiert war, tat gut daran, ihm großzügige Geschenke zu machen. Sein extravaganter Landsitz Carinhall siebzig Kilometer nördlich von Berlin blieb Besuchern nicht nur wegen der

Größe, sondern auch wegen der Protzigkeit im Gedächtnis. Hunderte Gemälde konkurrierten um Aufmerksamkeit mit ausgestopften Löwen und Büffeln.

Nach dem Anschluss Österreichs wurden die Kunstschätze Wiens geplündert.[548] Die Sammlungen angesehener Familien wurden beschlagnahmt. Die Reichskleinodien, die Kronjuwelen des Heiligen Römischen Reichs Deutscher Nation, die in der Hofburg aufbewahrt wurden, unter anderem die Krone selbst, Zepter, Reichsapfel und ein Evangeliar Karls des Großen, die früher in Nürnberg aufbewahrt worden waren, wurden dorthin zurückgebracht.

Nach dem Einmarsch in Polen im Jahr darauf demontierten die amtlichen Kunsträuber den größten gotischen Bildaltar der Welt aus der Krakauer Marienbasilika und schafften Gemälde unter anderem von Rembrandt, Raphael und Leonardo nach Deutschland.

Görings Agenten in den Niederlanden machten sich bereits ans Einsammeln der Beute, während die Belagerung von Dünkirchen noch lief. Dem langen Arm der NS-Kunsträuber entging nichts: weder der Besitz der Verhafteten und der Geflohenen noch der jener, die ihre Kunstwerke in Galerien deponiert hatten oder noch rasch außer Landes schaffen wollten.[549]

Dabei wurde nicht immer direkt geraubt. Oft bemühten sich die Kunsträuber um den Anschein von Legalität, indem sie Sammlungen aufkauften.[550] Das waren dann aber Zwangsverkäufe zu Pauschalpreisen weit unter Wert, mit der Drohung ersatzloser Beschlagnahme im Hintergrund. »Sollten Sie sich auch jetzt wiederum nicht entschließen können«, warnte Göring etwa einen belgischen Kunsthändler, »so müßte ich leider meinerseits mein Angebot zurückziehen, und die Dinge würden dann ihren normalen Ablauf nehmen, ohne daß ich dies noch irgendwie hindern könnte.«[551]

Manchmal gehörte ein Ausreisevisum zum Entgelt für den verzweifelten Verkäufer. Einer gab vier Tafelbilder Breughels auf, um zwei jüdischen Angestellten die Freiheit zu erkaufen. Einem anderen gelang es, einen wenn auch weniger berühmten Rembrandt – das *Bildnis eines Mannes aus der Familie Raman* von 1634 – in fünfundzwanzig Visa für seine Verwandten umzumünzen. Eine der wichtigsten Erwerbungen war dabei die Sammlung Jacques Goudstikkers, eines bedeutenden Händlers auf dem Gebiet der Alten Meister. Als Jude floh er im Mai 1940 vor der anrollenden Wehrmacht und brach sich bei einem Unfall an Bord eines Schiffs das Genick. Zwei seiner Angestellten überzeugten Goudstikkers verzweifelte Witwe, schnell an die Nazis zu verkaufen, solange sie noch kauften anstatt zu beschlagnahmen, und bald darauf besaß Göring sechshundert weitere Bilder, darunter neun von Peter Paul Rubens.

Im Sommer 1940 war dann das besetzte Frankreich dran. Hitler erließ eine Verfügung, bedeutende Kunstwerke seien »sicherzustellen«, und Otto Abetz, 1940 bis 1944 deutscher Botschafter in Frankreich, machte sich persönlich an die Ausführung. Seine Leute knackten Banktresore, plünderten Kunstgalerien und räumten jüdische Privatwohnungen aus. Im Botschaftsgebäude stapelte sich das Raubgut regelrecht. Offiziere der Wehrmacht – nicht aus Ehrgefühl, sondern weil sie die Kompetenz zum Kunstraub für sich selbst beanspruchten – missbilligten Abetz' aggressives Vorgehen und versuchten ihn daran zu hindern, die Beute außer Landes zu schaffen. Weitere Interessenten kamen dazu, darunter auch Goebbels als Präsident der Reichskulturkammer.

Diesmal war Rosenberg schneller als die Konkurrenz. Hitler übertrug die Sicherung »herrenlosen jüdischen Besitzes«, wie es in Keitels entsprechendem Befehl hieß, dem Einsatzstab.[552] Anders als Göring hatte Rosenberg kein Interesse, sich eine Privatsammlung aufzubauen. Bei ihm konnte Hitler sicher sein, dass er ebenso zuverlässig wie skrupellos nur für ihn arbeitete.

Görings Beauftragte waren ja schon über Frankreich ausgeschwärmt, und Rosenberg wandte sich daher an den frisch ernannten Reichsmarschall um Unterstützung. Der schrieb begeistert zurück und bot Lösungen für eins von Rosenbergs Problemen, nämlich den Transport ins Reich. Wegen des Krieges waren Eisenbahnwaggons schwer zu bekommen, aber Göring bot die Luftwaffe als Spediteur an; sie würde die Raubkunst verpacken, transportfähig machen, bewachen und per Luftfracht befördern.

Das Verhältnis zwischen Rosenberg und Göring war nicht unkompliziert. Während Rosenbergs Amtszeit als Interimsvorsitzender der NSDAP 1923 und 1924, als sich Göring noch im Ausland von der Schusswunde erholte, die er bei dem fehlgeschlagenen Putsch davongetragen hatte, hatte Rosenberg ihn aus der Mitgliederliste streichen lassen, und das verzieh ihm Göring lange nicht. Ein Jahrzehnt später ließ Gestapochef Rudolf Diels nicht nur Material über potenzielle Regimegegner unter den Beamten des preußischen Innenministeriums an Göring weitergeben, sondern auch Erkenntnisse über NS-Spitzenfunktionäre. In seinen Erinnerungen behauptet Diels, zu Rosenberg hätten ihm unter anderem Liebesbriefe vorgelegen, die er an eine Lisette Kohlrausch geschrieben habe, eine Jüdin, die von der Gestapo verhaftet worden sei.[553] Rosenberg habe seinen Einfluss genutzt, um sie freizubekommen, sei aber durch die Affäre natürlich kompromittiert gewesen. Wenn es Göring einfiel, Hitler davon zu erzählen, wäre Rosenbergs Karriere abrupt beendet gewesen. (Es ist heute allerdings nicht mehr feststellbar, ob diese Briefe je wirklich existierten.)

Mitte 1940 allerdings war Görings Hilfsangebot für Rosenberg mehr als willkommen.[554] Seine Rivalen ordneten sich jetzt dem ERR unter. Görings sogenanntes Devisenschutzkommando, eines von mehreren dieser Art, die in den besetzten Gebieten Devisen, Gold und Edelsteine beschlagnahmten, führte für das ERR Razzien durch und übergab auch Kunstwerke, die es bereits »sichergestellt« hatte, an Rosenbergs Stab. Die NS-Plünderer kannten sich in der Kunstwelt gut aus und mussten nicht lange nach den wichtigsten Galerien und Museen oder den Banken, Lagerhäusern und Privatwohnungen mit den größten Kunstschätzen fragen.

Vor den Häusern reicher Juden seien große Möbelwagen aufgefahren, schrieb eine Augenzeugin in ihrem Tagebuch. »Auserlesene Wandbehänge, Teppiche, Büsten, Gemälde, Porzellan, Möbel, Decken, Bettzeug, alles wurde nach Deutschland geschafft.«[555]

Im Jeu de Paume, einem kleinen Museum an der Place de la Concorde, wurde ein Zentrallager eingerichtet, und bald liefen die Funde hier so schnell ein, dass Rosenbergs Kunsthistoriker kaum noch mit dem Archivieren nachkamen. »Es wurden unter Auswertung aller hierfür gegebenen Möglichkeiten in den Pariser Wohnungen der französischen Juden, in den Provinzschlössern und bei Speditionsfirmen und sonstigen Lagerstellen von den Juden versteckte Kunstsammlungen ausfindig gemacht und beschlagnahmt«, berichtete Rosenberg an Hitler. »Die geflüchteten Juden hatten es verstanden, die Depots ihrer Kunstwerke geschickt zu verschleiern.«[556] Die berühmte Sammlung der französischen Rothschilds war auf Paris, Bordeaux und das Loire-Gebiet verteilt.

Beim Mittagessen mit Hitler Anfang September erzählte Rosenberg aufgeregt, was sie in einem der Palais der Rothschilds in Paris gefunden hatten: In einem Geheimkeller unter einer Falltür lagen 62 Kisten voller Dokumente und Bücher und ein Kästchen mit Porzellanknöpfen Friedrichs des Großen.[557]

Als Rosenberg nach dem Krieg verhört wurde, fragte man ihn auch, wie er denn all diese Kunstwerke und Antiquitäten ohne Entschädigung habe konfiszieren können. Seine Rechtfertigung war einfach:

»Die Besitzer waren ja alle nicht da.«[558]

Schnell wurde Rosenberg allerdings klar, dass die Zusammenarbeit mit Göring auch ihren Preis hatte.

Göring hatte eine enge Beziehung mit dem Leiter des ERR in Paris aufgebaut, Kurt von Behr – derselbe, der fünf Jahre später die alliierten Militärs zu den von Rosenberg auf Banz versteckten Papieren führen sollte. Der herrische, eitle von Behr stammte aus adeliger Familie und war Präsident des Deutschen Roten Kreuzes gewesen.[559] Er war zwar seit dem Ende des Ersten Weltkriegs kein aktiver Soldat mehr, ließ sich aber von der Militärregierung in Paris zum Oberstleutnant ernennen. Er sprach fließend Französisch, stolzierte in prächtigen Uniformen herum, kultivierte Bekanntschaften in höheren Kreisen und gab aufwendige Partys. Seine Frau war Engländerin, hasste aber ihr Heimatland. Andere ERR-Leute beklagten sich, von Behr sei ein »skrupelloser Egomane« ohne jeden Kunstverstand, der sich wie ein Gangster aufführe. Selbst in einem Regime, in dem man nur mit Skrupellosigkeit an die Spitze kam, stachen die von Behrs hervor.

Das Büro des ERR in Paris unterschied sich im Betriebsklima von den anderen Dienststellen des Rosenberg'schen Behördenimperiums beträchtlich, so eine Untersuchung des amerikanischen Armeegeheimdiensts OSS nach Kriegsende. Die Verantwortlichen hatten offen ausgelebte Affären mit den Sekretärinnen. Eine Mitarbeiterin habe sich »Wertsachen wie Pelze, Juwelen und Silber« angeeignet, was zu einem Streit mit einer Kollegin und »hysterischen Verleumdungen und

Gegenbeschuldigungen« geführt habe.[560] Eine andere Angestellte stand im Verdacht, für ihren Chef die Kollegen zu bespitzeln. Die Militärverwaltung verachtete von Behr und sein Büro schließlich zutiefst.

Anfang November machte Göring dann eine Einkaufstour nach Paris.[561] Seine Agenten hatten Privatsammlungen vor ihrer Beschlagnahme durchgesehen und darauf geachtet, dass die besten Werke ans Jeu de Paume gingen.

In der Galerie organisierte von Behr eine Privatausstellung für den Reichsmarschall. Champagnerkorken knallten, das Museum war mit Kübelpalmen, eleganten Möbeln und echten Teppichen dekoriert. Der Ehrengast schlenderte den ganzen Tag zwischen den Kunstwerken herum und kam zwei Tage später noch einmal wieder, um die Besichtigung fortzusetzen. Er reservierte sich zwei Dutzend Gemälde und andere Stücke für den Eigenbedarf – einen Rembrandt, einen van Dyck, einige Buntglasfenster, noch ein paar Gobelins obendrauf – und merkte einige andere vorsorglich für Hitlers Führermuseum vor, besonders Vermeers Meisterwerk *Der Astronom.*

Zum Abschluss des Besuchs gab er dann Anweisung, wie die Beute künftig verteilt werden sollte, obwohl er eigentlich keine Befehlsgewalt über den ERR und die Kunstraubaktion in Paris hatte.

Zuerst, so Görings Plan, durften sich Hitlers Beauftragte aussuchen, was sie für Linz haben wollten, dann Göring selbst, was er »zur Vervollständigung der Sammlung« auf Carinhall brauchte, dann war Rosenberg an der Reihe, der sich für die Hohe Schule eindecken durfte, und was dann noch übrig blieb, sollte an deutsche und französische Museen gehen. Großmütig erklärte Göring, wenn dann noch Reste blieben, sollten sie zugunsten von Kriegswitwen und -waisen versteigert werden.

Drei Wochen nach Görings Fischzug traf Rosenberg in Paris ein, einer Stadt, die nicht einmal das NS-Regime zu bombardieren gewagt hatte.

Hitler hatte gesagt, er habe nicht die Absicht, die herrliche Hauptstadt Frankreichs anzugreifen, als seine Wehrmacht im Sommer 1940 Nordfrankreich überrollte.[562] Das war teilweise auch strategisch gedacht, weil die NS-Führung wusste, dass eine Zerstörung von Paris – ähnlich wie bei Rotterdam – es den Briten unmöglich machen würde, nach der Eroberung Frankreichs auf Friedensverhandlungen einzugehen, wie es Hitler erhoffte. Aber Hitler bewunderte die Stadt auch einfach für ihre Schönheit und Eleganz. Er schwor, sie unversehrt zu lassen.

Zwei Wochen nachdem deutsche Panzer ohne einen Schuss abzufeuern in der französischen Hauptstadt eingerollt waren, ließ sich Hitler in seinem offenen Mercedes zu einer Besichtigung durch die Stadt fahren. Die Straßen waren fast unwirklich leer, weil Tausende von Einwohnern geflohen waren und die übrigen ihre Häuser nicht verließen. Hitler ließ an der Oper halten, um die Architektur zu bewundern, und besuchte Napoleons Grab im Invalidendom.

Die deutsche Besatzungsmacht zerstörte Paris zwar nicht, machte sich aber durchaus bemerkbar. Als die Pariser nach dem Waffenstillstand allmählich wieder in die Hauptstadt zurückkehrten, fanden sie diese überschwemmt mit jungen Wehrmachtssoldaten. Von jedem Balkon schien eine Hakenkreuzfahne zu wehen, und überall standen Pfosten mit frisch gemalten Wegweisern auf Deutsch. Nach Juden benannte Straßen hießen jetzt anders, das leer stehende Grand Palais an den Champs-Élysées diente der Wehrmacht als Lkw-Depot, und die Militärverwaltung hatte die berühmten prächtigen Hotels und Palais für sich requiriert; ein Adressbuch mit den so zweckentfremdeten Gebäuden umfasste später sechshundert Seiten.[563]

Die Besatzer genossen die Restaurants und Straßencafés, die Nachtclubs und die Varietébühnen wie das Casino de Paris und die Folies Bergère. Sie konnten ihre Reichsmark zu günstigem Kurs in Francs umwechseln, sodass der Sold nicht nur für die Straßenhändler, sondern auch für die eleganten Läden reichte. Sie ließen Paris nur zu gerne Paris bleiben, wie es ein Spruch des Propagandaministeriums befahl. Viele, ob in Paris stationiert oder nur auf Urlaub, hatten einen schmalen Reiseführer »Kleiner Führer durch Paris für deutsche Soldaten« in der Tasche, der einen Monat nach der Besetzung erschienen war. »Für viele von uns ist Paris unbekanntes Gebiet. Wir nähern uns der Stadt mit gemischten Gefühlen: Überlegenheit, Neugier und nervöse Vorfreude. Der Name Paris erweckt ganz besondere Erwartungen.«[564] Wenn ihre Großväter von Paris sprachen, die Generation des Krieges von 1870/71, klang der Name »geheimnisvoll, seltsam. Jetzt sind wir hier und können uns nach Herzenslust umschauen.«

Rosenberg kam nach Paris, um im Saal der französischen Nationalversammlung eine Rede zu halten. Im Palais Bourbon, das seit 1830 den Plenarsaal für die Abgeordneten und während der Besatzungszeit den Militärbefehlshaber für Frankreich beherbergte, schritt er durch die von Delacroix ausgemalten Wandelgänge. Zu den sechshundert Zuhörern im großen Halbrund des Plenums gehörten auch Luftwaffengeneral Hugo Sperrle und andere hohe Militärs.

»Ein merkwürdiges Gefühl, hier von der Stelle zu sprechen, an der Clemenceau u. Poincaré gegen das Reich gedonnert hatten, von wo die Welthetze gegen D[eutschland] immer wieder ihren Ausgang nahm«, sinnierte Rosenberg später im Tagebuch. »Vor 600 Vertretern dieses nunmehr siegreichen D.s sprach ich als erster für die n.s. Revolution gleichsam am Grabe der französischen Revolution.«[565] In seiner Rede wies Rosenberg eine vor Kurzem veröffentlichte Kritik seiner Ideen durch einen Autor der französischen Resistance zurück, und obwohl er sich über das große Presseecho freute, zweifelte er doch, dass die Franzosen bald umdenken würden, »da der Franzose die Grösse seines Zusammenbruchs noch nicht begriffen hat«.

Am Abend nahm Rosenberg an einem Empfang im Hotel Ritz teil und besuchte dann Sperrles prachtvolles, frisch renoviertes Quartier im Palais du Luxembourg. Kurz nach dem Sieg über Frankreich hatte die NS-Führung Pläne für »Unternehmen Seelöwe«, eine Invasion Großbritanniens, geschmiedet. Um die britische Verteidigung zu schwächen, begann die Luftwaffe vorbereitende Bombardierungen britischer Flugplätze, wichtiger Verkehrsverbindungen und Städte. In hartnäckigen Luftkämpfen, die sich über Monate hinzogen, errangen die britischen Spitfire- und Hurricane-Jäger aber schließlich die Luftherrschaft von den deutschen Messerschmitts zurück, und im September 1940 ließ Hitler die Pläne für »Unternehmen Seelöwe« wieder fallen. Die Bombenangriffe, in England »Blitz« genannt, gingen allerdings weiter: In London, Liverpool und anderen britischen Städten wurden die Briten vom allnächtlichen Sirenengeheul in die Luftschutzkeller getrieben. In Paris zeigte Sperrle seinem Gast Rosenberg Luftbilder der Zerstörungen, die seine Bomber anrichteten.

Natürlich stattete Rosenberg auch seinem eifrigen Einsatzstab im Jeu de Paume einen Besuch ab. Das Museum war ihm zu Ehren mit Chrysanthemen geschmückt. »[Es] waren hier wertvollste Sachen zu sehen«, schrieb er im Tagebuch. »Rothschild, Weil[l], Seligmann usw. hatten das Ergebnis von 100 Jahren Börsengewinnen abgeben müssen: Rembrandt, Rubens, Vermeer, Boucher, Fragonard, Goya usw. usw. waren zahlreich vertreten, älteste Schnitzereien, Gobelins usw. Die Kunstschätzer beziffern den Wert auf nahezu 1 Milliarde Mark!«

Aber er hatte Grund zur Sorge. Göring beanspruchte bereits einen Teil dieser Kunstwerke für sich.

Auf dem Rückflug aus Paris kam Rosenberg nur knapp mit dem Leben davon.[566] Nach einem abendlichen Theaterbesuch eilte er zum Flugplatz und bestieg die Maschine Feldmarschall Gerd von Rundstedts für den neunhundert Kilometer langen Rückflug nach Berlin. Wieder in Berlin, machte sich Rosenberg daran, Göring die Kontrolle über die Kunstraubaktionen in Frankreich wieder zu entreißen.[567]

Ihm lag ein Brief des Reichsmarschalls vor, in dem dieser die Vollmachten des ERR anerkannte, aber auch zu Recht darauf hinwies, dass seinen eigenen Leuten und Quellen ein Großteil der Funde zu verdanken sei. Er wolle einige Stücke – nur einen »kleinen Anteil« – für sich behalten, die er dem Reich nach seinem Tod zu vermachen schwor.

Rosenberg entsandte den Berliner Kunstsachverständigen Robert Scholz nach Paris zum ERR. Scholz berichtete, Göring plane einen »umfassenden Versand« von Kunstwerken nach Carinhall. Daraufhin läuteten bei Rosenberg die Alarmglocken. Hatte sich nicht Hitler die letzte Entscheidung über den Verbleib der beschlagnahmten Stücke vorbehalten? Rosenberg bat seinen obersten Dienstherrn um Intervention. Er ließ Scholz im Dezember ein Schreiben an die Reichskanzlei aufsetzen, in dem er vorschlug, fünfzehn Waggonladungen mit den wertvollsten Stücken sofort aus Frankreich abzuschicken, damit sie ausgepackt, inventarisiert und an Hitler übergeben werden konnten.

Hitler, dadurch aufmerksam geworden, entschied daraufhin, welche Stücke aus den französischen Sammlungen er für sein

Museum haben wollte. Die erste Sendung sollte zweiunddreißig Stücke aus den Beständen der Rothschilds umfassen, darunter Vermeers Astronomen, zwei Goyas und drei Bouchers; nachträglich sollten noch einundzwanzig weitere Gemälde aus dem Lager des Einsatzstabs dazukommen. Göring würde neunundfünfzig Kunstwerke und wertvolle Möbelstücke erhalten.

Das war aber erst der Anfang.

Als die NS-Kunsträuber fertig waren, hatten sie laut Schätzungen etwa ein Drittel aller in französischem Privatbesitz befindlichen Kunstwerke an sich gebracht.

Alleine der ERR beschlagnahmte fast einundzwanzigtausend Stücke aus über zweihundert privaten jüdischen Sammlungen in Frankreich: Ölgemälde, Aquarelle, Zeichnungen, Bronzen, Gobelins, Münzen, Porzellan, Schmuck, Vasen. Zwischen 1941 und 1944 gingen insgesamt neunundzwanzig Sendungen an Lager in sechs deutschen Schlössern; eines befand sich auch in Neuschwanstein. Geraubt wurde unter anderem *Madame de Pompadour* von Boucher und *Christus am Teich von Bethesda* von Panini, ein Hafenstück von Vernet und eine Flusslandschaft von Berchem.

Französische Proteste verhallten wirkungslos. Rosenbergs Leute erinnerten die Franzosen, dass Deutschland schließlich eine Verschwörung des Weltjudentums bekämpfe. Die Sicherstellung der unschätzbaren französischen Stücke sei lediglich eine Entschädigung für die »immensen Opfer, die das Reich für die Völker Europas« bringe.

Göring schaute in den folgenden zwei Jahren insgesamt noch siebzehn Mal im Jeu de Paume vorbei und kassierte dabei über siebenhundert Kunstwerke für seine wachsende Sammlung. Bei einem dieser Besuche zeigte man ihm zweiundzwanzig Kisten mit Schmuck aus den verschiedenen Landsitzen der

Rothschilds. Der Reichsmarschall suchte sich auf der Stelle sechs der schönsten Juwelen aus und steckte sie nebenbei in die Tasche.

Rosenberg missbilligte, dass sich Göring in seine Angelegenheiten mischte. Er war Hitler treu ergeben und sah sich als uneigennützigen Kämpfer für den Nationalsozialismus. Diese Schätze standen seiner Meinung nach nicht einzelnen Funktionären zu, sondern der gesamten Partei, die zwanzig Jahre lang für den Kampf gegen die Juden bezahlt hatte.

Später bestand Rosenberg darauf, dass er allen seinen Mitarbeitern strengstens verboten habe, auch nur eine Kleinigkeit als Souvenir mitgehen zu lassen.[568] Er war allerdings nie mächtig genug, um Göring daran zu hindern, sich nach Belieben zu bedienen.[569] Es stellte sich übrigens heraus, dass auch Rosenberg nicht ganz vor Versuchungen gefeit war. Für seine Villa in Berlin hatte er drei wertvolle Gemälde aus niederländischen Beständen abgezweigt, darunter eins des Porträtmalers Frans Hals.[570]

Am Ende bekamen beide, was sie wollten: Göring seinen Anteil an der Kunst und Rosenberg die Kontrolle über die Kunstraubaktion, eine Aktion, die als die größte ihrer Art in die Geschichte eingehen sollte.

Der ERR gab ledergebundene Fotobände heraus, die den jetzt in deutschem Besitz befindlichen Schatz dokumentierten. Zu einem seiner Geburtstage schickte Rosenberg einige Exemplare an Hitler »in dem Wunsche, Ihnen, mein Führer, zu Ihrem Geburtstage eine Freude zu bereiten«. Er habe noch mehr, erklärte er, und wolle sie gerne persönlich überreichen, »in der Hoffnung, dass durch diese kurze Beschäftigung mit den schönen Dingen der Ihnen so am Herzen liegenden Kunst ein Strahl von Schönheit und Freude in die Schwere und Grösse Ihres gegenwärtigen Lebens fallen möge«.[571]

Die »entartete« Kunst, die Impressionisten und andere moderne Werke, vor denen jedem echten Nationalsozialisten schauderte, wurden gegen Alte Meister eingehandelt. Amerikanische Ermittlungen ergaben später, dass Göring unter anderem ein Geschäft mit dem Pariser Kunsthändler Gustav Rochlitz gebilligt hatte, bei dem elf Gemälde unter anderem von Degas, Matisse, Picasso, Renoir und Cézanne gegen »ein zweifelhaftes Porträt von Tizian und ein zweitklassiges Werk von Jan Weenix« getauscht wurden.

Andere Werke der modernen Kunst – etwa von Picasso, Miró oder Dalí – wurden später einfach aus den Rahmen gebrochen und im Garten des Jeu de Paume mit dem Abfall zusammen verbrannt.[572] Auf den sorgfältigen Listen des ERR wurden diese Werke durchgestrichen und lapidar als *vernichtet* bezeichnet.

Im Frühling 1941 wandte sich Rosenberg dann einer dunkleren Art der Vernichtung zu. Jetzt ging es nicht mehr um Kunst, sondern um Menschenleben.

Ein Kampfpanzer einer SS-Division mit Totenkopf-Emblem rollt während der Operation Barbarossa im Sommer 1941 auf sowjetisches Gebiet ein.
(Bundesarchiv, Bild 101I-136-0882-12/Albert Cursian)

17

»Rosenberg, jetzt ist Ihre große Stunde gekommen«

Als die Deutschen Ende März 1941 ihre Radios einschalteten, hörten sie die Stimme des Chefideologen aus den Lautsprechern dröhnen. Rosenberg sprach über die Judenfrage, und so gesetzt und förmlich sein Stil auch war, konnte jeder, der zuhörte, den Inhalt als mörderisch erkennen.

»Wir sind des Glaubens, daß dieser große Krieg auch eine säubernde biologische Weltrevolution darstellt …«, sagte der Reichsleiter. »So sehen wir heute die Judenfrage als eins der wichtigsten politischen Probleme inmitten der Gesamtpolitik Europas vor uns als ein Problem, das gelöst werden muß und gelöst werden wird, und wir hoffen, ja, wir wissen auch heute schon, daß hinter dieser Säuberung am Ende alle Völker Europas marschieren werden.«[573]

In Frankfurt hatten sich an jenem Wochenende Würdenträger des Regimes im Römer versammelt, um Rosenbergs neues Institut für die Erforschung der Judenfrage einzuweihen. Ein Haufen antisemitischer Journalisten, Autoren und Politiker aus zehn europäischen Ländern fiel in Frankfurt ein, um zu besprechen, wie man die Juden aus Europa vertreiben könne.[574] Jeder wusste, eine bessere Gelegenheit würde sich nicht mehr bieten. Das NS-Regime kontrollierte einen Großteil Europas, und die Gegner der Juden hatten dadurch endlich die Macht, ihren Worten Tod und Verderben bringende Handlungen folgen zu lassen.[575] Rosenberg hatte zunächst an der Konferenz teilgenommen, aber Hitler rief ihn in dringenden Geschäften nach Berlin zurück, sodass er seine Grundsatzrede über den Rundfunk halten musste, wodurch ganz Deutschland sie hören konnte.

Dieser Krieg, erklärte er den Hörern, werde »alle jene blutmäßig verseuchenden Keime, die vom Judentum und seinen Bastarden … hemmungslos sich inmitten der europäischen Völker entwickeln konnten«, ausrotten. Die Vorstellung eines unabhängigen jüdischen Staates sei überholt und ohnehin die ganze Zeit nur eine zionistische Verschwörung gewesen. Die Juden hätten von ihrem Staat aus weiterhin die Welt beherrschen wollen.

»Für Deutschland ist die Judenfrage erst dann gelöst, wenn der letzte Jude den großdeutschen Raum verlassen hat. Für Europa ist die Judenfrage erst dann gelöst, wenn der letzte Jude den europäischen Kontinent verlassen hat.« Es ging nur noch darum, »wo und wie wir die Juden unterzubringen haben«. Rosenbergs Vorschlag war die Umsiedlung in ein Reservat, wo sie »unter erfahrener Polizeiaufsicht« leben würden.[576]

Als er diese Worte aussprach, wusste Rosenberg bereits, dass er zum ersten Mal Gelegenheit haben würde, diese Ankündigungen in die Tat umzusetzen.

Endlich hatte Hitler ihm die Macht anvertraut, die Welt zu verändern.

Hitler hatte sich 1940 längst seinem eigentlichen Ziel zugewandt, der Sowjetunion. Rosenberg hatte natürlich recht gehabt: Trotz des historischen Pakts mit Moskau wollte Hitler insgeheim immer noch den Kommunismus auslöschen; je schneller, desto besser.

Außerdem glaubte er nicht, dass Stalin das Abkommen wirklich einhalten wolle. Sowie Deutschland mit dem Westfeldzug beschäftigt war, hatte der skrupellose Sowjetführer sofort damit begonnen, sich selbst neues Gebiet im Westen zu sichern. Zuerst ließ Stalin die Esten, Letten und Litauer begeistert verkünden, sie könnten es gar nicht abwarten, sich der UdSSR anzuschließen, dann zwang er Rumänien zum Verzicht auf Bessarabien und Moldawien. Als die Sowjets dann in Berlin drängten, sicher seien auch noch mehr Zugeständnisse in Osteuropa möglich – Kontrolle über Finnland und Bulgarien beispielsweise und die Meerengen des Bosporus und der Dardanellen, strategisch wichtig als Zugänge zum Schwarzen Meer – hatte Hitler genug und ließ die Kriegsmaschine anlaufen.

Der Plan hieß »Unternehmen Barbarossa«: Die Wehrmacht würde die Rote Armee überrennen und bis hinter den Ural zurückdrängen. Als die Panzer durch die Schlagbäume krachten, brüstete sich Hitler: »Wenn Barbarossa steigt, wird die Welt den Atem anhalten.«[577] Merkwürdigerweise traf der Verrat seines Vertragspartners den sonst bis zum Verfolgungswahn misstrauischen Stalin unvorbereitet.

Rosenbergs Außenpolitisches Amt befasste sich seit über einem Jahrzehnt intensiv mit dem Russlandproblem. Im Tagebuch erwähnt wird das zum ersten Mal im August 1936. »Zwei Mal hat der Führer mich beauftragt, für den Fall eines russ. Überfalls Aufklärungsarbeiten vorzubereiten.«[578] Seine Leute waren Osteuropa-Experten. Sie verfolgten die Entwicklungen dort genau, erstellten ethnologische und politische Studien und hielten Kontakt zu führenden Antikommunisten. Sie planten die Neuaufteilung des Gebiets nach einer deutschen Eroberung. Den ganzen Herbst 1940 hindurch brachten sie einen zweiwöchigen Rundbrief für Parteifunktionäre über politische Ereignisse in der Sowjetunion heraus.[579]

Sie wussten genau, wie sehr die Balten, die Ukrainer, Weißrussen und auch die Menschen im Westen des eigentlichen Russland unter der sowjetischen Politik litten.[580]

In der ersten Hälfte der 1930er-Jahre rollte eine Welle der Zwangskollektivierung über die Bauern des Landes. Sie wurden enteignet, ihr Land zu großen Staatsgütern, den Kolchosen und Sowchosen, zusammengefasst. Der Getreideanbau sollte so effizient werden, dass man Ernteüberschüsse gegen Devisen ins Ausland verkaufen und mit dem Erlös die dringend nötige Modernisierung und Mechanisierung der Landwirtschaft in Angriff nehmen konnte.

Der erste Schritt der Kollektivierung war die Enteignung der unbeliebten Großbauern. Hunderttausende Bauern wurden in die Arbeitslager verschleppt. Das Projekt der Erntesteigerung durch Kollektivierung schlug dann furchtbar fehl; von Überschüssen war keine Rede mehr, die Menschen verhungerten. Stalin blieb auch dann noch bei seinem Programm, als es bereits fünf Millionen Tote waren, und ließ die Repressionen sogar noch verschärfen.

Städter, die um Brot anstanden, wurden von Kindern mit aufgetriebenen Hungerbäuchen angebettelt, die paradoxerweise auf dem Land nichts zu essen fanden. Auf den Feldern standen Wachtürme mit bewaffneten Posten. Alles, was auf den Kollektivfeldern wuchs, galt als Staatseigentum, und wer ein paar Ähren rupfte, um für sich selbst oder die eigene Familie den Hunger zu lindern, beging damit ein Verbrechen. Wurde das Erntesoll nicht erfüllt, beschuldigten die Behörden die Bauern der Sabotage, durchsuchten ihre Höfe und nahmen alle Vorräte mit. Vielerorts kam es sogar zu Kannibalismus.

Stalin ignorierte dieses Elend einfach, als er im Sommer 1932 in seinem luxuriösen Zug in die Ferien nach Sotschi am Schwarzen Meer reiste.

Fünf Jahre später, während des Terrors der Säuberungen, wurden die betroffenen Völker von einem neuen Schrecken heimgesucht. Wieder befahl Stalin die Verhaftung angeblicher Kulaken, diesmal hauptsächlich Polen und andere Minderheitenvölker in der Ukraine, Weißrussland und im westlichen Russland. Sie alle sollten ausländische Agenten sein, die den kommunistischen Staat unterwanderten. Stalin forderte die »völlige Vernichtung aller Feinde und ihrer Familien«.[581]

Über hunderttausend Ukrainer fielen dieser »Kulaken«-Aktion zum Opfer, oft durch Schuss in den Hinterkopf nach einer Verhandlung vor einem der fieberhaft arbeitenden Geheimgerichte. Angehörige der polnischen Minderheit in der Ukraine und Weißrussland wurden in schwarzen Lastwagen weggefahren, entweder ins Arbeitslager oder auf den Friedhof. Die Ehefrauen wurden ins Exil getrieben, die Kinder kamen in Waisenhäuser, damit sie nur nicht als Polen aufgezogen wurden.

Diese Massenmorde führten erstaunlicherweise nicht zu einem Aufschrei im Ausland; sie wurden kaum zur Kenntnis genommen.

Jetzt war das Jahr 1940, und Hitler war dabei, sich für die geplagten Völker der westlichen UdSSR weitere Schrecken auszudenken.[582] Wenn er die Karte betrachtete, sah er vor allem ein leeres Land, in dem er eine tausendjährige Utopie verwirklichen konnte. Leer war dieses Land, weil er die unerwünschten Bevölkerungsteile deportieren, erschießen oder verhungern lassen würde. Später kam noch die Methode des Vergasens dazu. Danach sollten Deutsche das Land neu besiedeln. Das Deutsche Reich bekäme damit genug fruchtbares Getreideland und alle Erdölfelder, die es brauchte, um Autarkie zu erreichen. »Was für England Indien war«, erklärte Hitler, »wird für uns der Ostraum sein.«[583]

Als Hitler im März 1941 Rosenberg zu sich rief, plante er bereits für die Zeit nach der militärischen Eroberung der europäischen Sowjetunion. Man würde dort eine Zivilverwaltung errichten müssen, und Hitler vertraute Rosenberg die enorme Verantwortung für die politische Neuordnung der zu erobernden Ostgebiete an.

Großen Spielraum hatte er dabei allerdings nicht, denn zahlreiche Grundsatzentscheidungen waren bereits gefallen, und seine politischen Ziele waren von Anfang an weniger wichtig als die militärischen und wirtschaftlichen, die bereits seit Monaten vorgeplant wurden.

Göring sollte den Abtransport der Rohstoffe für die Rüstungsindustrie organisieren, und – was ebenso wichtig war – den der Nahrungsmittel für die Bevölkerung im Reich. Schon im Frieden war Deutschland von Nahrungsmittelimporten abhängig, und jetzt hatte Großbritannien eine Blockade verhängt. Die britische Marine durchsuchte alle Handelsschiffe auf dem Weg in die deutschen Häfen und beschlagnahmte die unentbehrlichen Rohstoffe und Nahrungsmittel. Diese Blockade würde auf die Dauer die deutsche Industrie lähmen. Außerdem hing eine ausreichende Versorgung mit Lebensmitteln von Stalin ab. Wenn nun die Sowjets diese gefährliche Abhängigkeit politisch ausnutzten? Wenn sie drohten, Deutschland ebenso auszuhungern wie wenige Jahre zuvor die Ukraine?[584] Schon wurden Brot, Obst und Gemüse in Deutschland knapp, und Fleischrationierung war wohl unvermeidlich. Göring fürchtete, dass der Rückhalt der Heimatfront verloren gehe, wenn die Kochtöpfe leer blieben.

Vor diesem Hintergrund entwickelte Herbert Backe, Staatssekretär im Reichsernährungsministerium, im Winter 1940/41 einen Plan, der die Getreideversorgung Deutschlands aus der Ukraine, dem Brotkorb Russlands, sicherstellen sollte.

Nach seinen Berechnungen genügte bereits eine kleine Verminderung des sowjetischen Verbrauchs, um Millionen Tonnen Getreide für Deutschland frei zu machen.

Es ging dabei nicht nur darum, die Menschen auf schmale Kost zu setzen. Für Backe waren die Völker der Sowjetunion Untermenschen, und er wollte für sie »die schrecklichste Hungersnot« herbeiführen. »Wir wollen die Russen nicht zum Nationalsozialismus bekehren, sondern sie zu unserem Werkzeug machen«, sagte er. »Armut, Hunger und Genügsamkeit erträgt der russische Mensch schon seit Jahrhunderten. Sein Magen ist dehnbar, daher kein falsches Mitleid!«[585]

Die Wehrmacht würde Moskau, Leningrad und andere Großstädte Nordrusslands abriegeln und von den Getreidefeldern im Süden abschneiden. Zunächst würde sich die Invasionsarmee selbst versorgen, und was übrig blieb, würde nach Deutschland und in die besetzten Gebiete Europas gehen. »Viele 10 Millionen Menschen werden in diesem Gebiet überflüssig und werden sterben oder nach Sibirien auswandern müssen«, hieß es in einem zusammenfassenden Bericht. Das war eben der unvermeidliche Preis für den Sieg. »Darüber muß absolute Klarheit herrschen.«[586]

Die Wehrmachtsführung widersprach Backes »Hungerplan« nicht, sondern sah ihn als Voraussetzung für ihre Strategie. Die Einheiten würden sich schneller bewegen können, wenn sie sich aus dem Land ernährten, und die Kapazitäten der Eisenbahn wären dann für den Nachschub an Waffen, Munition und Kriegsmaterial frei und würden nicht durch Lebensmittelnachschub belastet. Wie im Polenfeldzug war auch gegen Russland Geschwindigkeit der entscheidende Faktor. Die Wehrmacht erwartete, die Rote Armee nach zehn Wochen überwunden zu haben.

Als Rosenberg sich zu den Planern gesellte, tat er das, was er am besten konnte: Aktennotizen verfassen.

Seine erste Denkschrift brachte er mit, als er mit Hitler am 2. April 1941 zu Mittag aß. Der Diktator wollte dem Getriebe der Neuen Reichskanzlei entkommen und hatte Rosenberg privat in seine Wohnung in der Alten Reichskanzlei in der Wilhelmstraße eingeladen. Die beiden zogen sich nach dem Essen in den Wintergarten zurück, aus dem man in den Garten hinter dem Gebäude hinausschaute.

In dem Plan, den er Hitler präsentierte, sprach sich Rosenberg für eine gnadenlose Behandlung Russlands aus. Die »jüdisch-bolschewistische Staatsverwaltung« sollte vernichtet werden; eine Nachfolgeregierung dürfe es nicht geben. Industrie und Verkehrswesen Russlands sollten demontiert werden. Das Land sollte verwüstet und als »Abschubgebiet für unerwünschte Bevölkerungselemente in größerem Ausmaß« dienen.[587]

Das galt nur für das eigentliche Russland. Die baltischen Staaten, Weißrussland und die Ukraine sollten anders behandelt werden. Hier müsse man bedacht und mit Blick auf die politische Lage vorgehen. Einheimische antikommunistische Kräfte seien jeweils zu fördern; sie würden Deutschland im Kampf gegen die Sowjets helfen und nach dem Krieg einen Sicherheitsgürtel um das geschlagene Russland legen. So teilte Rosenberg Osteuropa in sieben verschiedene Regionen auf, die jeweils unterschiedlich zu regieren seien.

Die drei baltischen Länder sollten nach Beseitigung der lettischen Intelligenz und der Deportation der »rassisch minderwertigen« Teile der litauischen Bevölkerung dem Deutschen Reich eingegliedert werden.

Die Ukraine stellte sich Rosenberg langfristig als unabhängig vor, aber erst, wie er unsinnigerweise plante, nach der kriegsnotwendigen Ausplünderung.

Weißrussland sei ein hoffnungsloser Fall – rückständig und voller Juden –, es könne niemals unabhängig werden.

Der Kaukasus, eine Vielvölkerregion, sollte mit seinem nördlichen Vorland eine Föderation unter einem deutschen Bevollmächtigten bilden.

Als Rosenberg sein Konzept erläutert hatte, nahm Hitler die Denkschrift, um sie, wie er sagte, am Abend genau durchzulesen. »Für diese ganze russische Frage will ich mir ein Büro einrichten, und Sie sollen es übernehmen«, sagte er. »Was Sie an Geld brauchen, steht Ihnen zur Verfügung. … Rosenberg, jetzt ist Ihre grosse Stunde gekommen!«[588]

Die beiden sahen sich zusammen die Wochenschau an, dann kehrten sie in den Wintergarten zurück und sprachen bis in die Nacht hinein über die Psychologie der Russen und die Rolle der Juden in der UdSSR. »Ich brauche eben hier meine Gefühle nicht näher auszudrücken«, schrieb der verzauberte Rosenberg, als er wieder zu Hause war. »20 Jahre antibolschewistischer Arbeit sollen ihre politische, ja weltgeschichtliche Auswirkung erfahren. … Millionen … und ihr Lebensschicksal wird damit in meine Hand gelegt. Deutschland kann auf Jahrhunderte von einem Druck erlöst werden, der immer wieder, unter verschiedenen Formen, auf ihm lastete. Ob Millionen anderer der Durchsetzung dieser Notwendigkeit einmal fluchen werden, was tut's, wenn nur ein kommendes grosses Deutschland diese Taten der nahen Zukunft segne[t].«

Dann fügte er noch hinzu, Hitler habe ihm sehr detailliert seine eigene Zukunftsvision für Osteuropa erklärt. Was er ihm genau gesagt habe, sei aber so vertraulich, dass Rosenberg sogar davor zurückschreckte, es in seinem privaten Tagebuch niederzulegen: »Der Führer entwickelte dann ausführlich die voraussichtliche Entwicklung im Osten, was ich heute nicht niederschreiben will. Ich werde das aber nie vergessen.«[589]

Was Hitler dem getreuen Rosenberg offenbar nicht sagte, war, dass er nicht die Absicht hatte, seinen Ratschlägen in dieser Hinsicht zu folgen.

Als der Termin des Einmarschs in die UdSSR näher rückte, wurde klar, dass Rosenberg die künftige Zivilverwaltung der besetzten Ostgebiete nicht nur plante. Hitler hatte verfügt, dass nach Kriegsbeginn, wenn sowjetisches Gebiet in deutsche Hand fiel, Rosenberg das neue Ministerium selbst leiten sollte. Niemand sonst hielt es für sinnvoll, Rosenberg die Schlüssel eines Ministeriums anzuvertrauen, besonders eines, das zumindest auf dem Papier fast allmächtig sein würde. Goebbels schrieb, Rosenberg könne »nur theoretisieren… aber nicht organisieren«.[590]

Aber Hitler hatte Hans Lammers, dem Chef der Reichskanzlei, anvertraut, er könne »keinen besseren Mann«[591] für diese Aufgabe als Rosenberg finden, den loyalen Reichsleiter, der sich schon am längsten von allen mit Russland befasse.

Fast sofort begannen ihm seine Rivalen Hindernisse in den Weg zu legen. Keiner war dabei so mächtig und skrupellos wie Himmler, der in den vergangenen anderthalb Jahren die polnische Bevölkerung terrorisiert hatte. Er schickte SS- und Polizeikräfte hinter der Wehrmacht her, um die neu eroberten Gebiete von Juden, kommunistischen Kommissaren, Partisanen und anderen wirklichen und eingebildeten Gegnern zu säubern.

»Im Operationsgebiet des Heeres erhält der Reichsführer SS zur Vorbereitung der politischen Verwaltung Sonderaufgaben im Auftrage des Führers …«, hieß es in einem Geheimbefehl des OKW vom 13. März 1941. »Im Rahmen dieser Aufgaben handelt der Reichsführer SS selbständig und in eigener Verantwortung.«[592]

Unter Berufung auf diesen Erlass weigerte sich Himmler, seine SS- und Polizeieinheiten der Autorität von Rosenbergs neuer Verwaltungsbehörde zu unterstellen.

Rosenberg war sauer. »Dann kann ich den Auftrag nicht übernehmen«,[593] sagte er im April zu Lammers. Rosenberg beklagte sich, er müsse schon jetzt die Macht im Osten mit den Militärbefehlshabern und Görings Vierjahresplanbehörde teilen. Wenn Himmler auch noch schalten und walten könne, wie er wolle, bliebe für sein Ministerium keine Macht mehr übrig.

»Die Polizei kann unmöglich eine Nebenregierung bilden«, zürnte Rosenberg Lammers gegenüber. »Ihre Maßnahmen könnten u.U. die Erreichung der erstrebten politischen Ziele verhindern.«

Lammers versprach, die Sache am nächsten Morgen mit dem Chef der SS zu besprechen. Als das Gespräch immer länger dauerte, wusste Rosenberg schon, dass Himmler sich sperrte. Um Viertel nach zwölf kam Lammers schließlich wieder.

»Hoffnungslos«, schrieb Rosenberg. »H. behauptete, Göring würde alles machen, er hätte dabei freie Exekutive, ich würde beratend dabei sein. Ich sagte L.: Ich habe nicht 20 Jahre ein Problem bearbeitet, um Herrn Himmler zu ›beraten‹, der keinen einzigen Gedanken in dieser Frage gehabt habe u. nur durch meine Arbeiten seit 15 Jahren etwas von Ukraine usw. usw. wisse. Was seine jungen Leute bisher hier herumgestümpert hätten, sei kein Ruhmesblatt gewesen.«

Rosenberg lief wütend davon. Anfang 1941 hatte er sich einen Landsitz am österreichischen Mondsee bei Salzburg gekauft, »ein herrliches Stück Erde inmitten des Paradieses des Salzkammerguts«, komplett mit Obstgarten, Viehhaltung, Waldbestand und einhundertfünfzig Metern Seeufer. Dort saß er jetzt und schmollte. Wieder einmal wollte Himmler »Dinge an sich … reissen«. Er arbeitete nie wirklich, er wollte nur immer mehr Macht. »Er hätte an sich genügend große Aufgaben, die einer Lebensarbeit wert wären.«[594]

Rosenberg sah das alles vor sich ablaufen wie einen Film. Kurz vor dem Gipfel sprang er und sprang zu kurz.

»Das Problem macht schon lange die Partei besorgt, hoffentlich wird es anders enden, als einige Vorläufer«, schrieb er.[595]

Am 2. Mai leitete Rosenberg eine Besprechung mit den wichtigsten Zuständigen für die kommende wirtschaftliche Ausplünderung Osteuropas.[596] Die Folgen des Plans wurden ungeschminkt ausgesprochen. Wenn die Wehrmacht ihren Bedarf aus den besetzten Gebieten deckte, würden »zweifellos zig Millionen Menschen« verhungern,[597] darunter auch sowjetische Kriegsgefangene, für deren Versorgung keinerlei Maßnahmen getroffen wurden.

Nach dem Ende der Besprechung lobte sich Rosenberg in seinem Tagebuch selbst, es sei »gute Generalstabsarbeit« gewesen.[598]

Am selben Tag unterrichtete er Hitler darüber, und daraus entspann sich ein längeres Gespräch über Rosenbergs Auftrag allgemein. Er dankte dem Diktator für sein Vertrauen. Im vergangenen Monat sei er abwechselnd überwältigt und begeistert über die Verantwortung gewesen.[599] Er sollte ein Gebiet verwalten, das sich von der Ostsee bis zum Kaspischen Meer erstrecken würde. Die Gefahren, dass es ins Chaos versank, waren groß. »Wenn ich jetzt immer mehr die Probleme überdenke«, sagte er zu Hitler, »so [steht] die Aufgabe immer grösser vor mir.«

»Es ist aber eine grosse positive Aufgabe, die Sie erhalten«, erwiderte Hitler. Ohnehin müsse er selbst letztlich die Verantwortung tragen.[600] Bei diesen Worten habe Hitler, so Rosenberg im Tagebuch, Tränen in den Augen gehabt.

Am 20. Juni, zwei Tage vor dem Start des Unternehmens Barbarossa, besprach Rosenberg mit anderen Spitzenleuten der Regierung den Plan, die westlichen Teile der UdSSR abzutrennen. Er wollte das anscheinend in zwei Phasen bewerkstelligen: zunächst hartes Durchgreifen während eines kurzen, schnellen Krieges, danach die Bildung von Satellitenstaaten, die vom Reich abhingen. Am wichtigsten war im laufenden Jahr 1941 dabei zunächst die Lebensmittelversorgung der Deutschen; für die der unterworfenen Völker übernahm man keine Verantwortung.

»Wir wissen, dass das eine harte Notwendigkeit ist, die ausserhalb jeden Gefühls steht. Zweifellos wird eine sehr umfangreiche Evakuierung notwendig sein«, sagte er, »und dem Russentum werden sicher sehr schwere Jahre bevorstehen.«[601]

Ungeachtet seiner behaupteten Hoffnung, die Bevölkerung der eroberten Ostgebiete für die deutsche Sache gewinnen zu können, stand Rosenberg doch völlig hinter der Aushungerungsstrategie.

Am Abend des 10. Mai 1941 hatte Rosenberg einen Termin in München bei Rudolf Heß, um ihn über sein neues Amt ins Bild zu setzen. Am Freitag, einen Tag vor dem geplanten Gespräch, rief Heß' Sekretär an: Der Termin müsse auf den Vormittag vorverlegt werden; Heß müsse danach dringend abreisen.

Der Adjutant äußerte sich nicht genauer, und Rosenberg fand die Verschiebung auch nicht weiter auffällig, aber wie sich herausstellen sollte, war es für Heß ein sehr wichtiger Tag, und Rosenberg würde einer der letzten NS-Funktionäre sein, die Heß vor Kriegsende noch zu sprechen bekamen.

Rosenberg konnte nicht mehr rechtzeitig mit dem Zug anreisen, also schickte ihm Heß sein Flugzeug nach Berlin. Als die beiden gegen elf Uhr zusammentrafen, wirkte Heß bleich und angegriffen, obwohl das nicht ungewöhnlich war.[602] Der

»Stellvertreter des Führers« war schon immer ein bedingungsloser Anhänger Hitlers gewesen und hatte sich dadurch seit vielen Jahren eine Machtposition in der NSDAP gesichert. Als besonders intelligent galt er dagegen nicht, und seit Kriegsausbruch bekam er seinen »Führer« kaum noch zu sehen; der stützte sich inzwischen sehr viel stärker auf Heß' Stabschef Martin Bormann.[603]

Rosenberg und Heß diskutierten Personalfragen des geplanten Ostministeriums, aber als Rosenberg in die Einzelheiten gehen wollte, winkte Heß ab. Er wollte nur über die wichtigen Dinge reden, für alles andere war er zu beschäftigt.

Vor dem Mittagessen kam Heß' dreijähriger Sohn herunter, und man plauderte ein bisschen.

»Später erschien es verständlich«, schrieb Rosenberg, »er wollte sich gleichsam von seinem ›Butz‹ verabschieden, der von nunmehr sein Leben lang die Folgen der Tat seines Vaters zu tragen haben wird.«

Heß vertraute Rosenberg nicht an, was ihm zu schaffen machte, aber er war anscheinend sehr besorgt über den bevorstehenden Zweifrontenkrieg. Genau wie Rosenberg glaubte er, Großbritannien sei ein natürlicher Verbündeter des NS-Staates. Käme ein Frieden mit England zustande, hätten Hitler und Deutschland freie Hand für den Kampf gegen die Sowjets.

Heß ließ es nicht bei der Überlegung bewenden. Wenige Stunden nach Rosenbergs Abreise, um achtzehn Uhr, stieg der begeisterte Flieger mit einem Messserschmitt-Jagdflugzeug, das er selbst steuerte, vom Flugplatz Augsburg auf und flog nach Nordwesten. Über Glasgow sprang er mit dem Fallschirm ab; die Maschine zerschellte und brannte aus.

Der Absprung glückte, und Heß verlangte ein Gespräch mit dem Herzog von Hamilton, den er 1936 bei den Olympischen Spielen kennengelernt haben wollte. Heß erzählte dem Herzog, er sei mit einem Friedensangebot für England gekommen; weitere Verhöre ergaben dann aber, dass Hitler davon nichts wusste und Heß die Briten auf eigene Initiative überreden wollte, die Waffen niederzulegen, bevor es zu spät wäre.

Er klang verwirrt und war anscheinend geistig nicht ganz gesund. Die Briten nahmen ihn in Haft und unternahmen erst einmal gar nichts.

Am folgenden Tag erhielt Hitler einen Brief, den Heß hinterlassen hatte. Darin erläuterte der Parteivize seinen Plan und schlug vor, wenn Hitler damit nicht einverstanden sei, könne er ihn einfach als Verrückten abtun. Hitler, dem »direkt übel wurde«, als er Heß' Brief las, wie Rosenberg notierte, tat genau das.

In einer Radiomeldung am Sonntagabend machte die NS-Führung Heß' eigenmächtigen Flug bekannt und erklärte ihn mit einer Geisteskrankheit.

Rosenberg war genauso verblüfft wie jeder andere Parteigenosse. Er hatte das nicht kommen sehen, obwohl er ja nur wenige Stunden vor dem unglaublichen Flug noch gemeinsam mit Heß gegessen hatte. »Wir waren wie vor den Kopf geschlagen«, schrieb er im Tagebuch, »u. versuchten uns zu erklären, was denn geschehen sei. Aber ich dachte, Hess hätte unter schweren Depressionen gelitten, er hätte praktisch wenig zu tun gehabt, die Partei sei seiner Führung entglitten, er habe gefühlt, dass er seinem Posten nicht gewachsen sei ... Die Depression, nichts zu leisten, hatte nach einer gänzlich unerwarteten Seite losgeschlagen. ... wie weit Hess schon in einer unwirklichen Welt lebte. Seine Liebe zu Pendlern, Astrologen, Heilpraktikern usw. sass schon so tief, dass sie tatbestimmend geworden war ... Diese weltfremde Phantastik Rudolf Hess' wird einmal einem künftigen Dramatiker Unterlagen für eine phantastische historische Tragi-Komödie geben.«

Rosenberg sah in Heß' Abgang auch positive Aspekte. Das Dritte Reich sah sich nicht länger der Gefahr gegenüber, einmal von einem »schwer erkrankten Menschen« geführt zu werden.

Die Probleme, die sich daraus für ihn ergaben, sah er nicht voraus. Martin Bormann, der stiernackige »Machiavellist der Schreibstube«,[604] den Rosenberg hasste, zuvor Stabsleiter bei Heß, übernahm nun dessen Dienststelle, die in »Parteikanzlei« umbenannt wurde. Bormann war die klassische Graue Eminenz. Man fand ihn stets an Hitlers Seite. »Heß war dem Führer offenbar auf die Nerven gegangen«, schrieb Rosenberg im Gefängnis nach dem Krieg, »und Bormann besorgte die notwendigen Anfragen und Weisungen. Von diesem Punkte aus begann das Wirken für seine ›Unentbehrlichkeit‹. Während der Gespräche am Tisch kam die Rede auf irgendein Ereignis – Bormann zog sein Taschenbuch heraus und machte eine Notiz. Oder der Führer ärgerte sich über eine Äußerung, eine Maßnahme, einen Film – Bormann notierte. Wenn irgendeine Angelegenheit unklar erschien, stand Bormann auf und kam bald wieder zurück: er hatte in seinem Büro den Auftrag gegeben, sofort nachzuforschen, zu telephonieren, zu telegraphieren, zu schreiben … Es kam dann vor, daß noch vor Beendigung des Essens Bormann eine aufklärende Antwort geben konnte.«[605]

Mit der Zeit sollte Bormann zum Erzfeind Rosenbergs werden.

Die Pläne zur Besetzung der Sowjetunion wurden unentwegt weiterentwickelt. Himmler tat weiterhin alles, um Rosenberg zurückzudrängen, aber auf Görings ausdrücklichen Befehl hin sollte RSHA-Chef Heydrich, der mit der »Endlösung der Judenfrage« beauftragt war, Rosenbergs Ministerium einbinden, wo nötig.[606]

Der zynische, effiziente Heydrich war überall gleichermaßen verhasst wie gefürchtet.[607] Sein Vater war an der Oper, seine Mutter am Theater, und der junge Heydrich nahm Fechtunterricht und spielte Geige. Seine Militärlaufbahn endete abrupt und unehrenhaft, als er die Tochter eines Großindustriellen schwängerte. Daraufhin trat er der SS bei und machte dort schnell Karriere. Er arbeitete unter anderem bei der internen Spionageabwehr der Partei und wurde bald zu einem Liebling Himmlers.

In den Monaten vor dem Unternehmen Barbarossa versuchte Heydrich eine Einigung zwischen Himmler und Rosenberg zu vermitteln. Könnten nicht die Höheren SS- und Polizeiführer (HSSPF) aus Himmlers Sicherheitsapparat gleichzeitig auch als Reichskommissare fungieren, also als Zivilverwalter der neu zu besetzenden Gebiete für Rosenbergs Ostministerium? Eine solche Personalunion wäre im Dritten Reich nicht ungewöhnlich gewesen. Viele hohe Funktionäre trugen mehrere Ämter, was manchmal die Zusammenarbeit der Dienststellen erleichterte, manchmal aber auch zu Interessenkonflikten führte.[608] »Dann würde ja die politische Führung von Polizei-Offizieren gemacht!«, entsetzte sich Rosenberg.[609] Sein Gegenvorschlag: Die SS könne einen Stellvertreter in seinem Ministerium stellen, aber Himmler werde das wohl nicht akzeptieren. »Die SS scheint den Auftrag jetzt hinzunehmen«, schrieb Rosenberg am 1. Mai im Tagebuch.

Aber ein letztes Mal wollte er es noch versuchen. In seinem Tagebuch ermahnte er sich, stark zu bleiben, und schrieb erneut an Himmler, um eine Einigung zu erreichen. »Bin auf s[eine] Reaktion gespannt.«[610]

Der Brief blieb wirkungslos. Himmler arbeitete weiter daran, die Vollmacht, die Hitler Rosenberg mit dem Ministerium gegeben hatte, zu untergraben. Himmler schrieb an Bormann,

»daß der Führer in Beantwortung meiner Frage an die Reichskanzlei erklärt hat, daß ich mit meinem Aufgabenbereich Rosenberg nicht unterstellt bin … Die Art, in der Rosenberg die Frage wieder einmal anschneidet, macht es unendlich schwer, mit ihm von Mensch zu Mensch zusammenzuarbeiten … Mit Rosenberg zu arbeiten, geschweige denn unter ihm, ist bestimmt das allerschwerste in der Partei.«[611] Auch an Reichskanzleichef Lammers wandte sich Himmler: »Besonders in den ersten Wochen und Monaten muß die Polizei bei der Durchführung ihrer überaus schwierigen Aufgabe unter allen Umständen von jeglichen Hemmnissen, die aus Streitigkeiten über Zuständigkeitsfragen folgen können, freigehalten werden.«[612]

Himmler forderte sogar offen, über die Polizeigewalt in den eroberten Gebieten hinaus gebühre ihm eigentlich auch noch die Zivilverwaltung, ein Anliegen, das für Rosenberg natürlich unerträglich war und direkt ins Chaos führen musste.[613]

Diese wichtige Zuständigkeitsfrage war immer noch ungeklärt, als die Wehrmacht in den frühen Morgenstunden des 22. Juni 1941 den Überfall auf die Sowjetunion begann.[614]

Die Rote Armee wurde völlig überrumpelt. Stalin konnte die ersten Berichte über Artilleriefeuer an der anderthalbtausend Kilometer langen Grenze zwischen Finnland und dem Schwarzen Meer erst gar nicht glauben. Gegen die Sowjets marschierte die größte Invasionsstreitmacht aller Zeiten: dreieinhalb Millionen Mann in einer halben Million Lastwagen und Panzer, unterstützt von siebenhunderttausend Geschützen und fast dreitausend Maschinen der Luftwaffe. Die Wehrmacht überrannte das Baltikum und die Ukraine; die Sowjetarmee brach unter dem Ansturm einfach auseinander. Die Rotarmisten starben in Gefechten, zogen sich zurück, flüchteten in die Wälder oder ergaben sich in Massen. Binnen weniger Tage erklärten die deutschen Generäle, man habe den Sieg in der Tasche. Stalin konnte ihnen nicht widersprechen. Ende Juni verließ er den Kreml und zog sich auf seine Datscha im Vorort Kuncevo zurück. »Alles ist verloren«, sagte er seinen Adjutanten.[615]

Hunderttausende sowjetische Soldaten – am Ende würden es mehrere Millionen sein – gerieten in deutsche Kriegsgefangenschaft. Die Wehrmacht hatte nicht vor, sie in ordentlichen Lagern zu internieren; sie sorgte sich nicht einmal um ihr Überleben. Die dem NS-Regime besonders verhassten Kommissare, die politischen Offiziere der Roten Armee, wurden auf Hitlers berüchtigten »Kommissarbefehl« hin ohnehin erschossen, entweder noch im Feld oder später in den Gefangenenlagern. Die gewöhnlichen Rotarmisten wurden, wenn sie überhaupt lebend gefangen genommen wurden, in elenden Marschkolonnen, unter ständigen Schlägen und bei unzureichender Verpflegung, in Lager getrieben, die in der Anfangszeit im Herbst 1941 oft einfach freies Feld mit einem Stacheldrahtzaun darum herum waren, ohne jeden Schutz vor der Witterung. »Sie sahen aus wie verhungerte Tiere, nicht wie Menschen«, schrieb ein Augenzeuge, dessen Tagebuch nach dem Krieg veröffentlicht wurde.[616] Wurden die Gefangenen mit der Bahn transportiert, dann in offenen Viehwaggons, wo sie so zusammengepfercht wurden, dass sie die ganze Fahrt über stehen mussten.

In einigen Lagern war es ebenso eng, und die Kriegsgefangenen mussten ihren Toilettengang inmitten der Kameraden im Stehen verrichten. Als in einem Lager die Baracken in Brand gerieten, wurden alle, die dem Feuer entkamen, erschossen, weil sie ja zu fliehen versucht hatten.[617] In einem anderen Lager baten die Kriegsgefangenen um den Tod, um ihrem Elend zu entkommen. Deutsche Stellen berichteten, es sei zu Fällen von Kannibalismus gekommen. Ende 1941 waren bereits dreihunderttausend kriegsgefangene Sowjetsoldaten umgekommen; bis Kriegsende sollte die Zahl auf über drei Millionen steigen.

Die Gesetze der Geschichte seien nun einmal hart, schrieb Rosenberg, als der Krieg weiterging. Die Russen hätten schließlich Hunderttausende Volksdeutsche getötet und verbannt. »Für diese Morde wird eben die russische Nation als ganze bezahlen müssen …«[618] Die Russen seien selbst schuld, argumentierte er, sie hätten niemals die Kommunisten an die Macht kommen lassen dürfen. Eigentlich seien sie wie Gefangene, die sich mit ihren Wärtern verbündeten und stattdessen ihre Befreier, die es nur gut meinten, bekämpften.

Am 16. Juli 1941 lud Hitler die Spitzenfunktionäre zu einer langen Konferenz in die »Wolfsschanze« ein.[619] Neben Rosenberg nahmen auch Göring, Bormann, Lammers und Wilhelm Keitel, Chef des OKW, an der Besprechung teil.

Hitler erklärte, die Deutschen seien als Befreier zu den Völkern der UdSSR gekommen. Zumindest sei das die offizielle Version. Der wahre Grund müsse natürlich streng geheim bleiben. Niemand wisse bisher, dass es um eine dauerhafte Besiedlung gehe. Es komme darauf an, dass die Führung sich über die zu treffenden Maßnahmen absolut einig sei, »Erschießen, Aussiedeln etc.« Allen müsse eines klar sein, so Hitler, »daß wir aus diesen Gebieten nie wieder herauskommen«.

Es sei jetzt die Aufgabe der Nationalsozialisten, erläuterte er weiter, »den riesenhaften Kuchen handgerecht zu zerlegen, damit wir ihn erstens beherrschen, zweitens verwalten und drittens ausbeuten können«.

Die Männer sahen sich auf den Karten an, wie Hitler sich die territoriale Neugliederung vorstellte. Der Rest des Leningrader Gebiets würde an die Finnen gehen, die nach dem kurzen blutigen Winterkrieg gegen die Sowjetunion 1939/40 Land hatten abtreten müssen und sich dem Unternehmen Barbarossa als deutsche Verbündete angeschlossen hatten, weil sie es zurückwollten. Der Bezirk Bialystok würde von Ostpreußen aus verwaltet, die baltischen Staaten sollten letztlich dem Reich angeschlossen werden. Die Krim sei von den Russen zu räumen und mit Volksdeutschen neu zu besiedeln, die Stadt Leningrad dem Erdboden gleichzumachen.

Hitler lagen bereits Berichte über Partisanen vor, die hinter der Front die Wehrmacht angriffen, aber das beunruhigte ihn nicht weiter. Im Gegenteil, diese erbärmlichen Widerstandsversuche würden den deutschen Behörden die perfekte Rechtfertigung zu hartem Durchgreifen geben, sagte er. »Dieser Partisanenkrieg hat auch wieder seinen Vorteil: er gibt uns die Möglichkeit, auszurotten, was sich gegen uns stellt.«

Ob die deutschen Verwalter vielleicht gepanzerte Fahrzeuge bräuchten, fragte Hitler.

Unnötig, meinte Göring. Sollten die Unterworfenen so dumm sein, sich aufzulehnen, würde die Luftwaffe kurzen Prozess mit ihnen machen. Im von Bormann geführten Protokoll der Besprechung hieß es, »der Riesenraum müsse natürlich so rasch wie möglich befriedet werden; dies geschehe am besten dadurch, daß man Jeden, der nur schief schaue, totschieße«.

Inmitten dieser Visionen schrankenloser Brutalität warb Rosenberg immer noch für seine Pläne, Herz und Hirn zumindest einiger besiegter Völker zu gewinnen – wie er es Hitler schon im April vorgeschlagen hatte –, aber Göring unterbrach ihn gnadenlos: Die Kriegsmaschinerie brauche Rohstoffe, es sei jetzt keine Zeit, auf künftige Verbündete Rücksicht zu nehmen.

Rosenberg stand noch einsamer da, als es dann um die praktische Frage ging, wer die zunächst zwei Reichskommissariate leiten sollte, in die die eroberten Gebiete aufgeteilt werden sollten, erstens das »Ostland« mit dem Baltikum und Weißrussland und zweitens die Ukraine. Die Reichskommissare würden dem Ostministerium und damit Rosenberg unterstehen. Für die als Getreideland enorm wichtige Ukraine wollte der einen treuen Gefolgsmann, aber Hitler überging ihn und setzte ihm Erich Koch vor die Nase, den Gauleiter von Ostpreußen. Rosenberg protestierte. Koch war als brutaler Pragmatiker berüchtigt und trug sogar unter NS-Getreuen den Spitznamen »zweiter Stalin«. Er würde viel zu eigenmächtig handeln und Rosenbergs Anweisungen ignorieren. Bormann notierte: »Der Reichsmarschall wies demgegenüber darauf hin, Rosenberg könne die eingesetzten Leute ja nun nicht ständig gängeln, sondern diese Leute müßten doch sehr selbständig arbeiten.« Immerhin erklärte Hitler sich bereit, im Reichskommissariat Ostland Rosenbergs Wunschkandidaten Hinrich Lohse einzusetzen.

Nach der Besprechung reichten sich Rosenberg und Göring die Hand. »Auf gute Zusammenarbeit also«, sagte der Reichsmarschall.

Rosenberg war skeptisch.

Himmler war bei dieser Besprechung nicht anwesend; seine Kompetenzen in den neu eroberten Ostgebieten standen bereits fest.

Im Juni hatte er argumentiert, weil Hitler ihm die Neubesiedlung der neuen Gebiete im Osten mit Volksdeutschen übertragen habe, gebühre ihm auch die Zuständigkeit für »Befriedung und politische Stabilisierung« dort. Zwei Tage vor der Besprechung vom 16. Juli hatte Himmler sogar schon einen Generalplan für den Wiederaufbau des Ostens entwerfen lassen.

Rosenberg widersetzte sich wortreich diesem Übergriff des Reichsführers SS auf sein Territorium, und er schien auch zu gewinnen – aber nur auf dem Papier. Himmler bekam zwar nicht ausdrücklich die gewünschte Zuständigkeit für die Ostgebiete, wohl aber die Freiheit, dort im Rahmen seiner Aufgabe unabhängig von Rosenberg vorzugehen.[620] Die Reichskommissare würden nicht nur von ihrem nominellen Vorgesetzten Rosenberg, sondern in Polizeifragen auch von Himmler Befehle bekommen. In dringenden Fällen musste Himmler den Ostminister nicht einmal vorab über diese Befehle an die Reichskommissare informieren. Auf allen Verwaltungsebenen war außerdem der Zivilverwaltung ein SS- und Polizeiführer zugeordnet, der seine Befehle ohnehin von Himmler bekam.

Auch die Geografie spielte Himmler in die Hände. Rosenberg leitete sein Ministerium vom weit entfernten Berlin aus, während der Reichsführer SS ständig in den eroberten Ostgebieten unterwegs und damit vor Ort war, um sofort mit Befehlen auf veränderte Umstände reagieren zu können. So vergrößerte sich sein Spielraum noch weiter.

Für den neuen Reichsminister war es also ein Pyrrhussieg. Wie war es bloß so weit gekommen, dass er dreieinhalb Monate nach seinem Triumph mit einem Ministerium dastand, das nicht richtig funktionieren konnte? War das Ostministerium am Ende für Hitler bloß ein Deckmantel für die Ausbeutung und die Massenmorde, die hinter den Kulissen abliefen, ein Feigenblatt, das der Öffentlichkeit eine geregelte Verwaltung vorgaukeln sollte?[621]

Auch Hinterzimmerintrigen haben vielleicht eine Rolle gespielt, als das Ostministerium entstand. Rosenberg hatte unerwarteterweise Unterstützung von Bormann bekommen. Der mochte ihn zwar nicht, hielt ihn aber, als das Besatzungsregime eingerichtet wurde, für den richtigen Mann, weil er ihn kontrollieren oder bei Bedarf auch übergehen konnte.[622] Deshalb sprach sich Bormann in seiner stillen, aber hartnäckigen Weise für Rosenberg aus, allerdings nicht für die umfassenden Vollmachten, die dieser eigentlich wollte.

»Ich hatte eine Riesen-Aufgabe erhalten«, schrieb Rosenberg drei Tage nachdem Hitler den Erlass unterzeichnet hatte, der ihn mit dem Reichsministerium für die besetzten Ostgebiete betraute, »wohl die größte, die das Reich zu vergeben hat, die Sicherung für Jahrhunderte, die Unabhängigkeitsmachung Europas von Übersee.«[623] Rosenberg wünschte sich, Hitler hätte ihm auch »volle Befehlsgewalt für diese Aufgabe« gegeben, aber er würde sich auch so seinen innerparteilichen Gegnern nicht geschlagen geben.

Er war jetzt ein leibhaftiger Reichsminister, und er würde diese Machtstellung nutzen.

In den nächsten drei Jahren, als das NS-Regime die antisemitischen Hassparolen, die hauptsächlich aus Rosenbergs Ideen entstanden waren – Ideen, die er selbst mit aller wünschenswerten Klarheit in seiner Radioansprache vom März 1941 bekräftigt hatte, als er zu einer »säubernden biologischen Weltrevolution« aufrief –, in die Tat umsetzte, sorgte Rosenberg dafür, dass sein Ostministerium tatkräftig dabei mithalf.

Ein Mitglied der Einsatzgruppen während der Erschießung eines jüdischen Ukrainers, Vinnitsa, Ukraine.

(U.S. Holocaust Memorial Museum, courtesy of Sharon Paquette)

18

»Sonderaufgaben«

Die Gäste an den Tischen des Stehempfangs in der Reichskanzlei, den Hitler gab, schienen bester Laune.[624] Außer Rosenberg waren auch Bormann, Heß und Lammers anwesend. Es war Januar 1940, anderthalb Jahre vor dem Unternehmen Barbarossa, und die NS-Führung sprach über die naheliegenden ernsten Themen – den Krieg mit England und den Fortgang der ethnischen Säuberung in Polen –; irgendwann schlich sich dann aber schwarzer Humor in die Runde ein.

Es ging um die Juden, und Rosenberg prophezeite »ein furchtbare[s] Judenpogrom«, wenn die Völker der Sowjetunion erst einmal erwachten und ihre antisemitische Wut ausbreche.

Hitler lächelte und bemerkte trocken, wenn es in der Sowjetunion zu Massakern käme, würden die europäischen Mächte ja vielleicht *ihn* bitten, einzuschreiten und die Ostjuden zu beschützen.

Die versammelten Spitzenfunktionäre brachen in fröhliches Gelächter aus.

Und, so fuhr Hitler mit erhobener Stimme über den Lärm fort, vielleicht könnten er und Rosenberg ja einen Kongress auf die Beine stellen, um die brennende Zeitfrage der »humanen Behandlung der Juden« zu erörtern …

Bei seiner Radioansprache anlässlich der Eröffnung des Instituts zur Erforschung der Judenfrage im März sagte Rosenberg, die Judenfrage sei nicht gelöst, bis der letzte Jude Europa verlassen habe. Himmler und Heydrich, dem Leiter des RSHA, würde die Aufgabe zufallen, diese Worte in die Tat umzusetzen.

Zu Anfang 1941 legte die NS-Judenpolitik noch die Annahme zugrunde, alle Juden würden letztlich in ein weit entferntes Land deportiert und dort in ein Reservat gesperrt. Die Insel Madagaskar vor der Küste Südostafrikas, damals eine französische Kolonie und fast achttausend Kilometer von Europa entfernt, war lange ein Favorit gewesen, aber schließlich aus logistischen Gründen verworfen worden. Das Unternehmen Barbarossa legte jetzt eine praktischere Lösung nahe: Das geplante Judenreservat könnte ja in den von der sicher bald besiegten Sowjetunion neu eroberten Gebieten eingerichtet werden. Aber schon vor Jahresende war der Vormarsch der Wehrmacht im Osten stecken geblieben, und das Regime vollzog einen radikalen Schritt: Jetzt ging es auf einmal um die vollständige physische Ausrottung der Juden.

Die ersten Opfer der neuen Strategie sollten die jüdischen Einwohner der baltischen Staaten, Weißrusslands und der Ukraine werden; Rosenberg und die Zivilverwaltung seines Ostministeriums würden eine wichtige Unterstützerrolle bei diesem Völkermord spielen.[625]

Ein grundlegender ideologischer Irrtum Rosenbergs lag jetzt nämlich der deutschen Strategie im Osten zugrunde: Schon seit 1919 behauptete der »Kirchenvater des Nationalsozialismus«, hinter den kommunistischen Bewegungen in der UdSSR wie auch anderen Ländern steckten die Juden; dieses Pauschalurteil wurde dermaßen aufgeblasen und verdreht, bis das NS-Regime davon ausging, alle Juden seien Kommunisten, und um die rote Gefahr zu besiegen, müsse man folglich die Juden eliminieren.

Hitler machte sich diesen absurden Fehlschluss zu eigen, und im Vorfeld des Überfalls auf die Sowjetunion wurde er zu einer der Grundlagen der Befehle an die vorwärtsstürmenden Truppen. Dies sei, so erfuhren die Wehrmachtssoldaten, kein gewöhnlicher Krieg, sondern das Aufeinandertreffen zweier unversöhnlicher Weltanschauungen, des Nationalsozialismus und des Bolschewismus, und zweier Rassen, der Arier und der Juden.[626] In vorbereitenden Reden an die Wehrmachtsführung drängte Hitler die Generäle, in diesem »Vernichtungskampf« unter »Anwendung brutalster Gewalt« vorzugehen. Richtlinien, die an die Soldaten ausgegeben wurden, erklärten jeden Rotarmisten zum Todfeind. Dieselben Anweisungen erhielten auch die SS- und Polizeieinheiten und Einsatzgruppen, die das eroberte Gebiet »befrieden« sollten. In der kalten, verschleiernden Sprache militärischer Befehle handelte es sich hier um »Sonderaufgaben«, die Hitler dem Reichsführer SS übertragen hatte.[627]

Zu Anfang des Krieges, als die Einsatzgruppen auf die eroberten Ostgebiete losgelassen wurden, gab Heydrich Befehle aus, die seinen Männern großen Ermessensspielraum einräumten, wer erschossen werden sollte: Kommunisten, jüdische Mitglieder der KPdSU, jüdische Beamte und »andere radikale Elemente (Saboteure, Propagandisten, Heckenschützen, Attentäter, Agitatoren usw.)«.[628] Himmler sagte den Einsatzkräften zu Beginn des Einmarschs: »Auf der anderen Seite steht ein 180-Millionen-Volk, ein Gemisch aus Rassen und Völkern, deren Namen schon unaussprechlich sind, und deren Gestalt so ist, daß man sie bloß ohne Gnade und Barmherzigkeit zusammenschießen kann … Dieses Volk ist vom Juden in einer Religion, in einer Weltanschauung zusammengefaßt, die Bolschewismus genannt wird …«[629]

Zuerst fielen Himmlers Einsatzgruppen und Sicherheitskräften ausschließlich Männer zum Opfer. Es ging ja angeblich um die Bekämpfung von Partisanen, sowjetischen Agenten, kommunistischen Agitatoren und der jüdischen Intelligenz. Die Opfer wurden als Plünderer, Saboteure, Propagandahetzer und Seuchenverbreiter bezeichnet.

Sehr schnell allerdings wurden auch Frauen und Kinder in die Mordaktionen mit einbezogen, denen bald Hunderttausende Zivilisten in den besetzten Gebieten zum Opfer fielen.

Gewöhnlich wurden die Juden auf Einem zentral gelegenen Platz zusammengetrieben und dann an eine einsame Stelle außerhalb des Ortes geführt. Wenn noch keine Massengräber ausgehoben waren, mussten die Ersten, die ankamen, sie selbst graben. Man erschoss die Opfer am Rand der Gruben, sodass sie hineinstürzten, oder ließ sie sich zuerst hineinlegen – ab der zweiten Gruppe dann auf die Leichen der bereits Erschossenen. Anschließend wurden sie mit Erde bedeckt; manche noch lebend.[630]

Die größte Massenerschießung fand Ende September 1941 nahe der ukrainischen Hauptstadt Kiew statt, nachdem Bomben und Minen russischer Partisanen das Hauptquartier der deutschen Besatzer zerstört hatten. Die wütenden NS-Behörden machten dafür die sowjetische Geheimpolizei verantwortlich und rächten sich stellvertretend an den Kiewer Juden. Diese wurden mit Bekanntmachungsplakaten aufgefordert, sich am 29. September zur »Umsiedlung« auf einer bestimmten Kreuzung zu versammeln. Papiere und Geld, auch Gepäck und Schmuck, seien mitzubringen. Es war der Tag vor dem jüdischen Jom-Kippur-Fest.

Die zusammenströmenden Juden fanden allerdings keinen Zug vor, der sie irgendwohin umsiedeln würde, sondern wurden zu einer Straßensperre vor dem jüdischen Friedhof der

Stadt getrieben. Die in der Schlange Wartenden wussten bald, was ihnen bevorstand, als aus der Ferne Gewehrschüsse zu hören waren.

An der Sperre gaben sie ihre Habseligkeiten ab, einschließlich Eheringen und Kleidung. In Gruppen zu jeweils zehn wurden sie dann unter Schlägen in eine Schlucht namens Babi Jar getrieben. Dort wurden in den folgenden Tagen insgesamt 33 761 Menschen erschossen. »Da die Leichen später exhumiert, auf Scheiterhaufen verbrannt und die nicht verbrannten Knochen zermahlen und mit Sand vermischt wurden«, schreibt der Historiker Timothy Snyder, »ist die Zahl alles, was bleibt.«[631]

Babi Jar war nur eines unter zahlreichen solcher Massaker in der zweiten Jahreshälfte 1941. Im August wurden im westukrainischen Kamenec-Podolsk über 23 000 ausländische Juden aus Ungarn – hauptsächlich Russen und Polen – getötet, im Oktober zehntausend weitere in Dnjepropetrovsk. Die ganze Zeit über verschwanden bei kleineren Aktionen die Juden aus Dörfern und Städten zwischen Ostsee und Schwarzem Meer.

Ostminister Rosenberg in Berlin wurde laufend durch Berichte ins Bild gesetzt, welche Orte in seinem riesigen Zuständigkeitsgebiet »judenfrei« gemacht worden seien.

Und es waren nicht nur Orte, sondern ganze Länder, als erstes Rosenbergs alte Heimat Estland. Sämtliche fünfzehnhundert estnischen Juden wurden ermordet. Im September freute sich Rosenberg über den Bericht zweier Beamter seines Ministeriums, die von einer dienstlichen Inspektionsreise durch Lettland und Estland zurückkehrten. Dort, so sagten sie, seien die Menschen – soweit noch am Leben nach dem Einmarsch der Wehrmacht – froh über die Befreiung von der brutalen sowjetischen Besatzungsherrschaft in den Jahren 1940/41, während derer Tausende Esten, Letten und Litauer hingerichtet, deportiert oder in die Rote Armee gezwungen worden waren.

»Jetzt wo Juden u. Kommunisten ausgemerzt sind«, schrieb Rosenberg nach dem Gespräch in sein Tagebuch, »lebt das Volk auf.«[632]

Vielerorts komplizierten sich die Tötungsaktionen der deutschen Besatzer, weil die Juden, die man ausrotten wollte, gleichzeitig als Zwangsarbeiter gebraucht wurden. Die als arbeitsfähig eingestuften Juden blieben vorläufig am Leben und vegetierten in furchtbarer Ungewissheit dahin, während sie zuschauen mussten, wie die Polizei ihre Nachbarn abholte.

Minsk, die Hauptstadt Weißrusslands, bot ein gutes Beispiel. Die Stadt fiel bereits am sechsten Tag des Vormarschs in die Hand der Wehrmacht. Anfang Juli wurden alle Männer unter fünfundvierzig Jahren zusammengetrieben und in ein provisorisches Lager auf freiem Feld gesperrt.[633] Über 140 000 Kriegsgefangene und Zivilisten drängten sich hier in einem Bereich von der Größe eines städtischen Platzes zusammen. Nahrung und Wasser waren unzureichend. Die Männer wurden mit Gummiknüppeln geschlagen; jede Ausrede war recht, sie zu erschießen. Rosenberg erhielt noch im Juli Meldung über die Zustände in diesem Lager. Offenbar gab es nur eine begrenzte Anzahl von Wärtern, die tagelang ohne Ablösung Dienst taten und sich erbarmungslos ausschließlich in der Sprache der Waffen an die Gefangenen richteten.[634] Nach einer Weile wurden die Gefangenen nach Volkszugehörigkeit und »Rasse« getrennt. Die Russen und Polen ließ man frei. Die Juden nicht.

Eines Morgens forderten die Wachen alle gebildeten Juden – Ingenieure, Ärzte, Buchhalter – auf, sich zur Arbeit registrieren zu lassen; zwei Tage später wurden die Betreffenden aus dem Lager geführt und erschossen. Die Zurückgebliebenen mussten in die Stadt zurückkehren, wurden mit dem Rest der Minsker Juden in ein Ghetto gesperrt und zur Zwangsarbeit für die Besatzer herangezogen. Das Minsker Ghetto hatte anfänglich über siebzigtausend Bewohner und war damit das größte in den besetzten Teilen der Sowjetunion.

Die Juden hungerten bei mageren Rationen und Kartoffelschalen und lebten in Angst und Schrecken. »Immer wieder raste die Gestapo mit ihren Lastwagen durch das Ghetto und begann, willkürlich Menschen zu verhaften«, schrieb Michajl Gritschanik, gelernter Schneider, der in einer Minsker Bekleidungsfabrik arbeitete und mehrere Monate im Ghetto verbrachte, bis ihm die Flucht gelang. »Sie drangen in Wohnungen ein, schlugen die Menschen mit Gummiknüppeln zusammen und nahmen sie mit. Angeblich sollten sie beim Torfabbau oder dergleichen eingesetzt werden. Niemand sah sie jemals lebend wieder.«

Im September sah der Patriarch der Familie Kovarskij angeblich mit an, wie die Polizei sein Haus stürmte und, während er selbst sich mit einem seiner Söhne versteckte, seine anderen beiden Söhne, seine beiden Töchter und die Großmutter ermordete. Die ältere Tochter musste sich zuvor ausziehen und für die Polizisten auf einem Tisch tanzen.[635]

Schwarze Lastwagen mit verdeckten Fenstern fuhren nachts durch die Straßen und luden Juden, Partisanen, obdachlose Kinder auf. Die Ghettobewohner entdeckten zu ihrem Schrecken, dass diese Lkw experimentelle Gaswagen waren. Sie waren so umgebaut, dass die Abgase in das abgedichtete Hinterabteil des Fahrzeugs geleitet wurden, sodass die dort Eingesperrten an Kohlenmonoxidvergiftung starben. Bei den Juden hießen diese Fahrzeuge »Seelenvernichter«.

Am 7. November 1941 trieb die Polizei die gesamte Einwohnerschaft des Ghettos aus den Häusern auf die Straße. »Das Geheul von Todesangst und Schrecken, die verzweifelten Schreie, das Weinen der Kinder, das Schluchzen der Frauen … hörte man in der ganzen Stadt«, erinnert sich Sofija Ozerskaja, eine Lehrerin und Überlebende des Ghettos.[636] Das Datum war nicht ohne Bedeutung: der Jahrestag der Großen Sozialistischen Oktoberrevolution. Die Besatzer zwangen die Ghettobewohner höhnisch, eine Parade zu diesem Anlass zu inszenieren: Die Juden mussten ihre Sonntagskleider anziehen und dann hinter einem Mann, der eine rote Fahne hielt, unter Absingen patriotischer Lieder durch die Straßen ziehen. Danach wurden alle Juden auf Lastwagen verladen und in ein nahe gelegenes Lager gebracht, wo sie in Getreidelagerschuppen auf den Tod warteten. In den folgenden Tagen wurden sie hinausgeführt, erschossen und in Gräben geworfen. Bei dieser Aktion starben 12 000 Menschen.

Zwei Wochen später wurden weitere 7000 zusammengetrieben und erschossen. Ein jüdischer Barbier namens Levin, den einige Besatzungsoffiziere kannten und als Fachkraft von der Vernichtung ausnehmen wollten, flehte den Kommandanten an, auch seine Frau und seine Tochter zu schonen. Der Kommandant stellte Levin stattdessen vor die Alternative: entweder die Frau oder die Tochter, aber nicht beide.

»Levin entschied sich für seine Tochter«, berichtet Michajl Gritschanik, der Schneider. »Als die Arbeiter in die Fabrik gebracht wurden, waren sie weiß wie Papier und brachten kein Wort heraus.«

Danach herrschten die Besatzer noch weitere drei Jahre in Minsk.

Während Himmlers Einsatzgruppen diese Massaker verübten, nahmen zwei Untergebene Rosenbergs ihre Tätigkeit in den eroberten Gebieten auf: der Reichskommissar Ukraine, Erich Koch, und der Reichskommissar Ostland, Hinrich Lohse.

Lohse wurde Ende Juli 1941 nach Gesprächen mit Regierungsfunktionären in Berlin, darunter auch Hitler selbst, ins litauische Kaunas entsandt. Dort traf sich Rosenbergs Statthalter zweimal mit Himmler und wurde über die Vernichtung der litauischen Juden informiert, die bereits im Gange war. Im Juli wurden in ganz Litauen fünfzehntausend Juden verhaftet, aus den Orten getrieben, erschossen und dann in Massengräbern verscharrt.[637] Am 1. August kehrte Lohse nach Berlin zurück und berichtete Rosenberg und anderen Spitzenbeamten des Ostministeriums von seinem Besuch. Er schätzte die Zahl der jüdischen Opfer in Litauen auf zehntausend und sagte, die Erschießungen gingen Nacht für Nacht weiter. »Die Juden sollten restlos aus diesem Gebiet entfernt werden.«[638]

Am Tag nach der Besprechung ging Lohse an die Koordinierung der Judenpolitik mit dem SS-Führer in seinem Reichskommissariat. Er folgte dabei Richtlinien Rosenbergs, die dieser im Frühling bei der Planung der Zivilverwaltung im Osten ausgegeben hatte: »Arbeitszwang der Juden, Ghettoisierung usw.« als »zeitweilige Übergangslösung« der Judenfrage.[639] Lohse präzisierte diese Anweisungen: Juden wurden aus den ländlichen Gebieten entfernt und in den Städten konzentriert. Sie durften diese nicht ohne Genehmigung verlassen, konnten jederzeit festgenommen werden, falls notwendig, mussten den gelben Stern tragen, durften keine Bürgersteige mehr betreten und nicht mehr mit Pkw oder öffentlichen Verkehrsmitteln fahren. Sie durften keine Theater, öffentlichen Bibliotheken, Museen, Schwimmbäder, Spielplätze und Sportanlagen mehr besuchen, und ihr Eigentum wurde beschlagnahmt.

Das war zwar schlimm genug, aber noch nicht so schlimm, wie es sich die SS vorstellte, die diesen Eingriff in ihren Zuständigkeitsbereich sehr ärgerlich vermerkte.

In einem Schreiben an Lohse erklärte Franz Stahlecker, der Leiter der Einsatzgruppe A im Ostland, Lohse ignoriere, dass jetzt zum ersten Mal überhaupt eine »radikale Behandlung der

Judenfrage« möglich sei. Er bat um ein Gespräch, um diese Frage zu klären, »zumal da der Entwurf grundsätzliche, schriftlich nicht zu erörternde Befehle von höherer Stelle an die Sicherheitspolizei erheblich berührt«.[640]

Lohse revidierte daraufhin seine Anweisungen, betonte, es handele sich nur um »Mindestmaßnahmen«, und die Zivilverwaltung habe sich nicht in die Arbeit von Himmlers Leuten einzumischen.[641] Nach der Herausgabe der Anweisungen schrieb Stahlecker an die Offiziere seiner Einsatzgruppe und versicherte ihnen, die SS genieße Lohses vollste Unterstützung bei der tödlichen Lösung der Judenfrage.[642]

Stahlecker hatte recht. Bei diesem Disput wie bei zahlreichen anderen, die 1941 und 1942 zwischen der SS und dem Ostministerium ausbrachen, ging es hauptsächlich um Zuständigkeitsfragen. Sollte die Judenpolitik in den Ostgebieten als Polizeiangelegenheit gelten, womit sie der SS oblag, oder als politische Frage, wofür das Ministerium zuständig war? Rosenberg hatte seinen Kampf, sich als oberste Autorität im Osten zu etablieren, noch lange nicht aufgegeben. Ein hoher Beamter seines Ministeriums hielt das für unklug. Otto Bräutigam war weitsichtig genug zu sagen, in der Judenfrage halte er es durchaus für sinnvoll, die Zuständigkeit der SS- und Polizeiführer zu betonen.[643]

Im September 1941 setzte Rosenberg eine verhängnisvolle Maßnahme in Kraft.[644] In Berlin war bekannt geworden, dass Stalin die 600 000 Wolgadeutschen in Russland aus ihrer autonomen Republik nach Sibirien und Kasachstan verbannen ließ. Rosenberg empfahl daraufhin, Hitler solle zur Vergeltung alle Juden aus Mitteleuropa in den Osten deportieren lassen.

Hitler hatte bisher gezögert, die Vertreibung der Juden in Angriff zu nehmen. Er wollte damit warten, bis er nach einem kurzen und mühelosen Krieg die Sowjetunion besiegt hätte. Aber die Rote Armee hatte sich nach den katastrophalen Rückschlägen der ersten Wochen wieder gesammelt und leistete Widerstand. Zwei Monate nach Beginn des Feldzugs zeichnete sich ab, dass die Sowjetunion keineswegs unmittelbar vor dem Zusammenbruch stand.

Nach mehreren Gesprächen mit Ribbentrop und Himmler entschloss sich Hitler daraufhin, nicht länger abzuwarten, und befahl dem Reichsführer SS am 17. September, mit den Deportationen reichsdeutscher Juden zu beginnen.

Goebbels war begeistert.

Weniger begeistert war die Besatzungsbürokratie im Reichskommissariat Ostland, die sich mit einer Zunahme der Zahl der Juden in ihrem Gebiet und geplanten neuen Konzentrationslagern in Riga und Minsk abfinden sollte.[645] Als Rosenberg davon erfuhr, beruhigte er seine Untergebenen vor Ort – keine Sorge, das sei nur vorübergehend, bald genug würden die Juden für immer verschwunden sein. Erhard Wetzel, der als Berater Rosenbergs in Rassenfragen fungierte, entwarf eine Antwort an Lohse, in der es auch um die Idee von »Vergasungseinrichtungen«[646] in Riga ging, die für die »nicht arbeitsfähig[en]« Juden dienen sollten. Viktor Brack hatte bei der Tötung Zehntausender geistig Behinderter mitgewirkt, dem Euthanasieprogramm, und hier waren die Betroffenen teilweise auch mit tödlichem Gas umgebracht worden. Brack half gerne mit einigen Technikern aus, die er nach Riga schickte, um Lohse eine entsprechende Anlage zu bauen.

Es ist unbewiesen, ob aus dem Entwurf ein offizielles Schreiben an Lohse wurde, und aus dem Plan wurde auch nichts – die Vernichtungslager wurden dann im besetzten Polen errichtet –, aber bemerkenswert daran ist das offene Eingeständnis, dass Rosenbergs Ministerium nichts dagegen hatte, »wenn diejenigen Juden, die nicht arbeitsfähig sind, mit den Brackschen Hilfsmitteln beseitigt werden«.[647]

Am 4. Oktober traf sich Heydrich mit führenden Vertretern des Ministeriums und drängte auf Zusammenarbeit.[648] Er wolle keinen Streit, »da die Durchführung der Behandlung der Juden in jeder Beziehung sowieso in den Händen der Sicherheitspolizei« liege, wie er erklärte. Aber im Herbst 1941 erhoben einige Zivilbeamte des Reichskommissariats Ostland Einwände gegen Tötungsaktionen durch die entfesselten Sicherheitskräfte.

Es ging dabei nicht um Widerspruch gegen das Töten von Juden an sich. Kein echter Nationalsozialist wollte in der Judenfrage weichherzig wirken. Die Beamten erhoben vielmehr Einspruch, weil sie nicht um Genehmigung gebeten worden waren, weil offen vor aller Augen durchgeführte Massaker die Bevölkerung in Aufruhr versetzten oder weil sie die erschossenen Juden noch als Zwangsarbeiter gebraucht hätten.

Heinrich Carl, einer von Lohses Gebietskommissaren, berichtete etwa, am Morgen des 27. Oktober sei ein Offizier mit einem Bataillon Polizei im weißrussischen Sluzk erschienen und habe erklärt, sein Befehl laute, sämtliche Juden in der Stadt sofort zu liquidieren.[649] In einer Aktennotiz, die auf dem Dienstweg bis zu Lohse gelangte, beschwerte sich Carl, er sei nicht vorab informiert worden und brauche außerdem die Juden, soweit sie Handwerker, Gerber, Schreiner und Schlosser seien. Wenn man sie exekutierte, könnten die Produktionsbetriebe in der Stadt auch gleich dichtmachen. Aber der Polizeikommandant beharrte gegenüber Carl darauf: »In diesen beiden Tagen müßte die Stadt Sluzk unbedingt frei von Juden sein.«

Die uniformierte Mordbande ging mit »unbeschreiblicher Brutalität« ans Werk, die an »Sadismus« gegrenzt habe. Die Juden wurden vom Arbeitsplatz weg auf Lkws gezerrt, vor die Stadt gefahren und dort erschossen. Schläge mit Gummiknüppeln und Gewehrkolben trieben die Widerspenstigen an. »Überall in der Stadt knallte es«, schrieb Carl in seinem Memorandum, »und in den einzelnen Straßen häuften sich Leichen erschossener Juden.«

Einige Juden seien lebendig begraben worden, ein Mädchen sei panisch in der Stadt umhergelaufen und habe versucht, Geld aufzutreiben, um seinen Vater freizukaufen.

Die Polizisten hätten die Leichen ihrer Uhren und Ringe beraubt und in den Häusern nach Stiefeln, Leder und Gold gesucht, so viel sie nur tragen konnten. Die nicht jüdische Bevölkerung von Sluzk sei »fassungslos« gewesen, schrieb Carl. »Ich bin der Ansicht, ... daß es lange dauern wird, bis wir das verlorene Vertrauen der Bevölkerung wiedergewinnen.«

Ungefähr zur selben Zeit berichtete ein anderer Gebietskommissar, in der lettischen Hafenstadt Libau hätten Tötungsaktionen für große Unruhe gesorgt. »Sogar die Offiziere haben mich gefragt, ob es wirklich notwendig gewesen sei, Kinder zu liquidieren.«[650] Lohse verbot daraufhin weitere Erschießungen in dieser Stadt. Himmler ließ sofort durch Boten intervenieren. »Sagen Sie Lohse, das geschieht auf meinen Befehl, der dem Wunsch des Führers entspricht.«[651]

Die SS gab im Ostministerium einen förmlichen Protest zu Protokoll und forderte Lohse auf, sein Handeln zu erklären.

»Ich habe die wilden Judenexekutionen in Libau untersagt, weil sie in der Art ihrer Durchführung nicht zu verantworten waren«, antwortete Lohse. »Ich bitte, mich zu unterrichten, ob Ihre Anfrage vom 31. Oktober als dahingehende Weisung aufzufassen ist, daß alle Juden im Ostland liquidiert werden sollen?« Lohse hatte keine besonderen Hemmungen, Juden umbringen zu lassen, aber diese Juden brauchte er noch.

»Selbstverständlich ist die Reinigung des Ostlandes von Juden eine vordringliche Aufgabe. Ihre Lösung muß aber mit den Notwendigkeiten der Kriegswirtschaft in Einklang gebracht werden.«[652] Der Reichskommissar wollte sich nicht eines wertvollen Reservoirs an Zwangsarbeitern berauben, bevor der menschliche Nachschub eingearbeitet war.

Die Antwort aus dem Rosenberg-Ministerium fiel kryptisch aus. Besprechungen in Berlin hätten die Sache geregelt. »In der Judenfrage dürfte inzwischen durch mündliche Besprechungen Klarheit geschaffen sein«, hieß es in dem Schreiben. »Wirtschaftliche Belange sollen bei der Regelung des Problems grundsätzlich unberücksichtigt bleiben.«[653] Lohse solle sich an die SS wenden, wenn er noch Fragen habe.

Er hatte wohl keine, jedenfalls verfolgte er die Sache nicht weiter.

Die erwähnten mündlichen Vereinbarungen zur Klärung der Judenfrage kamen Mitte November bei einer Besprechung Rosenbergs mit Himmler zustande.[654] Am 15. November, einem Samstag, aßen die beiden Spitzenfunktionäre gemeinsam zu Mittag und redeten danach etwa vier Stunden lang über die Streitigkeiten zwischen Rosenbergs Zivilbeamten und Himmlers Sicherheitskräften.

Unbekannt ist, ob Himmler dabei Rosenberg seine zunehmend radikalen Pläne zur Vernichtung der Juden Europas in Einzelheiten erläuterte. Inzwischen hatte der Bau der ersten Gaskammeranlage im Vernichtungslager bei Belzec im Südosten Polens begonnen. Seitdem Himmler im August einer Massenerschießung in Minsk beigewohnt hatte, suchte er nach effizienteren Vernichtungsmethoden, weil er meinte, es sei eine zu große seelische Belastung für die Mörder, wenn sie Tausende Juden erschießen müssten.

Drei Tage nach diesem Arbeitsessen mit Himmler sprach Rosenberg jedenfalls vor der Presse von der »biologischen Ausmerzung« der Juden.

Am Dienstag, den 18. November, wurden die Journalisten zu einer nachmittäglichen Pressekonferenz im Dienstsitz des Reichsministeriums für die besetzten Ostgebiete eingeladen, einem großen kalksteinverkleideten Bau am südwestlichen Rand des Tiergartens in Berlin. Der Termin war die offizielle Vorstellung Rosenbergs als Ostminister. Seine Ernennung war gerade erst bekannt gegeben worden, weil Hitler die geplante Besatzungsbehörde während der Anfänge des Unternehmens Barbarossa lieber noch geheim halten wollte.

Rosenberg trat der Presse in Zivil gegenüber – er trug Nadelstreifen mit dem Parteiabzeichen am Revers – und erklärte den Reportern, auf dieser Konferenz wolle er in Grundzügen erläutern, was im Osten vor sich gehe. Schreiben dürften sie aber nicht darüber, zumindest noch nicht. Dies sei eine vertrauliche Besprechung, um ihnen Hintergründe und Zusammenhänge klarzumachen. Die Presse würde sich daran halten – alle Zeitungen waren natürlich gleichgeschaltet, unterstanden der Kontrolle des Propagandaministeriums und berichteten regimetreu.

Da über Rosenbergs Rede tatsächlich nichts in der Zeitung stand, weiß man nur davon, weil sich nach dem Krieg ein Exemplar in seinen Unterlagen fand. Rosenberg sprach zunächst über seine Pläne für die dauerhafte Zerschlagung der Sowjetunion und die Ausbeutung ihrer Bodenschätze, dann wandte er sich der Judenfrage zu.

»Im Osten leben immer noch etwa 6 Millionen Juden, und diese Frage kann nur gelöst werden in einer biologischen Ausmerzung des gesamten Judentums in Europa«, erklärte er.[655] »Die Judenfrage ist für Deutschland erst gelöst, wenn der letzte Jude das deutsche Territorium verlassen hat, und für Europa, wenn kein Jude mehr bis zum Ural auf dem europäischen Kontinent steht. Das ist die Aufgabe, die uns das Schicksal gestellt hat.« Er erinnerte an die deutsche Niederlage nach dem Ersten Weltkrieg: »Der 9. November 1918 ist für uns Schicksals- und Entscheidungstag gewesen. Damals hat das Judentum gezeigt, dass es auf die Vernichtung Deutschlands eingestellt war. Dass dies nicht gelang, ist nur dem Führer und der Charakteristik der deutschen Nation zu verdanken.« Aber solange es in Europa noch Juden gebe, blieb die Gefahr, dass wohlwollende Europäer sie wieder emporkommen lassen. Deshalb müsse man sie alle vertreiben. Deshalb sei es notwendig, sie alle »über den Ural zu drängen oder sonst irgendwie zur Ausmerzung zu bringen«.

Deutlicher hätte er sich nicht ausdrücken können. Deportation in den Osten war nur noch eine freundliche Umschreibung. Seit Ende 1941 stand dieser Begriff für Völkermord.

Die verfahrensmäßigen Bedenken, die Lohse und andere Verwaltungsbeamte im Osten im Oktober und November geäußert hatten, blieben Ausnahmen. Von Rosenberg an abwärts befürwortete die Zivilverwaltung allgemein die Massenmorde, arbeitete mit Himmlers Schergen zusammen und ebnete der Vernichtung den Weg.[656]

Die Verwaltungsbeamten erstellten Listen jüdischer Besitztümer, halfen beim Aufspüren und Zusammentreiben der Juden, begleiteten die Erschießungskommandos als Zeugen und nahmen manchmal selbst an den Massentötungen teil.

Ende November – sogar noch vor der offiziellen Antwort auf seine Anfrage in Berlin wegen der wilden Erschießungen – schaute Lohse selbst zu, wie Himmlers Leute 15 000 Menschen aus dem Rigaer Ghetto in die Wälder vor der Stadt trieben.[657] Dort kamen noch die Überlebenden eines der ersten Deportationszüge von Berlin nach Osten dazu. Die Juden mussten sich nackt ausziehen, in die Gräben legen, die sie zuvor selbst gegraben hatten, und wurden dort erschossen.[658]

Im Dezember 1941 verfasste Karl Jäger, Kommandeur der Sicherheitspolizei und des SD für das Generalkommissariat Litauen, einen Bericht über seine Tätigkeit, der es an Deutlichkeit nicht fehlen ließ: »In Litauen gibt es keine Juden mehr außer den Zwangsarbeitern und ihren Familien«, schrieb er. Jäger setzte die Zahl der Überlebenden mit etwa 35 000 der 200 000 Juden an, die vor dem deutschen Einmarsch in Litauen gelebt hatten.

Wenn nicht diese kleinlichen wirtschaftlichen Zwänge wären, fügte er hinzu, würde er den Rest auch noch ohne Weiteres umbringen lassen.[659]

Ende des Jahres waren achtzig Prozent der litauischen Juden – 177 000 – tot, fast alle waren *nach* Lohses Eintreffen umgebracht worden.[660] In Lettland waren neunzig Prozent der ursprünglich 75 000 Juden tot, im ganzen Osten bereits um die 800 000 jüdische Zivilisten.[661]

In die zweite Jahreshälfte 1941 fielen auch erneute Angriffe der katholischen Kirche auf das NS-Regime in Wort und Schrift, und Hitler war böse. »Es scheint, dass einige Pfäfflein Kopfschmerzen haben«, sagte er zu Rosenberg. Davon könne man sie nur befreien, wenn man ihnen den Kopf abnehme, meinte er im Tagebuch.[662]

Die Proteste des Klerus drehten sich um ein anderes Massenvernichtungsunternehmen, nicht das im Osten: ein geheimes NS-Programm zur Euthanasie behinderter Kinder und Erwachsener, das nach der Adresse seines Hauptquartiers, Tiergartenstraße 4 in Berlin, mit T-4 abgekürzt wurde.[663] Hitler hatte es 1939 in Gang gesetzt, um, wie es die NS-Ideologie sah, das reine arische Erbgut des deutschen Volkes zu schützen. Das Vorhaben sprach sich herum, als Psychiater Fragebögen über ihre Patienten ausfüllen mussten. Viele der Opfer wurden in kirchlichen Anstalten gepflegt, und obwohl die Kirchenführung beunruhigt war, wagte sie aus Angst vor der Rache des Regimes keinen öffentlichen Protest.

Am 3. August 1941 entschloss sich dann aber Clemens August Graf von Galen, der katholische Bischof von Münster, zu einer Predigt gegen die Massentötung sogenannten lebensunwerten Lebens. Predigten sind natürlich öffentlich, und diese Predigt erregte Aufsehen genug. Von der Kanzel in St. Lamberti erklärte er der Gemeinde: »Wie ich zuverlässig erfahren habe, werden jetzt auch in den Heil- und Pflegeanstalten der Provinz Westfalen Listen aufgestellt von solchen Pfleglingen, die als so genannt unproduktive Volksgenossen abtransportiert und in kurzer Zeit ums Leben gebracht werden sollen. Aus der Anstalt Marienthal bei Münster ist im Laufe dieser Woche der erste Transport abgegangen.«

Die kremierte Asche der Opfer bekamen die Verwandten zurück, mit einer Erklärung, der Patient sei eines natürlichen Todes gestorben.

Das sei Mord, sagte der Bischof. Menschliche Wesen stürben, weil sie nach Meinung des Regimes nicht mehr »produktiv« seien. Wenn ein solches perverses Prinzip sich durchsetze, »dann wehe uns allen, wenn wir alt und altersschwach werden ... wehe den Invaliden ... wehe unseren braven Soldaten, die als schwer Kriegsverletzte, als Krüppel, als Invalide in die Heimat zurückkehren«. Unter einer solchen Politik, so der Bischof, »ist keiner von uns seines Lebens mehr sicher. Irgendeine Kommission kann ihn auf die Liste der Unproduktiven setzen, die nach ihrem Urteil lebensunwert geworden sind. Und keine Polizei wird ihn schützen und kein Gericht seine

Ermordung ahnden und den Mörder der verdienten Strafe übergeben.«[664]

Diese Predigt löste ein furioses Echo aus, und am 24. August ließ Hitler das Euthanasieprogramm ebenso geheim, wie es begonnen hatte, wieder stoppen. Daran war vielleicht nicht nur die öffentliche Empörung schuld. T-4 hatte sein Soll von 70 000 Opfern bereits erreicht, und Personal aus dem Unternehmen wurde im Osten gebraucht, wie es Wetzel in seinem Briefentwurf an Reichskommissar Lohse angekündigt hatte, wo Vergasungen in weit größerem Umfang geplant waren.

Vier Monate später, im Dezember 1941, sprachen Rosenberg und Hitler immer noch von den Kirchenprotesten. Hitler verstand von Galens Haltung einfach nicht. »Wenn die Kirchen sich so für die Idiotenerhaltung einsetzten«, gab Rosenberg in seinem Tagebuch Hitlers Worte wieder, »so sei er bereit, ihnen alle Blöden als Priester und Anhänger zu überlassen.«[665] Aber Galens Predigten waren von der BBC ausgestrahlt worden, in andere Sprachen übersetzt, als Flugblatt gedruckt und zu Tausenden über Deutschland, Frankreich, den Niederlanden, Polen und dem Rest des besetzten Europas abgeworfen worden. Andere Kirchenleute hatten sich angeschlossen, Briefe geschrieben und öffentlich protestiert.

»Der Führer erklärte, die Herren wollten ›Märtyrer‹ sein und in der Erwartung einer Ehrenhaft«, schrieb Rosenberg. Manchen wurde dieser Wunsch erfüllt, die Gestapo holte sie ab und warf sie ins KZ. Der Bischof von Münster blieb verschont. Führende Parteifunktionäre verlangten zwar, Galen müsse hängen. Hitler fürchtete die innenpolitischen Folgen und wollte ihn nicht zum Märtyrer machen.[666] Diese Rechnung wollte er erst nach dem Krieg begleichen. Wie auch immer, schrieb Rosenberg im Tagebuch, Hitler habe gesagt, »der Bischof von Münster werde einmal vor die Gewehre kommen«.

Trotz des Abbruchs der Aktion T-4 ging die Vergasung behinderter Kinder übrigens weiter.

Die Judenmorde natürlich auch, und als die Deportationen aus dem Deutschen Reich in den Osten anliefen, schwieg Galen. Zumindest öffentlich sagte er nichts.[667]

Am 12. Dezember 1941 – fünf Tage nach dem Überraschungsangriff der Japaner auf Pearl Harbor und einen Tag nach dem dadurch ausgelösten Kriegseintritt der USA – erklärte Hitler vor einer nicht öffentlichen Versammlung von etwa fünfzig NSDAP-Spitzenfunktionären in Berlin, es sei jetzt an der Zeit, die Judenfrage ein für alle Mal zu lösen. »Bezüglich der Judenfrage ist der Führer entschlossen, reinen Tisch zu machen«, schrieb Goebbels in seinem Tagebuch über Hitlers Geheimrede. »Er hat den Juden prophezeit, daß, wenn sie noch einmal einen Weltkrieg herbeiführen würden, sie dabei ihre Vernichtung erleben würden. ... Der Weltkrieg ist da ... so werden die Urheber dieses blutigen Konflikts dafür mit ihrem Leben bezahlen müssen.«[668]

Ebenfalls im Dezember wollte Rosenberg eigentlich eine große Rede im Berliner Sportpalast halten, um neue Maßnahmen gegen die Juden wegen der fortdauernden Seeblockade Deutschlands durch England anzukündigen. Er hatte eigentlich sagen wollen, die »Welthetze gegen Deutschland« durch die »New Yorker Juden« werde »mit einer entsprechende[n] Konsequenz gegenüber den Juden im Osten« vergolten. In den besetzten sowjetischen Gebieten und im Baltikum lebten sechs Millionen Juden unter deutscher Kontrolle, und sie seien »der Quell der jüdischen Kraft in der ganzen Welt geworden«. Deutschlands Aufgabe sei die »Vernichtung jener Quellen, aus denen auch die New Yorker Juden ihre Kraft gezogen haben«, mittels einer »negativen Ausschaltung dieser parasitären

Kräfte«.[669] Diese Rede ähnelte stark seinen vertraulichen Äußerungen bei der Geheimpressekonferenz einen Monat zuvor.

Aber angesichts der Kriegserklärung der USA an Deutschland schien Rosenberg jetzt der Zeitpunkt für solche brisanten Sätze nicht mehr der richtige. Einer der Gründe des Regimes für Drohungen gegen die Juden in seinem Machtbereich war es gewesen, die USA, wo es viele jüdische Wähler gab, von ebendiesem Schritt abzuhalten. Jetzt hatten die Ereignisse Rosenberg überholt.

Am 14. Dezember besprach er sich mit Hitler über das weitere Vorgehen. »Über die Judenfrage sagte ich«, schrieb er in einer Aktennotiz dazu, »dass die Anmerkungen über die New Yorker Juden vielleicht jetzt nach der Entscheidung etwas geändert werden müssten.« Wahrscheinlich meinte er die Entscheidung der USA, in den Krieg einzutreten. »Ich stände auf dem Standpunkt, von der Ausrottung des Judentums nicht zu sprechen.«[670] Hitler stimmte zu und fügte dann einen Gedanken hinzu, den er Rosenberg nicht erst nahebringen musste, weil er die treibende Kraft hinter dessen ganzer politischer Laufbahn war: Die Juden hatten diesen Krieg herbeigeführt, und sie würden seine Auswirkungen als Erste zu spüren bekommen.

Am selben Tag leitete Hitler eine weitere Besprechung[671] mit Rosenberg, Himmler und Philipp Bouhler, einem der Leiter der Aktion T-4, dessen Vergasungsspezialisten gerade in die neuen Vernichtungslager entsandt wurden, die im besetzten Polen gebaut wurden.[672]

Das Regime wollte zwar die Ausrottung der Juden nicht öffentlich verkünden, aber umso intensiver wurde nach Hitlers Ausführungen auf der Konferenz vor den fünfzig Spitzenfunktionären vertraulich darüber geredet, zum Beispiel von Hans Frank, dem Generalgouverneur im besetzten Polen. Er hatte Hitlers Geheimrede gehört und kehrte entschlossen zur Apokalypse in sein Privatkönigreich zurück. »Mit den Juden – das will ich ganz offen sagen – muß so oder so Schluß gemacht werden… Aber was soll mit den Juden geschehen? … Man hat uns in Berlin gesagt: Weshalb macht man diese Scherereien? Wir können im Ostland oder im Reichskommissariat auch nichts mit ihnen anfangen, liquidiert sie selber!«, erzählte er seinen Mitarbeitern.[673]

Fünf Wochen später, an einem Dienstag im Januar 1942, stiegen vor einem SS-Gästehaus im feinen Berliner Vorort Wannsee fünfzehn NS-Spitzenbürokraten aus ihren Wagen. Im Sommer waren die Villen mit ihren Seeufern und Privatstränden ein beliebter Rückzugsort für die Reichen und Schönen, aber jetzt fiel draußen Schnee, und die Männer wärmten sich, bevor die Konferenz begann, erst einmal mit einem Cognac auf.

Zu den Beamten, die um den Tisch Platz nahmen, gehörten Staatssekretäre und Unterstaatssekretäre aus dem Außenministerium, Rosenbergs Ostministerium, dem Innenministerium, dem Justizministerium und dem Wirtschaftsministerium sowie der Reichskanzlei. Robert Kempner beschrieb die Versammelten später so: »Das waren die Herren, die die Sachen wussten.«[674] Ebenso wie die anderen Minister ließ Rosenberg sich vertreten, und zwar durch zwei wichtige Ministerialbeamte: Alfred Meyer, den Stellvertreter des Ministers, und Georg Leibbrandt, Leiter der Hauptabteilung Politik.

Zusammengerufen hatte Reinhard Heydrich die Konferenz. Worum es gehen sollte, wurde auf typische Art nur umschrieben. Adolf Eichmann, der als Leiter des Judenreferats im RSHA die Deportation der Juden aus ganz Europa organisierte und durchführte, verfasste später das Protokoll. Es war so belastend, dass bis auf einen einzigen alle dreißig Empfänger das Dokument vernichtet haben; das übrig gebliebene Exemplar verrät, dass diese anderthalbstündige sogenannte Wannsee-

Konferenz ein Meilenstein des geplanten Völkermords an den Juden durch die Nazis war.

Heydrich wollte die verschiedenen beteiligten Ministerien auf Linie und hinter seinen Plan für die »Endlösung der Judenfrage« bringen. Er erinnerte die Beamten daran, dass es in ihre Verantwortung falle, Europa von den Juden zu befreien, und erklärte, die bisherigen Maßnahmen zur Förderung jüdischer Auswanderung – ein Jahrzehnt willkürlicher Übergriffe, Verhaftungen und Diskriminierungen – hätten sich als nicht ausreichend erwiesen. Hitler habe jetzt ein neues Vorgehen genehmigt: »die Evakuierung der Juden nach dem Osten.«

Heydrich skizzierte das allgemeine Vorgehen. Von Westen nach Osten würde Europa nach Juden durchkämmt, und alle, die kräftig genug für Schwerarbeit seien, müssten sich buchstäblich zu Tode schuften. »In großen Arbeitskolonnen, unter Trennung der Geschlechter, werden die arbeitsfähigen Juden straßenbauend in diese Gebiete geführt«, heißt es in Eichmanns Protokoll,[675] »wobei zweifellos ein Großteil durch natürliche Verminderung ausfallen wird. Der allfällig endlich verbleibende Restbestand wird, da es sich bei diesem zweifellos um den widerstandsfähigsten Teil handelt, entsprechend behandelt werden müssen, da dieser, eine natürliche Auslese darstellend, bei Freilassung als Keimzelle eines neuen jüdischen Aufbaues anzusprechen ist. (Siehe die Erfahrung der Geschichte.)«

Trotz dieser offenen Schilderung einer Politik, die letztlich alle Juden Europas zum Tode verurteilte, sollten später einmal alle Konferenzteilnehmer bestreiten, dass Heydrich von Völkermord gesprochen habe. Eichmann sagte dagegen später aus, die Niederschrift habe sich notwendigerweise beschönigender Formulierungen bedient und nur umschrieben, worüber die fünfzehn Teilnehmer der Wannsee-Konferenz wirklich sprachen: nicht die Evakuierung, sondern die Ausrottung der Juden.

Diese Konferenz wurde zum Symbol des unfassbaren Schreckens, den der Holocaust bedeutete: dass nämlich ein aufgeklärtes und fortschrittliches Land wie Deutschland in diese Barbarei herabsinken konnte. »Man befand sich im vornehmen Ambiente einer eleganten Villa, in einem kultivierten Vorort einer der höchstentwickelten Hauptstädte Europas. Am Sitzungstisch nahmen fünfzehn gebildete, zivilisierte Staatsdiener Platz, die einer gebildeten, zivilisierten Gesellschaft angehörten und sich an die Regeln der Höflichkeit hielten. Und doch billigten sie den Genozid, einfach so, mit einem Kopfnicken.«[676]

Einige Monate vor der Wannsee-Konferenz hatte Hitler darüber nachgesonnen, was er schon alles unternommen hatte, um die deutschen Juden zu isolieren. Ein düsterer Vergleich drängte sich ihm auf – einer, der einen bösartigen Wahlkampfspruch aus den 1920er-Jahren mit den Leistungen des berühmten Bakteriologen in Zusammenhang brachte, der Robert Kempners Pate und Namensvetter war.

»Ich fühle mich wie Robert Koch in der Politik«, erklärte der Diktator seinem Gesprächspartner. Es war vor Tagesanbruch, im Osten wurde es zögernd hell. »Der fand den [Tuberkel]bazillus«, führte Hitler aus, »und wies damit der ärztlichen Wissenschaft neue Wege. Ich entdeckte den Juden als den Bazillus und das Ferment aller […] gesellschaftlichen Dekomposition. Ihr Ferment. Und eines habe ich bewiesen, daß ein Staat ohne Juden leben kann.«[677]

Max und Frieda Reinach mit ihrer Tochter Trude an glücklichen Tagen.

(U.S. Holocaust Memorial Museum, courtesy of Ilana Schwartz)

19

»Unser besonders tragisches Schicksal«

Am Tag, als der Zweite Weltkrieg ausbrach, öffnete ein jüdisches Paar in Berlin namens Frieda und Max Reinach ein kleines schwarzes Notizbuch mit kariertem Papier und begann ein Tagebuch für seine erwachsenen Kinder, die aus Deutschland geflüchtet waren.[678] Ein halbes Jahrhundert später sollte dieses kleine Tagebuch, sein schwarzer Umschlag mit Isolierband geflickt, seinen Weg zu einem Abkömmling der beiden in dritter Generation finden – Henry Mayer, dem leitenden Archivar des Holocaust Museum in der amerikanischen Hauptstadt Washington.

»Wenn ich hier die Tage[?] in diesem Büchlein festhalte, so tue ich dieses deshalb, um Euch liebe Kinder aufzuzeichnen, was wir durchleben. Eure Eltern vertrauen auf Gott der unser Beschützer in furchtbaren[?] Tagen war & sein wird«, schrieb Max. »Geschrieben steht: ›Kinder seid Ihr dem Ewigen, eurem Gotte.‹ Wenn ein Vater seinen Kindern grämt, wird er sie nicht der völligen Vernichtung preisgeben. Unser Gewissen ist rein und wir fürchten nur Gott.«

Vor dem Krieg hatte Frieda als Lehrerin gearbeitet und Max in einem Zigarrengeschäft. Als sie ihre Stellungen verloren, arbeiteten sie stattdessen ehrenamtlich in der Suppenküche des jüdischen Gemeindezentrums. Aber allmählich, als der Krieg sich in die Länge zog und die Verhältnisse stetig schlimmer wurden, wurde Frieda immer deprimierter. Die Familie war eigentlich nicht besonders religiös, aber Max wurde unter dem Eindruck der Lage wieder gläubig und ertrug die Mühen und Leiden, die ein Jude im Dritten Reich durchmachen musste, standhaft und philosophisch. Er schwor, Frieda und er würden nicht aufhören, um ihr Leben zu kämpfen. Sie würden nicht schwach werden wie andere, die den Glauben verloren. »Unaussprechliches Leid und Trauer ist über uns hereingebrochen, und es gehört ein felsenfester Glaube an Gott dazu, um all die Prüfungen der Gegenwart zu überstehen«, sagte er seinen Kindern. »Eure Eltern haben den kraftvollen Willen, diese für die Menschheit furchtbare Zeit zu überstehen und noch einige Jahre des Friedens zu genießen.«

»Am 19. September 1941 mussten wir laut Verordnung vom 5.9. 41 den Judenstern anlegen. Es ist ein gelber Stern mit dem Wort Jude darunter«, schrieb Max im September 1941. Die Vorschriften verlangten, dass er auf der linken Brustseite der Oberbekleidung fest angenäht wurde. Fast eine Million davon wurde auf gelbem Stoff gedruckt, ausgeschnitten und für zehn Pfennig pro Stück an die Juden verkauft.[679] Wer den Stern trug, war als Jude gekennzeichnet und konnte jederzeit von der Gestapo abgeholt werden. Wer ihn nicht trug, setzte sich schweren Strafen aus. Max war entsetzt.

Jahr um Jahr wurde das Leben der Juden durch weitere Schikanen eingeschränkt.[680] Sie durften nicht mehr reisen und mussten sich von Bahnhöfen und dem Berliner Regierungsviertel fernhalten. Sie durften keine Museen, öffentlichen Büchereien, Schwimmbäder und Zoologischen Gärten mehr aufsuchen. Sie durften nicht mehr Auto fahren. Abends galt für sie eine Ausgangssperre, im Winter ab 20 Uhr, im Sommer ab 21 Uhr. Sie mussten ihre Aktien, ihren Schmuck und ihre

Kunstsammlungen abgeben. Ihre Telefonanschlüsse wurden abgeschaltet. Sie durften keine Radios mehr besitzen, sondern mussten sie an Jom Kippur, dem für sie höchsten religiösen Feiertag, abgeben. Die Rationen auf ihren Lebensmittelkarten waren niedriger als die ihrer nicht jüdischen Nachbarn, und sie durften nur eine Stunde am Tag einkaufen – spätnachmittags, wenn nichts mehr da war.

Das Propagandaministerium ließ Plakate mit Hitlers »Prophezeiung« aus der Reichstagsrede vom 30. Januar 1939 aufhängen: »Wenn es dem internationalen Finanzjudentum in und außerhalb Europas gelingen sollte, die Völker noch einmal in einen Weltkrieg zu stürzen, dann würde das Ergebnis nicht die Bolschewisierung der Erde und damit der Sieg des Judentums sein, sondern die Vernichtung der jüdischen Rasse in Europa.«[681]

Am 18. Oktober 1941 rollten die ersten Züge von Berlin Richtung Osten; ab jetzt durften Juden nicht mehr auswandern.[682] Max grübelte im Mai 1942 über das jüdische Volk und sein »besonders tragisches Schicksal«. Er schrieb im Tagebuch, er und die Geschwister seiner Frau seien »ausgesiedelt« worden – Max und Jule, Moritz und Martha, Liane, Adele und Bernhard. »Das gleiche Schicksal traf unsere hiesigen Freunde, so dass das Leben einsam geworden ist.« Dennoch glaubte er immer noch, er werde seine Kinder einmal wiedersehen. Wenn er sich irrte, so schrieb er, solle niemand um ihn trauern. »Ihr bleibt unser Sonnenschein, bis sich unser Abend neigt und dunkle Nacht uns umschließt. Köstlich war eure Jugendzeit für euch und uns und nur die Erinnerung bleibt.«

Frieda schrieb einige Tage später in das Tagebuch und konnte ihre Wut nicht verhehlen. »Wie viele 1000 Juden sind seit Oktober 1941 aus Deutschland ausgesiedelt (wie das schöne unschreibbare Wort heisst), wieviele leben nicht mehr?«, schrieb sie. »Vor der Evakuierung habe ich & mit Recht die größte Angst, & es ist ein Unglück, das stets über uns schwebt. Wenn ich dran denke, flieht mich der Schlaf – m[ein] Herz rast & ich weiss: wenn wir diesen Weg gehen müssen – sehe ich Euch m[eine] geliebten Kinder, nicht wieder.«

Eine Zeit lang hatten sie noch Geld und Lebensmittel an Verwandte im Ghetto von Lodz schicken können, obwohl sie selbst wenig zu essen hatten und beide an Gewicht verloren. Aber mit der Zeit fehlten auf ihren Lebensmittelkarten die Abschnitte für Fleisch, Fisch, Butter, Eier, Obst, Kaffee, Alkohol und Tabak, und sie durften das alles nicht mehr kaufen; auch keine neuen Schuhe, keine Seife und kein Brennmaterial mehr.[683]

In den öffentlichen Parks durften sie nur noch auf speziellen Judenbänken sitzen: »gelb angestrichen«, schrieb Frieda. »Auf die wir uns nie setzten.« Bald durften sie ohnehin keine Parks mehr betreten.

Dann kam die Anordnung, alle Juden müssten ihre Haustiere abgeben; bei Verstößen gegen diese Vorschrift wurden polizeiliche Maßnahmen angedroht.

Am 24. Mai 1942 erhielt eine der Frauen, die ein Zimmer zur Miete bei ihnen hatten, die Wohnungskündigung. »d. I. [die erste] Einleitung zur Aussiedlung«, schrieb Max.

Im Juni überlegten sie lange, ob Max sich zum Arbeitsdienst für das Regime melden solle. Das Geld, das es als Entlohnung gab, brauchten sie nicht einmal – sie konnten es ja kaum noch ausgeben. Aber wer arbeitete, war vielleicht etwas besser vor einer »Evakuierung« geschützt. Die ehrenamtliche Tätigkeit im Jüdischen Gemeindezentrum bot auch ein wenig institutionellen Schutz, aber noch sicherer war es doch bestimmt, wenn Max in einer Munitionsfabrik kriegswichtige Arbeit leistete?[684] Andererseits machte man mit einer freiwilligen Registrierung vielleicht erst recht die Gestapo auf sich aufmerksam. »Es ist ein schwerer Entschluß«, schrieb Frieda, »da man alles leicht falsch macht.«

Von ihren Verwandten im Osten hörten sie nichts mehr. »Wo mögen sie sein & wie mag es ihnen gehen?«, fragte sich Frieda.

Sie mussten alle Elektrogeräte abgeben – Staubsauger, Bügeleisen, Heizdecke, Öfen. Sie durften nicht mehr zum Friseur gehen. Sie mussten Schreibmaschinen, Fahrräder, Kameras und Ferngläser abgeben. »Schöner Zustand, was?«, schrieb Frieda. »So kommt eins zum andern. Verhaftungen, Erschießungen, sind an der Tagesordnung – ists ein Wunder, wenn man ständig in Angst schwebt. … Nur ein Wunder kann uns noch retten & das müsste bald kommen. Sonst sind wir alle verloren …« Sie versuchten sich einzureden, Deutschland werde den Krieg verlieren, aber das sah zu dieser Zeit noch nach Wunschdenken aus. »Aber für Wunschträume ist die Zeit zu schwer.«

Obwohl es Sommer war, herrschte regnerisches und kaltes Wetter. Anfang des Jahres waren den Juden alle Pelz- und Wollsachen beschlagnahmt worden.

Am 29. Juni meldete sich Max dann freiwillig zum Arbeitseinsatz. Die Behörde wies ihn an, auf einen Bescheid zu warten. Eine Woche später war es so weit. Die Reinachs wurden evakuiert und hatten sich in vier Monaten wieder zu melden. Sie waren einerseits voller Angst, und doch fühlte sich Max auch »innerlich ruhig«.

»Der Gang z. Arbeitsamt war also falsch«, schrieb er, »aber jeder Mensch hat sein Schicksal. Mein unsichtbarer Beschützer wird uns in der Not & Ku…[?] nicht verlassen, denn Er war stets mit uns.«

Drei Monate später, am 20. Oktober, wurden Frieda und Max zum Jüdischen Gemeindezentrum in der Oranienburger Straße 7 bestellt, wo sie ab dem Morgen mit den 1500 anderen Beschäftigten der Organisation voller Angst auf die Gestapo warteten.

Ein Jahr zuvor war die Führung der Jüdischen Gemeinde Berlins dazu gezwungen worden, bei der Organisation der Transporte in den Osten zu helfen.[685] Eine ehemalige Synagoge im Bezirk Tiergarten wurde zum »Sammellager« umfunktioniert. Dort arbeiteten Helfer des Jüdischen Gemeindezentrums an der Registrierung der »Evakuierten« mit. Trotz »erheblicher Bedenken«, wie es einer der überlebenden Gemeindevorstände vorsichtig formulierte, kollaborierte die jüdische Gemeinde. Es war noch nicht bekannt, dass die Deportation in Wirklichkeit eine Reise in den Tod war, und die Betroffenen sollten auf der langen Zugfahrt wenigstens warme Kleidung und genug zu essen haben. Die Gemeindeleitung glaubte, die Deportation werde weniger brutal ablaufen, wenn man nicht alles der Gestapo überließ.

Jetzt wurden die Helfer selbst von der Gestapo geholt.[686]

Mehrere Stunden lang warteten die Angestellten der Gemeinde in den Tagungsräumen, auf den Korridoren und in den Büros des Gemeindezentrums. Dann kam die Polizei; es wurde bekannt gegeben, dass fünfhundert der Versammelten mit sofortiger Wirkung ihre Arbeit aufzugeben und sich in zwei Tagen im Sammellager zu melden hatten. Für jeden, der nicht erscheine, werde ein Mitglied der Gemeindeleitung erschossen.

Eine Namensliste für den Transport wurde zusammengestellt; die Reinachs standen auch darauf.

Gegen drei Uhr nachmittags waren sie wieder zu Hause, betäubt vor Schreck.

Um Mitternacht nahm Frieda noch einmal den Füller zur Hand und schrieb eine Abschiedsbotschaft an ihre Kinder, in der Hoffnung, das Tagebuch werde irgendwie den Weg zu ihnen finden. »Wir sind die Opfer unseres Judenschicksals & verlieren durch die heutigen Zustände Heimat, Besitz – alles. … Es werden nur noch wenige Tage sein, die wir in unserm geliebten Heim sein werden & dann erwartet uns das Nichts.« Sie wünschte ihren Kindern und Enkeln ein glückliches Leben. »Dass ihr uns nie vergesst weiß ich, aber lasst Euch Euren Weg nicht beschatten durch unser Schicksal.«

Zwei Tage darauf hinterließ Max seine letzten Worte. Er gelobte, er wolle ohne Furcht gehen. Was geschehen solle, müsse geschehen. »Unsere materiellen Güter sind dahin & beinahe nackt verlassen wir das Land in dem wir über 400 Jahre lebten«, schrieb er. »Wir wissen nicht, wohin die Reise geht, aber Gott ist überall, & wo wir ihn rufen, läßt er sich finden.«

Die Deportationen liefen inzwischen routiniert ab. Am 22. Oktober meldeten sich Frieda und Max im Sammellager. Sie deklarierten ihre restlichen Wertsachen, die dann beschlagnahmt wurden. Für den Fall, dass sie etwas anzugeben vergessen hatten, wurden ihre Taschen durchsucht.[687] Vier Tage später ging es dann frühmorgens zu Fuß drei Kilometer weit zum Güterbahnhof. Dort bestiegen sie zusammen mit 800 Schicksalsgenossen, darunter 88 Kindern, einen Personenzug der Reichsbahn (dritter Klasse) und fuhren in Richtung Osten ab.

Das Gepäck der Deportierten blieb zurück. Ihre Wohnungen waren in Berlin schon auf dem Immobilienmarkt.

Am 29. Oktober erreichten Frieda, Max und die anderen todgeweihten Juden einen Vorortbahnhof der lettischen Hauptstadt Riga. Sie mussten aussteigen, wurden in einen Wald geführt und dort erschossen.[688]

Kurz darauf erhielt ihre Tochter in Palästina noch eine Nachricht von ihnen, die sie wenige Tage vor ihrer Deportation über das Deutsche Rote Kreuz aus Berlin hatten absenden können. »Mit tiefbewegtem Herzen senden wir dir unser tiefempfundenes Lebewohl. Möge Gott dich beschützen.« Die Unterschrift lautete einfach: »Deine traurigen Eltern.«[689]

Einen Monat später sandte das Regime seine Todeszüge aus Berlin direkt nach Auschwitz. Insgesamt wurden bis Kriegsende 50 000 Juden aus der Hauptstadt deportiert und anschließend ermordet. Von den Berliner Juden überlebten nur 8000.[690]

Was dem NS-Regime vorschwebte, war die »sorgfältige Auslöschung der gesamten sozialen Existenz der Deportierten«.[691]

Bei den Reinachs gelang ihnen das nicht. Bevor sie gingen, vertrauten sie einer hilfsbereiten Wohnungsnachbarin ihr Tagebuch an. Sie versprach, es an die Kinder des Paares weiterzugeben.[692] Die Nachbarin nahm diesen Auftrag so ernst, dass sie das Tagebuch in ihrem Gürtel ständig bei sich trug. Nach Kriegsende gab sie es einem amerikanischen Besatzungssoldaten, zusammen mit einer Adresse von Verwandten der Reinachs in den USA. Als der G.I. dorthin zurückkehrte, übergab er das Tagebuch einer der Töchter der Reinachs, Lillian, die in der Nähe von Boston wohnte.

Jahre später übersetzte Trude, die andere Tochter der Reinachs, das Tagebuch für ihre Enkelkinder ins Englische. Sie wollte nicht nur, dass die es verstehen konnten, sondern hatte einen weiteren »tieferen Beweggrund«. Das Tagebuch an die nächste Generation weiterzugeben war ein Akt des Gedenkens an ihre Eltern, an die Eltern ihres Mannes und an die Millionen anderer Opfer des nationalsozialistischen Terrorregimes.

Sie schloss den Begleitbrief an ihre Enkel mit einem Vers des deutsch-jüdischen Dichters Alfred Kerr:

»Tot sind nur die,
Die man vergessen hat.«[693]

Als Anwalt war Kempner für seine harten Vernehmungen berüchtigt.
(U.S. Holocaust Memorial Museum, courtesy of Robert Kempner)

20

Die Nazis nebenan

Etwa jeder zweite deutsche Emigrant, der in New York ankam, blieb in der Stadt. So viele von ihnen ließen sich in Washington Heights nieder, dass dieses Viertel bald »Viertes Reich« genannt wurde. Aber Kempner wollte nicht in der Großstadt leben, und sobald seine finanzielle Situation es zuließ, zog er aus Philadelphia hinaus nach Lansdowne, einem kleinen Vorort mit viktorianischen Villen unter hohen alten Bäumen. Die Gegend erinnerte ihn an sein Zuhause in Lichterfelde. Er kaufte ein Haus in ruhiger Lage und lud Freunde aus der Stadt ein, um mit ihnen zusammen auf der Veranda den Ausblick auf einen Park mit einem kleinen Bach zu genießen.

So idyllisch das auch alles wirkte, war das Leben doch mit dem Kriegseintritt der USA deutlich schwieriger für alle erst kürzlich eingereisten Deutschen geworden. »Die Frage, ob ich ein feindlicher Ausländer bin, ist noch nicht endgültig geklärt«, schrieb Kempner in einem Beschwerdebrief gegen eine behördliche Anordnung, er solle sein Kurzwellenradio unbrauchbar machen, um keine Sendungen aus Deutschland abhören zu können.[694] »Mir wurde durch Erlass des Hitler-Regimes die Staatsbürgerschaft entzogen; ich bin daher kein Reichsbürger, sondern staatenlos und schulde keiner fremden Macht, sondern einzig den USA Loyalität.« Das Radio durfte er zwar daraufhin behalten, aber dieser bürokratische Ärger war typisch für die Schwierigkeiten, denen er genau wie seine Landsleute ausgesetzt war.

»Die Emigranten hatten alle einen schweren Fehler«, schrieb Kempner, »sie sprachen einen schweren Akzent.« Die Menschen fragten sich, »[I]st das ein Deutscher? Muß man den nicht überwachen lassen, weil er ein Agent Hitlers war oder noch sein könnte?«[695]

Mit der Beantwortung solcher Fragen konnte Kempner behilflich sein. Genau diese Fähigkeit hatte er ja angeboten, als er im Herbst 1939 in New York eingetroffen war. Er konnte Agenten auffliegen lassen, die vom NS-Regime in die USA entsandt wurden, um dort im Geheimen für das Deutsche Reich zu arbeiten.

Kempner, der grundsätzlich nie etwas wegwarf, war es gelungen, sieben Kisten mit deutschen Behördenakten über den Atlantik mit sich zu schleppen. Er nannte sie sein Handwerkszeug, und der Zugang zu diesen Informationen war nicht umsonst zu haben.

Jahre später erzählte er, wie schließlich sein Arbeitsverhältnis mit dem US-Justizministerium zustande kam. Eines Tages erschienen zwei junge Bundesanwälte in seinem Büro an der University of Pennsylvania, vielleicht aufgrund der Briefe, die er nach Washington geschickt hatte, um seine Dienste anzubieten. Das Justizministerium hatte 1940 eine Special Defense Unit gegründet, um Informationen über NS-Propagandatätigkeit in den USA zu sammeln, mit dem Ziel, sie als Verbrechen verfolgen und verbieten lassen zu können. Diese Abteilung sollte ein »Kontrollturm im Kampf der Regierung gegen feindliche Wühlarbeit« werden, hauptsächlich durch Überwachung und Unterdrückung pro-nationalsozialistischer Presseorgane.[696] Im Sommer 1941 hatte Kempner sich auch dieser Institution angeboten.[697]

Die beiden Agenten, die ihn aufsuchten, nannten ihn, wie Kempner später erzählte, sofort lässig »Bob« und fragten nach, was er denn genau für sie tun könne. »Kannst Du uns verschiedene Gutachten liefern?«[698]

Unverblümt fragte Kempner zurück: »Wie ist das eigentlich mit der Bezahlung?«

»Das ist etwas schwierig«, erwiderte einer der beiden. »Du bist doch eigentlich ein feindlicher Ausländer.«

»*Listen*«, erwiderte Kempner mit einem Schulterzucken, »wenn Eure Organisation so ist, daß Ihr keine Fonds für solche Fälle habt, dann ist die ganze Sache nichts wert.«

Die Männer lächelten.

Doch, natürlich, sagte einer. »Selbstverständlich gibt es Fonds für alles.«

Als das geklärt war, rückte Kempner mit einigen Akten zur Illustration seiner Bestände heraus – er zeigte Dokumente der NSDAP-Auslandsorganisation (NSDAP-AO) unter Ernst Wilhelm Bohle. Diese Organisation kümmerte sich um Parteimitglieder, die im Ausland lebten, und wurde als Fünfte Kolonne verdächtigt, die Spione und Saboteure anleite. Kempner konnte anhand seiner Dokumente Auftrag und Taktik der AO erläutern.

Bohle hatte ursprünglich die Friends of the New Germany unterstützt, jene antisemitische Gruppierung, die 1934 die Versammlung im Madison Square Garden veranstaltet hatte. Aber diese Friends waren ziemlich amateurhafte Freunde und wurden der NSDAP bald peinlich. In Berlin fürchtete man, die dümmliche, plumpe Rhetorik des inoffiziellen Verbündeten in den USA könnte die ohnehin angespannten Beziehungen mit Washington noch schwieriger machen, und distanzierte sich von den Friends, die sich prompt auflösten. Die Nachfolgeorganisation German-American Bund hatte es auch nicht leicht: Ihr

Führer Fritz Kuhn wurde kurz nach Kempners Ankunft 1939 wegen Betrug und Steuerhinterziehung ins Gefängnis gesteckt.

Trotzdem gab es noch genug NS-Sympathisanten in den USA, und Justiz und Politik in Washington fürchteten eine gefährliche landesweite Nazi-Verschwörung, die durch Anstachelung zum Rassenhass die Demokratie gefährden könnte. Angesichts des Erfolgs von Hitlers Propagandaapparat schien es nicht ganz unmöglich, dass diese Art der psychologischen Kriegsführung Erfolg haben könnte.[699]

Kempner machte sich später über die Versuche der Nationalsozialisten lustig, in den USA Unruhe zu stiften. »Und dann haben es die Nazis in Amerika sehr blöde und unschön getrieben, sehr wild. Ich meine, einzelne kleine Gruppen, die Sabotageversuche gemacht haben, Nazi-Propaganda, Spionage«, erzählte er. » Was also die Fünfte Kolonne für Deutschland tun sollte, war politisch eigentlich lächerlich: Man hat sich tatsächlich in Berlin eingebildet, man könne eine deutsche Front in Amerika errichten, die auf alle Fälle verhindert, daß Amerika in den Krieg eintritt.«[700]

Solange der Krieg aber noch nicht entschieden war, wirkten die Agitatoren im Hinterland nicht ganz so lächerlich, und Kempner selbst warnte vor ihnen als einer schweren Bedrohung der amerikanischen Sicherheit.

Das Justizministerium ging daran, die deutschen Propagandisten zu überwachen, zum Schweigen zu bringen und zu verhaften. Die US-Bundesanwaltschaft unter Generalbundesanwalt Robert Jackson und seinem Nachfolger Francis Biddle klagte Dutzende NS-Unterstützer wegen Verstoßes gegen ein neu erlassenes Heimtückegesetz an, den Smith Act, und verschmähte auch Verfahren wegen des Bagatellvergehens der »Nichtregistrierung als ausländischer Agent« nicht – etwa so, als klage man einen Mafioso wegen Steuerhinterziehung an.

Bald schon war Kempner regelmäßiger unabhängiger Gutachter in solchen Fällen.[701] Die Staatsanwälte griffen gerne auf seine Hilfe zurück, weil er den Aufstieg des NS-Regimes persönlich miterlebt hatte und auf Parallelen zwischen der nationalsozialistischen Propaganda im Deutschen Reich und in den USA hinweisen konnte. Problematisch fanden sie nur seinen Kleidungsstil – er bevorzugte Sakkos und Hosen in knalligen Farben. Man bedeutete ihm, er möge doch jetzt den dunklen Anzug und das weiße Hemd übernehmen, wie sie in Politik und Geschäftsleben in den USA nun einmal üblich waren, und dazu bitte eine seriöse Krawatte – aus Seide, und zwar einfarbig.

Unter anderem half Kempner in den Verfahren gegen Angehörige des deutschen Transocean News Service, gegen Friedrich Ernst Auhagen, einen ehemaligen Columbia-Professor, der jetzt eine NS-Sympathisantengruppe namens American Fellowship Forum leitete, und gegen Carl Günther Orgell, dessen National Confederation for Germans Abroad vom Außenpolitischen Amt der NSDAP unter Rosenberg finanziert wurde, um das Evangelium des Nationalsozialismus weltweit zu verkünden.[702]

Im größten Heimtückeprozess der amerikanischen Geschichte, *United States vs. McWilliams,* der 1944 stattfand, half Kempner »bei der juristischen Begründung eines sehr schwierigen Falls«, wie Staatsanwalt O. John Rogge schrieb.[703] Neunundzwanzig lautstarke NS-Propagandisten in den USA waren verhaftet worden und wurden in einem Massenprozess zusammen angeklagt. Sie waren ein ziemlich streitlustiger Haufen, und an vielen Verhandlungstagen glich der Gerichtssaal einem Schmierentheater. »Nur selten«, schrieb ein Reporter, der dem Verfahren in Washington folgte, »hat man die Gelegenheit, so viele durchgeknallte, wild um sich starrende Halbverrückte beisammen zu sehen.«[704]

Den Angeklagten wurde vorgeworfen, zu einer Nazi-Verschwörerbande gehört zu haben, die den Umsturz demokratischer Regierungen auf der ganzen Welt plante. Sie hätten gegen das US-Heimtückegesetz von 1940 verstoßen, indem sie mit deutschen Regierungs- und Parteidienststellen sowie untereinander zusammenarbeiteten, um Bücher, Zeitungen und Pamphlete zu drucken und in Umlauf zu bringen, die »Insubordination und Defaitismus unter unseren Truppen« erzeugen sollten. Die Propaganda wolle den Soldaten einreden, das demokratische System der USA sei es »weder wert, dafür einzustehen, noch dafür in den Krieg zu ziehen.«[705]

Die Verschwörer, so legte Rogge seinen Fall dar, wollten dabei genau nach dem Muster der NSDAP in Deutschland vorgehen. Sie wollten einen amerikanischen Hitler an die Macht bringen. Sie wollten gegen die Juden losschlagen. Sie sprachen von gewaltsamem Umsturz, Blutbädern, vom »Aufhängen an Straßenlampen«. Sie schwärmten von Pogromen, gegen die diejenigen der SA »wie Sonntagsschulausflüge« aussehen würden. Genau wie die deutschen Nationalsozialisten wollten sie zunächst die Propagandaschlacht um die öffentliche Meinung gewinnen, dann die demokratischen Institutionen untergraben, um anschließend mithilfe verfassungsfeindlicher Kräfte im Militär die politische Macht an sich zu reißen. Die Verteidigung stritt die Beteiligung der Angeklagten an einer Verschwörung vehement ab und machte ein solches Theater im Gerichtssaal, dass sich die Verhandlung über Monate hinzog und noch längst kein Urteil in Sicht war, als der Richter schließlich einem Herzinfarkt erlag und der Prozess platzte.

Rogge und Kempner versuchten eine Wiederaufnahme zu erreichen, hatten aber keinen Erfolg, und nach dem Krieg wurde die ganze Geschichte stillschweigend nicht weiter verfolgt.

Bürgerrechtler in den USA waren ohnehin besorgt wegen der Folgen solcher Ermittlungen und Anklagen für die Meinungsfreiheit, aber Kempner, der ja erst kürzlich als Staatsfeind aus seiner Heimat vertrieben worden war, fühlte sich verpflichtet, den Amerikanern mit aller Kraft zu helfen, die potenziellen Gegner ihrer freiheitlichen Ordnung aufzuspüren und zum Schweigen zu bringen. Jetzt konnte er endlich wieder etwas gegen die Nazis unternehmen – und dabei gleich noch seine eigene Reputation fördern. Wenige kurze Jahre, nachdem er in Hoboken an Land gegangen war, verkehrte der Neueinwanderer bereits in höchsten politischen Kreisen.

Und wie es das Schicksal so wollte, machten die Staatsanwälte, die gegen NS-Provokateure ermittelten, interessante Betriebsausflüge.

Bald würden sie Kempner mitnehmen und ihm die Chance seines Lebens bieten.

Während der ganzen Zeit, die er mit der Staatsanwaltschaft zusammenarbeitete, behielt Kempner seine Gewohnheit bei, J. Edgar Hoover regelmäßig mit Stellengesuchen zu belästigen.[706] Er hoffte immer noch, die Aufmerksamkeit des FBI-Direktors zu gewinnen, der bei seinem eigenen Feldzug gegen potenzielle Gefährder weit gründlicher vorging als die Special Defense Unit des Justizministeriums. Im April 1941 enthielt die »Suspect-Enemies«-Liste des Bureau, zusammengestellt mithilfe des umfassenden geheimen Überwachungsprogramms, das Roosevelt fünf Jahre zuvor inoffiziell gebilligt hatte, achtzehntausend Namen.[707]

Kempner schlug Hoover brieflich vor, das FBI solle sich jetzt schon auf Prozesse in einem kommenden Nachkriegseuropa vorbereiten, indem es sich mit den Institutionen und Methoden der Polizeiapparate dort vertraut mache: »Personal, Zuständigkeitsbereiche, Zentralbehörden, Art der lokalen Behörden, und so weiter … Ich wäre gerne bereit, einen Bericht über die hauptsächlichen Fragen abzufassen, die sich dabei ergeben, der vielleicht in mehrfacher Hinsicht nützlich wäre.«

Er bot an, ausführlich über Kurt Daluege zu berichten, den NS-Polizeifunktionär und »gefährlichen Typen«, der kürzlich zum Reichsprotektor von Böhmen und Mähren ernannt worden war.

Er sandte Geschenke. Weihnachten 1942 bekam Hoover ein Exemplar von Kempners Buch über den Aufstieg des NS-Regimes, *Justiz-Dämmerung: Auftakt zum Dritten Reich,* das er unter dem Pseudonym Eike von Repgow 1932 veröffentlicht hatte. Er behauptete, nur zwei Exemplare hätten überlebt, alle anderen seien auf Anordnung Hitlers verbrannt worden. Im Jahr darauf ließ er den Bericht folgen, den er 1930 für das Preußische Innenministerium über die NSDAP als gefährliche verfassungsfeindliche Verbrecherorganisation geschrieben hatte. Dieses »historische und prophetische« Dokument habe er »unter Lebensgefahr aus Deutschland geschmuggelt«; er versicherte Hoover, es werde sich im FBI-Museum sicher gut machen.

Inzwischen wusste Kempner, dass er stets auf kurze, höfliche, unpersönliche Antworten aus Hoovers Büro rechnen durfte, aber die Einladung zu einem persönlichen Gespräch mit Amerikas berühmtestem Strafverfolger, die er sich wünschte, erhielt er nicht.[708] Kempner hatte sich allerdings bereits mit dem Special Agent in Verbindung gesetzt, der die Zweigstelle des FBI in Philadelphia leitete, und wurde 1942 als Rechercheur und vertrauliche Quelle angeheuert.[709] Er war nur »freier Mitarbeiter« für 14 Dollar Tagessatz plus Spesen, erachtete es aber als »große Ehre«, für das FBI zu arbeiten, gleichgültig in welcher Eigenschaft, und da er ziemlich viel Arbeitszeit investierte, ergab das auch ein nettes monatliches Zusatzeinkommen. Am Ende des Jahres dankte er Hoover in einem persönlichen Brief dafür, dass er »einen kleinen Beitrag in unserem Kampf gegen Hitler« habe leisten dürfen, »dieses Mal auf der Seite der Sieger, und nicht, wie zwischen 1928 und 1932, auf der der Verlierer«.[710] Die Antwort fiel so knapp und nichtssagend aus, wie es anscheinend Hoovers Art war: Kempners Hilfe sei »sehr wertvoll« gewesen.

Zur Tätigkeit als Informant des FBI gehörte damals bereits auch das Aufspüren von Kommunisten. Hoovers Kalter Krieg begann schon, bevor der Zweite Weltkrieg gewonnen war. Er war überzeugt, der Kreml infiltriere längst die USA mit seiner eigenen Fünften Kolonne.

Kempner leitete eine kleine Arbeitsgruppe deutschsprachiger Rechercheure und Übersetzer, die Akten zum Lebenslauf deutscher Kommunistenführer auswerteten, kommunistische Gruppen in Philadelphia überwachten und potenzielle kommunistische Tarnorganisationen meldeten.[711] Er lieferte Erkenntnisse über die German Society of Pennsylvania und über Schiffsbewegungen auf dem Delaware.[712] Sein Team übersetzte Artikel aus deutschen kommunistischen Exilzeitungen in London, Mexiko-Stadt, Buenos Aires und New York. Er fuhr jeden Monat nach Manhattan, um kommunistische Schriften zu kaufen, die dann vom FBI analysiert wurden.

Im Februar 1943 bot er sich sogar als Spion gegen »Personen, die mit mitteleuropäischen kommunistischen Parteien verbunden sind« in New York an, die bereits dabei seien, sich auf eine Rückkehr nach Europa und die Machtübernahme in ihren Ländern nach Kriegsende vorzubereiten, wie Kempner dem Special Agent berichtete.

Außerdem sammelte er Erkenntnisse über die verschiedensten Personen, Prominente wie völlig Unbekannte, in den USA wie in Europa: Otto Davkand aus New York, der ein Wettbüro betrieb und der NSDAP angehörte; Harry Eisenbrown, einen amerikanischen Professor, der 1937 einen Lehrstuhl an einer deutschen Universität angenommen hatte; Ezra Pound, den berühmten Dichter, der offen für den Faschismus Stellung bezog; Fred Kaltenbach aus Dubuque, Iowa, der während des Krieges im Reich lebte und als NS-Propagandist auf deutschen Radiosendern den Mittleren Westen ins Visier nahm, und schließlich Ruth Domino, die das FBI irrtümlich für die Ehefrau des kommunistischen Topspions Gerhard Eisler hielt.

Das FBI war dabei, ein enormes Geheimarchiv über die Aktivitäten von Millionen US-Bürgern anzulegen, und Kempner tat, was er konnte, um bei der guten Sache zu helfen.

Rosenberg auf einem Flugplatz in Kiew während eines Ukraine-Besuchs 1942.

(Yad Vashem)

21

Das Chaostministerium

Bittere Enttäuschung herrschte bei den ukrainischen Nationalisten, die geglaubt hatten, der Einfall der Deutschen läute die Gründung eines neuen, unabhängigen Staates ein. Im Juli brachte eine Verhaftungswelle des Sicherheitsdienstes die kurz aufflackernden nationalstaatlichen Bestrebungen in Kiew, Lemberg und Schytomyr schnell zum Erlöschen, und noch vor Ende des Sommers setzte Hitler schon alles daran, die Ukraine aufzuteilen.[713]

Was auch immer die Propagandaflugblätter, die über den eroberten Territorien abgeworfen worden waren, versprachen – die Nationalsozialisten hatten sicher nicht die Absicht, die Menschen im Osten wirklich zu befreien.

Am 1. August 1941 beschloss Hitler, einen Teil im Westen, Galizien, dem Generalgouvernement zuzuschlagen. Einen Monat später wurde darüber gesprochen, die Südwestukraine einschließlich der wichtigen Hafenstadt Odessa den Rumänen zu überlassen. General Ion Antonescu, der rumänische Premierminister, hatte seine Nation zu einem Verbündeten der Achse gemacht, und seine Soldaten kämpften beim Unternehmen Barbarossa im Sommer 1941 an der Seite der Nationalsozialisten.

»Der Führer«, so hielt Rosenberg in seinem Tagebuch fest, »liebt geradezu Antonescu, der sich wirklich soldatisch und menschlich ausgezeichnet betragen hat.« Als Hitler ihm Odessa anbot, verzichtete Antonescu: Er könne einen so großen Hafen nicht verteidigen Doch Rosenberg ging davon aus, dass der General seine Meinung ändern werde. »Aber: d. rumänischen Truppen haben Odessa eingeschlossen u. lassen viel Blut i. diesem Kampfe«, schrieb er in sein Tagebuch. »A. stellt 15 Divisionen. Mit dem Essen kommt d. Appetit.«[714]

Die Ukraine aufzuteilen hielt Rosenberg, wie er im privaten Kreis klagte, für eine ganz schlechte Idee. »In R.[umänien] kämpfen offenbar Vernunft u. Unvernunft einen unentschiedenen Kampf. … Aber die Konzeption, die Ukrainer zu gewinnen u. gegen Moskau politisch zu mobilisieren, kann durch ein Nachgeben vielleicht gänzlich zerschlagen werden.«[715]

Es war jedoch klar, dass Hitler ungeachtet seiner Äußerungen gegenüber Rosenberg und anderen vor dem Krieg keine Selbstbestimmung der Völker des Ostens zulassen würde. Er fürchtete, dass insbesondere eine freie Ukraine in Zukunft ein gefährlicher Feind werden könne. Nach seiner Überzeugung würde Autonomie zur Unabhängigkeit führen. Hitler widersetzte sich Rosenbergs Vorschlag, eine neue Universität in Kiew zu gründen, um eine neue Blüte der slawischen Kultur und des Nationalstolzes anzuregen. »Es wäre verfehlt, den Eingeborenen erziehen zu wollen. Was wir erreichen würden, ist ein Halbwissen, das zur Revolution führt.«[716] Er wollte noch nicht einmal, dass sie lesen lernten.

Die Ukrainer hatten von den Nationalsozialisten nichts zu erwarten.

Eigentlich noch weniger als nichts: Trotz Rosenbergs deutlich vorgetragener Einwände gab Hitler tatsächlich Antonescu das Stück ukrainisches Territorium, das er wollte.[717]

Im September 1941 wurde Rosenberg schließlich klar, dass er die Schlacht verloren hatte: »Der Führer ist d. Ansicht, dass wenn ein so grosses Volk sich dauernd unterdrücken lasse, so sei es auch nicht wert, von anderen als selbständig anerkannt zu werden.« Er konnte seine Bestürzung nicht überspielen. War er von seinem Helden in die Irre geführt worden? »Diese mehrfach ausgesprochene Haltung ist durchaus verschieden von der von mir vertretenen u. wie ich annehmen musste, auch vorher von ihm [Hitler] akzeptierten.«[718]

Doch wie immer lavierte Rosenberg, um seinem »Führer« schließlich doch zu folgen. Im Oktober kam er zu dem Schluss, Hitler habe recht gehabt. Der Versuch, die Ukrainer kulturell anzuregen, führe zu nichts, schrieb er in sein Tagebuch. Besser sei es, »die eigene Entwicklung d. Ukrainern selbst, d.h. der heutigen Primitivität [zu] überlassen«. »Die fruchtbare Erde, die Reichtümer des Bodens u. schliesslich auch der grosse d. Bluteinsatz haben beim Führer eine Änderung der inneren Haltung bewirkt ... Schliesslich hat er ja die Ukraine erobert ...«[719]

Rosenberg machte sich noch immer Sorgen. Bald sahen sich seine Verwaltungsbeamten mit passivem Widerstand konfrontiert und waren auch Attentatsversuchen ausgesetzt. Man brauchte womöglich eine Million Soldaten, um die aufgebrachte Bevölkerung in Schach zu halten. Ansonsten könnte sich die Situation vor Ort leicht zu einer richtigen Revolution gegen die Deutschen hochschaukeln.

Die Ukrainer merkten allmählich, dass sie einfach einen Unterdrücker gegen einen anderen ausgetauscht hatten.

Hitlers Plan für den Umgang mit dem Osten bestand darin, ihn wie eine Kolonie zu behandeln. Die Deutschen würden dort herrschen, wie es ihnen von Geburt an bestimmt war. »Aus den neugewonnenen Ostgebieten müssen wir einen Garten Eden machen«, erklärte er.[720] Der »Lebensraum«, von dem er all die Jahre gesprochen hatte, war endlich in Reichweite.

Doch als die Nationalsozialisten in ihrem neuen Reich ankamen, herrschte Chaos. Die Männer unter Rosenbergs Kommando waren Hunderte Kilometer von seinem Berliner Hauptquartier entfernt. Wenn seine Befehle im ukrainischen Hinterland ankamen, waren sie meist schon überholt. Die Telefonverbindungen waren lausig und die Post langsam, sodass es Rosenberg nicht möglich war, die Sache persönlich in die Hand zu nehmen. Und so hatten von den Reichskommissaren bis hinunter zu den untersten Bereichsleitern alle einen großen Spielraum, Befehle aus Rosenbergs fernem Ostministerium auszulegen und sogar zu ignorieren. Im Osten, so stellte Goebbels fest, mache jeder, was er wolle.

Rosenbergs Unternehmen war so riesig und zerrissen, dass Goebbels bald von einem »Chaostministerium« sprach. »Die Unzulänglichkeit des Ost-Ministeriums beruht darauf, daß dort zu viele Theoretiker und zu wenige Praktiker sitzen«, schrieb er in sein Tagebuch.[721] Rosenberg hatte keine Befehlsgewalt über Himmlers SS, und er war verpflichtet, Görings Anstrengungen, bei den Ukrainern Nahrungsmittel und Rohstoffe zu konfiszieren, zu unterstützen.

Schlimmer noch, sein ihm theoretisch untergebener Vertreter in der Ukraine, Reichskommissar Erich Koch, hatte sich als unkontrollierbarer Despot erwiesen, genau wie Rosenberg schon bei dessen Ernennung durch Hitler im Juli erwartet hatte. Der 45-jährige frühere Reichsbahnbeamte Koch sagte einmal, er wäre wohl Kommunist geworden, wenn er nicht Hitler kennengelernt hätte.[722] Er hatte in der Vergangenheit sogar eine engere Verbindung zwischen Nationalsozialisten und Bolschewisten befürwortet – was in Rosenbergs Augen an sich schon ein schwerer Charakterfehler war. 1928 wurde Koch Gauleiter des stark landwirtschaftlich geprägten Ostpreußen, wo er sich durch Arroganz und Intrigen einen Namen machte.

Koch und Rosenberg hätten keine gegensätzlicheren Ansichten zum Ost-Problem haben können. Koch überspitzte Hitlers Linie noch: Die Deutschen als Herren, die Ukrainer als Sklaven. Nichts sollte die Nationalsozialisten davon abhalten, sie brutal auszubeuten. »Ich bin nicht gekommen, um Segen zu spenden, ich bin gekommen, um dem Führer zu helfen«, sagte er. »Die Bevölkerung muß arbeiten, arbeiten und nochmals arbeiten …«[723] Koch, der ein Hitler-Bärtchen trug und sich das Haar aus der hohen Stirn kämmte, tat nichts, um diese extremen Ansichten zu verbergen, selbst vor jenen nicht, die er unterdrückte. Er ließ verlautbaren, einen Ukrainer, der wert wäre, mit ihm an einem Tisch zu sitzen, würde er erschießen lassen. Die Deutschen seien eine »Herrenrasse«, die immer daran denken müsse, »daß der geringste deutsche Arbeiter rassisch und biologisch tausendmal wertvoller ist als die hiesige Bevölkerung«. Sie hatten es hier mit »Untermenschen« zu tun. »Dieses Volk muß mit eiserner Hand regiert werden, damit es uns den Krieg gewinnen hilft. Wir haben es nicht befreit, um es zu beglücken. Die Ukraine hat das zu liefern, was Deutschland fehlt.«[724]

Koch herrschte durch Angst und Schrecken. Seine Maßnahmen waren hart und kompromisslos. Insubordination begegnete er mit strengsten Strafen einschließlich der Todesstrafe. Koch wollte, dass sich die Bevölkerung ständig bedroht fühlte, selbst wenn sie nichts tat, um die Nationalsozialisten zu provozieren.

Die öffentliche Prügelstrafe sollte wieder eingeführt werden. Als Rosenberg sich schriftlich gegen diese Behandlung wandte und ein Ende der Auspeitschungen forderte, zuckte Koch mit den Schultern. »Tatsächlich«, so schrieb er über einen Zwischenfall, »sind einmal in Kiew von der Polizei im November 1941 ca. 20 Ukrainer verprügelt worden, weil sie den wichtigen Brückenbau über den Dnjepr sabotierten. Ich habe von dieser

Maßnahme nichts gewußt. Hätte ich's gewußt, so hätte ich sie wahrscheinlich gebilligt, hätte ich aber gewußt, welchen Rattenschwanz von Prügelvorwürfen dieser Akt bewirken würde, so hätte ich die Ukrainer wahrscheinlich wegen Sabotage erschießen lassen.«[725]

In seinen Tagebüchern machte Rosenberg deutlich, dass seine Meinungsverschiedenheiten mit Koch mehr mit pragmatischen Erwägungen als mit etwaigen moralischen Bedenken zu tun hatten. Ja, die Nationalsozialisten mussten die Region befrieden, damit sie aus ihr das herausziehen konnten, was sie brauchten, doch Kochs Mischung aus übellauniger Improvisation und lautem, provozierendem Benehmen war einfach kontraproduktiv. »Alles verträgt ein Volk in Kriegszeiten, blos keine offene Verachtung«, schrieb Rosenberg in sein Tagebuch.[726] Kochs öffentliche Äußerungen brachten die Menschen nur gegen die Deutschen auf und ermutigten sie, sich den Widerstandskämpfern anzuschließen. Sicherlich wäre es besser, für sich zu behalten, was die Nationalsozialisten wirklich über die Slawen dachten. Als Folge von Kochs brutalem Auftreten seien Sabotageakte und die Entstehung eines Partisanenverhaltens zu erwarten.

Rosenberg beschwerte sich bei Hitler, doch Koch hatte den »Führer« auf seiner Seite. Und er hatte leichteren Zugang zu ihm: Hitlers Hauptquartier im Krieg, die »Wolfsschanze«, lag in Ostpreußen, mitten in Kochs Herrschaftsgebiet, während Rosenberg fast 600 Kilometer entfernt in Berlin arbeitete.

Mit der Hilfe seines Freundes und Verbündeten Martin Bormann berichtete Koch regelmäßig Hitler direkt, während Rosenberg aus der Ferne eine Aktennotiz nach der anderen schickte.[727]

Ihre Meinungsverschiedenheiten hätten wahrscheinlich keine Rolle gespielt, wenn der Krieg nach wenigen Wochen oder

Monaten beendet gewesen wäre. Doch Ende 1941 hatten die Sowjets endlich ihre Verteidigung verstärkt und brachten den Vormarsch der Deutschen zum Stillstand. Fast ein Viertel der deutschen Soldaten im Osten war tot oder verwundet. Dann zogen sich die ersten Einheiten zurück, es wurde eiskalt, und die Sowjets griffen die deutschen Armeen in den Außenbezirken Moskaus an. Alles, all die brutalen Pläne und utopischen Entwürfe waren von einem schnellen Ende der Kämpfe im Osten ausgegangen.

Jetzt mussten sich die Deutschen auf einen langen Krieg einrichten.

Während Rosenberg sich über die Behandlung der Ukrainer aufregte, arbeiteten seine Verwaltungsbeamten mit Himmlers SS an einer Wiederaufnahme der Judenmassaker in den Ostgebieten. Im April 1942 besuchte Heydrich Minsk, und in den nächsten Monaten wurden in der Region 16 000 Juden exekutiert. Nach einer neuen Welle von Erschießungen im Frühjahr und Sommer wurde Lohse, Reichskommissar für das Ostland, von Wilhelm Kube, dem Generalkommissar für den Generalbezirk Weißruthenien, darüber informiert, dass man dort innerhalb von zehn Wochen etwa 55 000 Juden liquidiert habe.[728] Das Gleiche geschah in der Ukraine, wo nur ein paar Tausend Juden als Zwangsarbeiter am Leben blieben. Am 26. Dezember 1942 erhielt Himmler einen Bericht, dem zufolge in den letzten vier Monaten des Jahres mehr als 360 000 Juden in der Ukraine und der polnischen Stadt Bialystok getötet worden waren.

Das erste Vernichtungslager entstand im polnischen Chełmno, wo seit Dezember 1941 jeweils 50 Juden auf Lastwagen wie jene, die die Menschen im Ghetto von Minsk fürchten gelernt hatten, verladen wurden. Die erste Gaskammer wurde in einem Lager in Belzec in Ostpolen gebaut und ging im März 1942 in Betrieb. Weiter im Norden nahmen in Sobibor und Treblinka ähnliche Lager in jenem Frühling und Sommer den Betrieb auf, und Gaskammern wurden auch im schon bestehenden Konzentrationslager Majdanek gebaut.

Das größte Vernichtungslager, Auschwitz-Birkenau, nahm den Betrieb im Februar 1942 auf und wurde zum letzten Bestimmungsort der Juden aus Frankreich, Belgien, Holland, Italien, Serbien, der Slowakei, Rumänien, Kroatien, Polen, Dänemark, Finnland, Norwegen, Bulgarien, Ungarn und Griechenland. Die Opfer wurden in die unterirdischen Kammern eingeschlossen. Behälter mit Zyklon-B, einem Schädlingsbekämpfungsmittel mit dem Wirkstoff Blausäure, wurden durch die Decke herabgelassen. Sobald alle tot waren, entfernten andere Lagerinsassen die Goldfüllungen, die Prothesen und das Haar, legten die Leichen in Aufzüge und schickten sie nach oben in die Öfen, in denen sie verbrannt wurden.

Insgesamt töteten die Nationalsozialisten mehr als drei Millionen Menschen, meist Juden, in den sechs Lagern.[729]

Am 4. Oktober 1943 sprach Heinrich Himmler im Rathaus der polnischen Stadt Posen vor einer Gruppe von SS-Offizieren über die Arbeit, die sie getan hatten. »Von Euch werden die meisten wissen, was es heißt, wenn 100 Leichen beisammen liegen, wenn 500 daliegen oder wenn 1000 daliegen. Dies durchgehalten zu haben … das hat uns hart gemacht. Dies ist ein niemals geschriebenes und niemals zu schreibendes Ruhmesblatt unserer Geschichte.«[730]

Eine Reihe erfolgreicher Feldzüge in der Sowjetunion ließ die Deutschen 1942 hoffen. Die Nationalsozialisten nahmen die Krim und den Kaukasus im Handstreich, und am 12. September zog die deutsche 6. Armee unter General Friedrich Paulus nach wochenlangem Flächenbombardement der Luftwaffe in Stalingrad ein.[731]

Hitler hatte diese Schlüsselposition an der Wolga zwischen Moskau und dem Kaspischen Meer unbedingt einnehmen wollen und gelobt, die gesamte männliche Bevölkerung der Stadt zu töten und jede Frau und jedes Kind zu deportieren. Stalin, der sich der strategischen und symbolischen Bedeutung einer Stadt bewusst war, die seinen Namen trug, setzte alles daran, sie zu verteidigen. Die Rote Armee weigerte sich zu kapitulieren, schoss aus den Ruinen auf die Deutschen und legte überall Sprengfallen. Die Sowjets überraschten die zermürbten Deutschen mit einem massiven Gegenangriff im November, bei dem sie die 250 000 deutschen Soldaten einkesselten. Eine Luftbrücke konnte die Männer nicht befreien, die bald fast ohne Munition hungernd, frierend und völlig verlaust dahinvegetierten.

Millionen Briefe der eingekesselten Soldaten brachten dem deutschen Volk diese Krise ins Bewusstsein, doch Hitler verweigerte General Paulus die Erlaubnis, sich den Rückzug freizukämpfen. Schließlich kapitulierte Feldmarschall Paulus am 31. Januar 1943.

Die Niederlage lähmte die Nation. Trauer lag über dem Reich. In manchen Kreisen begriff man Stalingrad schon damals als den Anfang vom Ende.

In der Zwischenzeit hatten sich Rosenbergs Befürchtungen in den besetzten Gebieten bewahrheitet. Gefördert durch die eskalierende Brutalität der deutschen Besatzung war ein erbitterter Widerstand erwachsen. Die Deutschen mussten sich gegen Sabotage, Attentate und offenen Ungehorsam wehren, Unzufriedene schlossen sich organisierten Partisanenbewegungen an.[732] Im Mai 1942 hatte Rosenberg Glück, weil er einen Besuch im Ostland abkürzte; der Zug, den er eigentlich hatte nehmen wollen, entgleiste, nachdem Saboteure die Gleise durchtrennt hatten.[733] Später in jenem Jahr offenbarte ein sowjetischer Spion, der in Kiew festgenommen worden war, Pläne, Rosenberg während eines Besuchs in der Ukraine zu ermorden.[734]

In der Sowjetunion hieß es, Rosenberg habe sich aufgeregt, nachdem er auf der Ostreise von Partisanen beschossen wurde. Dieser kolportiert die Gerüchte in seinem Tagebuch so: »Er [Rosenberg] verbarrikadiert sich zu Hause. Doppelte Eisenjalousien, verstärkte Wände, getarnte M.[aschinen]G.[ewehre] an allen Fenstern.« Angeblich trug er eine schusssichere Weste und reiste mit vielen Sicherheitsleuten. Das alles war falsch, wie Rosenberg amüsiert anmerkte. »Dabei habe ich überhaupt keine männl. Person jetzt im Hause, bin nie mit S.S. Bewachung gefahren.«[735]

Die deutsche Kampagne zur Rekrutierung von Arbeitern heizte die Widerstandsbewegung noch an.[736] Da Millionen Deutsche an der Front waren, brauchten die Fabriken, Höfe und Bergwerke des Landes Arbeiter. Zuerst verließen sich die Nationalsozialisten auf Propagandabroschüren und Plakate in den besetzten Ostgebieten. Ein Wochenschaubeitrag mit dem Titel *Komm ins schöne Deutschland* wurde in den Kinos gezeigt. Die Deutschen versprachen gute Löhne, freie Unterkunft und Gesundheitsfürsorge, ja sogar persönliche Sparkonten.

Anfangs meldeten sich auch noch optimistische Ukrainer freiwillig, doch bald erreichten hässliche Gerüchte die Heimat: Die Arbeiter wurden in Eisenbahnwaggons ohne Essen oder Toiletten transportiert; wer versuchte, nach Hause zurückzukehren, wurde in ein Konzentrationslager gesteckt. Mitte 1942 meldete sich niemand mehr freiwillig. Manche fürchteten, die Nationalsozialisten würden sie wie die Juden behandeln; es ging die Geschichte um, dass die Menschen, die in die Arbeitszüge stiegen, später erschossen und zu Seife verarbeitet wurden.

Die Behörden in Berlin legten immer höhere Arbeitsnormen fest. Unterstützt von lokalen Amtsträgern in der Ukraine, trieben die Nationalsozialisten Menschen auf Märkten und in Kinos zusammen. Sie durchkämmten nachts die Dörfer. Wenn die Bewohner flohen, wurden ihre Häuser niedergebrannt und ihr Vieh konfisziert. An den Bahnhöfen eskalierte die Gewalt, als Familien unter Zwang getrennt wurden. Es gab Berichte, dass die Nationalsozialisten schwangere Frauen zu Abtreibungen zwangen, statt sie von den Rekrutierungskampagnen auszunehmen.

Schließlich wurden ganze Altersgruppen ausgehoben. »Die Ukraine«, so sagten Opfer der Zwangsrekrutierung, »wird von den Ukrainern befreit.«[737]

Über drei Millionen Menschen wurden während des Krieges nach Westen transportiert; anderthalb Millionen davon kamen aus der Ukraine.

In Berlin hatte Rosenberg Bedenken gegen den Arbeitseinsatz. Die Männer hinter dem Programm hatten nur den Nutzen und die Erreichung der Normen im Kopf. Sie dachten nicht an die Folgen der eskalierenden Gewalt. »Die Forderung nach zwei Millionen Ostarbeitern ist für das Reich notwendig, für den Osten ist sie der schwerste Schlag gegen die Aufbauarbeit.«[738]

Die Zwangsverpflichtung von Arbeitern erreichte nur eines: Sie brachte das Land gegen die NS-Herrschaft auf.

Rosenbergs Ministerium hatte ein weiteres Problem. Seine Männer im Osten brauchten dringend Ausstattungen für ihre Quartiere.

Um diese »furchtbaren Wohnungszustände«, wie der Minister in einer Anfrage an Hitler schrieb, zu verbessern, schlug er vor, die »Wohnungseinrichtungen der geflohenen oder noch abreisenden« Juden im besetzten Westen zu beschlagnahmen.[739] Die Nationalsozialisten hatten den geflohenen Juden schon alle wertvollen Kunstwerke genommen, die sie finden konnten. Jetzt machten sie sich daran, sich durch die »Möbel-Aktion« auch ihre alltäglichen Besitztümer anzueignen: ihre Tische und Stühle, ihre Haushaltswaren, ihre Laken, ihre Spiegel.[740]

In einer großen Villa mit 50 Zimmern, die die Deutschen von einem reichen jüdischen Ehepaar beschlagnahmt hatten, saß Kurt von Behr und begann Umzugsunternehmen anzuheuern, um die Einrichtungen unbewohnter jüdischer Haushalte in Frankreich, Belgien und den Niederlanden abzutransportieren. Wenigstens 69 000 Wohnungen wurden so innerhalb von drei Jahren geräumt.[741] Um die Einrichtungsgegenstände zu sortieren, zu reparieren und wieder zusammenzupacken, richtete von Behr drei Depots im Zentrum von Paris ein und forderte jüdische Arbeiter aus einem Internierungslager der nordöstlichen Vorstadt Drancy an, die dann bei den Magazinen untergebracht wurden. Eines befand sich in einem früheren Kaufhaus, ein anderes in einem großen, eleganten Haus in einem reichen Stadtviertel. Das dritte war ein Lagerhaus an der Bahn.

Die Kisten kamen zu Tausenden jeden Tag in die Depots, gefüllt nicht nur mit Möbeln, sondern auch mit Teppichen, Safes, Haushaltswaren, Silber, Spielzeug, Büchern, Bettwäsche, Lampen, Musikinstrumenten, Kleidung, ja sogar Nachthemden – mit allem, was in einem Haus so zu finden ist.

Die Sortierer fanden Teller, auf denen noch Essensreste waren.

Sie fanden halb geschriebene Briefe.

Manchmal erkannten sie sogar eigene Besitztümer. Ein Arbeiter sah ein Foto seiner Tochter.[742]

Aus beschlagnahmtem Stoff fertigten jüdische Näherinnen in den Depots Kleidung für NS-Funktionäre und ihre Familien, darunter auch Kleider, Handtaschen und Schuhe für von Behrs Ehefrau.

Über den Arbeitern schwebte immer die Gefahr der Deportation. Männer und Frauen wurden nach Drancy zurückgebracht, weil sie etwa um eine Decke gebeten hatten oder verlaust waren. Wann immer von Behr auftauchte, um eines der Depots zu inspizieren, bestand er darauf, dass die Arbeiter ihm stets das Gesicht zuwandten, ein Befehl, der unter anderen, nicht so lebensgefährlichen Umständen lächerlich gewesen wäre. Mit der Zeit merkten die Juden, dass Arbeiter, die in das Durchgangslager Drancy zurückgeschickt worden waren, nicht mehr wiederkamen.

Die Beute war nicht nur für die Mitarbeiter des Ostministeriums bestimmt, sondern auch für die SS, für die Gestapo, für Görings Anwesen in Berchtesgaden und für andere führende Nationalsozialisten. Die Gefangenen polierten einige der wertvolleren Gegenstände und stellten sie in Regalen zur Schau, und von Behr führte Würdenträger dorthin, die aussuchen durften, was sie wollten, als wären sie im Kaufhaus Wertheim auf der Leipziger Straße in Berlin. Hochrangige Politfunktionäre und französische Kollaborateure durften Wünsche äußern und wurden prompt beliefert.

Rosenberg selbst bestellte »eine beeindruckende Menge« Laken und Handtücher, wie sich eine Gefangene später erinnerte.[743]

Im Laufe der Zeit veränderte sich die Möbel-Aktion. Jetzt bombardierten die Alliierten deutsche Städte, und die Masse der Einrichtungsgegenstände wurde nicht mehr an Regierungsfunktionäre, sondern an die Tausende Familien ausgegeben, die sich neu einrichten mussten, nachdem ihr Heim dem Erdboden gleichgemacht worden war.[744]

In den besetzten Ostgebieten konzentrierte sich der Einsatzstab währenddessen auf seine ursprüngliche Mission – den Raub von Kunstgegenständen und wertvollen Archiven.[745]

Auf diesem Gebiet konkurrierte die Organisation jetzt mit Einheiten der Waffen-SS und mit dem »Ahnenerbe«, einer SS-Einheit, die sich auf prähistorische Forschung spezialisiert hatte. Die Männer des Einsatzstabs raubten das Bernsteinzimmer aus dem Katharinenpalast südlich von Leningrad und brachten die prunkvollen Tafeln aus Bernstein, Spiegeln und Blattgold nach Königsberg, wo die Nationalsozialisten sie ausstellten. Himmlers Männer stahlen den berühmten Gottorfer Riesenglobus der Zaren, eine begehbare Kugel mit drei Metern Durchmesser und einem Planetarium im Inneren, dessen Sternzeichen durch aufwendige Gemälde ihrer Namensgeber bezeichnet sind. Man sieht also einen Löwen, einen Bären, einen Schwan und anderes abgebildet. Die Deutschen plünderten Minsk und Kiew, sie schickten einzelne Stücke als Schmuck in die Wewelsburg, die Kultstätte der SS in der Nähe von Paderborn, und zu Forschungszwecken in die Büros des Ahnenerbes in Berlin. Nachdem sie sich genommen hatten, was sie wollten, machten sie sich daran, die Paläste und historischen Stätten zu verwüsten.[746] Sie plünderten das frühere Haus des Dichters Alexander Puschkin. Sie parkten ihre Motorräder in Tschaikowskis ehemaligem Wohnhaus und verwendeten die Handschriften und Partituren des Komponisten, um den Ofen anzuheizen.

Der Einsatzstab übernahm im litauischen Vilnius das YIVO, das Jiddische Wissenschaftliche Institut, und richtete dort eine zentrale Sammelstelle ein. Die Nazis ließen 40 Juden aus dem

Ghetto der Stadt kommen, um das Material zu erfassen, das aus der ganzen Region hereinströmte, und um Zehntausende Bücher für den Transport nach Deutschland vorzubereiten. Ähnlich war es in Riga, Minsk und Kiew. Ganze Waggons voller russischer Kunst, Bücher, Möbel und archäologischer Schätze wurden in den Westen verbracht.

Nicht alles Raubgut blieb erhalten. Mindestens 80 000 Bücher wurden eingestampft. Thorarollen wurden auseinandergenommen, um ihr Leder zum Binden anderer Bücher, für Gürtel oder Schuhe zu verwenden.

Eine Ladung Bücher ging verloren, weil die Kisten aus einem Güterzug geworfen wurden, um Raum für ein angeblich wertvolleres Gut zu schaffen: Schweine.

»Es ist erstaunlich, welche Werte a. ganz Europa hier gesichert worden sind«, schrieb Rosenberg Anfang 1943 in sein Tagebuch, nachdem er ein Sortierungslager mit Beute aus Ost- und Westeuropa besucht hatte. »Wertvollste Werke d. Literatur, Manuskripte Diderot, Briefe Verdis, Rossinis, Napoleons III. usw. Dazu die ganze jüdische u. jesuitische Hetzliteratur gegen uns …« Er war ganz angetan davon, dies »mit einer lächerlich geringen Zahl von Mitarbeitern« in einigen wenigen Jahren geschafft zu haben.[747]

Anfang 1943, als sein fünfzigster Geburtstag näher rückte, hatte Rosenberg mit einem Anflug von Melancholie zu kämpfen. In den Kriegsjahren hatte er seinen Geburtstag nur in kleinem Rahmen gefeiert, doch dieses Jahr sollte die Feier eine aufwendige Anerkennung seiner Bedeutung für die Partei sein. Morgens gratulierte ihm zu Hause ein HJ- und BdM-Chor. Führende Nationalsozialisten begrüßten ihn im Amt, und 200 Gäste waren zu Eintopf und Bier in Rosenbergs Ministerium eingeladen.

Andere schickten Briefe. »Am meisten ergriffen war ich vom Handschreiben des Führers«, hielt Rosenberg fest. Hitler dankte Rosenberg für seine Treue und belohnte ihn mit einem Geschenk: 250 000 Reichsmark. »Wir beide wissen, wie verschieden wir sind, ihm ist bekannt, dass ich manche Menschen, die er wohl aus Gründen höherer Staatsraison im Vordergrunde wirken lässt, als Schädlinge ansehe.« Wenigstens, so dachte Rosenberg, konnte er Trost aus dem Wissen ziehen, dass Hitler ihn schätzte. »Ich habe ihm geantwortet, dass ich jetzt wohl aussprechen dürfe, dass ich die ganzen Jahre ihm und s. Werk gegenüber nie in der Treue geschwankt habe u. dass es die grösste Ehre meines Lebens gewesen sei, an s. Seite kämpfen zu dürfen.«[748]

Doch seine Treue sollte bald auf eine harte Probe gestellt werden.

Der Streit mit Koch eskalierte, und Rosenberg besprach eine Reorganisation der Führungsspitze des Ostministeriums mit Gottlob Berger, dem Chef des SS-Hauptamtes und engen Vertrauten Himmlers. Rosenberg unternahm einen letzten Versuch, den höchst problematischen Reichskommissar für die Ukraine zu verdrängen, und wusste, dass er dazu einen mächtigen Mann wie Himmler an seiner Seite brauchte. Er bot ein Bündnis an: Er würde Berger zu seinem Staatssekretär, zuständig für Personal und Grundsatzfragen, machen – wenn Himmler ihm die Unterstützung der SS in seinem Kampf gegen Koch zusichern könne.[749]

Im Januar sprach Rosenberg drei Stunden lang in Polen mit Himmler,[750] und der SS-Chef stimmte der Ernennung von Berger freudig zu – Hitlers Zustimmung vorausgesetzt.[751]

Die Entscheidung fiel Himmler leicht. Mit einem Vertrauten in Rosenbergs Ministerium wuchs sein Einfluss im Osten noch, und in Bezug auf Koch hielt er sich alle Optionen offen. Rosenberg notierte in seinem Tagebuch: »H. war plötzlich recht milde Koch gegenüber gestimmt, den er als ›Motor‹ doch schätze, er glaube auch nicht, dass der Führer ihn fallen lassen werde.«[752]

Die Abmachung mit Himmler setzte voraus, dass Rosenberg seinen treuen Adlatus Georg Leibbrandt entließ, der von 1933 bis 1941 in Rosenbergs Außenpolitischem Amt gearbeitet hatte, bevor er ins Ostministerium wechselte. Die Spitzen von SS und Gestapo hatten Leibbrandts Zuverlässigkeit lange angezweifelt, da er zwischen 1931 und 1933 mit einem Rockefeller-Stipendium in Paris und den Vereinigten Staaten gelebt hatte.[753] Leibbrandt war empört über die schnöde Entlassung. »Und wenn der Krieg infolge der unseligen Politik im Osten verloren geht«, so prophezeite er, »dann werden Sie, Herr Minister, dafür eines Tages aufgehängt werden.«[754]

Bei seinem Handel mit Himmler dachte Rosenberg nicht nur an seine ständigen Auseinandersetzungen mit Koch. Er hatte auch das Kriegsende im Blick. Ein »ideologischer Kampf« gegen die Kirchen stehe bevor, erklärte er Himmler, und Spitzenfunktionäre wie sie müssten kleinere Meinungsverschiedenheiten vergessen und zusammenarbeiten.

Hoffnungsvoll schreibt Rosenberg von den Abmachungen mit dem Reichsführer-SS: »H. müsse auf staatlichem Gebiet vorgehen, ich müsse w.[elt]-a.[nschaulich]die Haltung der Bewegung festigen und führen.«[755]

In den ersten Monaten des Jahres 1943 spitzten sich die Auseinandersetzungen mit Koch zu. Rosenberg wandte sich gegen eine rigorose neue Anordnung, die Koch herausgegeben hatte, und Koch antwortete mit einer 52 Seiten langen Jeremiade gegen seine ewige Nemesis, in der er Rosenberg vorwarf, er unterminiere seine Position, und Hitler bat, die Frage zu entscheiden.

Rosenberg ließ Koch zu einer Besprechung nach Berlin kommen, bei der sich die beiden Kontrahenten anschrien. Rosenberg, der Angst hatte, dass *er* von Hitler gefeuert werden könnte, schrieb einen Brief an die Reichskanzlei mit der Forderung, man möge ihm erlauben, Koch aus dem Dienst zu entfernen, der »ein Symbol bewusster ostentativer Volksverachtung geworden« sei und »seine große politische Chance … nahezu verspielt« habe, als Folge eines »Komplexes, den ich nur als pathologisch bezeichnen kann«.[756]

Während der Streit tobte, tat Himmler – nichts. Die vorsichtige Allianz, die er und Rosenberg im Januar angedacht hatten, hatte zu nichts geführt. Im März blockierte Hitler Bergers Ernennung als unnötig; ein paar Tage später lud Himmler Koch zu einem Besuch ein, um ausführlich mit ihm zu sprechen.[757]

Am 19. Mai kam Hitler schließlich in seinem Hauptquartier in Winniza mit den Kontrahenten zusammen.

Rosenberg erkannte schnell, dass sich die Meinung Hitlers in Bezug auf die Ukraine in den letzten beiden Jahren nicht geändert hatte. Vor Kurzem erst hatte er sogar bei einer Abendeinladung seinen Gästen erklärt: »Wenn einer von Betreuen spricht hier, den muss man gleich ins KZ stecken …«[758] Bei dem Treffen im Mai erklärte Hitler seinen Besuchern Rosenberg und Koch, er würde einfach lügen und den Ukrainern ihre Befreiung versprechen, wenn er den Eindruck hätte, dass es helfen würde. Ein tatsächlicher Einsatz zur Verbesserung der Lebensverhältnisse würde indessen nur Hoffnungen wecken und zu Problemen bei der Kontrolle der Bevölkerung führen.

Rosenberg tobte. Am Ende des Treffens weigerte er sich sogar, Koch die Hand zu geben.

Anfang Juni hielt Hitler seine Entscheidung schriftlich fest und befahl Rosenberg, enger mit dem Reichskommissar zusammenzuarbeiten und sich möglichst nicht in dessen politische Maßnahmen in der Ukraine einzumischen. Es war eine schwere Niederlage für Rosenberg.[759]

Er erholte sich nie wieder davon.

In seinen Tagebüchern schimpfte Rosenberg weiter. Hitler hatte sich hinter Torwächtern – allen voran Bormann – eingeigelt und konzentrierte sich auf militärische und außenpolitische Angelegenheiten, sodass wichtige Themen in Deutschland selbst zu wenig Beachtung fanden. Es gab keine Debatten, keine Diskussionen. Es war unklar, ob Bormann Rosenbergs Aktennotizen überhaupt noch übermittelte oder sie einfach ungelesen ablegte.

Wenn Bormann andererseits Anweisungen von Hitler weitergab, konnte niemand sicher sein, ob es wirklich ein Befehl des »Führers« war oder auf Bormanns Mist gewachsen war.[760]

Rosenberg hatte Bormanns Aufstieg nach Heß' England-Flug begrüßt. Er schien »ein Mensch mit praktischem Verstand, robust und entschlossen« zu sein, und er unterstützte begeistert Rosenbergs Feldzug gegen die christlichen Kirchen. Einmal bat Bormann ihn sogar um »die Ausarbeitung eines kurzen Leitfadens über die nationalsozialistische Lebensgestaltung«, eine Art NS-Katechismus für Schulkinder, der die religiöse Sittenlehre ersetzen sollte. Jedes Mädchen und jeder Junge, so erklärte er Rosenberg, sollte »das Gebot der Tapferkeit, das Verbot der Feigheit … ein Gebot der Reinerhaltung des Blutes« lernen.[761]

Ihre Feindseligkeiten hatten offenbar begonnen, nachdem Bormann einige besonders kritische Bemerkungen Hitlers über die Kirchen zusammengestellt und in Umlauf gebracht hatte. Rosenberg schrieb Bormann, das Schreiben sei in der Ausführung mangelhaft, und schlug vor, solche Arbeiten in Zukunft ihm zu überlassen. »Mit Holzhackermanieren kann man 2000 Jahre europäischer Geschichte nicht überwinden«, schrieb Rosenberg nach ihrem Briefwechsel in sein Tagebuch. »B.[ormann] ist ein praktischer Mann, aber für Analysen derartiger Fragen nicht formatmässig geeignet.«[762] Rosenberg versuchte seine Einwände vorsichtig zu äußern, denn Bormann war keine unbedeutende Macht. Bormann antwortete, »er habe ja nie gewollt, hier eine grosse Sache zu starten«, und selbstverständlich sei Rosenberg in Kirchenangelegenheiten der wichtigste Sprecher der Partei.

Dann aber, so schrieb Rosenberg, passierten plötzlich seltsame Dinge, es ging »merklich das Bemühen los, mein Partei-Amt anzubohren«. Er konnte nur vermuten, dass Bormann Komplexe hatte. »Gewisse Männer waren ihm zu gross. Darunter in erster Linie ich.«[763]

Bormann argumentierte, Rosenberg müsse sich ganz auf die Arbeit im Osten konzentrieren und solle daher viele Ämter aufgeben, die mit seiner Rolle als Hitlers ideologischer Stellvertreter zu tun hatten. Er versuchte auch, dem Einsatzstab die Kontrolle über das Kunstraubprogramm zu entziehen und sie in die Hände derjenigen Mitarbeiter zu legen, die das »Führermuseum« in Linz planten. Gleichzeitig warf er Rosenbergs Männern Inkompetenz und Korruption vor. Rosenberg wehrte den Versuch ab, doch dann wurden einem seiner engsten Mitarbeiter Verfehlungen vorgeworfen, die Rosenbergs Ansicht nach frei erfunden waren. Bormann ordnete eine Untersuchung an und forderte die Entlassung des Mannes. »Man greift ihn an«, schrieb Rosenberg, »meint aber mich dabei.« Er überlegte, ob er eine Zusammenkunft mit Bormann fordern und persönlich auf der Wiedereinsetzung des Mitarbeiters bestehen sollte. In der Vergangenheit hatte er Bormanns Meinung beeinflussen können.

Jetzt schien es hoffnungslos, und die ganze Affäre ließ ihn am Zustand des Dritten Reiches verzweifeln. »Ehrenmänner mit Hilfe der durch Tausende Blutopfer erkauften Macht durch Hof-Kamarillen ungehört zu diffamieren u. zu erledigen – das erträgt auf Dauer die anständige NSDAP u. das anständige d[eutsche] Volk nicht. … Dem Führer dies eben ins Gesicht zu sagen aber ist hoffnungslos – er würde dies als Angriff gegen bewährte Mitarbeiter ansehen, womöglich als Eifersucht eines ›Theoretikers‹ gegen ›Männer der Praxis‹.«

Bitter kommentierte er die Situation: »Wenn diese Methoden B.'s siegreich sein sollten, dann wäre auch meine Lebensarbeit umsonst gewesen.«[764]

Der Krieg ging ins vierte Jahr. Alles schien in sich zusammenzubrechen.

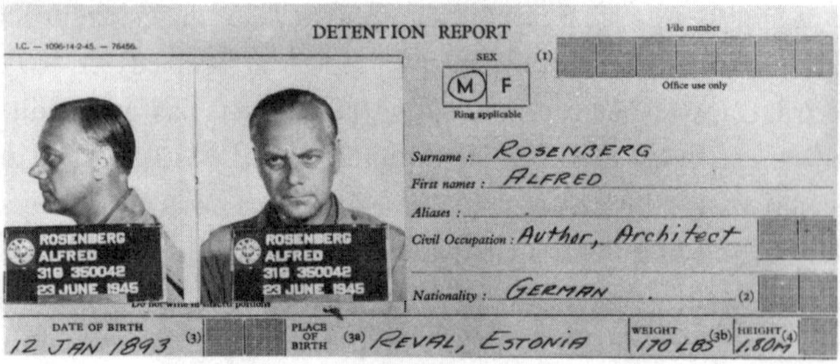
DETENTION REPORT

File number

SEX (1)

M F

Ring applicable

Office use only

ROSENBERG
ALFRED
31G 350042
23 JUNE 1945

ROSENBERG
ALFRED
31G 350042
23 JUNE 1945

Surname : ROSENBERG

First names : ALFRED

Aliases :

Civil Occupation : Author, Architect

Nationality : GERMAN (2)

DATE OF BIRTH 12 JAN 1893 (3)

PLACE OF BIRTH (3a) REVAL, ESTONIA

WEIGHT 170 LBS (3b)

HEIGHT 1.80M (4)

Rosenberg wird am 18. Mai 1945 von britischen Streitkräften festgenommen und war erleichtert, nicht an die Rote Armee ausgeliefert zu werden.
(Yad Vashem)

22

»Eine Ruine«

Zwei Jahre nach dem Einmarsch in die Sowjetunion, im Sommer 1943, hatten die Deutschen auf den Schlachtfeldern im Osten nicht mehr die Oberhand. Stalin warf schier unbegrenzte Soldatenmassen in die Schlacht. Im Juli und August verlor die Rote Armee mehr als anderthalb Millionen Männer, aber sie schlug die Deutschen in der größten Landschlacht der Geschichte bei Kursk, 450 Kilometer östlich von Kiew. Hitler hielt einen Rückzug für feige, doch die Deutschen hatten im Angesicht gnadenloser sowjetischer Frontalangriffe keine andere Wahl. In der Ukraine drängten die Sowjets sie im Eiltempo bis Kiew zurück. Um nichts zurückzulassen, das den sowjetischen Heeren irgendwie nutzen konnte, brannten die Nationalsozialisten bei ihrer Räumung des Geländes Dörfer nieder und sprengten Gebäude in die Luft.

Inzwischen versuchten die Briten, den Widerstandswillen der Deutschen zu brechen, indem sie die Hauptstadt immer wieder direkt angriffen. In einer wolkenverhangenen Nacht Ende November 1943 flogen mehr als 700 britische Flugzeuge über Berlin und leerten ihre Bombenkammern.[765]

Rosenberg hielt sich während des Angriffs mit seiner Frau Hedwig und seiner Tochter Irene im Unterstand auf dem Gelände seines Hauses an der Rheinbabenallee in Berlin-Dahlem auf.[766] Irgendwann endete der dumpfe Donner der Explosionen, das Entwarnungssignal kam und die Familie ging hinaus in die Dunkelheit, wo im Nordosten ein »brandroter Himmel« zu sehen war. Rosenberg beschloss, seine Familie nicht weiter nach Süden in seine Villa am Mondsee am österreichischen Alpenrand zu evakuieren, sondern brachte sie direkt in das Auge des Sturms, ins Hotel Kaiserhof am Wilhelmplatz gegenüber der Reichskanzlei.

Das Auto raste an Flammen und Verwüstung auf den Hauptstraßen vorbei ins Zentrum Berlins. Auf dem Kurfürstendamm war die Kaiser-Wilhelm-Gedächtniskirche von Bomben getroffen worden. Jenseits davon stand der Zoo in Flammen. Durch den Rauch war kaum noch etwas zu erkennen. Der Fahrer fuhr im Zickzack durch die apokalyptisch wirkenden Straßen, Sprenglöcher und Feuerbälle, umfuhr durch Trümmer blockierte Prachtstraßen und suchte sich einen Weg nach Osten ins Regierungsviertel. Tauentzienstraße: »Kein Durchkommen: ein Funkenregen und dichter Qualm«, berichtete Rosenberg. Das Auto fuhr auf den Bürgersteig, der Fahrer hupte entsetzte, gerade erst obdachlos gewordene Berliner aus dem Weg, die vor den Bomben flohen. Er fand einen Weg in den Tiergarten. An der Siegessäule brannte ein Omnibus. Als sie endlich den Kaiserhof erreichten, schauten Rosenberg und seine Familie zu, wie Feuerwehrleute Wasser auf das Transportministerium auf der anderen Seite des Wilhelmplatzes pumpten und immer wieder dicker Rauch aufquoll, wenn der Strahl auf das Flammeninferno traf.

Der Wind nahm brennende Teilchen auf und wehte sie über den Platz, auf dem Dach der Reichskanzlei brannten kleine Feuer. Die Telefone im Kaiserhof waren tot, doch irgendwann erschien Rosenbergs Stellvertreter, rußbeschmiert und mit einem Stahlhelm auf dem Kopf, um zu melden, dass die Parteidienststelle Rosenbergs getroffen worden war.

Am nächsten Morgen war die Luft so voller Ruß und Staub, dass die Menschen kaum sprechen konnten. 6000 Meter hoch stand die Säule am Himmel. Die Überlebenden bedeckten Augen und Mund mit Tüchern, um zu atmen. »Es ist unerfindlich, wie die Engländer bei einem Luftangriff in der Reichshauptstadt so viel zerstören können«, schrieb Goebbels. »Das Bild, das sich auf dem Wilhelmplatz bietet, ist geradezu trostlos.«[767]

Viele Räume in der Reichskanzlei waren ausgebrannt oder unter Wasser gesetzt. Die Türen und Fenster von Goebbels' Haus waren eingedrückt. Minister saßen außerhalb der Stadt fest und waren nur durch Kuriere zu erreichen, die sich ihren Weg durch die Zerstörungen suchten. Der Führerbunker wurde notgedrungen zu einer Zuflucht für die gerade obdachlos Gewordenen umgewidmet.

Rosenberg machte sich auf, um den Schaden an seiner Parteidienststelle in der Nähe des Potsdamer Platzes zu begutachten. »Eine Ruine«, schrieb er. »Im rauchenden Schutt liegen die herabgestürzten Panzerschränke. Eingang in den Keller nur durch einen kl. Schacht.« Redemanuskripte verbrannten genauso wie sein Großes Goldenes Ehrenzeichen und 20 000 Mark in einem Panzerschrank.[768] Das Hauptquartier des Ostministeriums in der ehemaligen sowjetischen Botschaft Unter den Linden überstand die Angriffe mit zerborstenen Scheiben und einer schmierigen Staubschicht auf der Fassade.

Schnell merkte Rosenberg, wie dumm es gewesen war, seine Familie in die Kampfzone zu bringen. Eine weitere Nacht brachte neue Bomben, und die Rosenbergs mussten sich im Führerbunker in Sicherheit bringen. Selbst tief unter der Erde bebten die Wände durch die Explosionen.[769] Am nächsten Morgen sah Rosenberg einen tiefen Bombenkrater direkt über dem Bunker. Das Hotel Kaiserhof hatte auch einen direkten

Treffer abbekommen, und niemand bekämpfte das Feuer, weil es keine Wasserschläuche mehr gab. Rosenberg hetzte durch die Gänge, in denen schon Flammen züngelten, in sein Zimmer, packte so viel wie möglich in einen Koffer und floh zurück in Hitlers Bunker, wo alle die Nacht auf Feldbetten verbrachten.

»Was sich in den Häusern u. Kellern unserer bombardierten Städte abgespielt hat u. noch abspielen wird, werden spätere Dramatiker als die furchtbarste Prüfung schildern, die einem Volk auferlegt werden kann«, schrieb Rosenberg in sein Tagebuch. Er verglich das Geschehen mit dem Fall von Magdeburg 1631 im Dreißigjährigen Krieg, als marodierende Soldaten des Heiligen Römischen Reiches 20 000 Menschen niedermetzelten und die Stadt in Brand setzten. »Heute«, so schrieb Rosenberg, »ist das ein Tagesverlust. Die – 20 d.[eutschen] Grossstädte, die heute schon zum grössten Teil in Trümmern liegen, haben schon paar Hunderttausend Frauen u. Kinder unter sich begraben.«

Er übertrieb. Die Luftangriffe von 1943 töteten über 9000 Zivilisten, machten mehr als 800 000 Menschen obdachlos und versetzten das deutsche Volk in Angst und Schrecken.

Doch es brauchte mehr als das – viel mehr –, bevor Hitler reagierte.

»Im Osten«, hielt Rosenberg in den dunklen Tagen des Sommers 1944 in seinem Tagebuch fest, »ununterbrochen Rückzug.«[770] 120 000 Soldaten der Achsenmächte saßen im Frühling auf der Krim fest, als die Sowjets unaufhaltsam auf die Westgrenze der Ukraine vorrückten.[771] Im Juni umfassten anderthalb Millionen Soldaten, unterstützt durch Panzer und Artillerie, die deutschen Heere in Weißrussland und nahmen 300 000 Männer gefangen oder töteten sie. Dann marschierten sie auf Berlin und machten erst 650 Kilometer vor der Hauptstadt halt. Im Westen landeten die Alliierten am 6. Juni, dem D-Day, in der Normandie mit dem Ziel, die deutschen Linien zu durchbrechen und Paris zu befreien.

In Deutschland selbst traten wieder Verschwörer auf den Plan, um Hitler zu töten.[772] Einige hochrangige Militärs konnten die Kriegsführung Hitlers und dessen gnadenlose Zerstörungswut auf dem ganzen Kontinent nicht länger ertragen. Andere, darunter frühere zivile Regierungsbeamte, waren entsetzt über den Polizeistaat unter Himmler, die Judenvernichtung und die Grausamkeiten gegen die Völker im Osten. Unabhängig von ihren Motiven einte die Verschwörer die Überzeugung, dass Hitler Deutschland in die Katastrophe führte. Sie wollten Deutschlands Fall aufhalten, den Krieg beenden und Leben retten.

»Das Attentat muß erfolgen, *coûte que coûte*«, sagte Generalmajor Henning von Tresckow, ein Anführer der Verschwörung. »Denn es kommt nicht mehr auf den praktischen Zweck an, sondern darauf, daß die deutsche Widerstandsbewegung vor der Welt und vor der Geschichte den entscheidenden Wurf gewagt hat.«

Im März 1943, sechs Wochen nach der Kapitulation der 6. Armee in Stalingrad, gelang es Tresckow, nach Hitlers Inspektionsreise ins russische Smolensk eine Bombe in sein Flugzeug zu schmuggeln. Doch der vom militärischen Geheimdienst als Karton mit zwei Cognacflaschen getarnte Sprengstoff explodierte nicht. Ein Selbstmordanschlag schlug fehl, als Hitler – wie vier Jahre zuvor im Bürgerbräukeller in München – den Schauplatz eines öffentlichen Auftritts früher als erwartet verließ.

Unbeirrt entwarfen die Anführer der Verschwörung Pläne für das »Unternehmen Walküre«, die Ermordung Hitlers mit anschließendem Militärputsch unter Einbeziehung der in Berlin stationierten Ersatztruppen. Eine Gelegenheit ergab sich schließlich am 20. Juli 1944 in Hitlers militärischem Hauptquartier, der »Wolfsschanze« nahe Rastenburg. Claus von Stauffenberg trug in einer Aktentasche eine Bombe in eine Lagebesprechung, an der Hitler teilnahm. Er stellte sie neben einen schweren Holztisch in dessen Nähe, entschuldigte sich, beobachtete die Explosion der Baracke, in der die Lagebesprechung stattgefunden hatte, verließ das Gelände und benachrichtigte dann seine Verbündeten: Hitler ist tot.

In Berlin begann der Putsch. Soldaten umstellten die wichtigsten Regierungsgebäude. Doch praktisch sofort begannen auch die Schwierigkeiten. Der Telefonkontakt mit der »Wolfsschanze« war nicht unterbrochen worden, und so erfuhr man in Berlin bald, dass Hitler die Explosion, die die Mauern der Lagebaracke zum Einsturz gebracht hatte, irgendwie überlebt hatte. Der schwere Tisch hatte die Wucht der Bombe umgelenkt. Hitler verließ das Gebäude mit brennender Hose und verletzten Trommelfellen und machte sich daran, die Rebellion niederzuschlagen.

Die Verschwörer erreichten das Armeehauptquartier und nahmen den Chef des Ersatzheeres, General Friedrich Fromm, fest, der über den Putsch informiert war, jetzt aber die Mitwirkung ablehnte, nachdem er erfahren hatte, dass Hitler noch lebte. Nach einer Schießerei im Hauptquartier wurde Fromm befreit und die Verschwörer wurden festgenommen. Aus Angst, er würde wegen seiner früheren Kenntnis der Verschwörung mit hineingezogen, ließ Fromm vier Anführer – darunter Stauffenberg – auf den Hof führen und hinrichten. Am nächsten Morgen verurteilte Hitler über das Radio die Verschwörung und dankte der Vorsehung, dass sie sein Leben wieder einmal geschützt hatte, genau wie im November 1939 in München.

Rosenberg konnte nicht verstehen, wie Generäle – die sich nicht gegen die verhasste Weimarer Republik erhoben hatten – versuchen konnten, den Gründungsheros des Dritten Reiches zu ermorden. »Noch nie hat ein Offizier den obersten Kriegsherrn feige morden wollen.«[773]

Himmler machte sich daran, alle, die mit dieser und anderen Verschwörungen gegen den Führer in Verbindung standen, festzusetzen; einige begingen Selbstmord, sie erschossen oder vergifteten sich oder jagten sich mit einer Granate in die Luft, um der Haft zu entgehen. Die Festgenommenen wurden geprügelt und gefoltert, um Informationen aus ihnen herauszubekommen. Die Überlebenden wurden schließlich vor den berüchtigten Volksgerichtshof gestellt und nach kurzem Prozess zum Tod verurteilt.

Rosenbergs Zorn entflammte wegen einer Einzelheit, die bei den Prozessen ans Licht kam. Major Ludwig von Leonrod, ein gläubiger Katholik, hatte seinen Beichtvater Hermann Wehrle aufgesucht und ihn gefragt, ob die kirchliche Lehre die Ermordung eines tyrannischen Despoten erlaube oder nicht. Der Kleriker verneinte dies, und vor Gericht sagte er aus, Leonrods Frage habe »theoretisch« geklungen, deshalb habe er die Nationalsozialisten nicht davon in Kenntnis gesetzt – wohl aber seinen Bischof.

»Der Vatikan weiß also seit einem halben Jahr Bescheid! Und wartet auf die kath. Attentäter wie den Stauffenberg, der stets ein goldenes Kreuz auf der Brust trug«, schrieb Rosenberg. »Leider wurde er vor einer Vernehmung erschossen, so dass über seine Beichtväter nichts weiters zu hören gewesen ist.«[774]

Leonrod und auch Wehrle wurden hingerichtet.

Im Oktober 1944 übernachtete Rosenberg zum ersten Mal in seiner Blockhütte in den Wäldern von Michendorf. Er genoss

»ein Bild tiefsten Friedens, während die Welt herum tobt ...« Er wollte fort von der Verwüstung, von dem »heutigen europäischen Wahnsinn(s)«. Seine Geburtsstadt Reval in Estland war schwer umkämpft, ebenso Aachen und Köln, all die Orte, die er in seiner Jugend besucht hatte. Besonders schockiert zeigte sich Rosenberg bei seinem Besuch in München. »In einem Wagen d. Gauleitung fuhren wir um Mitternacht ein«, berichtete er in seinem Tagebuch. »Ein Gewirr von Trümmern und Drähten. Die Nachbarstraßen ebenfalls zerstört.« Die Stadt war »zerfetzt ... zerstümmelt«.[775]

Die Sowjets hatten alle deutschen Eroberungen zunichtegemacht. »Jetzt gehen die grössten Kämpfe auf deutschem Boden vor sich. In der Nähe des Führerhauptquartiers.«[776] Rosenberg blieb Minister für die besetzten Ostgebiete, doch das war jetzt nur noch ein hohler Titel: Seine Behörde war jetzt ein »Reichsministerium für die nicht mehr besetzten Ostgebiete«.[777] Goebbels notierte schadenfroh, Rosenberg erinnere ihn »an die vielen europäischen Monarchen, die kein Land und keine Untertanen hätten«.[778]

Rosenberg bat Hitler, die beiden Reichskommissare Lohse und Koch zu entlassen und ihm direkt die Verantwortung für das schrumpfende Ostreich zu übertragen; stattdessen übergab Hitler die verbliebenen besetzten Gebiete an Koch, ohne Rosenberg zu fragen. Von allen Demütigungen am Ende seiner Karriere war dies der schwerste Schlag.[779]

Der übergangene Minister ersuchte um eine Unterredung mit Hitler, doch dessen Torwächter hielten ihn auf Abstand.

Rosenberg verbrachte die letzten Monate des Jahres 1944 mit dem Versuch, einen fundamentalen – wenn auch letztlich bedeutungslosen – Angriff auf sein Werk zurückzuschlagen. Beteiligt waren auch Himmler und ein sowjetischer General, der an der Front gefangen genommen worden war, Andrej Wlassow.[780] Drei Jahre lang hatten Rosenberg und viele andere vergeblich versucht, Hitlers Ansichten zur Einbeziehung der verschiedenen Nationalitäten im Osten in den Kampf gegen Moskau zu ändern. Gebt ihnen Waffen, und sie wenden sie womöglich gegen die Deutschen – das war Hitlers felsenfeste Überzeugung. Und die konnte man nicht ändern.

In der Wehrmacht jedoch gewann die Meinung immer mehr Fürsprecher, man solle Russen gegen die Russen kämpfen lassen, und im Juli 1942 war, wie man glaubte, mit Wlassow genau die Art charismatischer Anführer gefunden, die man brauchte. Er erklärte den Deutschen, die Rote Armee sei bereit, gegen Stalin aufzubegehren und die Herrschaft der Kommunisten zu stürzen. Wenn man es schaffe, den Patriotismus der Menschen gegen ihren Diktator zu mobilisieren, sei eine Revolution möglich. Was er brauchte, waren ein Heer und eine politische Aktion. Die Wehrmacht-Propaganda machte sich daran, Wlassow auf dem Papier in den Anführer eines fiktiven russischen Befreiungskomitees zu verwandeln und die eigenen Vorstellungen auf diesem Wege zu realisieren.

Rosenberg war besorgt. Wlassow redete von einem geeinten Russland. Es klang, als würden die Nationalsozialisten helfen, ein mächtiges neues Russland zu gründen – genau das also, was sie in den letzten zwanzig Jahren zu zerstören versucht hatten. Gleichzeitig aber war Rosenberg verzweifelt. Er akzeptierte die Idee eines Befreiungskomitees für Russland schließlich, solange die anderen großen Nationalitäten im Osten – die Ukrainer, die Weißrussen, die Esten – auch so etwas bekamen.

Im Januar 1943 wurde ein von Wlassow unterzeichnetes Flugblatt über dem Kriegsgebiet abgeworfen. Es rief das russische Volk auf, seine Anliegen zu unterstützen: den Sturz Stalins, Frieden mit Deutschland und ein von Kommunisten wie

Kapitalisten freies Europa. Die Flugblätter waren ein großer Erfolg, und Wlassow tourte durch den besetzten Osten, wo er sehr freimütig sprach. Vielleicht zu freimütig. Er kritisierte das NS-Ostarbeiterprogramm und die brutale deutsche Verwaltung. »Das russische Volk lebte, lebt und wird leben«, verkündete Wlassow. »Es wird auch nie zu einem Kolonialvolk erniedrigt werden können.«[781]

Die Nationalsozialisten tobten. Das Ganze sollte eigentlich ein bisschen harmlose Propaganda sein – jetzt klang es plötzlich bedrohlich. Im Juni 1943 stoppte Hitler das Unternehmen Wlassow. Später kritisierte Himmler den sowjetischen General und sein belehrendes Auftreten gegenüber den Deutschen in einer Rede vor einer Gruppe SS-Offiziere: »Herr Wlassow hat mit der Überheblichkeit, die dem Russen, dem Slawen eigen ist, zu erzählen begonnen. Er hat erzählt: ›Deutschland hat Rußland noch nie besiegen können. Rußland kann nur von Russen besiegt werden.‹ Sie sehen, meine Herren, dieser Satz enthält eine tödliche Gefahr für ein Volk und eine Armee.«[782]

Doch jetzt, ein Jahr später, als die Kriegsgeschehnisse sich mit voller Wucht gegen die Nationalsozialisten wendeten, tauchte Wlassow plötzlich wieder auf – und sein Förderer war dieses Mal kein anderer als Heinrich Himmler.[783] Schlimmer noch war für Rosenberg, dass der Reichsführer-SS Wlassows Idee eines geeinten Russland unterstützte und Hitler zustimmte.

Das war eine Demütigung zu viel. Am 12. Oktober 1944 schickte Rosenberg ein Protestmemorandum an Hitler. Er klagte, die nationalsozialistische Vision für den Osten werde korrumpiert. »Ich bitte Sie, mein Führer, mir zu sagen, ob Sie meine Tätigkeit in dieser Richtung noch wünschen«, schrieb er. »So muß ich angesichts dieser Entwicklung der Annahme Raum geben, daß Sie, mein Führer, diese meine Tätigkeit nicht mehr als notwendig erachten.« Bormann benachrichtigte Rosenberg, Hitler habe das Bett hüten müssen und seinen Bericht nicht gelesen. Rosenberg hörte in dieser Angelegenheit nie wieder etwas.

Am 14. November tauchte Wlassow auf dem Hradschin in Prag auf, um die Gründung eines »Komitees zur Befreiung der Völker Russlands« bekannt zu geben. Es folgte ein Manifest, in dem Wlassow eine »Gleichberechtigung aller Völker unserer Heimat unter Anerkennung ihres wirklichen Rechtes auf nationale Entwicklung, Selbstbestimmung und Souveranität« versprach.

Für Rosenberg jedoch waren dies nur leere Worte. In Wirklichkeit hatte Himmler einfach der Idee eines neuen imperialistischen Russlands neue Nahrung gegeben, indem er Wlassow unterstützte. Rosenberg wusste, dass die Mission schon im Ansatz zum Scheitern verurteilt war – der Krieg war zu weit fortgeschritten –, und doch ärgerte es ihn, denn irgendwie wusste er, man werde ihm die Schuld für das Debakel zuschieben, obwohl niemand auf ihn gehört hatte.

»Wenn sie alle versagen, liegt die Schuld an der sprunghaften, dann wieder alles schleifenlassenden Behandlung der Frage. Kein Ernst beim Ostproblem«, notierte er in seinem Tagebuch. »Über das Schmerzliche u. Empörende der <u>persönlichen</u> Seite, werde ich später schreiben. Die Gefühle sind eben noch zu frisch dazu. Sie sind auch angesichts des Schicksals des Reiches weniger wichtig. … Ich kann nur hoffen, dass trotz allem das Reich nicht noch mehr Schaden leidet, als es durch politische Narren wie Koch und beschränkte aber ehrgeizige andere schon gelitten hat.«[784]

Seine Erbitterung über den Reichskommissar ließ nicht nach. Der Mann war »ein Musterbeispiel wildgewordenen Spiessbürgertums in der Weltpolitik, der gut für Schweinezucht in Ostpreussen u. Siedlungsbauten in Zichenau sein mag, [aber] ein

Unheil des Reiches in der Ostpolitik geworden ist«. Koch besaß doch tatsächlich die Frechheit, vom »geschichtsarmen« Volk der Ukrainer zu sprechen. »Etwas Dummeres konnte kaum gesagt werden«, schäumte Rosenberg. »Ich kann jedenfalls begreifen, dass ein Nietzsche in seiner Welt verrückt wurde«, schrieb Rosenberg. »Er sah alles kommen u. konnte es nicht ändern.«[785] Wenn Hitler nur auf Rosenberg gehört hätte. Das hätte den Verlauf des ganzen Krieges ändern können. »Eine Armee von 1 Million Ukrainern mit Blick auf neues Land im Osten hätte uns vielleicht die Katastrophe von Stalingrad erspart.«[786]

Und doch weigerte sich Rosenberg trotz aller Zurückweisungen, Enttäuschungen und Misserfolge, sich gegen Hitler zu wenden.

Er blieb auf seinem Posten, auch wenn er ein in Auflösung begriffenes Amt vertrat.

Anfang Dezember 1944 zog Rosenberg nach einem Jahr im Hotel mit seiner Familie wieder nach Dahlem, wo sein Haus nach den Bombardierungen repariert worden war. Am Tag darauf schrieb er den letzten Eintrag, der den Krieg überstehen sollte, in sein Tagebuch. »Aus den letzten Trümmern meines Hauses waren auch noch Reste meiner Bibliothek herausgefischt worden. Zerrissen, verbeult, noch immer voller Mörtelstücke und Glassplitter.« Er griff einen Rilke-Band heraus, und der brachte ihn plötzlich wieder zurück in seine Jugend, in die sorglosen Tage, die er mit diesem Buch verbracht hatte.

»Wie viel Zeit seit der Jugend vergangen ist«, schrieb Rosenberg.[787] Er konnte es kaum glauben.

Die Sowjets standen vor der Tür.[788] Ende 1944 musste Hitler schließlich die »Wolfsschanze« in Ostpreußen aufgeben und sich in die Sicherheit Berlins zurückziehen. Im Dezember unternahm er an der Westfront den Versuch, die alliierten Linien mit 200 000 Mann zu durchbrechen, doch britische und amerikanische Truppen schlugen die Ardennenoffensive der deutschen Armee zurück. Es war der letzte größere deutsche Angriff des Krieges.

Im Januar 1945, als die Niederlage praktisch schon besiegelt war, kehrte Hitler in die Hauptstadt zurück. Von Osten und Westen drängten Millionen alliierter Soldaten auf Berlin zu.

Rosenberg hatte Hitler seit Langem nicht mehr in kleinerem Kreis gesprochen und ihn seit dem 24. Februar 1945, als er eine Rede hielt, um die Parteiführung um sich zu sammeln, überhaupt nicht mehr gesehen. Hitler war in furchtbar schlechter Verfassung.[789] Er betrat den Raum mit schleppenden Schritten wie ein alter Mann. Seine linke Hand zitterte so heftig, dass er kein Glas Wasser an die Lippen führen konnte. Rosenberg konnte ihm nur kurz die Hand geben. Immer wieder versuchte er durch Mittelsmänner, einen Termin zu bekommen. Er bekam zu hören, dass Hitler Rosenberg gern zum Tee empfangen würde, dass er aber wisse, der Minister wolle »eine fachliche Unterhaltung« führen, und danach war Hitler nicht zumute.

»Wofür, wenn nicht für fachliche Aussprachen ist denn ein Staatsoberhaupt da!«, fragte Rosenberg seinen Stabsleiter.[790]

Im März 1945 starteten die Amerikaner am helllichten Tag mit tausend Flugzeugen ihren größten Bombenangriff auf Berlin. Fast 3000 Deutsche starben, 100 000 verloren ihre Wohnung, und große Teile der Stadt waren danach ohne Wasser und Strom.[791]

Das Dach von Rosenbergs Haus stürzte ein, er musste mit seiner Frau Hedwig und seiner Tochter Irene, die jetzt im Teenageralter war, in den Keller umziehen. »Ich tat, was notwendig schien. Der Garten wurde umgegraben und Gemüse gesät. Kartoffeln gesteckt«, schrieb er später im Gefängnis. Die Angriffe hatten die Pläne für Irenes Geburtstagsfest zunichtegemacht. Rosenberg sah zu, wie sie auf ihrer Schreibmaschine im Keller tippte; sie schrieb gern Gedichte und Märchen.[792]

Er erfuhr, dass sein Freund und enger Mitarbeiter Arno Schickedanz seine Frau, seine achtjährige Tochter und sich selbst getötet hatte. Rosenberg überlegte, was er tun sollte. An alle hohen nationalsozialistischen Funktionäre waren Zyanid-Kapseln verteilt worden, und Rosenberg hatte genug für seine Familie gehortet. Er würde nicht zulassen, dass seine Lieben den Sowjets in die Hände fielen.

Im April 1945 waren praktisch alle deutschen Armeen vernichtet; allein seit Anfang des Jahres waren über eine Million deutsche Soldaten gestorben.[793]

Hitler gab noch immer nicht auf.

Am 20. April wurde er 56 Jahre alt, und die Sowjets eröffneten den Angriff auf Berlin.[794]

Am nächsten Tag, einem verregneten Morgen, stand Rosenberg am Fenster und schaute auf den Garten hinaus. Er nahm Abschied. »Dort, die Wege, die wir gegangen sind«, schrieb er, »hinten Irenes Schaukel und das halbzerstörte Gartenhäuschen. Rechts die schlanke, soeben umgepflanzte junge Birke. Alles, was wir noch hatten, blieb zurück.«[795]

Die sowjetischen Soldaten waren zermürbt vom Tod ihrer vielen Kameraden, entsetzt über die Vernichtungslager, die sie eingenommen hatten, und auf Rache aus.

Einer von ihnen schrieb: »Bestimmt werden sie den Marsch unserer Armee durch ihr Gebiet so schnell nicht vergessen.«[796] Die Sowjets raubten alles, von Kunstwerken und Maschinen bis hin zu Fahrrädern, Radios und Armbanduhren. Sie brannten deutsche Städte nieder und vergewaltigten Tausende Frauen. »Wir nehmen Rache für alles«, schrieb ein anderer Soldat in die Heimat, »und unsere Rache ist gerecht. Feuer um Feuer, Blut um Blut, Tod um Tod!«[797]

Hitlers Wohnung in der Reichskanzlei lag in Trümmern, und so zog er mit seiner Partnerin Eva Braun und seinen treuesten Anhängern in den Bunker unter der Erde. Goebbels kam mit Frau und sechs Kindern in den Schutzraum. Zwei Tage nach seinem Geburtstag gab Hitler schließlich in einem hysterischen Ausbruch, der alles in den Schatten stellte, was sein innerer Zirkel je gesehen hatte, zu, dass der Krieg verloren war, und klagte, dass alle ihn verraten hätten.[798]

Angebote, ihn aus Berlin nach Berchtesgaden zu bringen, schlug er aus. Er bestand darauf, zu bleiben und das Richtige zu tun: Er würde sich erschießen.

Göring, der sich auf dem Obersalzberg aufhielt, könne sich, so sagte er, um Süddeutschland kümmern und sogar mit den Alliierten verhandeln. Als Göring davon hörte, zog er die Abschrift einer Verfügung aus dem Jahr 1941 hervor, die ihn zu Hitlers Nachfolger bestimmte, sollte die »Handlungsfreiheit« des »Führers« beschnitten sein.

Göring schickte eine Botschaft in den Bunker mit der Frage, ob er jetzt übernehmen solle. »Falls bis 22.00 Uhr keine Antwort erfolgt, nehme ich an, dass Sie Ihrer Handlungsfreiheit beraubt sind«, schrieb Göring. »Ich werde dann die Voraussetzungen Ihres Erlasses als gegeben ansehen und zum Wohle von Volk und Vaterland handeln.«[799]

Bormann brachte Hitler diese Nachricht zusammen mit einer zweiten, die Göring an Ribbentrop über die Situation im Bunker geschickt hatte, und überzeugte ihn davon, dass Göring einen Putsch plane.

Blind vor Wut entzog Hitler Göring sofort alle Ämter, und Bormann schickte die SS, um ihn sofort unter Hausarrest zu stellen. Robert Ritter von Greim flog unter Umgehung der feindlichen Flugabwehr nach Berlin, um in Nachfolge Görings seine Ernennung als Chef der Luftwaffe in Empfang zu nehmen.

Als jedoch in einem BBC-Bericht gemeldet wurde, dass Himmler die bedingungslose Kapitulation aller deutschen Truppen anbiete, befahl Hitler Greim, aus der Hauptstadt zurückzufliegen und ein weiteres Mitglied seines inneren Zirkels unter Arrest zu stellen. Er schrie: »Niemals darf ein Verräter mir als Führer nachfolgen!«

Inzwischen näherten sich die sowjetischen Armeen dem Regierungsbezirk. Eine Woche nach Hitlers Zusammenbruch im Bunker stand der Feind auf dem Potsdamer Platz – nur noch ein paar Hundert Meter entfernt.

Am nächsten Tag, dem 30. April 1945, kamen die Generäle mit der lange gefürchteten Nachricht zu Hitler: Sie konnten die Stellung nicht länger halten.

In derselben Woche erreichten die amerikanischen Truppen Neuschwanstein, das hoch aufragende Märchenschloss König Ludwigs II. auf einem schroffen Bergrücken bei Füssen. James Rorimer, Kurator des Metropolitan Museum of Art in New York und Mitglied der Monuments, Fine Arts, and Archives Section der Alliierten, hatte schon wochenlang im Kartenzimmer auf die Nachricht von der Einnahme des Schlosses gewartet. Er beschlagnahmte einen Jeep des Roten Kreuzes und eilte – ungeachtet der Tatsache, dass er 500 Kilometer durch ein Gebiet fahren musste, das noch nicht ganz von deutschen Kämpfern geräumt war – in den Süden Deutschlands, um sich dort umzuschauen.

Die kleine Gruppe von Akademikern und Architekten, die den Auftrag hatten, Europas Schätze zu schützen und zu sichern, während die Armeen 1944/1945 auf Berlin vorrückten, gingen als »Monuments Men« in die Geschichte ein.[800] Rorimer hatte nach der Befreiung von Paris im August 1944 einige Zeit dort verbracht und Rose Valland kennengelernt, eine französische Kunsthistorikerin, die am Jeu de Paume für Rosenbergs Organisation gearbeitet hatte. Während der gesamten Besatzungszeit hatte Valland heimlich aufgezeichnet, welche Kunstwerke die Nationalsozialisten wohin brachten. Sie nahm den amerikanischen Museumsmann mit auf eine Tour durch die Lagerräume des Einsatzstabs, lud ihn in ihre Wohnung ein und übergab ihm schließlich bei einem Glas Champagner ihre sorgfältig geführten Listen. Sie hatte Rorimer versprochen, dass er auf Neuschwanstein und ein paar anderen Schlössern die gestohlenen französischen Kunstwerke finden werde.

Im Schloss angekommen erfuhr Rorimer, dass die Nationalsozialisten abgezogen waren. Nur der langjährige Verwalter des Schlosses war noch dort und hütete den Schatz. »Es wirkte wie ein Luftschloss, das durch egozentrische und machthungrige Verrückte zum Leben erweckt worden war«, wie Rorimer später schrieb, »eine pittoreske, romantische und entlegene Kulisse für eine Verbrecherbande, die von hier aus ihre Kunstraubzüge durchführte.«[801]

Der Deutsche, der einen riesigen Schlüsselring mit sich herumschleppte, führte Rorimer und seine Männer Treppen hinauf, die fast so steil waren wie die zerklüfteten Felsen, auf denen das Schloss stand. Der Wächter zeigte den Amerikanern ein Zimmer nach dem anderen, und fast alle waren mit Raubgut vollgestopft. Sie fanden ungeöffnete Kisten mit den Initialen von Rosenbergs Unternehmen – ERR – ebenso wie Tapisserien, Bücher, Drucke und natürlich viele, viele Gemälde. Hinter einer Stahltür lagerte der Schmuck, den man den Rothschilds geraubt hatte, und tausend Teile eines Silberbestecks, das der Bankiersfamilie David-Weill gehört hatte.

»Ich ging wie in Trance durch die Räume«, schrieb Rorimer, »und hoffte, dass die Deutschen ihrem Ruf gerecht geworden waren und Fotografien, Verzeichnisse und Aufzeichnungen all dieser Dinge angefertigt hatten. Ohne sie würde es zwanzig Jahre dauern, alle Stücke in dieser riesigen Ansammlung von Beutegut zu identifizieren.«

Er hatte Glück. In einem anderen Schlossflügel fanden sie Fotoalben und einen Zettelkatalog, in dem die 20 000 Objekte dokumentiert waren, die Rosenbergs Stab zusammengetragen hatte.

Noch immer aber hatten die Alliierten nicht die Hauptschatzkammer gefunden. Einige besonders kostbare Stücke fehlten noch immer. Zwei andere Monuments Men, Robert Posey und Lincoln Kirstein, hatten eine Vorstellung davon, wo sie sein könnten. Ende März waren sie zufällig auf einen jungen Kunsthistoriker gestoßen, der in Paris eng mit Göring und Behr zusammengearbeitet hatte. Er erzählte ihnen, sie würden Hitlers zusammengeraubte Kunstsammlung tief unten in den Gängen eines Salzbergwerkes außerhalb von Altaussee, einem kleinen Dorf östlich von Salzburg, finden.

Ein paar Tage nachdem die amerikanischen Truppen die Stadt eingenommen hatten, eilten Posey und Kirstein nach Österreich, um diese Angabe zu überprüfen.[802] Nachdem sie die steile, kurvige Straße zum Eingang des Bergwerks gemeistert hatten, entdeckten sie zu ihrem Entsetzen, dass die Nationalsozialisten den Tunnel vor ihrer Flucht mit Sprengstoff versiegelt hatten. Doch schon am nächsten Tag konnten sie sich durch eine kleine Öffnung einen Weg in den Tunnel bahnen. Es dauerte nicht lange, bis sie im flackernden Licht ihrer Laternen fanden, was sie suchten.

Schon im zweiten Raum, den sie überprüften, entdeckten sie Tafeln des berühmten Genter Altars aus dem Jahr 1432 mit Abbildungen von Eremiten, Rittern, Adam und Eva, Jesus, der Jungfrau Maria, Johannes dem Täufer, Engeln und dem Lamm Gottes. In einer großen, tief im Berg verborgenen Kammer fanden sich Kisten voller Kunstwerke und auf einer schmutzigen Matratze die milchweiße Brügger *Madonna* von Michelangelo. Ein paar Tage später stießen sie bei der Durchsicht der riesigen Schatzkammer auch auf Vermeers Gemälde *Der Astronom*.

Nach Sichtung der gesamten Beute schätzten die Männer, dass die Nationalsozialisten mehr als 10 000 wertvolle Kunstwerke im Bergwerk Altaussee versteckt hatten, ganze Lastwagenladungen an Gemälden, Drucken, Skulpturen und Tapisserien, die für das von Hitler geplante Führermuseum in Linz bestimmt waren.

Insgesamt hatten die Nazis etwa 650 000 Kunstwerke gestohlen. Die Alliierten beschlossen, die Kunst ihren Besitzern zurückzugeben, angefangen mit dem Genter Altar, der zur Restaurierung nach Belgien zurückgeflogen wurde. Die Monuments Division verbrachte sechs Jahre damit, Objekte zu katalogisieren und zurückzuführen. Doch viele Stücke blieben verschwunden – manche für Jahrzehnte, manche offenbar für immer –, und viele konnten nie zurückgegeben werden, da die rechtmäßigen Besitzer im Holocaust umgekommen waren. Viele andere Werke, die skrupellose Käufer und Verkäufer im Kriegschaos hin- und hergeschoben hatten, wurden Gegenstand langwieriger internationaler Auseinandersetzungen.

Einige tauchten im Lauf der Zeit an seltsamen Orten wieder auf, etwa in einem Bankschließfach eines Kunsthändlers in

Zürich, der wegen seiner Rolle bei der Plünderung Frankreichs einige Jahre im Gefängnis gesessen hatte. Generationen später fanden die Behörden im Jahr 2012 über 1400 Gemälde im Wert von etwa einer Milliarde Euro in der Münchner Wohnung von Cornelius Gurlitt, dessen Vater als Aufkäufer für Hitlers Museum gearbeitet hatte und dabei für sich selbst Hunderte »entartete« Kunstwerke – unter anderem von Matisse, Otto Dix, Picasso – von Juden, die ihre Flucht vorbereiteten, zu Schnäppchenpreisen gekauft hatte.[803]

Rosenbergs Raubzug wirkte sich noch auf die folgenden Generationen aus.

Am 21. April wurden Rosenberg und seine Familie nach Norden gefahren. Schließlich landeten sie in Flensburg, 400 Kilometer nordwestlich von Berlin an der dänischen Grenze.

Dort erreichte ihn auch die Nachricht, die wie eine Bombe einschlug. Um 3.30 Uhr am Nachmittag des 30. April hatten Hitler und Eva Braun, die er am Tag zuvor geheiratet hatte, sich in sein Arbeitszimmer eingeschlossen und ihr Leben beendet, er mit einer Pistole, sie mit Gift. Fünf Stunden später begingen Goebbels und seine Frau Selbstmord, nachdem sie darauf bestanden hatten, dass die anwesenden Ärzte ihre sechs Kinder betäubten und dann vergifteten.

In seinem letzten Befehl überging Hitler Göring und Himmler und wählte vielmehr Großadmiral Karl Dönitz, den Oberbefehlshaber der Kriegsmarine, zu seinem Nachfolger. Dessen neuartige Strategie, U-Boote im Verband einzusetzen (»Rudeltaktik«), hatte dazu beigetragen, dass die Deutschen im Krieg etwa 3000 Handelsschiffe und alliierte Kriegsschiffe versenkt hatten. Seine Ernennung brachte es mit sich, dass Dönitz Deutschlands Kapitulationserklärung übernehmen musste, was er am 8. Mai, acht Tage nach Hitlers Selbsttötung, dann auch tat.

Rosenberg, der am 5. Mai von Dönitz offiziell aus seinen Pflichten als Minister für die besetzten Ostgebiete entlassen worden war, ging an der Flensburger Förde spazieren und ließ sein Leben Revue passieren. Er dachte an seine Geburtsstadt in Estland, über 1000 Kilometer entfernt, im Nordosten, die er, wie er wusste, nie wiedersehen würde.

Bei seiner Rückkehr ins Hauptquartier stürzte er schwer, verletzte sich am Fuß und landete wieder im Krankenhaus.[804] Die Schuld an diesem Sturz gab er dem Fußleiden, das ihn jahrelang behindert hatte, doch Albert Speer erzählte eine ganz andere Geschichte.

»Einige Tage später wurde er in Mürwik fast leblos eingeliefert«, schrieb er, »er sprach von einer Selbstvergiftung, man vermutete einen Selbstmordversuch; es wurde aber festgestellt, daß er lediglich betrunken war.«[805]

Am 18. Mai kamen die Briten, um ihn abzuholen. Rosenberg sagte, er habe sechs Tage zuvor einen Brief an Feldmarschall Bernard Montgomery geschrieben, »daß ich zu seiner Verfügung stehe«.[806] Anderen Berichten zufolge stolperten Soldaten auf der Suche nach Himmler zufällig über ihn; den SS-Führer nahmen die Alliierten am 21. Mai gefangen. Er hatte versucht, verkleidet zu fliehen, und beging zwei Tage später mithilfe einer Zyanid-Kapsel Selbstmord.

Rosenberg küsste seine weinende Frau und Tochter und humpelte zu dem Auto, das ihn ins Gefängnis bringen sollte.

Ein paar Tage später wurde Rosenberg gefesselt, auf ein Flugfeld gefahren und nach Süden geflogen. Aus dem Fenster blickte er auf die Reste Kölns hinunter. »Wie von Riesentieren niedergetrampelt liegt Köln in Trümmern um das Skelett des Domes«, schrieb er später. »Die gesprengten Brücken im Wasser. Eine Öde, die das furchtbare Schicksal von Volk und Reich ganz bewußt macht.«[807]

Als er merkte, dass er nach Westen flog, überkam ihn eine Welle der Erleichterung. Immerhin wurde er nicht den Sowjets ausgeliefert.

Stattdessen kam er in das Palace Hotel im luxemburgischen Kurort Bad Mondorf gleich hinter der deutschen Grenze. Bei seiner Ankunft waren dort schon viele andere überlebende Größen des Dritten Reiches versammelt, einschließlich Göring, der sich dem Hausarrest auf dem Obersalzberg entzogen hatte, dann aber doch von den Alliierten festgesetzt worden war.

Man hatte das achtstöckige Hotel aller Annehmlichkeiten beraubt und es in ein schlichtes Lager für die schlimmsten Kriegsverbrecher des Jahrhunderts verwandelt. Die Kronleuchter, Teppiche, Vorhänge und Betten waren verschwunden. Die Fenster waren mit Gitterstäben gesichert. Die Gefangenen schliefen auf Feldbetten mit Strohmatratzen und groben Laken. Um Selbsttötungen zu verhindern, waren die Tische so manipuliert worden, dass sie unter dem Gewicht eines Menschen zusammenbrachen.

Rosenberg musste sich entkleiden und eine Leibesvisitation über sich ergehen lassen, seine Kleider wurden nach Giftkapseln und scharfen Gegenständen abgesucht, Schnürsenkel und Gürtel wurden ihm abgenommen.

Seine neue Unterkunft hieß jetzt nicht mehr Palace Hotel. Die Amerikaner hatten ihm einen neuen Namen gegeben: Allied Supreme Headquarters Center for Axis Nationals – kurz ASHCAN.

Nürnberg in Trümmern.
(National Archives)

23

»Loyal bis zum Ende«

Am 8. März 1945 legten Robert Kempner und seine Frau beim Bundesgericht an der 9. Ecke Market Street in Philadelphia ihren Eid als Bürger der Vereinigten Staaten von Amerika ab.[808] Er trug einen Anzug und eine gestreifte Krawatte; sie hatte sich eine Blume an den Hut gesteckt.

Kempner hatte sich seinen Status als amerikanischer Bürger verdient. Er hatte seine Arbeit für die Regierung in den letzten drei Kriegsjahren sehr ausgeweitet und lieferte nicht nur Fachgutachten für das Justizministerium und Informationen für das FBI, sondern berichtete auch der Military Intelligence Division des Kriegsministeriums und schrieb zusammen mit seiner Frau und einem Team von Assistenten ausführliche Berichte für das Office of Strategic Services, den Vorläufer der CIA.[809] Für das OSS arbeiteten die Kempners mit Henry Field zusammen, einem Anthropologen, der von Roosevelt den Auftrag bekommen hatte, sich mit dem in den Augen des Präsidenten drängendsten Nachkriegs-Problem zu beschäftigen: mit der Migration europäischer Flüchtlinge. Das streng geheime Projekt »M« brachte über 600 Berichte hervor; die Kempners lieferten ein Register großer und kleiner deutscher Funktionäre und einen fünfteiligen Bericht zur Situation der Frauen im Dritten Reich.

Gleichzeitig unterrichtete Kempner an den Civil Affairs Training Schools Militärs, die sich darauf vorbereiteten, Deutschland nach dem Krieg zu regieren, und sprach vor Soldaten in Army Specialized Training Groups, beschleunigten College-Programmen, die zukünftige Offiziere auf den Krieg vorbereiten sollten. Er hielt sogar Vorträge für die Kadetten in der berühmten Militärakademie West Point.

Noch immer hoffte er, eine Vollzeitstelle beim FBI zu bekommen. Obwohl nicht klar war, ob er überhaupt eine Zukunft dort hatte, lehnte Kempner zwei gut bezahlte Jobs in Washington ab, einen als Ermittler beim Alien Property Custodian, der die Einziehung von feindlichem Eigentum in den Vereinigten Staaten überwachte, und einen als wissenschaftlicher Mitarbeiter im Kriegsministerium, das die Kriegsverbrecherprozesse gegen die Nationalsozialisten vorbereitete.[810]

Doch jetzt, da sich die alliierten Armeen auf Berlin zubewegten und die Möglichkeit der Verfolgung der NS-Kriegsverbrechen immer greifbarer wurde, hatte Kempner sich für eine Rolle im anstehenden Jahrhundertprozess in Stellung gebracht. Durch seine Arbeit gegen die NS-Propagandisten hatte er wichtige Verbindungen geknüpft. In seiner Bewerbung auf eine Stelle im Team der Anklage schrieb er, dass er den Prozess als den Abschluss eines Falles betrachtete, den er schon in den 1930er-Jahren zu führen versucht hatte. »Es könnte sinnvoll sein«, so schrieb er, »wenigstens eine Person dabei zu haben, die über eine gewisse Kenntnis der deutschen Verwaltung, des Rechts und seiner Ausübung und über die richtigen Antworten auf die Lügen Ihrer Angeklagten verfügt.«[811]

Die Alliierten hatten schon seit 1942 gefordert, dass ihre Feinde als Kriegsverbrecher vor Gericht gestellt werden sollten. Überraschend sprach sich Churchill für summarische Hinrichtungen aus, während Stalin Prozesse wollte. Henry Morgenthau, Roosevelts Finanzminister, empfahl die Einforderung harter Reparationen von dem Land, das Europa und

Amerika in zwei Weltkriege hineingezogen hatte. Er wollte die Armee entwaffnen, die Nationalsozialisten internieren und zu schwerer Strafarbeit verurteilen und die Spitzenfunktionäre bei Gefangennahme erschießen. Kriegsminister Henry Stimson sprach sich gegen diese von Rache getriebenen Ideen aus. Es war nicht sinnvoll, die Taktik der Nationalsozialisten gegen sie selbst zu verwenden. »Vor allem durch die gründliche Erfassung, Untersuchung und Aburteilung aller NS-Größen und Instrumente des NS-Terrorsystems wie etwa der Gestapo«, so schrieb Stimson, »können wir die Abscheu der Welt gegenüber einem solchen System demonstrieren.« Roosevelt unterstützte Stimson, und 1944 hatten sich die Alliierten darauf geeinigt, dass der Zweite Weltkrieg mit einem Gerichtsverfahren gegen die führenden Nationalsozialisten enden sollte.[812]

Es gab endlose Überlegungen dazu, wie Kriegsverbrecherprozesse ablaufen sollten. Präzedenzfälle, Regeln, Mechanismen fehlten. Roosevelt bat das Kriegsministerium, sich mit dem Problem zu befassen, und der Jurist und Colonel Murray C. Bernays entwarf eine kurze Aktennotiz, aus der schließlich der Internationale Militärgerichtshof entstehen sollte. Bernays argumentierte, das NS-System sei eine groß angelegte Verschwörung gewesen, und daher könnten seine führenden Funktionäre als Verbrecher dafür verantwortlich gemacht werden. Gleichzeitig waren die einzelnen Komponenten der NS-Maschinerie – die Partei, die SS, die Gestapo – selbst kriminelle Organisationen, und jedes Mitglied konnte demzufolge ebenfalls als Verbrecher gelten. Auf sechs Seiten fand Bernays einen Weg, sowohl die Spitzenfunktionäre wie auch das Fußvolk der Nationalsozialisten in einem dramatischen Prozess zur Rechenschaft zu ziehen.[813]

Diese Ansätze ernteten auch Kritik. Die gesamte Anklage bezog sich auf ein rückwirkend geltendes Gesetz, das den Nationalsozialisten Verbrechen vorwarf, die erst nach der Tat als solche definiert worden waren. Und war es gerecht, Millionen Menschen nur wegen der Mitgliedschaft in einer gigantischen kriminellen Organisation zu verurteilen?

Doch Bernays' Plan erregte die Aufmerksamkeit von Robert Jackson, Richter am Obersten Gerichtshof der Vereinigten Staaten, der im Mai 1945 zum Leiter des amerikanischen Anklageteams ernannt worden war. Im Sommer kam Jackson mit den Anführern der britischen, französischen und sowjetischen Delegation zusammen, um eine Charta für den Militärgerichtshof zu entwerfen. Sie folgte im Allgemeinen den Ideen, die der Jurist des Kriegsministeriums entwickelt hatte. Die Nationalsozialisten sollten in vier Punkten angeklagt werden: 1. Gemeinsamer Plan oder Verschwörung, 2. Verbrechen gegen den Frieden, 3. Kriegsverbrechen, 4. Verbrechen gegen die Menschlichkeit. (Dreiundzwanzig Männer sollten als Hauptkriegsverbrecher vor Gericht gestellt werden, darunter Göring, Ribbentrop, Heß, Rosenberg und Bormann, der seit Kriegsende als vermisst galt.

Robert Jackson betrachtete den Prozess nicht nur als historische Chance, einen wichtigen internationalen Präzedenzfall zu schaffen; es war ihm auch ein moralisches Anliegen. Gleichzeitig tat er alles, um den Eindruck eines Schauprozesses, einer Rache in rechtsstaatlichem Gewand zu vermeiden.[814]

Kempner erregte schließlich durch seine Arbeit für das Kriegsministerium Jacksons Aufmerksamkeit. Wie es seine Gewohnheit war, hatte er dem stellvertretenden Direktor des War Crimes Office unaufgefordert ein paar Vorschläge zu den geplanten Prozessen unterbreitet. Zwar hatte er das Angebot einer Vollzeitstelle dort abgelehnt, weil er immer noch auf das FBI hoffte, doch ließ er sich schnell als freiberuflicher Fachberater anheuern und erstellte Berichte zu »Organisation, Personal und Aktivitäten« der deutschen Regierung, zur Geschichte der NSDAP und zu den Besonderheiten deutscher Ablagesysteme. Die Berichte, für die er ein Tageshonorar von 25 Dollar bekam, sollten denjenigen als Hintergrundmaterial dienen, die die Kriegsverbrecher festnahmen und anklagten.[815] Kempner schrieb auch eine Reihe kurzer Biografien der NS-Schlüsselfiguren, darunter ein ausführliches Dossier zu Göring.

Er notierte, dass Göring die Gestapo, die »Maschinerie für unrechtmäßige Festnahmen, Internierungen und Konfiszierungen von Eigentum« gegründet hatte. Er brachte Göring mit dem Reichstagsbrand in Verbindung, der Reichspräsident Hindenburg zur Unterzeichnung einer Notverordnung veranlasst hatte, durch die die verfassungsmäßigen Grundrechte außer Kraft gesetzt wurden. Das Gesetz führte sofort zu einem landesweiten Vorgehen gegen Kommunisten, Sozialdemokraten und andere NS-Gegner. Es blieb, wie Kempner festhielt, »bis zur Niederlage des Dritten Reiches im Jahr 1945 in Kraft und wurde zum wichtigsten Werkzeug der Vernichtungs- und Enteignungspolitik der Nationalsozialisten in ganz Europa. Damit wurde Göring … verantwortlich für alle diese Taten.«

Der Reichsmarschall hatte, wie Kempner berichtete, nichts dagegen: Er übernahm 1933 kurz nach der »Machtergreifung« in einer Rede vor Offizieren in Dortmund die Verantwortung für die Taten seiner Untergebenen. »Jede Kugel, die jetzt aus dem Laufe einer Polizeipistole geht, ist meine Kugel. Wenn man das Mord nennt, dann habe ich gemordet, das alles habe ich befohlen, ich decke das, ich trage die Verantwortung dafür und habe mich nicht zu scheuen.«[816] Kempners Zusammenstellung war noch keine Anklage, aber es war der Ansatz dazu.[817]

Das Dokument machte im Kriegsministerium die Runde, und Kempner erregte die Aufmerksamkeit von Jacksons innerem Zirkel, zu dem Bernays gehörte. »Er ist gründlich vertraut mit den Aktivitäten der Nazis vor ihrer Machtübernahme, verließ Deutschland erst 1935 oder 1936, hat sich seitdem über ihre Machenschaften auf dem Laufenden gehalten und hat einige Erfahrung in den Vereinigten Staaten, wo er an Fällen gearbeitet hat, in denen es um NS-Infiltration und Zersetzung ging«, schrieb Bernays an Jackson. »Seine Studie zu Göring ... ist vernünftiges, solides Material. Ich glaube, wir können ihn mit Nutzen einsetzen.«[818] Zwei Tage später gehörte Kempner offiziell zum Team. Er erklärte seinen Vorgesetzten beim FBI, er nehme für etwa zehn Wochen »unbezahlten Urlaub«.

Das jahrelange Schreiben von Hunderten Briefen, Aktennotizen und Berichten hatte sich endlich ausgezahlt. Er flog am 3. August aus Washington, D.C., über Bermuda, die Azoren und Paris nach London. Separat verschickte er zwei über 40 Kilo schwere Kisten mit Material, das er über Deutschland und die Nationalsozialisten gesammelt hatte.[819]

Nürnberg war eine Ruine, ein Friedhof.[820] Zehntausende Leichen lagen unter den vielen ausgebombten Gebäuden. Der Geruch von Desinfektionsmitteln hing in der Luft. Besucher wurden angehalten, das Leitungswasser nicht zu trinken. Das Oberlandesgericht, der Justizpalast, hatte im Krieg einige Erschütterungen erfahren. Die Fenster waren zerborsten, die Wasserleitungen unterbrochen, die Korridore geschwärzt vom Feuer; eine Bombe war direkt bis in den Keller gefallen. Und doch stand das Gebäude hoch aufgerichtet inmitten der Trümmer, und die Beamten des Internationalen Militärgerichtshofs beschlossen, die NS-Kriegsverbrecher hier vor Gericht zu stellen. Zunächst einmal mussten sie die amerikanischen Soldaten hinauswerfen, die den Hauptgerichtssaal in eine Bar verwandelt hatten. »Beer Tonight, ½ Mark« verkündete ein Schild, als die Juristen kamen, um sich die Räumlichkeiten anzusehen.

Der Gerichtshof in Nürnberg hatte auch eine symbolische Bedeutung. In Nürnberg hatte die NSDAP ihre gewaltigen Parteitage abgehalten. Jetzt wurden hier die Verantwortlichen für ihre Verbrechen zur Rechenschaft gezogen.

Am 12. August wurden Rosenberg und die anderen Angeklagten in einer C-47 aus Bad Mondorf ausgeflogen. »Nun, meine Freunde«, sagte Göring bei einem Blick aus dem Fenster, »werft noch einmal einen Blick auf den Rhein. Es ist wahrscheinlich das letzte Mal, dass wir ihn sehen.«[821] Die Angeklagten kamen in das Gefängnis hinter dem Justizpalast, wo sie während des Prozesses im sogenannten Flügel C untergebracht waren.

Rosenberg bekam die Zelle 16 im unteren Stock zugewiesen, zwischen Albert Speer und Hans Frank. In jeder Zelle standen ein Feldbett, ein Stuhl, ein wackliger Tisch. Eine Toilette in der Ecke bot die einzige Möglichkeit, sich den aufmerksamen Blicken der Wachen zu entziehen, die einen Selbstmord der Gefangenen verhindern sollten. Nachts war ein Lichtkegel auf die Insassen gerichtet. »Ich stellte mir sie vor, wie sie sich da in ihren Zellen verkrochen wie verletzte Tiere«, schrieb Airey Neave, ein Mitglied des britischen Anklageteams, der im Krieg aus einem deutschen Straflager entkommen war. »Ich hatte Angst, mich ihnen zu nähern, wie man vor einem Leichnam zurückschreckt.«[822]

Die Gefangenen mussten ihre Hände immer über der Decke behalten, eine Regel, gegen die vor allem Rosenberg protestierte. Sobald er seine Hände unter die Decke schob, um sie aufzuwärmen, weckte ein Wachmann ihn auf.[823] Der Kontakt zwischen den Angeklagten war strikt beschränkt, und sie durften wöchentlich nur einen einzigen Brief von ihrer Familie erhalten. Ihre einzigen Begegnungen waren Sitzungen mit Gefängnispsychologen und Vernehmungsbeamten.

In den Monaten vor Prozessbeginn wurde Rosenberg mehr als zwei Dutzend Mal befragt. Im ASHCAN hatte er versucht, sich aus der Verantwortung für die schlimmsten Verbrechen herauszuwinden. Er sagte, sein Einsatzstab habe einfach nur gefährdete, durch den Krieg bedrohte Kunstwerke zu retten versucht. Die Schuld an den Verheerungen in den Ostgebieten schob er Himmler zu. Er bedauerte die Härten, unter denen die Menschen zu leiden hatten, doch »wenn sich einhunderttausend Menschen beklagen sollten, so gibt es Millionen weitere, die keinen Grund dazu haben«.[824]

Sobald er in Nürnberg ankam, wurden die Befragungen schärfer. In der ersten Sitzung am 14. August konfrontierte man ihn mit seinen Tagebüchern, die Rosenberg als »kurze Eindrücke« bezeichnete. Der Vernehmungsbeamte warf Rosenberg vor, er weiche aus, und warnte ihn, seine Antworten würden abgeglichen mit den umfangreichen Dokumenten, die sich jetzt in der Hand der Alliierten befanden.

»Sie wissen, dass wir Ihre gesamten privaten Unterlagen haben, oder?«

»Ich habe davon gehört«, antwortete Rosenberg. »Wissen tue ich es nicht.«

»Denken Sie heute Nacht darüber nach«, sagte der Vernehmende, »und wenn Sie morgen nicht bereitwilliger die Wahrheit sagen als heute, werden Sie wohl eine Menge Ärger bekommen.«[825]

Einer der an jenem Tag im Saal anwesenden Ankläger war Thomas Dodd, ein Bundesanwalt, der 1942 mit Kempner an NS-Spionagefällen in Connecticut gearbeitet hatte. Er nahm Rosenberg als »sehr scharfsinnig, verschlagen, vorsichtig« wahr, stellte aber auch fest, dass sein brauner Anzug abgetragen wirkte. »Ich musste daran denken, wie tief die Mächtigen gefallen sind«, schrieb Dodd an seine Frau. »Hier in dieser

Stadt, wo er in seiner schicken Nazi-Uniform herumstolzierte. Jetzt ist er ein Häftling inmitten einer Trümmerlandschaft.«[826]

Einen Monat später versuchte Rosenberg vergeblich, Dodd seine Philosophie zu erklären, und wand sich bei dem Vorwurf, er habe mit Hitler für die Zeit nach dem Krieg das Ende der Kirchen geplant.

»Stimmt es nicht«, fragte Dodd, »dass es Ihr Ziel war, die alten, etablierten Religionen zu vernichten?«[827]

»Nun ...«, begann Rosenberg.

»Sie müssen uns zu so einer Frage keine Rede halten«, unterbrach ihn Dodd.

»Auf so eine Frage muss ich mit Nein antworten«, sagte er.

Der Ankläger schlug Rosenberg vor, er möge doch sein eigenes Buch lesen, doch der Nationalsozialist behauptete, eine »offizielle Auseinandersetzung« mit der Geistlichkeit habe ihn nie interessiert.

»Aber einen Kampf gegen die Juden haben Sie befürwortet, oder nicht?«

»Ja«, sagte Rosenberg, »zur Eliminierung der Juden aus der politischen Führung des Reiches.«

»Sie wollten sie ganz aus Deutschland heraushaben.«

»Nun, das ist die einfachste Lösung des Problems.«

Rosenberg räumte ein, seine Theorien zu den Juden seien von den Nationalsozialisten »sehr oft aufgegriffen« worden.

»Schämen Sie sich jetzt der Ansichten, die Sie in den vielen Jahren, die Sie an der Macht waren, geäußert haben?«, fragte Dodd. »Antworten Sie mit Ja oder Nein.«

»Nein«, erwiderte Rosenberg.

»Sind Sie sich irgendeiner Verantwortung für die jetzige Notlage Deutschlands bewusst?«

»Im Laufe dieses letzten Monats habe ich mich oft gefragt, ob ich es hätte besser machen können«, sagte Rosenberg. »Vielleicht habe ich im Laufe dieser zwanzig Jahre gewisse Worte fallen lassen, die ich heute, mit klarem Kopf, vielleicht nicht mehr verwenden würde. Aber immerhin wurden sie in einem Moment des Ringens gesprochen. Als Mitglied einer Bewegung, die verantwortlich für das Geschehene ist, bin ich natürlich in gewissem Maße verantwortlich. Nun, der Kern dessen, was ich im Auge hatte und worauf ich hinsteuerte und was ich erreichen wollte, ist anständig und ehrlich, und selbst heute kann ich nicht anders darüber denken.«

Dann unterbrach er sich, weil ihm offenbar klar wurde, was er da zugegeben hatte, und er nahm seine Bemerkung zurück. »Ich kann nur für das verantwortlich sein, was ich persönlich getan habe.«

Stundenlange Befragungen folgten im September und Oktober – der vernehmende Beamte Thomas Hinkel konfrontierte Rosenberg mit unzähligen Dokumenten, sobald der streitlustige Angeklagte unglaubwürdige, gewundene Ausflüchte zu seiner Verteidigung anführte.

Rosenberg argumentierte, die gegen die Juden gerichteten Aktionen der Nationalsozialisten seien »defensive« Maßnahmen gegen einen Feind gewesen, der Deutschland in den Ruin treiben wollte.[828] Die Deutschen deportierten die Juden, genau wie die Zionisten offenbar die Palästinenser aus ihrem Land gedrängt hatten. Rosenberg gab zu, dass Kriegsgefangene durch Unterkühlung und Mangelernährung gestorben waren; aber dieses Schicksal hätte auch deutsche Soldaten ereilt.[829] Er versuchte zu leugnen, dass die Überlegenheit der »arischen« Rasse über alle anderen ein zentraler Punkt der NS-Ideologie gewesen war.[830] Er räumte ein, dass sein Einsatzstab zwar Bücher und Kunstwerke konfisziert habe, meinte aber, dass es durchaus möglich gewesen wäre, dass Deutschland einiges davon eines Tages zurückgegeben hätte.[831] Er leugnete jedes Wissen über die Vorgänge in Deutschlands Konzentrationslagern; er habe nie eines besucht, sagte er, und »die Polizei hielt sich bei diesem Thema ziemlich bedeckt«.[832] Er habe nie etwas mit der Ermordung von Juden in den Ostgebieten zu tun gehabt, obwohl doch seine Verwaltung tief in den Holocaust verstrickt gewesen war.

»Ich hatte gehört, dass es einige Erschießungen von Juden gegeben hatte«, gab Rosenberg am 22. September zu.

»Was taten Sie, als Sie davon hörten?«, fragte Hinkel. »Strengten Sie eine Untersuchung an?«

»Nein.«

»Warum nicht?«

»Ich konnte nicht«, erwiderte Rosenberg. »Das lag nicht in meiner Zuständigkeit.«

Er behauptete, seine Bemühungen, mehr zu erfahren, seien von der SS zurückgewiesen worden, und wenn er weiter nachgefragt hätte, »hätte ich sowieso keine Antwort bekommen«.

»Sie wussten, dass Himmler vorhatte, die Juden auszurotten?«

»In dieser Form und Art habe ich es bis zum Ende nicht geglaubt.«

»Sie waren darüber informiert worden, oder nicht?«

»Nein«, behauptete Rosenberg, »das war ich nicht.«

Er spielte die Rolle seines Ministeriums so herunter, dass es nicht nur machtlos, sondern völlig sinnlos wirkte. »Ich möchte sagen, dass sich mein Hauptquartier in Berlin befand und ich einfach allgemeine Regeln und Verordnungen für die Verwaltung herausgab«, sagte er. »Auf die regionalen Angelegenheiten bin ich nicht eingegangen.«[833] Er beharrte darauf, dass die Berichte seiner Untergebenen vor Ort im Osten nicht besonders detailliert gewesen seien.

Tatsächlich, so sagte er am 4. Oktober, im elften Verhör innerhalb von acht Tagen, habe er als Minister für den Osten nichts mit der Behandlung der Juden zu tun gehabt. »Ich habe überhaupt nie an irgendwelchen Gesprächen über die Judenfrage teilgenommen«, erklärte Rosenberg Hinkel. Er persönlich wollte angeblich »die Zahl der Juden in Deutschland verringern, indem man einen Ort schuf, an dem sie alle zusammen in ihrer jüdischen Heimat sein konnten«. Aber das war nicht seine Sache. Es lag in Himmlers Verantwortung.

»Aber Sie waren doch schon jahrelang an der Judenfrage interessiert, oder nicht?«, fragte Hinkel.

»Aber ich war so überlastet mit der Arbeit, mein eigenes Ministerium zu organisieren, und das ganze Judenproblem war so sauber getrennt von allen meinen Verantwortlichkeiten, dass ich darauf keine Zeit verwendet habe.« Rosenberg sagte, er sei davon ausgegangen, dass sie genügend zu Essen bekamen und produktive Arbeit verrichteten.

»Sie sagen, dass Sie mit niemandem über das Judenproblem gesprochen haben, seit Sie zum Minister für die besetzten Ostgebiete ernannt worden waren?«, fragte Hinkel. »Ist das Ihre Aussage? … Das ist in meinen Augen ein bisschen schwer zu glauben.« Hinkel kam mit Belegen zurück, die zeigten, dass Rosenberg Berichte über die Grausamkeiten erhalten hatte.

Am 19. Oktober wurden schließlich die Anklageschriften gegen Rosenberg und die übrigen NS-Größen im Zellenblock C in Nürnberg ausgefertigt. Der britische Ankläger Neave sollte die Dokumente aushändigen. Als er in Rosenbergs Zelle kam, fand er ihn mit Brotkrümeln bedeckt. »Er hatte den Gesichtsausdruck eines kranken Spaniels«, schrieb er. »Er wirkte wie ein Bestattungsunternehmer nach Dienstschluss in einem Horrorfilm mit Boris Karloff – dazu passte auch der Gelbstich seiner Haut.«[834]

Die Zelle roch schlecht, überall lagen Papiere verstreut, und Rosenberg zitterte, als er sich erhob, um seinen Besucher zu begrüßen.

Kempner schaffte es am 6. August 1945 über Bermuda und die Azoren nach Paris, »nach 27½ Stunden Flug, davon 2 Stunden Pause«, wie er seiner Frau Ruth und seiner Geliebten Margot Lipton schrieb, die beide in Lansdowne, Pennsylvania, geblieben waren. Dann flog er weiter nach London, um seinen Posten anzutreten. Die Stadt lag nach fünf Jahren deutscher Bombardierungen in Trümmern, voller zerstörter Gebäude, Krater und Schutthaufen.

Kempner, erst seit gut fünf Monaten amerikanischer Staatsbürger, war zu der Überzeugung gelangt, dass seine Wahlheimat das großartigste Land überhaupt und Europa ein hoffnungsloser Fall sei. Er hatte wenig Hoffnung, dass der Kontinent je zu früherem Glanz zurückfinden werde. Es sei sinnlos, so erklärte er den Frauen, nach Deutschland zurückzukehren und den Versuch zu machen, ihr altes Leben wieder aufzubauen. Besser war es wohl, weiter das zu tun, was sie in Amerika taten.

Ein paar Tage später kehrte Kempner nach Paris zurück, wo er bei der Analyse deutscher Unterlagen in einem zentralen Bearbeitungsbüro helfen sollte, das für den Gerichtshof einen Häuserblock von den Champs-Élysées und dem Arc de Triomphe entfernt eingerichtet worden war.

Die Alliierten hatten den vorrückenden Einheiten befohlen, bei ihrer Eroberung Europas auch nach wichtigen Archiven Ausschau zu halten, und die Soldaten stießen auf wahre Papierschätze. Das Büro in Paris war eines von drei Document Centers, und die Mitarbeiter dort konnten mit der Flut des Materials kaum Schritt halten. Die Zeit reichte nicht, um alles zu übersetzen, ganz zu schweigen von einer Einschätzung des Werts als Beweismittel. »Diese Nazis hatten die Manie, alles aufzuschreiben«, erklärte Jacksons leitender Vernehmungsbeamter John Harlan Amen im September einem Zeitungsreporter. »Jetzt ertrinken wir in einer Dokumentenflut, mehr, als wir in der Zeit, die uns zur Verfügung steht, überhaupt gründlich durchsehen können, und jeden Tag kommen neue Stapel ans Licht.«[835]

Die Rosenberg-Papiere, die in dem Schloss außerhalb von Lichtenfels aufgetaucht waren, waren nur der Anfang. Heinrich Valentin, Archivar im Dienste des deutschen Außenministeriums, zeigte Ermittlern, wo sie tief in den Bergen des Harz fast 500 Tonnen diplomatische Akten finden konnten. Er half den Alliierten sogar, sie zu ordnen und zu verpacken. Paul Schmidt, der Übersetzer, der an einigen der wichtigsten diplomatischen Treffen der NS-Zeit teilgenommen hatte, übergab seine umfangreichen Notizen; er hatte sie in einer großen Holzkiste im Wald vergraben. Görings Luftwaffenunterlagen wurden überall in Bayern verstreut gefunden. Zusammen mit dem Generalmajor Hans-Detlef Herhudt von Rohden, dem offiziellen Historiker der Luftwaffe, brachte man sie nach London. Herhudt von Rohden hatte schon mit der Abfassung einer Geschichte der Luftwaffe begonnen und bekam den Auftrag, dieses Werk abzuschließen. 60 000 Akten mit Unterlagen der Kriegsmarine, die eigentlich in einem leeren Schwimmbecken in einem Schloss hätten verbrannt werden sollen, wurden stattdessen unbeschädigt übergeben. Auch das Archiv von Heinrich Hoffmann, Hitlers Leibfotografen, gelangte nach Nürnberg, wo Hoffmann selbst es katalogisierte.

Im Pariser Document Center machte sich Kempner daran, die erbeuteten Berichte zu sichten. Gerade ging er die Rosenberg-Unterlagen durch, als eines Tages der Befehl kam, sofort nach Deutschland zu fliegen – seine erste Reise zurück in die Heimat seit fast einem Jahrzehnt.

Er bestieg eine Militärmaschine für den kurzen Flug nach Frankfurt und war, wie er Jahre später in seinen Memoiren schrieb, seltsam ungerührt beim Blick auf die Ruinen seines Vaterlandes. Er dachte nur, wie vertraut doch alles wirkte. Er hatte das Gefühl, wieder im Jahr 1918 zu sein, als er durch das verwüstete Belgien und Frankreich nach Deutschland zurückkehrte. Schließlich landete die Maschine, und Kempner wurde nach Fechenheim gefahren, wo er erbeutete Militärunterlagen durchforstete. Vor ihm lagen die Befehle für die Zerstörung Europas, geschrieben von den Tätern selbst. Konfrontiert mit der Handschrift der Männer, die für die Verbrechen des Dritten Reiches verantwortlich waren, spürte auch Kempner schließlich Wut in sich aufsteigen.

Später besuchte er den Keller der Reichsbank in Frankfurt und sah dort Dutzende Kisten, die die Nationalsozialisten bei Kriegsende in Salzbergwerken in Thüringen versteckt hatten. Sie enthielten Goldplomben und -zähne von KZ-Opfern. Abertausende – jedes Stück ein Beweis für einen Mord und einen letzten Diebstahl.

»Ich hatte nicht entfernt daran gedacht«, schrieb Kempner, »so etwas einmal zu sehen.«[836]

Robert Jackson beschloss, der Gerichtshof solle die Nationalsozialisten mithilfe ihrer eigenen Worte überführen. Allerdings würde es nicht leicht sein, die Unmassen Papier durchzusehen und einen Überblick über das Geschehen zu gewinnen.

Parallel zur Untersuchung der Dokumente fanden Verhöre statt, und zu Kempners großer Freude bekam er die Chance, Zeugen und Angeklagte zu befragen. »Für die Verbrecher war meine Mitwirkung in Nürnberg sehr unangenehm«, schrieb

Kempner später. »Jetzt standen sie jemandem gegenüber, der von ihren Sünden wußte.«[837] Eines Tages begegnete er so auch einem seiner alten Widersacher.

»Guten Morgen, Herr Göring«, sagte er zu dem Mann, der ihn 1933 gefeuert hatte. »Ich weiß nicht, ob Sie sich an mich erinnern. Ist lange her, dass wir uns das letzte Mal getroffen haben.«[838]

Eine Woche zuvor hatten Vernehmungsbeamte Göring zum Reichstagsbrand befragt und zu Berichten, er habe den Brand veranlasst, damit die Nationalsozialisten einen Vorwand hatten, um 1933 gegen die Kommunisten vorzugehen.

»Das ist absoluter Unsinn«, beharrte Göring. Er war damals Reichstagspräsident. Warum hätte er sein eigenes Haus niederbrennen sollen?

Kempner sollte diese Behauptung erschüttern. Seiner Aussage nach erinnerte sich Göring sehr wohl an den Juristen, den er entlassen hatte, und war überrascht, ihn ins Zimmer treten zu sehen. Zunächst weigerte er sich, Kempners Fragen zu beantworten. Der Mann musste ja voreingenommen sein. Kempner lächelte nur. »Reichsmarschall, ich bin Ihnen gegenüber nicht voreingenommen, ich bin sehr froh, dass Sie mich am 3. Februar 1933 hinausgeworfen haben. Wenn Sie das nicht getan hätten, wäre ich als Rauch durch den Schornstein gegangen.«[839]

Und dann begann das Verhör.

Kempner konfrontierte Göring mit Informationen, die er 1933 von Rudolf Diels bekommen hatte. Diels hatte den Krieg überlebt und war als möglicher Zeuge nach Nürnberg gebracht worden. »Diels sagt, dass Sie genau wussten, dass das Feuer irgendwie ausbrechen würde«, umriss Kempner dessen Aussage, »und dass er schon die Listen der zu Verhaftenden vorbereitet hatte.« Göring erklärte Kempner, dass tatsächlich Listen vorbereitet worden waren. Die Nationalsozialisten waren schon lange darauf aus, die Kommunisten zu vernichten. Doch das habe keine Rolle gespielt. Selbst wenn der Reichstag nicht gebrannt hätte, »sie wären auf jeden Fall verhaftet worden«.

Wieder leugnete er jedes Wissen in Bezug auf den Brand und sagte, eine von nationalsozialistischer Seite geplante Brandstiftung wäre »Wahnsinn« gewesen. Und er sagte Kempner, dass er gern hören würde, wie Diels »mir das ins Gesicht« sagt.

Göring wurde gefragt, wie denn sein Presseoffizier Kempner eine Stunde nach dem Feuer hatte erzählen können, dass laut Göring die Kommunisten schuld seien. »War es nicht zu früh, um ohne jede Untersuchung zu sagen, dass die Kommunisten das Feuer gelegt hatten?«

»Ja, das mag sein«, räumte Göring ein, »doch der Führer wollte es so.«[840]

Kempner hakte wiederholt nach, forderte Einzelheiten, bezweifelte Görings Aussagen. Er fragte, warum Sozialdemokraten und Pazifisten verhaftet wurden. Er fragte, warum Göring Berichte, denen zufolge SA-Führer in die Brandstiftung verwickelt waren, nicht überprüft hatte. Er fragte nach dem Gang zwischen dem Reichstag und Görings Amtssitz und warum er an diesem Abend nicht abgeschlossen gewesen war.

Göring blieb jedoch bei seiner Linie und bestritt die Annahme, die Nationalsozialisten hätten das Gebäude in Brand setzen müssen, um Hindenburg zur Unterzeichnung der Notverordnung zu bringen, die den Deutschen ihre Grundrechte nahm.[841]

Und außerdem, so bemerkte Göring Kempner gegenüber, falls er wirklich an einer Verschwörung teilgenommen hätte, um den Reichstag niederzubrennen, dann aus einem anderen Grund: Der Bau war einfach so hässlich.

Kempner schickte einen ständigen Strom von Briefen nach Hause. In einem schrieb er, dass er jetzt die Gelegenheit habe, sein unermüdliches Interesse in Bezug auf das NS-Regime zu befriedigen. An einem Tag schickte er romantische Postkarten an Ruth wie auch an Lipton, seine einstige Geliebte; beide lebten noch immer zusammen in dem Haus in der Nähe von Philadelphia. Auf Ruths Karte hieß es: »Dir nur gehört mein Herz für's ganze Leben!«, und auf Liptons: »So süß wie du ist nichts auf der Welt!«[842] Sie schickten ihm Briefe und Telegramme und Pakete mit Schokolade und Seife. Er schickte Klagen. »Heute sind es fünf Wochen, dass ich in Europa bin«, schrieb er am 9. September aus Frankfurt, »und es kommt mir schon so schrecklich lange, viel zu lange vor.«[843] Er klang deprimiert. Das ganze Gericht war schlecht organisiert, und »die Folge ist, dass ich ziemlich viel herumsitze … So vergehen die Tage in Einsamkeit.« Man bat ihn, sich einer Untersuchungsmission in Essen anzuschließen, aber er wollte nicht dorthin. »… noch mehr Ruinen und daher noch mehr irrsinniger Staub. Ausserdem nur englisches Essen.« Er verbrachte seine Zeit mit anderen Anwälten des Anklageteams, doch dass es nicht voranging, setzte ihm allmählich zu.

Das könnte auch erklären, warum er im Oktober den Entwurf einer Pressemitteilung an die Frauen in Lansdowne schickte, mit der Bitte, sie doch an den *Philadelphia Record* weiterzugeben. Sie war voller koketter Andeutungen und zeigte den Öffentlichkeitsarbeiter Kempner auf der Höhe seiner Kunst. »Gerüchte, dass womöglich neue Spuren von Adolf Hitler und Eva Braun entdeckt worden sein könnten, kamen in Nürnberg in Verbindung mit der Ankunft von Dr. Robert M W Kempner aus den Vereinigten Staaten auf, dem führenden amerikanischen Fachmann für Hitler und den nationalsozialistischen Parteiapparat. Dr. Kempner kam mit dem Flugzeug aus Washington DC, verließ Nürnberg aber nach einem kurzen Besuch im Justizpalast wieder für eine nicht bekannte Mission …«[844]

Und tatsächlich erschienen daraufhin wieder Geschichten über ihn in den Zeitungen seiner neuen Heimat.[845] MANN AUS PHILADELPHIA JAGT HITLER, TOT ODER LEBENDIG, AUF BEFEHL DES WEISSEN HAUSES, verkündete eine Schlagzeile. In dieser Lügengeschichte ging es darum, dass Kempner Hitler jahrelang »beschattet« habe und einer der wenigen Kämpfer gegen die Nationalsozialisten überhaupt weltweit sei, »der genaues Wissen in Bezug auf Hitlers Aussehen, ja sogar seine Skelettstruktur, besitzt. Er könnte mit dem Finger auf einen mit Hilfe von plastischer Chirurgie verwandelten Hitler oder auf einen kremierten Leichnam zeigen und mit Sicherheit sagen: ›Das ist der Führer.‹« Ein Journalist schrieb: »Gestern haben wir erfahren, dass er dieses Land mit dem Ziel Deutschland vor vier Wochen mit einer besonderen vorrangigen Reiseerlaubnis des Weißen Hauses verlassen hat.« Es wurde berichtet, dass er in seinen Jahren als Beamter im preußischen Innenministerium eine Gruppe von zwölf Geheimagenten geführt habe, die Hitler zwischen 1928 und 1933 regelmäßig beschattet hätten. »Kempner hat in Interviews gesagt, dass Hitler bestimmte unveränderliche körperliche Auffälligkeiten besessen habe«, berichtete *Stars and Stripes.* »Er beschrieb sie als rechtes Ohr mit einer deutlichen Spitze, einen abnormal langen rechten Daumen, einen Kiefer mit zurückweichenden Zähnen und gewohnheitsmäßig gekrümmte Schultern.«

Obwohl das Ganze völlig absurd klang, erschienen die Geschichten am 22. und 23. Oktober, als Kempner gerade aus Paris nach Nürnberg reiste. »Radio brachte Beitrag zur Hitler-Jagd«, schrieb Kempner nach Lansdowne. »Habe mich amüsiert.«[846]

Die Nachricht erregte so viel Interesse, dass der Pressesprecher des Weißen Hauses dazu befragt wurde. Er sagte, dass das Weiße Haus den Anwalt nicht nach Deutschland geschickt habe. Der PR-Gag setzte Kempner in der Öffentlichkeit von den vielen anderen Anklägern ab, von denen es in Nürnberg wimmelte. Er korrigierte die Falschmeldungen, die er selbst herausgegeben hatte, und schrieb zum Beispiel einem Radiosender, er jage Hitler »im Moment« nicht, sondern helfe vielmehr, den Prozess gegen die NS-Kriegsverbrecher in Gang zu bringen.

Jackson holte Kempner nach Nürnberg, um die siebte von sieben Abteilungen zu leiten: eine Einheit von Anwälten, die sich in die Verteidigungsstrategien der Nationalsozialisten gegen die Vorwürfe hineindenken und darauf reagieren sollten.[847] Am Morgen des 20. November, einem Donnerstag sechs Monate nach Kriegsende, fand sich Kempner also nahe dem – wenn auch nicht direkt am – Tisch der Anklage wieder, als der Prozess in einem überfüllten Gerichtssaal im Justizpalast begann. Kempner saß in der letzten Stuhlreihe hinter Jacksons Tisch.

Er dachte an seine Eltern, die beiden Bakteriologen, die überall in Europa herumgekommen waren bei dem Versuch, den Kontinent von Infektionskrankheiten zu befreien. Seine Mission in Nürnberg ähnelte dem in gewisser Weise. Er war nach Deutschland zurückgekehrt, um den Sumpf trockenzulegen, der die Nazibrut hervorgebracht hatte.[848]

Auf einem Foto des Gerichtssaals zog er mit dem Stift einen Kreis um seinen winzigen Kopf ganz hinten und schickte es mit dem dazugehörigen Zeitungsausschnitt nach Lansdowne.[849]

Rosenberg und die anderen Angeklagten betraten am ersten Prozesstag den Gerichtssaal in Anzug und Krawatte oder in Uniform.[850] Mit Handschellen an ihre Bewacher gekettet, gingen sie durch einen überdachten Gang aus Holzplanken vom Zellenblock in den Keller des Justizpalastes und fuhren dann mit dem Aufzug in den Gerichtssaal. Rosenberg saß in der ersten Reihe und beobachtete das Geschehen mit verschleiertem Blick und verschränkten Armen. Er wirkte klein und wie immer steif und streng.

Der Saal, neuerdings mit dunkler Täfelung und Leuchtstoffröhren ausgestattet, war mehr als voll. Den Angeklagten gegenüber saßen die Richter – die die Vereinigten Staaten, die Sowjetunion, Großbritannien und Frankreich repräsentierten – auf einem Podium, das mit den Flaggen der vier alliierten Siegermächte geschmückt war. Eine Reihe Sicherheitskräfte mit weißer Mütze und Koppel stand um die beiden Sitzreihen der Angeklagten herum. Die Verteidiger saßen vor ihren Klienten auf Bänken an braunen Holztischen. Links arbeiteten Übersetzer hinter Glastrennwänden; rechts befanden sich die Ankläger, die Pressegalerie, die Film- und Radiokabinen und ein Balkon für 150 Zuschauer. Man hatte den Eindruck, Nürnberg sei gerade der Mittelpunkt der Welt.

Am ersten Tag wurde die Anklage gegen einundzwanzig NS-Größen und sieben Organisationen verlesen. Tags darauf begannen die Plädoyers der Verteidiger, und nachdem das Gericht Görings Versuch, die Verhandlung durch ein eigenes Eröffnungsplädoyer zu kapern, abgeblockt hatte, stieg Jackson auf das Podium und wandte sich an die vier Richter. Er wies die Richtung mit einer Eröffnungsansprache, die alle im Saal daran erinnerte, dass die Geschichte ihnen über die Schulter schaute.

»Die Untaten, die wir zu verurteilen und zu bestrafen suchen, waren so ausgeklügelt, so böse und von so verwüstender Wirkung, daß die menschliche Zivilisation es nicht dulden kann, sie unbeachtet zu lassen, sie würde sonst eine Wiederholung solchen Unheils nicht überleben«, erklärte Jackson dem Gericht.

Die Angeklagten lauschten einer Übersetzung über Kopfhörer. »Daß vier große Nationen, erfüllt von ihrem Siege und schmerzlich gepeinigt von dem geschehenen Unrecht, nicht Rache üben, sondern ihre gefangenen Feinde freiwillig dem Richtspruch des Gesetzes übergeben, ist eines der bedeutsamsten Zugeständnisse, das die Macht jemals der Vernunft eingeräumt hat.«[851]

Der amerikanische Hauptankläger reagierte auch auf deutsche Zweifel an der Legitimität des Gerichts, denn ein Verteidiger hatte im Zusammenhang mit den Prozessen von der Fortsetzung des Krieges mit anderen Mitteln gesprochen.[852] Jackson legte dar, dass die Ankläger keine Siegerjustiz gegen die Nationalsozialisten betrieben, sondern Gerechtigkeit nach der Maßgabe des internationalen Rechts suchten. »Diesen Angeklagten einen vergifteten Becher zu reichen, bedeutet, ihn an unsere eigenen Lippen zu bringen.«[853]

In seiner Eröffnungsansprache versprach Jackson, »die teutonische Leidenschaft für Gründlichkeit, Dinge zu Papier zu bringen«,[854] zu nutzen, und im Laufe der kommenden Wochen und Monate konfrontierte er die Angeklagten mit einem belastenden Dokument nach dem anderen.

Im November wurden im Gericht Filme mit Szenen aus Konzentrationslagern und von Gräueltaten der SS gezeigt. Einige NS-Angeklagte konnten es nicht ertragen, als Bilder von Massengräbern und aufgestapelten Leichen über die Leinwand flimmerten. Zwei Wochen später zeigte die Anklage einen Film mit dem Titel *The Nazi Plan*, der ihre Position mit Filmmaterial untermauerte, das die Nationalsozialisten selbst in den Jahren ihrer Herrschaft gedreht hatten. Er begann mit Rosenberg, der in NS-Uniform auf einem Stuhl saß und von den

Anfangsjahren der Partei sprach, in denen er Hitlers Denken so entscheidend geprägt hatte.

Im Dezember führte die Anklage den Bericht des SS-Gruppenführers Jürgen Stroop über die Zerstörung des Warschauer Ghettos als Beweisstück ein. »Dieses ausgezeichnete Probestück deutscher Handwerkskunst, in Leder eingebunden, reich illustriert, auf schwerem Büttenpapier gedruckt, enthält einen beinahe unglaublich klingenden Bericht einer stolzen Leistung des Generalmajors der Polizei, Stroop, der diesen Bericht mit kühner Hand unterzeichnet hat. General Stroop rühmt in diesem Bericht erst die Tapferkeit und das Heldentum der deutschen Streitkräfte, die an der rücksichtslosen und erbarmungslosen Aktion gegen eine hilf- und schutzlose Gruppe von Juden teilnahmen, die sich, um genau zu sein, auf 56 065 Personen belief, selbstverständlich einschließlich Frauen und Kinder.«[855]

Im Januar 1946 sagte der Anführer einer der Einsatzgruppen aus, dass seine Männer zwischen Sommer 1941 und Sommer 1942 etwa 90 000 Menschen erschossen hätten.

Während sich die Beweise für Gräueltaten, Zwangsarbeit und Massenvernichtung häuften, ging der Gefängnispsychologe Gustave Gilbert von einer Zelle zur anderen und sprach mit den Angeklagten über das, was sie da im Gerichtssaal hörten. Rosenberg schien seine Verteidigungsstrategie an Gilbert zu erproben. Absurderweise sagte er, der Nationalsozialismus habe nichts mit rassischen Vorurteilen zu tun. Die Deutschen hätten einfach ihr eigenes rassisch reines Land haben wollen und hätten auch den Juden ein eigenes Land zugestanden. Er selbst habe nie gewollt, dass man die Juden töte. »Ich habe nicht gesagt, die Juden seien minderwertig«, behauptete er. Eine Feindschaft der Rassen gebe es überall auf der Welt. »Und nun ist sie plötzlich ein Verbrechen geworden, bloß weil die Deutschen sie in die Tat umgesetzt haben!« Er räumte ein, dass die NSDAP verboten werden sollte. Doch was die Kriegsverbrechen anging, die im Prozess verhandelt wurden, so waren die eigentlich schuldigen Hitler, Himmler, Bormann und Goebbels. »*Wir* haben keine Schuld!«[856]

Die Anklage war da natürlich anderer Ansicht, und am 9. und 10. Januar 1946 legte der amerikanische Ankläger Walter Brudno ausführlich die Gründe dar, aus denen Rosenberg wegen Kriegsverbrechen schuldig gesprochen werden sollte. Rosenberg war in allen vier Punkten angeklagt. Man warf ihm vor, er habe zum Aufstieg der Nationalsozialisten an die Macht beigetragen, indem er die Parteidoktrin gegen die Kirchen und die Juden entwickelte und verbreitete; er habe Deutschland psychologisch und politisch auf die Angriffskriege vorbereitet; und er sei als Reichsminister für die besetzten Ostgebiete an Kriegsverbrechen und Verbrechen gegen die Menschlichkeit beteiligt gewesen.[857]

»Man wird dabei feststellen, daß es keinen wesentlichen Grundsatz der Nazi-Philosophie gab, die nicht durch Rosenberg maßgeblich zum Ausdruck gebracht worden wäre«, erklärte Brudno, während der Angeklagte sich eifrig Notizen machte. »Als Apostel des neuen Heidentums, als Vertreter der Forderung nach Lebensraum, als Verherrlicher des Mythus der Überlegenheit der nordischen Rasse und als einer der ältesten und tatkräftigsten Verfechter des Antisemitismus aus den Reihen der Nazis, hat er erheblich zu der Einigung des deutschen Volkes unter dem Hakenkreuz beigetragen.« Brudno trug Abschnitte aus Rosenbergs Schriften zur Rassenfrage vor. Er wiederholte Rosenbergs Feststellung aus dem Jahr 1941, dass die »Judenfrage« erst gelöst sei, wenn »der letzte Jude den europäischen Kontinent verlassen« habe. Er sagte, dass Rosenberg von Hitler beauftragt worden war, die Parteimitglieder mit der NS-Ideologie zu indoktrinieren.

Er zitierte so ausführlich aus dem *Mythus des 20. Jahrhunderts*, dass der Präsident des Gerichtshofes ihn schließlich bat, damit aufzuhören. »Wir wollen wirklich davon nichts mehr hören.«

Brudno beschrieb dann Rosenbergs umfassende Tätigkeit in den besetzten Ostgebieten: wie er dazu beitrug, die brutale Besetzung zu planen und durchzuführen; wie er die Vertreibung anderer Rassen förderte, um Raum für Volksdeutsche zu schaffen; wie er keine Einwände gegen den Hungerplan hatte, der Millionen von Sowjetbürgern das Leben kosten sollte; wie er bei der Deportation von mehr als einer Million Zwangsarbeiter nach Deutschland kooperierte; wie er regelmäßig mit »unsagbar brutalen« Berichten auf dem Laufenden gehalten wurde.

Ein paar Tage nachdem Brudno die Anklage gegen Rosenberg vorgetragen hatte, lieferte ein Arzt, der als KZ-Häftling medizinische Experimente an seinen Mitinsassen in Dachau hatte durchführen müssen, einen erdrückenden Beweis. Auf die Frage, welche der Angeklagten er durch das Lager habe gehen sehen, verwies er auf vier Männer.[858] Rosenberg, der geleugnet hatte, jemals einen Fuß in ein Konzentrationslager gesetzt zu haben, war einer von ihnen.

Der Prozess war jetzt voll im Gange, und Kempner stellte mit einem Team unter Hochdruck Dossiers zu jedem Zeugen der Anklage wie der Verteidigung zusammen, bereitete Prozessunterlagen für die Ankläger vor und arbeitete die Anklagen gegen einzelne Angeklagte aus.[859] Die Mitarbeiter krönten ihre langen Arbeitstage mit Feierabend-Drinks im Marmorsaal des Grand Hotel, wo sie zu von deutschen Musikern gespielter amerikanischer Musik tanzten und die Gräueltaten, die sie da aufdeckten, für eine Weile ebenso zu vergessen versuchten wie die völlige Zerstörung draußen auf den Straßen.[860]

Am 35. Prozesstag – dem letzten Tag, an dem die Amerikaner als Ankläger auftraten – bekam Kempner endlich Gelegenheit, ins Rampenlicht zu treten. Vorab informierte er die Presse. »Er ist das einzige direkte Opfer der NS-Verfolgung«, schrieb ein Korrespondent des New Yorker Boulevardblattes *P.M.*, »das in diesen Prozessen eine Chance bekommt, in öffentlicher Sitzung aufzustehen und laut zu sagen, was er von ihnen hält.«[861]

»Hier auf dem Platz des Anklägers zu stehen hieß, kurz gesagt, im Mittelpunkt des Rechtsuniversums zu stehen«, schrieb ein Historiker später.[862] Am 16. Januar bestieg Kempner das Podium und legte, mit ganzen Dokumentenstapeln wedelnd, die Anklage gegen den Verwalter der »Nazi-Verschwörung« Wilhelm Frick, Innenminister von 1933 bis 1943, dar.[863]

Kempner argumentierte, dass Frick dem Krieg den Weg geebnet habe, indem er Hitler geholfen habe, die deutsche Staatsbürgerschaft zu erlangen. Der Österreicher wurde automatisch naturalisierter Deutscher, als Frick ihn auf eine Beamtenstelle als Regierungsrat beim Landeskultur- und Vermessungsamt in Braunschweig berief. Wenn Frick nicht gewesen wäre, so Kempner, hätte Hitler nie Reichskanzler werden können. Als Innenminister war Frick für die Staats- und Kommunalverwaltung zuständig, für Wahlen, Rassegesetze, Gesundheitspolitik, ja formal sogar für die Polizei. Kempner zeigte auf, dass Frick die NS-Rassengesetzgebung umgesetzt hatte, nicht zuletzt, indem er die Nürnberger Gesetze gestaltete, die die Juden zu Staatsbürgern zweiter Klasse machten.

»Er war der Kopf der Verwaltung, der den für den Nazismus geeigneten Staatsapparat ersann und die Staatsmaschine auf den Angriffskrieg hin einrichtete«, erklärte der Ankläger dem Gericht. Frick wusste nicht nur vom T-4-Euthanasieprogramm, sondern unterzeichnete sogar den Geheimbefehl, der es in

Gang setzte. Später leitete er die Deportation der Juden aus der Tschechoslowakei nach Auschwitz.

Kempner, der geübte Selbstvermarkter, begann mit einem Zitat aus seinem eigenen Verhör mit Göring über den Reichstagsbrand, von dem er wusste, dass sich die Zeitungen darauf stürzen würden (es landete am nächsten Morgen in der *New York Times*).

Sir Geoffrey Lawrence, der Vorsitzende des Gerichts, fragte daraufhin: »Dr. Kempner, was hat dies mit Frick zu tun?«

»Er unterzeichnete … die Verordnung, die die bürgerlichen Freiheitsrechte abschaffte, am Morgen nach dem Reichstagsbrand«, erwiderte Kempner.

Die Präsentation war eine Abwechslung zu den üblichen trockenen amerikanischen Erklärungen. Selbst die Nationalsozialisten auf der Anklagebank konnten sich bei seinem dramatischen Moralisieren ein Lächeln kaum verkneifen. Rudolf Heß, der selbst Englisch sprach, spottete leise über den Akzent des Anklägers, während Hans Frank Kempners ausholende, theatralische Gesten nachahmte.[864]

Das britische Team dagegen begrüßte in ihm einen amerikanischen Ankläger mit ausgezeichneten Kenntnissen der Geschichte des Nationalsozialismus.[865] Daran mangelte es den anderen 700 Mitgliedern in Jacksons Stab ihrer Meinung nach völlig.

Kempner fragte sich, wie der Prozess wohl auf die normalen Deutschen wirken mochte, die ihre Informationen über die Verhandlungen aus Radiosendungen, Wochenschauen und zusammenfassenden Zeitungsartikeln bezogen. Die Ankläger wollten die Einstellung der Deutschen verändern. Nach Jahren der NS-Propaganda herrschte in der Bevölkerung ein gewisser Zweifel, ob in Nürnberg tatsächlich richtig verhandelt wurde.

Deshalb lud Jackson Politiker, Professoren, Lehrer, Geistliche, Richter und Anwälte nach Nürnberg ein, wo sie den Verhandlungen persönlich beiwohnen sollten. Danach brachte Kempner sie in ein Theater und zeigte ihnen Filmmaterial aus Deutschlands berüchtigtem Volksgerichtshof – die Prozesse gegen die Verschwörer, die Himmler nach dem Attentatsversuch auf Hitler 1944 festgenommen hatte. Der Gegensatz war überdeutlich. Roland Freisler, der Präsident des Volksgerichtshofes, beschimpfte und schikanierte die Angeklagten, die lächerlich wirkten, wie sie da ihre Hosen festhielten, weil man ihnen selbst im Gerichtssaal verboten hatte, Gürtel zu tragen. »Sie schmutziger alter Mann«, schrie Freisler einen Angeklagten an, »was haben Sie immer an Ihren Hosen herumzufummeln?«[866] Goebbels hatte die Verhandlung filmen lassen, um potenzielle Dissidenten in Deutschland in Angst und Schrecken zu versetzen. Jetzt wendete die Anklage die Aufnahmen gegen die Nationalsozialisten.

Am 15. April trat Rudolf Höß, der Kommandant von Auschwitz, vor das Gericht und sagte aus, dass Millionen Männer, Frauen und Kinder in den Gaskammern seines Vernichtungslagers getötet worden waren. Höß begann seine Laufbahn in den Konzentrationslagern Dachau und Sachsenhausen, bevor er im Mai 1940 nach Auschwitz versetzt wurde. Er sagte, er sei 1941 von Himmler nach Berlin gerufen worden und habe einen Geheimbefehl bekommen: »Dieser sagte mir dem Sinne nach, ich kann das nicht mehr wörtlich wiederholen, der Führer hat die Endlösung der Judenfrage befohlen. Wir, die SS, haben diesen Befehl durchzuführen. Wenn jetzt zu diesem Zeitpunkt dies nicht durchgeführt wird, so wird später das jüdische Volk das deutsche vernichten.«[867]

Er beschrieb, wie die Züge ankamen, wie die Arbeitsfähigen gestreifte Häftlingskleidung bekamen und in die Baracken geschickt wurden, wie die übrigen den Befehl bekamen, sich auszuziehen und in die als Duschen getarnten Gaskammern zu gehen, die jeweils 1000 Menschen fassten; wie die Menschen in nicht einmal 15 Minuten starben, wie die Arbeiter wussten, dass die Menschen tot waren, wenn das Schreien aufhörte.

»Haben Sie selbst jemals angesichts Ihrer eigenen Familie und Kinder Mitleid mit den Opfern gehabt?«, wurde er gefragt.

»Jawohl.«

»Und weshalb haben Sie dennoch diese Aktion durchführen können?«

»Bei all diesen Zweifeln, die mir kamen, war immer wieder einzig ausschlaggebend der unbedingte Befehl und die dazugehörige Begründung des Reichsführers Himmler.«

Nach dieser Aussage ging der Gefängnispsychologe Gilbert zu Höß in dessen Zelle. Er wollte wissen, warum der Kommandant das Vernichtungsprogramm mit solcher bürokratischen Entschlossenheit umgesetzt hatte. Glaubte er wirklich, dass die Juden den Tod verdienten? Höß erklärte ihm, dass er sein Leben lang nie etwas anderes gehört habe, als dass Juden Untermenschen seien und die Vernichtung verdienten. Er sagte, er habe Rosenbergs *Mythus*, Hitlers *Mein Kampf* und Goebbels' Zeitungsbeiträge gelesen. »Ich als alter, fanatischer Nationalsozialist nahm das als eine Tatsache hin – genau wie ein Katholik, der an sein Kirchendogma glaubt«, sagte er. »Es war einfach die Wahrheit, an der man nicht rütteln durfte; ich hatte keinerlei Zweifel daran. Ich war absolut überzeugt, daß die Juden der Gegenpol des deutschen Volkes wären und früher oder später eine Auseinandersetzung … kommen müsse.« Aus den Büchern, so sagte er, hatte er gelernt, dass die Juden, obwohl sie eine Minderheit waren, die Presse, das Radio, den Film kontrollierten. »Und wenn es der Antisemitismus nicht schaffen würde, den jüdischen Einfluß auszuschalten, dann würde es den Juden gelingen, einen Krieg herbeizuführen, der Deutschland vernichtete. *Jeder* war davon überzeugt; das konnte man überall hören oder lesen.«

Als Himmler ihm also sagte, es sei seine Pflicht, Juden zu vernichten, da »paßte alles doch ganz genau zu dem, was mir seit Jahren gepredigt worden war«.[868]

Noch am Tag von Höß' Vernehmung erhielt auch Rosenberg endlich die Gelegenheit, sich zu verteidigen. Er trat am 108. Verhandlungstag vor das Gericht und sagte an drei Tagen aus.[869] Sehr zur Enttäuschung aller, einschließlich seines Pflichtverteidigers Alfred Thoma, eines Landgerichtsdirektors, der nie Mitglied der NSDAP gewesen war, weigerte Rosenberg sich, einfach die Fragen zu beantworten. Stattdessen setzte er zu langatmigen Monologen über nebensächliche Themen an.

Wie in seinen Büchern und Notizen, wie in seinen Reden und Vernehmungen führte Rosenberg auch hier seine Zuhörer immer wieder auf Abwege. »Ein normaler Sterblicher«, so schrieb ein Analytiker nach einem Treffen mit dem NS-Philosophen am ASHCAN, »braucht Zeit und Geduld, um Zugang zur Welt des Alfred Rosenberg zu finden.«[870]

In Einstimmung auf eine Aussage, die auch die Gutgläubigsten auf eine harte Probe stellte, erklärte Thoma, sein Klient habe sich sein Leben lang für »Gewissensfreiheit« und für eine »vernünftige Regelung der Judenfrage« eingesetzt.[871] Rosenberg begann mit einer ausführlichen Erklärung und Verteidigung seiner weitschweifigen Philosophie und der nationalsozialistischen politischen Theorien, als ob er die Ermordung von Millionen Menschen hinter einer Nebelwand falscher Gelehrsamkeit verschwinden lassen könnte. »Die sogenannte Rationalität und Rentabilität beherrschte einmal dieses Leben und schuf den Industriestaat und den Weltstaat mit all ihren Hinterhöfen und führte zu einer Entfremdung von Natur und Geschichte«, erklärte Rosenberg dem Gericht. »Gegen diese einseitige Bewegung wendeten sich um die Jahrhundertwende viele Kräfte, die sich wieder die Heimat, die Geschichte erobern wollten.« Es sei eine Jugendbewegung gewesen, die aus der Vergangenheit heraus in eine moderne Zukunft aufbrechen wollte.

»Dr. Thoma«, unterbrach Sir Geoffrey Lawrence, »versuchen Sie bitte, die Aussagen des Zeugen auf Aussagen zu den Beschuldigungen, die gegen ihn erhoben worden sind, zu beschränken.«

Dodd erhob sich und pflichtete ihm bei. »Ich möchte behaupten, daß kein Mitglied der Anklagebehörde dem Angeklagten seine Gedanken zum Vorwurf macht«, sagte der amerikanische Anwalt. »Wir alle sind, glaube ich, grundsätzliche Gegner der Auffassung, einen Menschen wegen seiner Gedankengänge zu verfolgen.«

Er persönlich, so sagte Rosenberg, wolle, dass die Menschen in Bezug auf Gott glauben dürften, was sie wollten. Die Schuld für die Maßnahmen gegen die Kirchen schob er Bormann zu, der als vermisst galt. (Tatsächlich starb er in den letzten Kriegstagen bei dem Versuch, aus dem Führerbunker zu fliehen.[872] Berliner Bauarbeiter entdeckten 1972 seine sterblichen Überreste, die 1998 durch DNA-Tests eindeutig ihm zugeordnet wurden. Glasscherben in seinem Kiefer führten Historiker zu der Annahme, dass Bormann, als er feststellte, dass sein Fluchtweg durch die Sowjets blockiert war, eine Giftkapsel zerbiss.)

Rosenberg leugnete jeden Plan, Europa auszurauben. Als die Nationalsozialisten nach Paris kamen, stellten sie fest, dass die Juden geflohen waren und ihr Eigentum jetzt niemandem mehr gehörte. Sie übernahmen die Aufgabe, die Schätze zu bewahren, die Rosenbergs Stab sorgfältig katalogisierte und verpackte. Es war, wie er sagte, »ein nicht vorhergesehener Anlaß«. Auf jeden Fall waren die Nationalsozialisten berechtigt, Kunstwerke zurückzuholen, die in früheren Kriegen aus Deutschland geraubt worden waren, und sie waren berechtigt, Archive zu beschlagnahmen, um so die Feinde auszukundschaften, die sich gegen sie gewandt hatten.

Rosenberg sprach eine geheime, jetzt den Anklägern vorliegende Aktennotiz vom Dezember 1941 an, in der er Hitler einen äußerst brutalen Vorschlag unterbreitet hatte: Im Oktober hatte der Diktator als Reaktion auf den Mord an zwei deutschen Offizieren die Hinrichtung von 200 Franzosen angeordnet.[873] Rosenberg jedoch sah das Ziel der Resistance darin, Racheakte der Nationalsozialisten gegen die Franzosen zu provozieren und dadurch neue Animositäten gegen sie zu wecken. »Ich rege beim Führer an, doch an Stelle von 100 Franzosen jeweilig 100 oder mehr jüdische Bankiers, Rechtsanwälte usw. erschiessen zu lassen. Die Juden in London und New York sind es, welche französische Kommunisten aufstacheln, Attentate zu verüben, und es erscheint recht und billig, wenn die Rassenangehörigen in Frankreich dafür büssen.«[874] Vor Gericht sagte Rosenberg aus, er habe den Vermerk in einem Moment der Erregung geschrieben, und Hitler sei seiner Empfehlung ja nicht gefolgt. Tatsächlich aber hatten solche Exekutionen schon stattgefunden. In einer typisch verworrenen Argumentation erklärte Rosenberg, er bedauere, diesen Vorschlag gemacht zu haben, bestand aber weiterhin darauf, dass im Krieg die Erschießung von Geiseln nicht rechtswidrig sei.

Weiterhin sagte Rosenberg in seiner Verteidigungsrede, er habe nichts mit der Planung des Unternehmens Barbarossa zu tun gehabt; es sei schon beschlossen gewesen, als Hitler ihn dazu holte, um eine zivile Verwaltung der besetzten Gebiete vorzubereiten. Es sei nie sein Plan gewesen, die Ostvölker zu dezimieren. Sobald er zum Minister ernannt worden sei, habe er keine Macht über wirtschaftliche oder polizeiliche Dinge mehr gehabt, und Koch, der Reichskommissar in der Ukraine, habe seine Befehle ignoriert.

Rosenberg räumte ein, dass er im Sommer 1944 Pläne gebilligt hatte, Kinder aus dem Osten nach Deutschland zu bringen, aber er gab dem Ganzen eine positive Wendung. Bei dieser sogenannten »Heu-Aktion« wurden 40 000 bis 50 000 Kinder im Alter zwischen zehn und vierzehn Jahren festgenommen.[875] Einige waren zurückgeblieben, als ihre Eltern zur Zwangsarbeit beim Stellungsbau zusammengetrieben worden waren; andere wurden einfach ihren Eltern weggenommen. Die entführten Kinder sollten als Lehrlinge an deutsche Unternehmen weitergegeben werden. Dem Plan lag das langfristige Grundprinzip einer Schwächung des »biologischen Potentials dieser Ostvölker« zugrunde.[876] Rosenberg erklärte vor Gericht, er habe sich zunächst gegen den Plan gewandt, sei aber damit einverstanden gewesen, dass die Wehrmacht ältere Jugendliche festsetzte. Er habe eingelenkt, so sagte er, weil die Wehrmacht sie unabhängig von seiner Zustimmung deportiert hätte. Rosenberg sagte, er habe gedacht, dass sein Ministerium eine gute Behandlung der Kinder sicherstellen könne. Er behauptete, er habe sie in Dörfern oder kleinen Lagern unterbringen und sie ihren Eltern nach dem Krieg zurückgeben wollen.

Sein Anwalt fragte nach Berichten, die Rosenberg im Juni 1943 über Gräueltaten im weißrussischen Minsk erreicht hatten. Ein Gefängniswärter hatte geschrieben, dass die Polizei die Goldzähne und -füllungen jüdischer Gefangener entfernte, bevor sie sie auslieferte, und Wilhelm Kube, der höchste zivile Verwaltungsbeamte in Weißrussland, hatte von der Tötung von Frauen und Kindern in einer »Polizeiaktion« gegen Partisanen berichtet.

»Daß die Juden sonderbehandelt werden, bedarf keiner weiteren Erörterung. Daß dabei aber Dinge vorgehen, wie sie in dem Bericht des Generalkommissars vom 1. Juni 1943 vorgetragen werden, erscheint kaum glaubhaft«, stand in einem Brief aus Lohses Büro an Rosenberg. Wie konnte man die besetzten Gebiete befrieden und ausbeuten, wenn die Bevölkerung terrorisiert wurde? »Wohl aber ist es möglich, Grausamkeiten zu vermeiden und die Liquidierten zu begraben. Männer, Frauen und Kinder in Scheunen zu sperren und diese anzuzünden, scheint mir selbst dann keine geeignete Methode der Bandenbekämpfung zu sein, wenn man die Bevölkerung ausrotten will. Diese Methode ist der deutschen Sache nicht würdig und tut unserem Ansehen stärksten Abbruch.«[877]

Vor Gericht mit diesem Brief konfrontiert sagte Rosenberg, er sei angekommen, kurz nachdem sich Hitler 1943 auf Kochs Seite gestellt hatte und dem Minister befohlen hatte, sich nicht mehr unbegründet in die Vorgänge im Osten einzumischen. »Ich bin mißmutig von dieser Reise zurückgekommen, und ich habe dieses Dokument nicht gelesen.«[878]

Er sagte aus, er habe von den Konzentrationslagern gewusst, aber angenommen, dass die Verhaftungen »notwendig« seien. Er behauptete, er habe bei Himmler wegen der ausländischen Berichte über Gräueltaten in den Lagern nachgefragt, und der Reichsführer-SS habe ihn eingeladen, nach Dachau zu kommen und sich das Lager selbst anzuschauen. »Wir haben hier ein Schwimmbecken, wir haben die sanitären Anlagen«, habe Himmler gesagt, »tadellos, es ist nichts dagegen einzuwenden.« Rosenberg erklärte dem Gericht, er habe »aus Geschmacksrücksichten, ihrer Freiheit beraubte Menschen nicht einfach beobachten zu wollen, davon Abstand genommen«. Er leugnete noch einmal, je einen Fuß in ein Konzentrationslager gesetzt zu haben.[879]

Was den Mord an den europäischen Juden anging, so behauptete Rosenberg, er habe davon nichts gewusst. Ja, er hatte die Berichte von »furchtbaren Härten« im Osten gelesen. Ja, er hatte von Judenpogromen gehört, »aber, daß hier ein Befehl zur persönlichen Vernichtung des gesamten Judentums vorlag, konnte ich nicht annehmen«. Es stimmte, dass er von der »Ausrottung des Judentums« gesprochen habe, gab Rosenberg zu, dieses Wort »unter den damaligen Voraussetzungen aber nicht als eine persönliche Ausrottung, persönliche Vernichtung von Millionen von Juden aufgefaßt wurde«.[880]

Der Mann, dessen unübertroffener Antisemitismus dem Holocaust den Weg gebahnt hatte, legte nun größten Wert darauf, dass er sich für eine »ritterliche Behandlung« der Juden ausgesprochen habe, aber er konnte nicht darlegen, wie dieser angebliche Alternativplan ausgesehen hätte. »Daß es dann anders gekommen ist, ist ein tragisches Schicksal«, sagte er, »daß dann Dinge eingetreten sind, die bedauerlich sind, und mir innerlich, muß ich sagen, die Kraft raubten, weiterhin in dieser von mir geforderten Art öffentlich beim Führer vorzugehen.«

Er beharrte allerdings darauf, dass er von Massenerschießungen und Todeslagern nichts gewusst habe. »Ich … hätte es nicht geglaubt, selbst wenn mir Heinrich Himmler es einmal gelegentlich selbst erzählt hätte. Es gibt Dinge, die auch für mich über das menschlich Mögliche hinausgehen; und das ist hier geschehen.«[881]

Am 17. April nahm Thomas Dodd Rosenberg ins Kreuzverhör.[882] Langsam und methodisch nahm er Rosenbergs Verteidigung auseinander, bis er zur Judenfrage kam.

»Haben Sie je von der Ausrottung der Juden gesprochen?«, fragte Dodd.

»Ich habe generell von der Ausrottung im Sinne dieses Wortes nicht gesprochen. Man muß hier die Worte wählen«, erwiderte Rosenberg.

Dodd konfrontierte Rosenberg mit der Aktennotiz über das Treffen des Reichsministers mit Hitler am 14. Dezember 1941, bei dem die beiden Männer übereinkamen, dass Rosenberg die »Ausrottung« der Juden in einer Rede, die er halten wollte, nicht erwähnen sollte.

»Ich habe schon gesagt, daß dieses Wort nicht die Bedeutung hat, die Sie ihm eben unterlegen«, erwiderte Rosenberg.

Dodd bot ein deutsch-englisches Wörterbuch an und bat Rosenberg, das Wort nachzuschlagen. Rosenberg weigerte sich und fuhr mit seiner Belehrung des Anklägers fort.

»Dazu bedarf ich nicht eines fremden Wörterbuches, um auszudeuten, was in deutscher Sprache das Wort: ›Ausrottung‹ in vielen Bedeutungen meinen kann«, sagte er. »Man kann eine Idee ausrotten, man kann ein Wirtschaftssystem ausrotten, man kann eine soziale Ordnung ausrotten und man kann in letzter Konsequenz auch eine Gemeinschaft ausrotten, gewiß, das sind eben die vielen Möglichkeiten, die in diesem Wort enthalten sind. … Übersetzungen aus der deutschen Sprache in die englische Sprache sind so oft falsch.«

Dodd beharrte auf seiner Frage. »Ist Ihre hier vorgebrachte scheinbare Unfähigkeit, sich mit mir über dieses Wort zu einigen, tatsächlich Ihr voller Ernst, oder wollen Sie nur Zeit verschwenden?«

Rosenberg sagte, seine geplante Rede im Sportpalast sei nicht mehr als »eine politische Drohung« gewesen – keine Ankündigung der »Endlösung«.

»Die Juden wurden doch tatsächlich damals und später in den besetzten Ostgebieten ausgerottet, nicht wahr?«, fragte Dodd.

»Jawohl …«

»Ja, und dann haben Sie dem Gerichtshof gesagt, oder besser, versucht ihn glauben zu machen, daß das von der Polizei durchgeführt wurde, ohne daß Ihre Leute damit etwas zu tun gehabt hätten, nicht wahr?«

Dann zeigte Dodd Rosenberg den Brief von Lohse, dem Reichskommissar für das Ostland, in dem dieser gegen »die wilden Judenexekutionen« in einer Stadt in seinem Gebiet protestierte, und die Antwort des Ministeriums, dass Lohse die SS bei ihren Mordaktionen nicht behindern sollte. Dodd konfrontierte Rosenberg auch mit dem Brief eines anderen Verwaltungsbeamten an Lohse vom Juli 1942, in dem dieser berichtete, dass in den letzten zehn Wochen 55 000 Juden in Weißrussland »liquidiert« worden seien und dass andere, die in ihren Bezirk transportiert worden seien, dasselbe Schicksal erwarte.

Rosenberg sagte, er habe die Briefe nie gesehen, obwohl doch beide unter den Papieren seines Berliner Büros gefunden worden waren. Dodd bohrte nach und belegte, dass mindestens fünf Spitzenbeamte in seinem Ministerium wussten, was da passierte. Auch Rosenberg musste davon gewusst haben.

»Geben Sie zu, daß diese fünf Personen die Vernichtung von Juden durchgeführt haben?«

»Ja, daß sie über eine Anzahl von Liquidierungen von Juden Bescheid wußten, das gebe ich zu, und das haben sie mir ja auch gesagt, oder wenn nicht sie, dann habe ich es von anderer Seite gehört.«

Mit diesem belastenden Eingeständnis ging Dodd in seinem Plädoyer einen Schritt weiter. »Der Zeuge Höß … Sie waren wohl im Gerichtssaal, als er aussagte?«

»Ja, ich habe ihn gehört«, erwiderte Rosenberg.

»Sie haben doch diesen schrecklichen Bericht über zweieinhalb bis drei Millionen Morde an größtenteils jüdischen Personen gehört, den er vom Zeugenstand aus gegeben hat.«[883]

»Jawohl.«

»Sie wissen, daß Höß Ihre Bücher und Ihre Reden gelesen hat?«

Nein, sagte Rosenberg, er sei sich dessen nicht bewusst gewesen.

Noch am selben Tag schrieb Dodd einen Brief nach Hause, in dem er über Rosenbergs Kreuzverhör berichtete: »Er war überaus schwer zu befragen – ein windelweicher Gauner, wie ich selten einen gesehen habe. Ich kann ihn wirklich nicht leiden – er ist so ein Pharisäer, so ein absoluter Heuchler.«[884]

Dann ruhte die Anklage, und die amerikanischen Ankläger verließen Nürnberg in Scharen. Kempner aber ließ sich überreden, mit Dodd dort zu bleiben. Am 18. Mai wurde er beauftragt, an der Entkräftung von Behauptungen zu arbeiten, die die Angeklagten und ihre Anwälte aufgestellt hatten. »Ich bin noch immer hier – einer der letzten Überlebenden, sozusagen«, schrieb er einem Freund. »Die meisten aus der alten Truppe sind weg.« Das Gericht hatte eine eigene Kommission eingesetzt, um die Zeugenaussagen von Mitgliedern der angeklagten Organisationen zu hören, etwa der SS, der Gestapo, der SA und der Wehrmacht. Kempner war der oberste Verbindungsoffizier zwischen dem amerikanischen Anklageteam und dieser untergeordneten Kommission, und er war nicht allzu glücklich über diesen Posten. »Es ist in jeder Hinsicht ziemlich schwierig«, schrieb Kempner. »Es gibt zu viele Fallstricke, und die Fälle der Organisationen sind nie gründlich untersucht und analysiert worden, und in letzter Minute ist jetzt noch viel zu tun.«[885]

Er wollte nach Lansdowne zurück. Dort hatte in ebendiesem Monat sein Sohn Lucian endlich nach Jahren ohne feste Heimat eine sichere Zuflucht gefunden. (André war noch immer im Kinderheim in Frankreich.)

Von 1941 bis 1943 hatte Lucian Schulen in Düsseldorf und Berlin besucht. Eine Zeit lang hatte er als Nachtwächter gearbeitet, um sich seinen Lebensunterhalt zu verdienen. Er wusste immer, dass er als Halbjude jederzeit von der Gestapo festgenommen werden konnte, und im September 1943 kamen sie ihn dann tatsächlich holen.[886]

Zunächst wurde er in ein Zwangsarbeiterlager in Westerland auf Sylt gebracht.[887] Die Luftwaffe hatte dort einen Stützpunkt, den 1200 Gefangene in Erwartung alliierter Angriffe befestigen mussten. Im Februar 1944 wurde Lucian in ein Lager im niederländischen Arnheim geschickt, um an der Erweiterung eines anderen Luftwaffenstützpunktes zu arbeiten, und schließlich landete er im Konzentrationslager Amersfoort, wo Tausende Juden, Kriegsdienstverweigerer und politische Gefangene inhaftiert waren.

Nach mehreren Fluchtversuchen konnte er schließlich im April 1945 beim Transport in ein neues Lager in Berlin entkommen, passierte die deutschen Linien und fuhr mit einem gestohlenen Fahrrad zu den Alliierten, etwa 150 Kilometer Richtung Westen bis zur Elbe nahe Magdeburg. Er ergab sich der amerikanischen 9. Armee und blieb nach einer Befragung als Dolmetscher bei der Einheit. Hier kam ihm zugute, dass er vier Sprachen beherrschte. Später meldete er sich freiwillig zur British Royal Norfolk Regiment C Company. Zeitweise beteiligte er sich an der Umerziehung deutscher Jugendlicher, die von den Nationalsozialisten indoktriniert worden waren.

In der zweiten Hälfte des Jahres 1945 versuchte er immer wieder, Kontakt zu seinem Vater aufzunehmen, und schrieb sogar an den Sender Voice of America: »Bitte helfen Sie mir, meinen Vater zu finden«, schrieb er. »Sie sind meine letzte

Hoffnung.«[888] Die beiden fanden sich schließlich Ende 1945 und tauschten Briefe aus. »Ich habe mein Leben aufs Spiel gesetzt«, schrieb Lucian seinem Vater, »und es wie durch ein Wunder zurückbekommen.«[889]

Aber es war eine seltsame Freiheit. Er war in Solingen stationiert und konnte Deutschland nicht verlassen. Noch immer war er den Fährnissen der Geschichte ausgesetzt. »... praktisch heisst das aber, dass ich den heutigen Deutschen gleichgestellt bin«, schrieb er seinem Vater, »und da die in der ganzen Welt mit Recht verschrien sind bin (ich) vor der Weltöffentlichkeit genauso ein Paria, d.h. ein Ausgestoßener wie ich es vor und während des Krieges gegenüber diesen deutschen Ariern war. Ich bin kein Deutscher, kein Engländer und auch kein Amerikaner. Was bin ich eigentlich?« Lucian war verzweifelt. »Ist es Dir möglich, mich aus diesem furchtbaren Lande herauszuholen?«

Die Briten behandelten ihn nicht schlecht, aber er war unglücklich. Es gab nichts zu lesen, seine Kameraden sprachen über nichts anderes als »die deutschen Frauen, das Trinken und Rauchen«. Lucian bekam noch nicht einmal eine Lebensmittelkarte und musste bei seinen Kameraden schnorren.

Dabei hatte er eigentlich ganz klare, elementare Wünsche: »Ich möchte ... in einem freien Lande als gleichberechtigter Mensch leben.«

Vater und Sohn konnten sich im Februar einmal kurz im Grand Hotel in Nürnberg treffen.[890] Kempner half seinem Sohn, ein US-Visum zu bekommen, und im Mai 1946 landete Lucian auf der *Marine Perch* in Amerika und nahm einen Bus zum Haus der Kempners in Lansdowne. Er schickte ein Danktelegramm ans Weiße Haus und gab Reportern in Philadelphia Interviews. »Er wurde verfolgt und gejagt und geschlagen und ausgehungert«, berichtete der *Philadelphia Inquirer*. »Gestern endete seine moderne Odyssee in Lansdowne.«[891] Ruth hatte das Haus mit Blumen geschmückt. Im Zeitungsartikel firmierte sie als Lucians Mutter; seine leibliche Mutter Helene, die ihn aus Italien entführt hatte, war noch vor Kriegsende in Deutschland verstorben. »Wenn man die Zeitungsausschnitte so sieht«, schrieb der befreundete Journalist Kurt Grossmann Lucians Vater in Nürnberg, »dann ist er, würde ich sagen, ein echter Kempner.«[892]

Lucian hatte über 20 Kilo zugenommen, seit er ein Jahr zuvor die alliierten Linien erreicht hatte. Er sagte, er wolle in die US-Armee eintreten. »Viele Jungs sind auf den europäischen Schlachtfeldern gefallen und gestorben, um mich zu retten«, sagte er den Zeitungsreportern. »Wenn sie nicht gewesen wären, stünde ich heute nicht hier. Ich will versuchen, es ihnen auf die einzige Art und Weise, die mir einfällt, zu danken.«

Am 17. Juli erhielt Kempner einen Brief mit einer überraschenden Absenderangabe. Er kam von Emmy Göring, der Ehefrau des Reichsmarschalls.

»Darf ich Sie um einen großen Gefallen bitten?«, schrieb sie. »Denken Sie, Sie könnten innerhalb der nächsten 14 Tage vielleicht etwas Zeit erübrigen, vielleicht ½ Stunde?«[893] Kempner willigte ein. Wir wissen nicht genau, was sie wollte, aber wahrscheinlich suchte sie Hilfe, um eine Besuchserlaubnis für ihren einsitzenden Mann oder einfach einen Platz im Gerichtssaal zu bekommen – beides wurde den Ehefrauen der Angeklagten nicht zugestanden. Im September rauschte die frühere Schauspielerin im Pelzmantel sogar inkognito in den Justizpalast, wurde jedoch schnell erkannt und entfernt.[894]

Nach dem Krieg hatte man sie in einer Hütte in Bayern aufgespürt, wo sie sich mit großen Vorräten an Champagner, Alkoholika und kubanischen Zigarren sowie einem Koffer voll

Schmuck und Gold versteckt hielt. Sie wurde festgenommen und saß fünf Monate in Haft. Nach ihrer Entlassung im Februar 1946 lebte sie verarmt in einem Haus ohne fließendes Wasser und Heizung. Sie regte sich noch immer darüber auf, dass Hitler in jenen verrückten letzten Tagen im Bunker den Befehl gegeben hatte, Göring festzunehmen und zu erschießen. Im März suchte sie einer der Nürnberger Militärpsychologen auf, in der Hoffnung, sie könnte den Reichsmarschall vielleicht dazu bringen, dass er seine Treue zum »Führer« aufgab. Daraufhin schickte sie Göring einen Brief, aber er ließ sich davon nicht beirren. »Sie kann mich in vielen Dingen beeinflussen, aber in bezug auf meinen Ehrenkodex kann mich nichts schwankend machen«, erklärte Göring dem Psychologen.[895]

Kempner begann Emmy regelmäßig zu besuchen, er brachte ihr Lebensmittel und Schokolade mit.[896] Er wusste, wie man kostbare Informationsquellen pflegte, und diese Beziehung war die Pflege wert.

Eine komplexere Beziehung verband Kempner mit einem anderen in Nürnberg internierten Nationalsozialisten – mit dem ehemaligen Gestapo-Chef Rudolf Diels. In den 1930er-Jahren hatte Kempner Diels geholfen, sich einer peinlichen Auseinandersetzung mit einer Prostituierten zu entziehen; Diels seinerseits hatte vielleicht einige Strippen gezogen, um Kempner nach seiner Festnahme 1935 aus dem Konzentrationslager im Columbia-Haus herauszuholen. Diels erklärte der Anklage, er habe alles in seiner Macht Stehende getan, um die Verhaftungswelle zu stoppen, die in den Tagen und Monaten nach der Machtübernahme durch die Nationalsozialisten über Deutschland hinwegrollte. Doch einige in Nürnberg wollten ihn verurteilt sehen. Kempner trug dazu bei, dass dies nicht geschah.[897] »Wir wollten in kürzester Zeit möglichst alles erfahren«, sagte Kempner viele Jahre später über seine Beziehung zu Diels. »Da musste man auch mit Leuten reden, mit denen man sich vielleicht sonst nicht zum Tee verabredet hätte.« Und er fügte hinzu: »Mörder können auch gegenüber Mordgesellen die Wahrheit sagen – mit welcher Motivation, das spielt keine Rolle.«[898]

Kempner und Diels sahen sich während des Prozesses ziemlich häufig. Als Zeuge musste Diels in einem von den Amerikanern eingerichteten Zeugenhaus wohnen, in dem bemerkenswerterweise Nationalsozialisten gleich neben Opfern der Konzentrationslager untergebracht waren. Doch Diels bekam die Erlaubnis, eine Jagdhütte südlich von München zu besuchen, die Freunden von ihm, dem Grafen und der Gräfin von Faber-Castell, gehörte. Die Hütte wurde zum Mittelpunkt einer kleinen gesellschaftlichen Szene, und auch Kempner war dort regelmäßig zu Besuch.

Diels hatte, wie es so seine Art war, eine Affäre mit der Gräfin angefangen. Als sie ihr erstes Kind zur Welt brachte, behauptete Kempner, Diels sei der Vater. Und vermutlich wusste er, was er da sagte: Er war Pate des Kindes.[899]

Am 26. Juli kehrte Robert Jackson nach Nürnberg zurück, um sein Schlussplädoyer zu halten. Als er in seiner Rede auf Rosenberg zu sprechen kam, bezeichnete er ihn als den »geistige[n] Priester der ›Herrenrasse‹«, »der die Lehre des Hasses schuf, die den Anstoß zur Vernichtung des Judentums gab, und der seine gottlosen Theorien gegen die besetzten Ostgebiete in die Tat umsetzte. Seine verschwommene Philosophie fügte zur umfangreichen Liste der Greueltaten der Nazis noch die Langeweile hinzu.«[900]

Einen Monat später gaben die Angeklagten ihre kurzen letzten Erklärungen in der Anklagebank ab.

Rosenberg leugnete jede Verantwortung für die Massaker der Nationalsozialisten. »Ich weiß mein Gewissen völlig frei von einer solchen Schuld, von einer Beihilfe zum Völkermord.« Er hatte die Ostvölker gegen Moskau unterstützen wollen. Er hatte die Juden in einen eigenen Staat umsiedeln wollen. »Der Gedanke an eine physische Vernichtung von Slawen und Juden, also der eigentliche Völkermord, ist mir nie in den Sinn gekommen, geschweige denn, daß ich ihn irgendwie propagiert habe.« Seine Arbeit im Dienst der NS-Ideologie war keine Verschwörung, kein Verbrechen. »Ich bitte, dies als Wahrheit zu erkennen.«[901]

Die vier Richter brauchten den ganzen September, um zu einer Entscheidung zu gelangen.[902] In den Diskussionen ging es um die einzelnen Punkte des improvisierten internationalen Rechts, das den Nürnberger Prozessen von Anfang an zugrunde gelegen hatte, und natürlich um die politischen Interessen der vier Alliierten. Göring, Ribbentrop und Kaltenbrunner waren relativ leicht zu verurteilen. Rosenberg dagegen erforderte eine gewisse Debatte. Als die Richter sich am 2. September mit dem NS-Ideologen beschäftigten, zögerten sie, einen Mann wegen Verschwörung zu verurteilen, nur weil seine Ideen der nationalsozialistischen Verfolgung und dem Massenmord ein ideologisches Deckmäntelchen gegeben hatten. Andererseits ging es bei den Anklagen gegen Rosenberg um mehr als nur Worte. Er war an den Raubzügen der Deutschen auf dem ganzen Kontinent beteiligt gewesen, am Zwangsarbeiterprogramm und an der mörderischen und brutalen Besatzung des Ostens. Zudem hatte er beim Einfall in Norwegen 1940 eine Rolle gespielt.

Eine erste Gesprächsrunde offenbarte Uneinigkeit unter den Richtern, ob man Rosenberg nun wegen aller oder nur wegen einiger Vorwürfe verurteilen sollte und ob er hängen oder lebenslang ins Gefängnis gehen sollte. Am 10. September sprachen sich dann drei der vier Richter für eine umfassende Verurteilung aus – doch während die Sowjets und Briten ein Todesurteil wollten, trat der französische Richter für lebenslange Haft ein. Damit lag Rosenbergs Leben in den Händen des amerikanischen Richters und früheren US-Generalstaatsanwalts Francis Biddle.

Biddle blieb unentschieden. Er erklärte den anderen, er wolle noch eine Nacht über den Fall schlafen, bevor er sein Urteil fälle.

Am 1. Oktober saßen die Angeklagten zum letzten Mal gemeinsam auf der Anklagebank, um die Urteile zu hören.[903] Göring, schuldig. Heß, schuldig. Ribbentrop, schuldig. Keitel, schuldig. Kaltenbrunner, schuldig. Und Rosenberg, schuldig. Von den einundzwanzig Männern wurden drei freigesprochen: der frühere Vizekanzler Franz von Papen; der Beamte des Propagandaministeriums Hans Fritzsche; und der Bankier Hjalmar Schacht. Um Viertel vor zwei unterbrach das Gericht die Verhandlung.

Nach der Pause kehrten die Männer einer nach dem anderen zurück, um ihr Strafmaß entgegenzunehmen. Rosenberg war der fünfte; er fuhr, flankiert von zwei Wachen, mit dem Aufzug nach oben. Die Tür glitt zur Seite, und er trat in den Gerichtssaal hinaus. Der Saal war zum ersten Mal nur schwach beleuchtet; weil die Urteilsverkündung nicht gefilmt wurde, hatte man die Leuchtstoffröhren ausgeschaltet. Rosenberg setzte sich den Kopfhörer auf, um die knappen Worte des Vorsitzenden des Gerichtshofes zu hören, die ihm da übersetzt wurden.

»Tod durch den Strang.« Biddle hatte sich auf die Seite derer geschlagen, die eine Hinrichtung befürworteten. In ihrem Urteil betonten die Richter, dass sie ihn nicht wegen seiner Ideen verurteilten, sondern wegen seiner Taten.

Rosenberg sagte nichts, als er seinen Kopfhörer ablegte, wieder in den Aufzug trat und hinunterfuhr.

Henry Gerecke, der Geistliche, der den NS-Angeklagten zur Seite stand, schrieb später, dass mehr als die Hälfte von ihnen letztendlich bereute und um Vergebung bat. Rosenberg »blieb der Intellektuelle. Er hatte keine Verwendung für seinen Kindheitsglauben«. Er war einer der vier, die die Dienste der Gefängnisgeistlichen ablehnten. Nach den Urteilen durften die Frauen und Kinder der Angeklagten sie in den Zellen besuchen. Gerecke kümmerte sich um die Kinder. Als er Rosenbergs 16-jährige Tochter Irene ansprach, zischte sie nur: »Lassen Sie mich in Ruhe mit diesem Gebetszeug.«

Gerecke fragte überrascht: »Kann ich sonst etwas für dich tun?«

»Ja«, kam es wie aus der Pistole geschossen zurück. »Haben Sie eine Zigarette?«[904]

Während seiner Gefängnismonate schrieb Rosenberg Memoiren, in denen er seine Version der Geschichte des Dritten Reiches erzählte. »Was Hitler tat, was er befahl, womit er die ehrenhaftesten Männer belastete, womit er den deutschen Namen, das Ideal der von ihm einst selbst geschaffenen Bewegung so tief beugte, das alles ist so ungeheuer im Format, daß gewöhnliche Prädikate zur Kennzeichnung dieser Vorgänge versagen«, schrieb Rosenberg.[905] Nie distanzierte er sich weiter von seinem Helden und Vorbild. Er schrieb, Hitler sei zum Schluss einer »Selbstberauschung« erlegen, seine wilden Bemerkungen seien »Ausbrüche eines Menschen, der sich mit niemandem mehr im Ernst berät, der aber doch irgendwie die

Worte seiner inneren Stimmen hören will; es sind Selbstgespräche, zum Teil logisch, zum andern Teil ausschweifend«.[906]

An seinem wackligen Tisch in der Stille seiner Gefängniszelle kam er zu dem Schluss, dass es Hitlers großer Fehler war, nicht mehr auf Männer wie Rosenberg zu hören und stattdessen den Rat von Himmler und dem »Mephisto unserer einst so geraden Bewegung«, Goebbels, zu suchen.[907]

»So konnten sich diese beiden die unglaublichsten Dinge leisten, ohne daß ihre Vollmachten beschränkt wurden. Hier, in dieser rein menschlichen Schicht, wurzeln die großen Unterlassungsfehler Adolf Hitlers, die so furchtbare Folgen nach sich gezogen haben, jenes undefinierbare Unstete, Zerfahrene, Nachlässige, letzten Endes Ungerechte, das seine eigenen Überlegungen, Planungen, Taten selbst immer wieder durchkreuzte.«[908]

Er beschrieb einen Moment, in dem es ihm angeblich wie Schuppen von den Augen gefallen war, dass Himmler die ganze Macht im Dritten Reich wollte. Er trank gerade ein Glas Wein mit einem Untergebenen Himmlers, als er an der Wand des Nebenzimmers ein Foto des Reichsführers-SS erblickte. »Unwillkürlich mußte ich immer wieder hinsehen«, schrieb Rosenberg. »Und da fiel mir ein, daß ich dem Heinrich Himmler nie hatte richtig in die Augen schauen können. Stets bleiben sie zwinkernd hinter seinem Zwicker verborgen. Jetzt aber sahen sie mich vom Lichtbild unbeweglich an. Und ich glaubte in ihnen nur zu sehen: Heimtücke.«[909]

Und doch, so fuhr er fort: »Wie hätte man Himmler die heute offenbare Grausamkeit zuschreiben dürfen? Welches Recht hätte einer von uns gehabt, ihm einen derartigen Vorwurf zu machen?«[910]

Rosenberg klagte, die Ankläger hätten ungerechterweise seine antisemitischen Schriften verwendet, um ihn mit den

NS-Gräueltaten in Verbindung zu bringen, für die er keine direkte Verantwortung getragen habe. Er hatte gegen das gekämpft, was er in den 1920er-Jahren als eine jüdische Vorherrschaft im politischen und kulturellen Leben Deutschlands wahrgenommen hatte. Das hieß nicht, dass die Juden zu Millionen erschossen oder vergast und verbrannt werden sollten. »Mit der Abwehr dieser Erscheinung aber wurde der Gedanke einer aus Achtung vor dem arteigenen Wesen durchgeführten Scheidung der Gestalten auf das schwerste belastet, so daß man ihn heute nicht aussprechen kann, ohne gefragt zu werden, ob man ein neues Auschwitz vorbereiten will.«[911]

Er erinnerte sich an den Besuch eines ranghohen Parteigenossen in Berlin, der über ein letztes Gefecht gegen die Alliierten in den Bergen sprach. Rosenberg sah darin kaum einen Sinn. Der Mann stellte eine Frage, die auch ihn umtrieb: War die Idee des Nationalsozialismus von Anfang an falsch gewesen?

Nein, nein, antwortete Rosenberg, »eine große Idee sei von kleinen Menschen mißbraucht worden«.[912]

Rosenberg glaubte immer noch, er schreibe für eine Zukunft, in der seine Ideen und die Ideale der NSDAP in ihrer Gänze gerechtfertigt sein würden, in der er als Held verehrt werden würde. »Es wird eine Zeit kommen, da werden sich die Enkel schämen, daß wir als Verbrecher angeklagt worden sind wegen des edelsten Gedankens …«[913]

Bis zum Ende hielt Rosenberg an der Richtigkeit der nationalsozialistischen Ideen und an Hitlers Größe trotz all seiner Fehler fest.

»Ich habe ihn verehrt, ich bin ihm gegenüber loyal bis zum Ende geblieben«, schrieb er. »Und jetzt ist mit ihm Deutschlands Zerstörung gekommen. Da steigt manchmal bei mir das Gefühl des Hasses auf, wenn ich an die Millionen gemordeter, verjagter Deutscher denke, an das unsagbare Elend, die Ausplünderung des noch Verbliebenen und politische Aufteilung eines tausendjährigen Gutes. Dann aber kommt doch wieder das Gefühl des Mitleids mit einem auch einem Schicksal unterliegenden Menschen, der dieses Deutschland ja auch heiß geliebt hatte wie wir alle.«[914]

Hans Frank fand zu Gott. Der Generalgouverneur hatte ganz luxuriös auf der Krakauer Burg Wawel residiert, während die Nationalsozialisten das besetzte Polen im Krieg brutal zerstörten. In Nürnberg bereute er alles, was er und seine Gesinnungsgenossen gesagt und getan hatten. Nachdem er die Aussage des Lagerkommandanten Höß gehört hatte, vertraute Frank einem Gefängnispsychologen an, dass ein Freund seines Vaters in Auschwitz gestorben sei. Er machte sich selbst dafür verantwortlich. Sich selbst, so sagte er, und Rosenberg. »Es ist richtig, ich habe ihn nicht selbst umgebracht, aber das, was ich sagte, und das, was Rosenberg sagte, ermöglichte solche Dinge!«[915] Im Zeugenstand bekannte Frank seine Schuld an der Ausrottung der Juden: »Tausend Jahre werden vergehen und diese Schuld von Deutschland nicht wegnehmen.«[916]

Rosenberg nahm nichts zurück. Bis ganz zum Ende konnte oder wollte der Chefideologe der Nationalsozialisten die Vorstellung, dass die von ihm verkündeten Ideen zum Völkermord geführt hatten, nicht akzeptieren.

»Was wird aus mir werden?«, fragte er einmal seinen Anwalt.

Der antwortete mit einem berühmten Gedicht von Goethe, »Wandrers Nachtlied«, dem er eine schicksalsschwere Wendung für den gebürtigen Balten gab:

»Über allen Gipfeln ist Ruh
über allen Wipfeln spürest Du

kaum einen Hauch
die Vögelein schweigen im Walde.
Warte nur Balte ruhest Du auch.«[917]

Eine Stunde nach Tagesanbruch am 15. Oktober beobachtete die Wache, die Görings Zelle im Auge hatte, dass der Reichsmarschall sich die Hand ans Gesicht führte. Drei Minuten später begann er zu würgen, Schaum trat ihm aus dem Mund. Innerhalb weniger Minuten war er tot. Auf seiner Brust fanden Gefängniswärter zwei Umschläge, von denen einer vier Briefe enthielt, der andere eine leere Zyanid-Ampulle.[918] Die Hinrichtungen waren für jene Nacht geplant; jemand hatte Göring einen Tipp gegeben.

Um Mitternacht wurden den anderen zehn zum Tod verurteilten Nationalsozialisten die Anklagen und Urteile verlesen, und sie bekamen eine Henkersmahlzeit aus Wurst, Kartoffelsalat und Obst.

Kurz nach ein Uhr morgens kamen die Beamten, um den Ersten, Ribbentrop, zu holen. Dann ging Keitel, dann Kaltenbrunner, dann Rosenberg. Der Geistliche Gerecke fragte, ob er ein Gebet für ihn sprechen dürfe. »Nein, danke«, antwortete er.

Rosenbergs Hände waren vorn mit Handschellen gefesselt; er ging die kurze Strecke vom Zellenblock und betrat die Turnhalle des Gefängnisses um 1.47 Uhr morgens. Drinnen saßen Zeugen an den Tischen oder standen im Hintergrund. Seine Hände wurden ihm im Rücken mit einem Lederriemen zusammengebunden, und er wurde die 13 Stufen zum Galgen hinaufgeführt. Dann fesselte man ihm auch die Füße.

»Rosenberg wirkte stumpf, mit eingesunkenen Wangen, wie er da das Gericht betrachtete«, schrieb Kingsbury Smith, der den Hinrichtungen für die Nachrichtenagentur International

News Service beiwohnte. »Seine Haut war teigig-braun, aber er wirkte nicht nervös und ging mit festem Schritt zum Galgen und bestieg das Podest. …Trotz seines erklärten Atheismus begleitete ihn ein protestantischer Kaplan, der ihm zum Galgen folgte und betend neben ihm stand. Rosenberg warf dem Kaplan einmal einen Blick zu, ausdruckslos.«[919]

Als einziger Angeklagter sprach der produktivste Autor in der Geschichte des Dritten Reiches keine letzten Worte.

Man zog ihm eine Kapuze über den Kopf. Die Falltür öffnete sich. Rosenberg fiel.[920]

Epilog

»Dieses historische Dokument, das von einem anderen Kontinent, aus einem anderen Jahrhundert stammt, hat unserer Meinung nach jetzt eine angemessene Heimstatt gefunden.« Das sagte Sara Bloomfield, die Direktorin des United States Holocaust Memorial Museum, am 17. Dezember 2013. An jenem Morgen übergab das amerikanische Nationalarchiv, das juristisch gesehen der Eigentümer der Tagebücher war, die Seiten offiziell jener Institution, die so viel Zeit und Mühe investiert hatte, um sie zu finden. Die Tagebücher bekamen ihren Platz im Museumsarchiv, neben Tausenden von Regierungsakten, Briefen, Fotos und Aufnahmen, die die Geschichte des Holocaust erzählen. Am Center for Advanced Holocaust Studies im 4. Stock des Museums erforschen Wissenschaftler noch immer die Geschichte des Mordens, bemühen sich noch immer, das Unerklärliche zu erklären, versuchen noch immer zu verstehen, was da geschah.

In den Monaten nach der Übergabe organisierte das Holocaust Museum Vorträge, in denen Mayer lokalen und regionalen jüdischen Gruppen das Dokument vorstellte. Sie lobten seine Arbeit als ein Paradebeispiel für die Aufgabe des Museums, wichtige Dokumente für die beispiellosen Verbrechen der Nationalsozialisten zu bewahren, damit diese nicht vergessen werden und sich nicht wiederholen.

Eines Abends betrat Mayer das Podium in einem voll besetzten Saal des National Museum of American Jewish History an der Independence Mall in Philadelphia zu einer Fragestunde. Er sprach über die lange, komplizierte Jagd nach den Unterlagen und über ihre Bedeutung für die Historiker, die sich mit dem Dritten Reich beschäftigen.

Gegen Ende fragte jemand, was es denn für ein Gefühl gewesen sei, Rosenbergs verschollene Aufzeichnungen in Händen zu halten.

»Leider«, sagte Mayer trocken, »gehört das nun mal einfach dazu.«

Dann machte er eine kurze Pause.

Er hatte nie viel über seine Vorfahren gesprochen, die im Holocaust umgekommen waren. Es waren nur einige wenige der vielen Millionen Tragödien. Sein Vater hatte sich noch nicht einmal als Überlebenden betrachtet, weil er als Jude vor der Verfolgung in Deutschland geflohen war.

Und doch konnte Mayer nicht leugnen, dass der schreckliche Tod seiner Angehörigen – im Schlamm von Gurs, in den Gaskammern von Auschwitz und in den Wäldern Litauens – seiner Arbeit am Museum einen tieferen Sinn gegeben hatte.

Mayer warf dem Fragesteller einen Blick zu und lächelte.

»Ich habe eine große Befriedigung aus der Tatsache gezogen, dass dieser Jude hier das Tagebuch dieses Mannes entdeckt hat.«

Wittman war zwar kein verdeckter Ermittler mehr, der sich vor den Kameras verstecken musste, aber er stand dennoch an dem bei solchen Anlässen für ihn üblichen Ort: ganz hinten im Saal. Mayer stellte ihn vom Podium aus dem Publikum vor. Alle drehten die Köpfe, um ihn zu sehen, und ein paar gingen zu ihm, um ihm die Hand zu schütteln.

Was Wittman am Ende einer erfolgreichen Jagd nach einem Kunstwerk oder einem kostbaren Manuskript fühlte, war schwer zu beschreiben. Im ersten Moment des Erfolgs war es eine plötzliche Euphorie – vielleicht ein Beleg für die unbeschreibliche Kraft solcher einzigartigen Kulturgüter. Doch in diesem Fall war es anders. Alfred Rosenberg war nicht einfach ein Tagebuchschreiber, und das Holocaust Museum war nicht einfach ein Museum. Indem Wittman geholfen hatte, die Unterlagen des berüchtigten NS-Ideologen zu bergen, hatte er seinen Teil dazu beigetragen, die Mission des Museums zu erfüllen – nicht nur die Millionen Unschuldigen zu ehren, die ihr Leben verloren hatten, sondern auch spätere Generationen an ein Grauen zu erinnern, das sich nie wiederholen darf.

Mark Olexa, Untersuchungsbeamter des US-Heimtschutzministeriums, Dave Hall, stellvertretender US-Staatsanwalt, Robert Wittman, Henry Mayer, Chefarchivar des US Holocaust Memorial Museum, Jeff Wittman, Robert Wittmans Sohn.
(privat)

Dank

Vielen Dank an Henry Mayer und Jürgen Matthäus vom United States Holocaust Memorial Museum; Tim Mulligan von der National Archives and Records Administration; David Hall vom U.S. Attorney's Office in Delaware und Mark Olexa von U.S. Immigration and Customs Enforcement für ihre entscheidenden Beiträge zur Wiederauffindung und Veröffentlichung der Rosenberg-Tagebücher.

Wir möchten Henry Mayer auch dafür danken, dass er uns so großzügig seine Zeit und seine Geschichten zur Verfügung gestellt hat; den Bibliothekaren Ron Coleman, Megan Lewis und Vincent Slatt im Archiv des Holocaust Museum dafür, dass sie uns immer wieder die richtige Richtung gewiesen haben; der freiberuflichen Historikerin Satu Haase-Webb dafür, dass sie die Kempner Collection nach Briefen und persönlichen Unterlagen durchforstet hat; den Übersetzern Natascha Hoffmeyer, Nika Knight und Chris Erb für die Hilfe bei der Entzifferung der deutschen Dokumente, nicht zuletzt der Rosenberg-Tagebücher. Jonathan Bush, Allan Stypeck und Edward Jesella danken wir für ihre Zeit. Die umfangreiche Sammlung zur deutschen Geschichte in der Van Pelt Library der University of Pennsylvania lieferte uns schnell Antworten. Danke auch den vielen hilfreichen Mitarbeitern der National Archives and Records Administration in College Park, Maryland, und der Library of Congress in Washington, D.C.

Vielen Dank an Katie Shaver und Bob Barnard für die Beherbergung in D.C., den Wein und die Gesellschaft.

Unsere besondere Verbundenheit gilt John Shiffman, der Kontakte für uns knüpfte; unseren Agenten Larry Weissman und Sascha Alper, die wieder ein großartiges Paket geschnürt haben; Jonathan Burnham, Claire Wachtel, Hannah Wood, Brenda Segel, Juliette Shapland und allen anderen bei Harper Collins, die geholfen haben, das Buch in die Welt hinauszubringen.

Und wie immer alles Liebe für unsere Familien: Donna, Kevin, Renee, Jeffrey und Kristin sowie Monica, Jane und Owen.

Auswahlbibliografie

Archivmaterial

Hochauflösende Scans der Rosenberg-Tagebücher sind auf den Websites der National Archives und des United States Holocaust Memorial Museum zu finden. Einträge aus den Jahren 1934 und 1935 findet man unter dem Suchbegriff »Alfred Rosenberg diary« unter www.archives.gov/research/search und dem Klick auf die Scans der Nürnberger Dokumente mit der Nummer 1749-PS. Einträge aus den Jahren 1936 bis 1944 sind unter www.collections.ushmm.org/view/2001.62.14 greifbar.

Columbia University Library, Rare Book and Manuscript Library, New York: Telford Taylor Papers, 1918–1998.

Delaware County Court of Common Pleas, Office of Judicial Support, Media, Pennsylvania: Zu den Akten genommene Gerichtsdokumente zu Fall Nr. 98-12106, Margot Lipton vs. Samuel T. Swansen et al.

Library of Congress, Washington, D.C.: Robert H. Jackson Papers, Boxes 14, 101 und 106.

National Archives in St. Louis, National Personnel Records Center: Kempner-Akten aus dem Department of Justice and Department of the Army.

National Archives at College Park, Maryland: Record Group 238, United States Evidence Files 1945–1946, German Dossiers 1945–1946, Records of the United States Nuernberg War Crimes Trials Interrogations 1946–1949 (microfilm M1019), Interrogation Records Prepared for War Crimes Proceedings at Nuernberg 1945–1947 (microfilm M1270), Security-Classified General Correspondence 1945–1946, Correspondence with European Document Centers Relating to the Receipt and Return of Documents 1945–1946; Record Group 239, OSS Art Looting Investigation Unit reports, 1945–46 (microfilm M1782); Record Group 260, Einsatzstab Reichsleiter Rosenberg correspondence (microfilm M1946).

Niagara County Surrogate's Court, Lockport, New York: File 2006-80096, Testamentsabschrift und Nachlassakten von Margot Lipton.

USC Shoah Foundation Institute for Visual History and Education (sfi.usc.edu): Oral History-Interview von Jane Lester.
U.S. Army Combined Arms Center, Combined Arms Research Library Digital Library (cgsc.contentdm.oclc.org): Third Army After Action Reports.
United States District Court for the Eastern District of Pennsylvania, Philadelphia: Gerichtsakten zu Civil Action Nr. 03-01666, United States vs. William Martin.
United States Holocaust Memorial Museum, Washington, D.C.: Record Group 71, Alfred Rosenberg diary, 1936–1944; Record Group 71.001, Robert M. W. and Ruth Benedicta Kempner Papers; Record Group 10.249, Frieda and Max Reinach diary; Record Group 19.051, Records of the Emergency Committee in Aid of Displaced Foreign Scholars, Robert Kempner file; American Friends Service Committee Refugee Assistance Case Files, Ruth Kempner file; Irma Gideon collection.
University of Delaware Library, Newark Delaware: George S. Messersmith Papers.

Aufsätze

Arad, Yitzhak, »Alfred Rosenberg and the ›Final Solution‹ in the Occupied Soviet Territories«, *Yad Vashem Studies* 13 (1979): 263–286.
———, »The ›Final Solution‹ in Lithuania in the Light of German Documentation«, *Yad Vashem Studies* 11 (1976), S. 234–272.
Auerbach, Hellmuth, »Die Einheit Dirlewanger«, *Vierteljahreshefte für Zeitgeschichte* 1962, S. 250–263.
Baxa, Paul, »Capturing the Fascist Moment: Hitler's Visit to Italy in 1938 and the Radicalization of Fascist Italy«, *Journal of Contemporary History* 42, Nr. 2 (2007), S. 227–242.
Bollmus, Reinhard, »Alfred Rosenberg. Chefideologe des Nationalsozialismus?«, in: Ronald Smelser und Rainer Zitelmann (Hrsg.), *Die braune Elite: 22 biographische Skizzen*, Bd. 1, Darmstadt 1989, S. 223–235.
Chipps Smith, Jeffrey, »The Jesuit Church of St. Michael's in Munich«, in: Max Reinhart (Hg.), *Infinite boundaries: order, disorder, and reorder in early modern German culture*, Kirksville 1998, S. 147–170.
Collins, Donald E., und Herbert P. Rothfeder, »The Einsatzstab Reichsleiter Rosenberg and the Looting of Jewish and Masonic Libraries During World War II«, *The Journal of Library History* 18, Nr. 1 (Winter 1983), S. 21–36.
Deuerlein, Ernst, »Hitlers Eintritt in die Politik und die Reichswehr«, *Vierteljahrshefte für Zeitgeschichte* 7/2, April 1959, S. 177–227.
Ebert, Friedrich, »Ansprache an die heimkehrenden Truppen«, abgedruckt in: *Politische Reden III*, hrsg. von Peter Wende, Frankfurt a.M. 1994.

Felstiner, Mary, »Refuge and Persecution in Italy, 1933–1945«, *The Simon Wiesenthal Center Annual* 4 (1987), http://motlc.wiesenthal.com/site/pp.asp?c=gvKVLcMVIuG&b=395073.

Gerlach, Christian, »Die Wannsee-Konferenz, das Schicksal der deutschen Juden und Hitlers politische Grundsatzentscheidung, alle Juden Europas zu ermorden«, *WerkstattGeschichte*, Heft 18, 1997, S. 7–44.

Grimsted, Patricia Kennedy, »Roads to Ratibor: Library and Archival Plunder by the Einsatzstab Reichsleiter Rosenberg«, *Holocaust and Genocide Studies* 19, Nr. 3 (Winter 2005), S. 390–458.

Kempner, Robert M. W., »Blueprint of the Nazi Underground – Past and Future Subversive Activities«, *Research Studies of the State College of Washington* 13, Nr. 2 (Juni 1945), S. 51–153.

Layton Jr., Roland V., »The *Völkischer Beobachter*, 1920–1933: The Nazi Party Newspaper in the Weimar Era«, *Central European History* 3, Nr. 4 (Dezember 1970), S. 353–382.

Lower, Wendy, »On Him Rests the Weight of the Administration: Nazi Civilian Rulers and the Holocaust in Zhytomyr«, in: Ray Brandon und Wendy Lower (Hg.), *The Shoah in Ukraine: History, Testimony, Memorialization*, Bloomington 2008, S. 224–247.

Matthäus, Jürgen, »Controlled Escalation: Himmler's Men in the Summer of 1941 and the Holocaust in the Occupied Soviet Territories«, *Holocaust and Genocide Studies* 21, Nr. 2 (Herbst 2007), S. 218–242.

Nicosia, Francis R., »German Zionism and Jewish Life in Nazi Berlin«, in: Francis R. Nicosia und David Scrase (Hg.), *Jewish Life in Nazi Germany: Dilemmas and Responses*, New York 2010, S. 1–14.

Pöppmann, Dirk, »Robert Kempner und Ernst von Weizsäcker im Wilhelmstraßen-Prozess«, in: Irmtrud Wojak und Susanne Meinl (Hg.), *Im Labyrinth der Schuld: Täter – Opfer – Ankläger*, Frankfurt a.M. 2003, S. 163–197.

———, »The Trials of Robert Kempner: From Stateless Immigrant to Prosecutor of the Foreign Office«, in: Kim C. Priemel und Alexa Stiller (Hg.), *Reassessing the Nuremberg Military Tribunals*, New York 2012, S. 23–46.

Rosenberg, Alfred, »Der Kampf um die Weltanschauung«, Rede vom 22. Februar 1934, in: Rosenberg, Alfred, *Gestaltung der Idee:* Reden und Aufsätze 1933–1935, München 1938, S. 23–46.

Starr, Joshua, »Jewish Cultural Property Under Nazi Control«, *Jewish Social Studies* 12, Nr. 1 (Januar 1950), S. 27–48.

Steinberg, Jonathan, »The Third Reich Reflected: German Civil Administration in the Occupied Soviet Union«, *The English Historical Review* 110, Nr. 437 (Juni 1995), S. 620–651.

Bücher

Andrus, Burton C., *I Was the Nuremberg Jailer*, New York 1970.

Arad, Yitzhak, *The Holocaust in the Soviet Union*, Lincoln 2009.

Arendzen, Rev. John, Vorwort zu: »*Mythus*«: *The Character of the New Religion* von Alfred Rosenberg, London 1937.

Barbian, Jan-Pieter, *Literaturpolitik im NS-Staat: Von der Gleichschaltung bis zum Ruin*, Frankfurt a.M. 2010.

Barnes, James J., und Patience P. Barnes, *Nazi Refugee Turned Gestapo Spy: The Life of Hans Wesemann: 1895–1971*, Westport 2001.

Baxa, Paul, *Roads and Ruins: The Symbolic Landscape of Fascist Rome*, Toronto 2010.

Berkhoff, Karel C., *Harvest of Despair: Life and Death in Ukraine Under Nazi Rule*, Cambridge, Mass., 2004.

Bernstein, Arnie, *Swastika Nation: Fritz Kuhn and the Rise and Fall of the German-American Bund*, New York 2013.

Biddle, Francis, *In Brief Authority*, New York 1962.

Blücher von Wahlstatt, Evelyn Mary, *An English Wife in Berlin: A Private Memoir of Events, Politics, and Daily Life in Germany Throughout the War and the Social Revolution of 1918*, New York 1920.

Bonney, Richard, *Confronting the Nazi War on Christianity: The* Kulturkampf *Newsletters, 1936–1939*, New York 2009.

Bosworth, R. J. B., *Mussolini*, New York 2002.

Bräutigam, Otto, *So hat es sich zugetragen … Ein Leben als Soldat und Diplomat*, Würzburg 1968.

Brandt, Willy, *Mein Weg nach Berlin*, München 1960.

Breitman, Richard, *Heinrich Himmler: Der Architekt der ›Endlösung‹*, Zürich/München 2000.

Browning, Christopher R., *Die Entfesselung der ›Endlösung‹: Nationalsozialistische Judenpolitik 1939–1942*, Berlin 2003.

Brüning, Heinrich, *Memoiren 1918-1934*, Stuttgart 1970.

Burden, Hamilton T., *Die programmierte Nation: Die Nürnberger Reichsparteitage*, Gütersloh 1970.

Burleigh, Michael, *Die Zeit des Nationalsozialismus: Eine Gesamtdarstellung*, Frankfurt a.M. 2000.

Buttar, Prit, *Battleground Prussia: The Assault of Germany's Eastern Front 1944–45*, Oxford 2012.

Cecil, Robert, *The Myth of the Master Race: Alfred Rosenberg and Nazi Ideology*, New York 1972.

Charles, Douglas M., *J. Edgar Hoover and the Anti-interventionists: FBI Political Surveillance and the Rise of the Domestic Security States, 1939–1945*, Columbus 2007.

Creese, Mary R. S., *Ladies in the Laboratory II: West European Women in Science, 1800–1900: A Survey of Their Contributions to Research,* Lanham 2004.
Dallin, Alexander, *Deutsche Herrschaft in Russland 1941–1945: Eine Studie über Besatzungspolitik*, Düsseldorf 1958.
Davidson, Eugene, *The Trial of the Germans: An account of the twenty-two defendants before the International Military Tribunal at Nuremberg,* New York 1966.
Delmer, Sefton, *Die Deutschen und ich*, Hamburg 1962.
Dial 22-0756 Pronto: Villa Pazzi: Memories of Landschulheim Florenz 1933–1938, Ottawa 1997.
Dippel, John V. H., *Die große Illusion: Warum deutsche Juden ihre Heimat nicht verlassen wollten*, Weinheim/Berlin 1997.
Dodd, Christopher J., mit Lary Bloom, *Letters From Nuremberg: My Father's Narrative of a Quest for Justice*, New York 2007.
Dodd, William Jr., und Martha Dodd (Hg.), *Diplomat auf heißem Boden: Tagebuch des USA-Botschafters William E. Dodd in Berlin 1933–1938*, Berlin 1962.
Dreyfus, Jean-Marc, und Sarah Gensburger, *Nazi Labour Camps in Paris: Austerlitz, Lévitan, Bassano, July 1943–August 1944*, New York 2011.
Eckert, Astrid M., *Kampf um die Akten: Die Westalliierten und die Rückgabe von deutschem Archivgut nach dem Zweiten Weltkrieg*, Stuttgart 2004.
Edsel, Robert M., mit Bret Witter, *Monuments Men*, St. Pölten/Salzburg/Wien 2013.
Evans, Richard J., *Das Dritte Reich*, Bd. 1, *Aufstieg*, München 2005.
———, *Das Dritte Reich*, Bd. 2, *Diktatur*, München 2010.
———, *Das Dritte Reich*, Bd. 3, *Krieg*, München 2010.
Farago, Ladislas, *Das Spiel der Füchse: Deutsche Spionage in England und den USA 1918–1945*, Berlin/Frankfurt a.M./Wien 1972.
Faulhaber, Michael von, *Judentum, Christentum, Germanentum: Adventspredigten, gehalten in St. Michael zu München 1933*, München 1933.
Fest, Joachim, *Das Gesicht des Dritten Reiches: Profile einer totalitären Herrschaft*, München 1963.
Foreign Relations of the United States, Diplomatic Papers, 1933: Volume II, The British Commonwealth, Europe, Near East and Africa, Washington, D.C. 1949.
Frank, Werner L., *The Curse of Gurs: Way Station to Auschwitz*, Lexington 2012.
Frei, Norbert, *Vergangenheitspolitik: Die Anfänge der Bundesrepublik und die NS-Vergangenheit*, München 1996.
Friedrich, Otto, *Weltstadt Berlin: Größe und Untergang 1918–1935*, München 1973.
Fröhlich, Elke (Hg.), *Die Tagebücher von Joseph Goebbels*, Teil I: 1924–1941, 4 Bde., München 1987; Teil II: 1941–1945, 15 Bde., München 1993–1996.

Fromm, Bella, *Blood and Banquets: A Berlin Social Diary*, New York 1942.
———, *Als Hitler mir die Hand küsste*, Berlin 1993.
Gary, Brett, *The Nervous Liberals: Propaganda Anxieties From World War I to the Cold War*, New York 1999.
Gilbert, G. M., *Nürnberger Tagebuch*, Frankfurt a.M. 1968.
Goldensohn, Leon, *Die Nürnberger Interviews: Gespräche mit Angeklagten und Zeugen*, Düsseldorf/Zürich 2005.
Griech-Polelle, Beth A., *Bishop von Galen: German Catholicism and National Socialism*, New Haven 2002.
Grimsted, Patricia Kennedy, *Reconstructing the Record of Nazi Cultural Plunder*, Amsterdam 2011.
Gruner, Wolf, *Die Verfolgung und Ermordung der europäischen Juden durch das nationalsozialistische Deutschland*, Bd. 1, Deutsches Reich 1933–1937, München 2008.
Hanfstaengl, Ernst, *Hitler: The Missing Years*, New York 1994.
———, *Zwischen weißem und braunem Haus*, München 1970.
Hermand, Jost, *Kultur in finsteren Zeiten: Nazifaschismus, innere Emigration, Exil*, Köln/Weimar/Wien 2010.
Hett, Benjamin Carter, *Burning the Reichstag: An Investigation into the Third Reich's Enduring Mystery*. New York: Oxford University Press, 2014.
Himmler, Heinrich, *Die Schutzstaffel als antibolschewistische Kampforganisation*, München 1936.
Hitler, Adolf, *Sämtliche Aufzeichnungen 1905–1924*, hg. v. Eberhard Jäckel und Axel Kuhn, Stuttgart 1980 (Quellen und Darstellungen zur Zeitgeschichte Bd. 21).
———, *Mein Kampf*, München 1934.
———, *Monologe im Führerhauptquartier 1941–1944*, hg. u. komm. v. Werner Jochmann, München 2000.
Hoßbach, Friedrich, *Zwischen Wehrmacht und Hitler 1934–1938*, Göttingen 1967.
Kaplan, Marion A., *Der Mut zum Überleben: Jüdische Frauen und ihre Familien in Nazideutschland*, Berlin 2001.
Kay, Alex J., *Exploitation, Resettlement, Mass Murder: Political and Economic Planning for German Occupation Policy in the Soviet Union, 1940–1941*, New York 2006.
Kelley, Douglas M., *22 Cells in Nuremberg: A Psychiatrist Examines the Nazi Criminals*. New York 1947.
———, *22 Männer um Hitler: Erinnerungen des amerikanischen Armeearztes u. Psychiaters am Nürnberger Gefängnis*, Olten/Bern 1947.
Kellogg, Michael, *The Russian Roots of Nazism: White Émigrés and the Making of National Socialism 1917–1945*, Cambridge 2005.
Kempner, Robert M. W., *Eichmann und Komplizen*, Zürich 1961.

———, *SS im Kreuzverhör*, München 1964.
———, *Das Dritte Reich im Kreuzverhör: Aus den Vernehmungsprotokollen des Anklägers*, München 1969.
———, *Ankläger einer Epoche: Lebenserinnerungen*, Frankfurt 1983.
Kershaw, Ian, *Hitler: 1889–1936*, München 2013.
———, *Hitler: 1936–1945*, München 2013.
———, *Hitler: 1889–1945*, München 1998.
Kohl, Christiane, *Das Zeugenhaus: Nürnberg 1945. Als Täter und Opfer unter einem Dach zusammentrafen*, München 2005.
Krebs, Albert, *Tendenzen und Gestalten der NSDAP: Erinnerungen an die Frühzeit der Partei*, Stuttgart 1959.
Krieg, Robert A., *Catholic Theologians in Nazi Germany*, New York 2004.
Ladd, Brian, *The Ghosts of Berlin: Confronting German History in the Urban Landscape*, Chicago 1997.
Lane, Barbara Miller, und Leila J. Rupp (Hg.), *Nazi Ideology before 1933: A Documentation*, Manchester 1978.
Lang, Serge, und Ernst von Schenck (Hg.), *Portrait eines Menschheitsverbrechers: Nach den hinterlassenen Memoiren des ehemaligen Reichsministers Alfred Rosenberg*, St. Gallen 1947.
Large, David Clay, *Hitlers München: Aufstieg und Fall der Hauptstadt der Bewegung*, München 1998.
Larson, Erik, *Tiergarten – In the Garden of Beasts: Ein amerikanischer Botschafter in Nazi-Deutschland*, Hamburg 2013.
Laub, Thomas J., *After the Fall: German Policy in Occupied France, 1940–1944*, Oxford 2010.
Layton, Roland Vanderbilt, Jr., *The* Voelkischer Beobachter, *1925–1933: A Study of the Nazi Party Paper in the* Kampfzeit, Dissertation der University of Virginia, 1965.
Levine, Rhonda F., *Class, Networks, and Identity: Replanting Jewish Lives From Nazi Germany to Rural New York*, Lanham 2001.
Lewy, Guenter, *Die katholische Kirche und das Dritte Reich*, München 1965.
Lochner, Louis P. (Hg.), *Goebbels. Tagebücher aus den Jahren 1942–43*, Zürich 1948.
Löffler, Peter (Hg.), *Bischof Clemens August Graf von Galen – Akten, Briefe und Predigten 1933–1946*, 2 Bde., Paderborn ^{2}1996, Bd. I.
Longerich, Peter, *Holocaust: The Nazi Persecution and Murder of the Jews*, New York 2010.
———, *Politik der Vernichtung. Eine Gesamtdarstellung der nationalsozialistischen Judenverfolgung*, München 1998.
———, *Goebbels: Biographie*, München 2010.
Lower, Wendy, *Nazi Empire-Building and the Holocaust in Ukraine*, Chapel Hill 2005.

Ludecke, Kurt G. W., *I Knew Hitler: The Story of a Nazi Who Escaped the Blood Purge*, New York 1937.
Maguire, Peter, *Law and War: International Law and American History [Revised Edition]*, New York 2010.
Matthäus, Jürgen, und Frank Bajohr (Hg.), *Alfred Rosenberg: Die Tagebücher von 1934 bis 1944*, Frankfurt a.M. 2015.
Megargee, Geoffrey P. (Hg.), *The United States Holocaust Memorial Museum Encyclopedia of Camps and Ghettos, 1933–1945: Bd. I*, Bloomington 2009.
Meyer, Beate, Hermann Simon und Chana Schütz (Hg.), *Juden in Berlin 1938–1945; Begleitband zur gleichnamigen Ausstellung in der Stiftung »Neue Synagoge Berlin – Centrum Judaicum«, Mai bis August 2000*, Berlin 2000.
Morris, Jeffrey, *Establishing Justice in Middle America: A History of the United States Court of Appeals for the Eighth Circuit*, Minneapolis 2007.
Mosley, Leonard, *The Reich Marshal: A Biography of Hermann Goering*, London 1977.
Mulligan, Timothy Patrick, *The Politics of Illusion and Empire: German Occupation Policy in the Soviet Union, 1942–1943*, New York 1988.
Nazi Conspiracy and Aggression, 8 Bde, Washington, D.C., 1946.
Neave, Airey, *On Trial at Nuremberg*, Boston 1979.
Nicholas, Lynn H., *Der Raub der Europa: Das Schicksal europäischer Kunstschätze im Dritten Reich*, München 1995.
Noakes, J., und G. Pridham (Hg.), *Nazism: A History in Documents and Eyewitness Accounts, 1919–1945*, 2 Bde., New York 1983–1988.
Nova, Fritz, *Alfred Rosenberg: Philosopher of the Third Reich*, New York 1986.
O'Brien, Kenneth Paul, und Lynn Hudson Parsons, *The Homefront War: World War II and American Society*, Westport 1995.
Palmier, Jean Michel, *Weimar in Exile: The Antifascist Emigration in Europe and America*, New York 2006.
Papen, Franz von, *Der Wahrheit eine Gasse*, München 1952.
The Persecution of the Catholic Church in the Third Reich: Facts and Documents, Gretna 2003.
Persico, Joseph E., *Nuremberg: Infamy on Trial*, New York 1994.
Petropoulos, Jonathan, *Kunstraub und Sammelwahn: Kunst und Politik im Dritten Reich*, Berlin 1999.
Picker, Henry, *Hitlers Tischgespräche im Führerhauptquartier, 1941–42*, Berlin 1951.
Piper, Ernst, *Alfred Rosenberg: Hitlers Chefideologe*, München 2005.
Pois, Robert (Hg.), *Race and Race History and Other Essays by Alfred Rosenberg*, New York 1970.
Poznanski, Renée, *Jews in France during World War II*, Hanover/London 2001.
Pringle, Heather, *The Master Plan: Himmler's Scholars and the Holocaust*, New York 2006.

Der Prozess gegen die Hauptkriegsverbrecher vor dem Internationalen Militärgerichtshof. Nürnberg 14. November 1945 – 1. Oktober 1946, 42 Bde., Nürnberg 1947–1949.
Read, Anthony, *The Devil's Disciples: Hitler's Inner Circle*, New York 2003.
Reinemann, John Otto, *Fortgerissen ...: Mein Leben diesseits und jenseits des Ozeans*, Frankfurt a.M. 1981.
Rogge, O. John, *The Official German Report: Nazi Penetration 1924–1942, Pan-Arabism 1939-Today*, New York 1961.
Rorimer, James, *Survival: The Salvage and Protection of Art in War*, New York 1950.
Rosbottom, Ronald C., *When Paris Went Dark: The City of Light Under German Occupation, 1940–1944*, New York 2014.
Roseman, Mark, *Die Wannsee-Konferenz: Wie die NS-Bürokratie den Holocaust organisierte*, Berlin 2002.
Rosenberg, Alfred, *Der Mythus des 20. Jahrhunderts*, München 1934.
———, *Schriften und Reden*, Bd. 1, *Schriften aus den Jahren 1917–1921*, München 1943.
———, *Schriften und Reden*, Bd. 2, *Schriften aus den Jahren 1921–1923*, München 1943.
———, *Dietrich Eckart: Ein Vermächtnis*, München 1928.
Rothfeder, Herbert Phillips, *A Study of Alfred Rosenberg's Organization for National Socialist Ideology*, Dissertation der University of Michigan, 1963.
Rubenstein, Joshua, und Ilya Altman (Hg.), *The Unknown Black Book: The Holocaust in the German-Occupied Soviet Territories*, Bloomington 2008.
Ryback, Timothy W., *Hitlers Bücher: Seine Bibliothek – sein Denken*, Köln 2010.
Safrian, Hans, *Die Eichmann-Männer*, Wien/Zürich 1993.
Schlier, Paula, *Petras Aufzeichnungen*, Innsbruck 1926.
Schmid, Armin, und Renate Schmid, *Im Labyrinth der Paragraphen: Die Geschichte einer gescheiterten Emigration*, Frankfurt a.M. 1993.
Schuschnigg, Kurt von, *Ein Requiem in Rot-Weiß-Rot*, Wien 1978.
Seraphim, Hans-Günther (Hg.), *Das politische Tagebuch Alfred Rosenbergs: 1934/35 und 1939/40*, München 1956.
Shirer, William L., *Berliner Tagebuch: Aufzeichnungen eines Auslandskorrespondenten 1934–1941*, Leipzig 1995.
———, *Aufstieg und Fall des Dritten Reiches*, Köln/Berlin 1961.
Smith, Bradley F., *Der Jahrhundertprozess: Die Motive der Richter von Nürnberg*, Frankfurt a.M. 1977.
Snyder, Timothy, *Bloodlands: Europa zwischen Hitler und Stalin*, München 2010.
Speer, Albert, *Erinnerungen*, Berlin 1969.
St. George, Maximilian, und Dennis Lawrence, *A Trial on Trial: The Great Sedition Trial of 1944*, o.O. 1946.

Stein, George H., *Geschichte der Waffen-SS*, Düsseldorf 1967.
Stephenson, Donald, *Frontschweine and Revolution: The Role of Front-Line Soldiers in the German Revolution of 1918*, Dissertation der Syracuse University, 2007.
Strasser, Otto, *Hitler und ich*, Buenos Aires 1940.
———, *The Gangsters Around Hitler*, London 1942.
———, *Ministersessel oder Revolution*, Berlin 1933.
Täubrich, Hans-Christian (Hg.), *Ausstellung ›Faszination und Gewalt‹: Texte, Fotoauswahl und Erkundungsbogen*, Nürnberg 2005.
Taylor, Frederick, *Inflation: Der Untergang des Geldes in der Weimarer Republik und die Geburt eines deutschen Traumas*, München 2013.
Taylor, Telford, *Die Nürnberger Prozesse: Hintergründe, Analysen und Erkenntnisse aus heutiger Sicht*, München 1992.
Torrie, Julia S., *›For Their Own Good‹: Civilian Evacuations in Germany and France, 1939–1945*, New York 2010.
Trials of War Criminals Before the Nuernberg Military Tribunals Under Control Council Law No. 10, 15 Bde., Nürnberg 1946–1949.
Tusa, Ann, und John Tusa, *The Nuremberg Trial*, New York 1986.
University of St. Michael's College v. Herbert W. Richardson, Toronto 1994.
Vansittart, Robert, *The Mist Procession: The Autobiography of Lord Vansittart*, London 1958.
Wasow, Wolfgang R., *Memories of Seventy Years: 1909 to 1979*, Madison 1986.
Watt, Richard, *Der Kaiser geht: Deutschland zwischen Revolution und Versailles*, Frankfurt a.M. 1971.
Weinberg, Gerhard L., *The Foreign Policy of Hitler's Germany: Diplomatic Revolution in Europe 1933–36*, Chicago 1970.
Weiner, Tim, *FBI: Die wahre Geschichte einer legendären Organisation*, Frankfurt a.M. 2012.
Weinmann, Martin, *Das nationalsozialistische Lagersystem*, Frankfurt 1990.
Weinreich, Max, *Hitler's Professors: The Part of Scholarship in Germany's Crimes Against the Jewish People*, New York 1946.
Winterbotham, Frederick W., *The Nazi Connection*, New York 1978.
Wittman, Robert K., mit John Shiffman, *Unbezahlbar: Wie ich als Undercover-Agent die wertvollsten Gemälde der Welt rettete*, München 2011.
Wyneken, JonDavid K., *Driving Out the Demons: German Churches, the Western Allies, and the Internationalization of the Nazi Past, 1945–1952*, Diss. Ohio University, 2007.
Zimmerman, Joshua D. (Hg.), *Jews in Italy under Fascist and Nazi Rule, 1922–1945*, Cambridge 2005.
Zuccotti, Susan, *The Holocaust, the French, and the Jews*, Lincoln 1999.

Anmerkungen

Vorwort

1 *After Action Report, Third US Army, 1. August 1944 – 9. Mai 1945*, hrsg. v. U.S. Army Combined Arms Center, Combined Arms Research Library Digital Library (cgsc.contentdm.oclc.org), *Bd. I: The Operations*, S. 337.
2 Jean-Marc Dreyfus und Sarah Gensburger, *Nazi Labour Camps in Paris: Austerlitz, Lévitan, Bassano, July 1943–August 1944*, New York 2011, S. 9.
3 Marguerite Higgins, »Americans Find Nazi Archives in Castle Vault«, *New York Herald Tribune* vom 24. April 1945.
4 *After Action Report, Third US Army, 1. August 1944 – 9. Mai 1945, Bd. II: Staff Section Reports*, S. G-2 202.
5 »Certification of William H. Baldwin«, 18. Oktober 1945, National Archives, M1946, Rolle 122.
6 Higgins, »Americans Find Nazi Archives in Castle Vault«.
7 Alfred Rosenberg, ›Die Judenfrage als Weltproblem‹, Vortrag anlässlich der Eröffnung des Instituts zur Erforschung der Judenfrage, *Völkischer Beobachter* vom 29. März 1941.
8 Siehe Ernst Piper, »Vor der Wannsee-Konferenz: Ausweitung der Kampfzone«, *Der Tagesspiegel* vom 11. Dezember 2011.
9 Jürgen Matthäus und Frank Bajohr (Hg.), *Alfred Rosenberg: Die Tagebücher von 1934 bis 1944*, Frankfurt a.M. 2015, S. 199.
10 G. M. Gilbert, *Nürnberger Tagebuch*, Frankfurt a.M. 1968, S. 259ff.
11 Wie Anm. 9. Unterstreichung im Original.
12 Leon Goldensohn, *Die Nürnberger Interviews: Gespräche mit Angeklagten und Zeugen*, Düsseldorf/Zürich 2005, S. 129f.
13 Schlussplädoyer des amerikanischen Hauptanklagevertreters Robert Jackson, in: *Der Prozess gegen die Hauptkriegsverbrecher vor dem Internationalen Militärgerichtshof. Nürnberg 14. November 1945 – 1. Oktober 1946*, 42 Bde., Nürnberg 1947–1949; hier Bd. XIX, 1947, S. 460.

14 Vgl. Peter Maguire, *Law and War: International Law and American History*, überarbeitete Neuausgabe, New York 2010, S. 128, und Hellmuth Auerbach, »Die Einheit Dirlewanger«, *Vierteljahreshefte für Zeitgeschichte* 1962, S. 250–263, S. 263.
15 Maguire, *Law and War*, S. 151–158.
16 Robert Kempner, *Ankläger einer Epoche: Lebenserinnerungen*, Frankfurt 1983, S. 348.
17 Ebenda, S. 369.
18 Vgl. Norbert Frei, *Vergangenheitspolitik: Die Anfänge der Bundesrepublik und die NS-Vergangenheit*, München 1996, S. 149f.
19 Eivind Berggrav, lutherischer Bischof in Oslo, zitiert in JonDavid K. Wyneken, *Driving Out the Demons: German Churches, the Western Allies, and the Internationalization of the Nazi Past, 1945–1952*, Diss. Ohio University, 2007, S. 368.
20 Zur Kontroverse vgl. Frei, *Vergangenheitspolitik*, S. 150f.
21 Eine der Zeitungen war *Die Zeit* unter dem rechtskonservativen Journalisten Richard Tüngel. Siehe Dirk Pöppmann, »The Trials of Robert Kempner: From Stateless Immigrant to Prosecutor of the Foreign Office«, in: Kim C. Priemel und Alexa Stiller (Hg.), *Reassessing the Nuremberg Military Tribunals*, New York 2012, S. 41, und ders., »Robert Kempner und Ernst von Weizsäcker im Wilhelmstrassen-Prozess«, in: Irmtrud Wojak und Susanne Meinl (Hg.), *Im Labyrinth der Schuld: Täter – Opfer – Ankläger*, Frankfurt a.M. 2003, S. 183–189.
22 Maguire, *Law and War*, S. 160f.
23 Jack Raymond, »Krupp to Get Back Only Part of Plant«, *New York Times* vom 2. Februar 1951.
24 Von den sieben Hauptkriegsverbrechern, die nach den Prozessen des Internationalen Militärtribunals 1946 ins Gefängnis kamen, wurden drei früh aus gesundheitlichen Gründen freigelassen. Admiral Karl Dönitz (10 Jahre), Albert Speer (20 Jahre) und Baldur von Schirach (20 Jahre) saßen ihre ganze Zeit ab. Rudolf Heß, zu lebenslanger Haft verurteilt, beging 1987 Selbstmord.
25 Robert M. W. Kempner, »Distorting German History«, *New York Herald Tribune* vom 13. Januar 1950.
26 Verwaltungsnotizen, National Archives, Record Group 238, Correspondence with European Document Centers Relating to the Receipt and Return of Documents 1945–1946.
27 Mark Roseman, *Die Wannsee-Konferenz: Wie die NS-Bürokratie den Holocaust organisierte*, Berlin 2002, S. 7f.
28 Brief von Ben Ferencz an Kempner, 15. Dezember 1989, Unterlagen

Telford Taylor, Reihe 20, Unterreihe 1, Box 3. In diesem Brief hieß es weiter: »Ende gut, alles gut. Das soll nicht heißen, dass es da nicht andere Leute gäbe, die dich für einen Hurensohn und Bastard halten und dich nur allzu gern umbringen würden. Ich bin sicher, dass viele frühere Nazis und ihre Sympathisanten mir da freudig zustimmen würden.« Mein Dank gilt dem Taylor-Biografen Jonathan Bush, der mir diesen Brief überlassen hat.

29 Astrid M. Eckert, *Kampf um die Akten: Die Westalliierten und die Rückgabe von deutschem Archivgut nach dem Zweiten Weltkrieg*, Stuttgart 2004, S. 75. Dort englisch zitiert.

30 Aktennotiz zur Aktenentsorgung, 27. August 1948, National Archives, Record Group 260, Records of the Office of the Chief of Counsel for War Crimes.

31 Kempner, *Ankläger einer Epoche*, S. 403, 405.

32 Aktennotiz von Fred Niebergall, 8. April 1949, Kempner papers.

33 Kempners Korrespondenz mit Dutton, 1949–1950, Kempner papers, Box 55.

34 Kempner, *Ankläger einer Epoche*, S. 407.

35 Mitteilung von Pennsylvania Railroad, Kempner papers, Box 3.

36 Kempner, *Ankläger einer Epoche*, S. 380; Jane Lester, Oral History-Interview, USC Shoah Foundation. Zu Remarque: Kempner, *Ankläger einer Epoche*, S. 382f., zu Gumbel S. 376f.

37 Siehe die Literatur von Kempner in der Bibliografie.

38 Hans Knight, »Anthology of Hell«, *The Sunday Bulletin Magazine* (Philadelphia) vom 9. Mai 1965.

39 Sie hatte ihren ursprünglichen Namen Margot Lipstein geändert, als sie in die Vereinigten Staaten auswanderte.

40 Eidesstattliche Aussage von Margaret Lipton in Lipton vs. Swansen, et al, 23. Juni 1999, Delaware County Court of Common Pleas.

41 Eidesstattliche Aussage von Lucian Kempner in Lipton vs. Swansen, et al, 8. Dezember 1999, Delaware County Court of Common Pleas.

42 André Kempner, Brief an Robert Kempner, 14. September 1969, Kempner papers, im März 2015 noch nicht archiviert.

43 Aussage von Jane Lester in Lipton vs. Swansen, et al, 31. Januar 2001, Delaware County Court of Common Pleas.

2 »Alles weg«

44 Jane Lester, Oral History-Interview, USC Shoah Foundation.

45 Brief von Richardson an Kempner, 8. April 1982, Robert M.W. Kempner collection, Box 69.

46 Aktennotiz von Henry Mayer, »Re: Alfred Rosenberg ›Tagebuch‹«, 12. Juni 2006.

47 Video der Einweihung des Robert Kempner Collegium, 21. September 1996, Robert M.W. Kempner collection, Videobox #1.

48 Rhonda F. Levine, *Class, Networks, and Identity: Replanting Jewish Lives from Nazi Germany to Rural New York*, Lanham 2001, S. 37–41; Marion Kaplan, *Der Mut zum Überleben. Jüdische Frauen und ihre Familien in Nazideutschland*, Berlin 2001, S. 40; Evans, *Das Dritte Reich*, Bd. 2, *Der Krieg*, S. 695.

49 Zitate aus einem Gespräch des Autors mit Henry Mayer.

50 Renée Poznanski, *Jews in France during World War II*, Hanover/London 2001, S. 182.

51 Die Einzelheiten zu Richardsons Leben stammen aus: Charles Trueheart, »Publish AND Perish?«, *Washington Post* vom 13. Juli 1994, und Jake New, »Herbert Richardson v. the World«, *The Chronicle of Higher Education* vom 15. April 2013. Richardson reagierte nicht auf Anrufe der Autoren in seinem Büro und bei seinem Anwalt mit der Bitte um ein Interview.

52 Zitiert in Charles Trueheart, »Publish AND Perish?«, *Washington Post* vom 13. Juli 1994.

53 Lipton vs. Swansen et al., Delaware County Court of Common Pleas.

54 Antragsschrift des Nachlasses André Kempner und Lucian Kempner auf eine gerichtliche Verfügung, 20. September 1999, abgelegt in: Lipton vs. Swansen et al., Delaware County Court of Common Pleas.

55 Eidesstattliche Erklärung von Lipton in: Lipton vs. Swansen et al., 23. Juni 1999, Delaware County Court of Common Pleas.

56 Timothy Logue, »History Uncovered«, *Delaware Country Times* vom 26. August 1999.

3 »Der Blick auf die Denkweise einer finsteren Seele«

57 Korrespondenz zwischen Kempner und Seraphim, 1955/1956, Robert M.W. Kempner collection, Boxes 53 und 58.

58 Diese Darstellung des Gesprächs folgt einer Aktennotiz von Mayer in seiner Akte »Re: Alfred Rosenberg ›Tagebuch‹«, 12. Juni 2006. Walt Martin reagierte nicht auf Anrufe der Autoren mit der Bitte um einen Kommentar.

59 *United States of America vs. William Martin*, United States District Court for the Eastern District of Pennsylvania.

60 Interview des Autors mit Edward Jesella, 20. April 2015.

61 Diese Darstellung von Richardsons Aussage folgt dem Ermittlungsbericht des Untersuchungsbeamten, datiert auf den 1. März 2013, der den Autoren gemäß dem Freedom of Information Act von der Polizei- und Zollbehörde des Heimatschutzministeriums zur Verfügung gestellt wurde.

62 Amerikanische Staatsanwälte sind zwar jeweils einem bestimmten Bezirk zugeordnet, dürfen aber Ermittlungen in Bezug auf kriminelle Aktivitäten überall in den Vereinigten Staaten aufnehmen. Es ist Routine, dass sie Zwangsvorladungen außerhalb ihrer Bezirke verschicken.

63 Patricia Cohen, »Diary of a Hitler Aide Resurfaces After a Hunt That Lasted Years«, *New York Times* vom 13. Juni 2013.

4 »Stiefkinder des Schicksals«

64 *New York Times* vom 10. Dezember 1918. Siehe auch die Wochenschau des Nachrichtenarchivs British Pathé, »German Troops Return 1918« auf britishpathe.com.

65 Friedrich Ebert, »Ansprache an die Heimkehrenden Truppen«, abgedruckt in: *Politische Reden III*, hrsg. von Peter Wende, Frankfurt/M. 1994, S. 94ff. Vgl. Donald Stephenson, *Frontschweine and Revolution: The Role of Front-Line Soldiers in the German Revolution of 1918*, Dissertation der Syracuse University, 2007, S. 287–299.

66 Brief einer unbekannten Briefpartnerin an Evelyn Blücher, die englische Ehefrau eines deutschen Fürsten, die den Krieg in Deutschland verbrachte, zitiert in: Evelyn Mary Blücher von Wahlstatt, *An English Wife in Berlin: A Private Memoir of Events, Politics, and Daily Life in Germany Throughout the War and the Social Revolution of 1918*, New York 1920, S. 305.

67 Serge Lang und Ernst von Schenck (Hg.), *Portrait eines Menschheitsverbrechers: Nach den hinterlassenen Memoiren des ehemaligen Reichsministers Alfred Rosenberg*, St. Gallen 1947, S. 42.

68 Ernst Piper, *Alfred Rosenberg: Hitlers Chefideologe*, München 2005, S. 208.

69 Airey Neave, *On Trial at Nuremberg*, Boston 1979, S. 103.

70 Zitiert in Robert Cecil, *The Myth of the Master Race: Alfred Rosenberg and Nazi Ideology*, New York 1972, S. 11; siehe Rosenberg, »Wie der Mythus entstand«, Manuskript, 1935, BArch NS 8/22, Bl. 33–74.

71 Einzelheiten aus der Jugendzeit Rosenbergs stammen aus Lang, *Portrait eines Menschheitsverbrechers*, S. 13–42.

72 Joachim Fest, *Das Gesicht des Dritten Reiches: Profile einer totalitären Herrschaft*, München 1963, S. 230.

73 Cecil, *The Myth of the Master Race*, S. 15.

74 Lang, *Portrait eines Menschheitsverbrechers*, S. 30.

75 Aus Rosenbergs *Pest in Russland! Der Bolschewismus, seine Häupter, Handlanger und Opfer*, München 1922, wieder abgedruckt in: Alfred Rosenberg, *Schriften und Reden*, Bd.2, *Schriften aus den Jahren 1921–1923*, München 1943, S. 202.

76 Cecil, *The Myth of the Master Race*, S. 20.

77 Lang, *Portrait eines Menschheitsverbrechers*, S. 41f.

78 David Clay Large, *Hitlers München: Aufstieg und Fall der Hauptstadt der Bewegung*, München 1998, S. 9.

79 Ebenda, S. 30ff.

80 Richard Evans, *Das Dritte Reich*, Bd.1, *Aufstieg*, München 2005, S. 239–244.

81 Vgl. Lang, *Portrait eines Menschheitsverbrechers*, S. 51.

82 Alfred Rosenberg, *Dietrich Eckart: Ein Vermächtnis*, München 1928, S. 45.

83 Rosenberg beschreibt diese Szene in Lang, *Portrait eines Menschheitsverbrechers*, S. 54.

5 »Die meistgehaßte Zeitung im Land!«

84 Einzelheiten zu Hitlers frühen Jahren sind Ian Kershaw, *Hitler. 1889–1945*, München 2009, S. 23–86 entnommen.

85 Adolf Hitler, *Mein Kampf*, München 1934, S. 138.

86 Kershaw, *Hitler. 1889–1945*, S. 57–65.

87 Reinhold Hanisch, »I Was Hitler's Buddy«, *New Republic* vom 5. April, 12. April und 19. April 1939.

88 Kershaw, *Hitler. 1889–1945*, S. 95.

89 Lang, *Portrait eines Menschheitsverbrechers*, S. 61.

90 Kurt Lüdecke, *I Knew Hitler: The Story of a Nazi Who Escaped the Blood Purge*, New York 1937, S. 510.

91 Rosenbergs Brief an Heß vom 6. April 1934, BArch NS 8/177, Bl. 217.

92 Lang, *Portrait eines Menschheitsverbrechers*, S. 58.

93 *Völkischer Beobachter*, Jg. 34, Nr. 110/111, 25. Dezember 1920, S. 2; Layton, »The *Voelkischer Beobachter*, 1920–1933«, S. 354.

94 Ebenda, S. 360.

95 Tagebuch von Paula Schlier, zitiert in Layton, *The Voelkischer Beobachter, 1925–1933*, S. 87f.

96 Adolf Hitler, *Monologe im Führerhauptquartier 1941–1944*, München 2000, S. 357.

97 Layton, »The *Voelkischer Beobachter, 1920–1933*«, S. 369–380.

98 Layton, *The Voelkischer Beobachter, 1925–1933*, S. 256.
99 Hitler, *Monologe im Führerhauptquartier*, S. 356.
100 Ernst Hanfstaengl, *Hitler: The Missing Years*, New York 1994, S. 91.
101 Ebenda, S. 122.
102 Robert Pois (Hg.), *Race and Race History and Other Essays by Alfred Rosenberg*, New York 1970, S. 14.
103 Diese Zusammenfassung der arischen Idee und ihrer Entwicklung ist übernommen von Heather Pringle, *The Master Plan: Himmler's Scholars and the Holocaust*, New York 2006, S. 27–36.
104 William L. Shirer, *Aufstieg und Fall des Dritten Reiches*, Köln/Berlin 1961, S. 102–107, Zitat S. 107.
105 Zitiert nach: Reinhard Bollmus, »Alfred Rosenberg. Chefideologe des Nationalsozialismus?«, in: Ronald Smelser und Rainer Zitelmann (Hrsg.), *Die braune Elite: 22 biographische Skizzen*, Bd. 1, Darmstadt 1989, S. 223–235, Zitat S. 227f.
106 Fritz Nova, *Alfred Rosenberg: Philosopher of the Third Reich*, New York 1986, S. 103.
107 Pois, *Race and Race History*, S. 189.
108 Rosenberg, *Schriften und Reden*, Bd. 1, S. 608. Vgl. Nova, *Alfred Rosenberg*, S. 118.
109 Michael Kellogg, *The Russian Roots of Nazism: White Émigrés and the Making of National Socialism 1917-1945*, Cambridge 2005, S. 70–73. Andere waren der Ansicht, Rosenberg habe Hitler das Buch nahegebracht, doch dafür gibt es keinen Beleg.
110 Ebenda, S. 75.
111 Otto Strasser, *The Gangsters Around Hitler*, London 1942, S. 21ff.
112 Ludecke, *I Knew Hitler*, S. 79. Lüdecke überwarf sich später mit Hitler.
113 Hitler, *Mein Kampf*, S. 58–63.
114 Kershaw, *Hitler. 1889–1945*, S. 57–62, Zitat S. 62.
115 Evans, *Aufstieg*, S. 255–262, Zitat S. 256.
116 Adolf Hitler, *Sämtliche Aufzeichnungen 1905–1924*, hg. v. Eberhard Jäckel u. Axel Kuhn, Stuttgart 1980, S. 176f.
117 Hitler, *Sämtliche Aufzeichnungen*, S. 955–962, Zitat S. 955. Vgl. Norman Baynes (Hg.), *The Speeches of Adolf Hitler, April 1922 - August 1939*, 2 Bde., London 1942, S. 73.
118 Kershaw, *Hitler. 1889–1945*, S. 113, und Kellogg, *The Russian Roots of Nazism*, S. 242.
119 Alfred Rosenberg, »Die russisch-jüdische Revolution«, *Auf gut deutsch* vom 21. Februar 1919, abgedruckt in: Rosenberg, *Schriften und Reden*, Bd. 1, S. 264–272. Vgl. Barbara Miller Lane und Leila J. Rupp (Hg.), *Nazi Ideology before 1933: A Documentation*, Manchester 1978, S. 11–16.

120 Alexander Dallin, *Deutsche Herrschaft in Russland 1941–1945: Eine Studie über Besatzungspolitik*, Düsseldorf 1958, S. 21.
121 Hitler, *Sämtliche Aufzeichnungen*, S. 619.
122 Ebenda, S. 656–671.
123 Evans, *Aufstieg*, S. 262.
124 Ebenda, S. 145–170.
125 Vgl. ebenda S. 263–283; Shirer, *Aufstieg und Fall des Dritten Reiches*, S. 67–77; und Anthony Read, *The Devil's Disciples: Hitler's Inner Circle*, New York 2003, S. 85–102.
126 Read, *The Devil's Disciples*, S. 26–38.
127 Hanfstaengl, *Hitler: The Missing Years*, S. 92.
128 Paula Schlier, *Petras Aufzeichnungen*, Innsbruck 1926, S. 19.
129 Ebenda, S. 118.
130 Lang, *Portrait eines Menschheitsverbrechers*, S. 85.
131 Kershaw, *Hitler. 1889–1945*, S. 160.
132 Piper, *Alfred Rosenberg*, S. 98.
133 Lang, *Portrait eines Menschheitsverbrechers*, S. 88f.
134 Lüdecke, *I Knew Hitler*, S. 184.
135 Ebenda, S. 278.
136 Brief Adolf Hitlers an Alfred Rosenberg vom 2. April 1925, zitiert in Cecil, *The Myth of the Master Race*, S. 50f.
137 Das Auto kostete mehr, als Hitler im Jahr 1925 als zu versteuerndes Einkommen angab: 20 000 Reichsmark. Hitler sagte, er habe den Kauf mit einem Bankkredit finanziert. Ian Kershaw, *Hitler 1899–1936*, München 2013, S. 841f., Anm. 156.
138 Lang, *Portrait eines Menschheitsverbrechers*, S. 221.
139 Lüdecke, *I Knew Hitler*, S. 288.
140 Lang, *Portrait eines Menschheitsverbrechers*, S. 284.
141 Piper, *Alfred Rosenberg*, S. 240.
142 Ebenda, S. 244.
143 Lang, *Portrait eines Menschheitsverbrechers*, S. 26f.
144 Piper, *Alfred Rosenberg*, S. 243, Heinrich Brüning, *Memoiren 1918–1934*, Stuttgart 1970, S. 529.
145 Piper, *Alfred Rosenberg*, S. 242. Als die Nationalsozialisten ein Jahr später an die Macht kamen, wurde Christian Heuck, der Abgeordnete, der ihn so gekränkt hatte, weitaus schwerer bestraft. Zusammen mit anderen führenden Kommunisten und politisch Unzuverlässigen wurde er festgenommen, wegen Vorbereitung zum Hochverrat verurteilt und im Gefängnis ermordet.
146 Lang, *Portrait eines Menschheitsverbrechers*, S. 83.
147 Ebd.

6 Die Nacht bricht herein

148 Richard Evans, *Aufstieg*, S. 417–468.
149 Sefton Delmer, *Die Deutschen und ich*, Hamburg 1962, S. 188.
150 Shirer, *Aufstieg und Fall des Dritten Reiches*, S. 192.
151 Bericht des US-Botschafters Frederic M. Sackett vom 3. März 1933, S. 201–204 in: *Foreign Relations of the United States*, 1933, Bd. 2.
152 Bericht des US-Botschafters Frederic M. Sackett vom 9. März 1933, S. 206–209 in: *Foreign Relations of the United States*, 1933, Bd. 2.
153 Shirer, *Aufstieg und Fall des Dritten Reiches*, S. 195.
154 Kempner, *Ankläger einer Epoche*, S. 16.
155 Ebenda, S. 205.
156 Ebenda, S. 13f.
157 Creese, Mary R.S., *Ladies in the Laboratory*, Lanham, Maryland, 2004, Bd. II, S. 129–138.
158 Kempner, *Ankläger einer Epoche*, S. 11 und 19.
159 Ebenda, S. 22–26.
160 Erzählt nach: Richard Watt, *Der Kaiser geht: Deutschland zwischen Revolution und Versailles*, Frankfurt a.M. 1971, S. 196–219.
161 Briefe Kempners an das Büro für Kriegsstammrollen vom 9. Mai u. 3. September 1934. Kempner Papers, Box 41.
162 Kempner, *Ankläger einer Epoche*, S. 25f.
163 Beglaubigte Abschrift des Landsturm-Militärpasses von Robert Kempner. Kempner Papers, Box 76.
164 Briefe Carl Severings, Erich Klauseners u. Wilhelm Drews' an Kempner. Kempner Papers, Box 76.
165 Kempner, *Ankläger einer Epoche*, S. 71.
166 Aktennotiz zu Kempners geplanter Zeugenaussage im Verfahren *United States vs. McWilliams*. Kempner Papers, Box 154.
167 Veröffentlicht als: Robert Kempner, »Blueprint of the Nazi Underground – Past and Future Subversive Activities«, *Research Studies of the State College of Washington* 13, Nr. 2 (Juni 1945), S. 51–153.
168 Adolf Hitler, *Reden, Schriften, Anordnungen*, Band III 3, München u.a. 1995, S. 445.
169 Bella Fromm, *Als Hitler mir die Hand küsste*, Berlin 1993, S. 90.
170 *Foreign Relations of the United States*, 1933, Bd. 2, S. 320.
171 Frederick T. Birchall, »Nazi Bands Stir Up Strife in Germany«, *New York Times* vom 9. März 1933.
172 »Charge Terrorism By Nazi Troopers«, *New York Times* vom 15. März 1933.
173 »German Fugitives Tell of Atrocities at Hands of Nazis«, *New York Times* vom 20. März 1933.

174 Willy Brandt, *Mein Weg nach Berlin,* München 1960, S. 61f.
175 Bericht Botschafter Sacketts vom 21. März 1933, *Foreign Relations of the United States,* 1933, Bd. 2, S. 212.
176 »Review Nazi Rise in Talk Over Radio«, *New York Times* vom 13. März 1933.
177 »Present Status of the Anti-Semitic Movement in Germany«, Bericht Generalkonsul George Messersmiths vom 21. September 1933. George S. Messersmith Papers, Item 305.
178 Bericht Messersmiths vom 1. November 1933, S. 363, in: *Foreign Relations of the United States,* 1933, Bd. 2.
179 Kempner, *Ankläger einer Epoche,* S. 110–118; Read, *The Devil's Disciples,* S. 280.
180 Leni Riefenstahl, zitiert nach: Benjamin Hett, *Burning the Reichstag,* New York 2014, S. 28.
181 Kempner, *Ankläger einer Epoche,* S. 111f.
182 Erik Larson, *Tiergarten – In the Garden of Beasts: Ein amerikanischer Botschafter in Nazi-Deutschland,* Hamburg 2013, S. 152–157.
183 Kempner, *Ankläger einer Epoche,* S. 110.
184 Hett, *Burning the Reichstag,* S. 79.
185 Kempner, *Ankläger einer Epoche,* S. 68–72.
186 Kaplan, *Der Mut zum Überleben,* S. 100f.
187 John Dippel, *Die große Illusion: Warum deutsche Juden ihre Heimat nicht verlassen wollten,* Weinheim/Berlin 1997, S. 48–71.
188 Ebenda, S. 200.
189 Ebenda, S. 35.
190 Kempner, *Ankläger einer Epoche,* S. 176.

7 »Rosenbergs Weg«

191 Henry C. Wolfe mit Heinrich Hauser, »Nazi Doctor of Frightfulness«, *The Milwaukee Journal* vom 6. Juli 1940.
192 Lüdecke, *I Knew Hitler,* S. 83ff.
193 Albert Krebs, *Tendenzen und Gestalten der NSDAP: Erinnerungen an die Frühzeit der Partei,* Stuttgart 1959, S. 176f.
194 Ebenda, S.151.
195 Ebenda, S. 178f.
196 Verhör Rosenberg, 21. September 1945, 14 Uhr 30 bis 16 Uhr 40, National Archives, M1270, Roll 17.
197 Krebs, *Tendenzen und Gestalten der NSDAP,* S. 180.
198 Cecil, *The Myth of the Master Race,* S. 101.
199 Verhör Rosenberg, 21. September 1945, 14 Uhr 30 bis 16 Uhr 40.

200 Alfred Rosenberg, *Der Mythus des 20. Jahrhunderts,* München 1934, S. 116.
201 Cecil, *The Myth of the Master Race,* S. 82.
202 Rosenberg, *Der Mythus des 20. Jahrhunderts,* S. 105.
203 Fest, *Das Gesicht des Dritten Reiches,* S. 232.
204 Goldensohn, *Die Nürnberger Interviews*, S. 168; Piper, *Alfred Rosenberg,* S. 494.
205 Henry Picker, *Hitlers Tischgespräche im Führerhauptquartier, 1941–42*, Berlin 1951, S. 301. Diese Bemerkungen wurden allerdings von Martin Bormann, einem erklärten Gegner Rosenbergs, überliefert.
206 Hanfstaengl, *Hitler: The Missing Years*, S. 122.
207 Franz von Papen, *Der Wahrheit eine Gasse*, München 1952, S. 294.
208 Otto Strasser, *Hitler und ich,* Buenos Aires 1940, S. 97.
209 Gespräch mit Strasser am 21. Mai 1930, zitiert in Otto Strasser, *Ministersessel oder Revolution*, Berlin 1933, S. 12ff. Siehe Piper, *Alfred Rosenberg,* S. 187.
210 Zitiert nach: Bollmus, »Alfred Rosenberg: Chefideologe des Nationalsozialismus?«, S. 228.
211 Piper, *Alfred Rosenberg,* S. 293. Allein 1934 erhielt er 42 000 Reichsmark Autorentantiemen, was nach heutigem Geldwert etwa 200 000 Euro entspräche.
212 Matthäus, *Die Tagebücher,* S. 187.
213 Brian Ladd, *The Ghosts of Berlin: Confronting German History in the Urban Landscape,* Chicago 1997, S. 115–125.
214 Bericht Generalkonsul George Messersmiths vom 10. April 1933, *Foreign Relations of the United States,* 1933, Bd. 2, S. 223.
215 Douglas M. Kelley, *22 Cells in Nuremberg: A Psychiatrist Examines the Nazi Criminals,* New York 1947, S. 38. Douglas Kelley war einer der Psychiater, die Rosenberg befragten, während er in Nürnberg in Haft saß.
216 William Dodd Jr. und Martha Dodd (Hg.), *Diplomat auf heißem Boden: Tagebuch des USA-Botschafters William E. Dodd in Berlin 1933–1938*, Berlin 1962, S. 219.
217 Lüdecke, *I Knew Hitler,* S. 642f.
218 Robert Vansittart, *The Mist Procession: The Autobiography of Lord Vansittart,* London 1958, S. 475. Vgl. Jonathan Petropoulos, *Kunstraub und Sammelwahn: Kunst und Politik im Dritten Reich*, Berlin 1999, S. 48.
219 Die britischen Agenten waren Frederick Winterbotham und William de Ropp. Siehe Frederick Winterbotham, *The Nazi Connection,* New York 1978, S. 61–81.
220 Piper, *Alfred Rosenberg,* S. 293f.

221 Evans, *Diktatur,* S. 555–558.

222 Rothfeder, Herbert P., *A Study of Alfred Rosenberg's Organization for National-Socialist Ideology,* Dissertation an der Univ. of Michigan, S. 72–76.

223 Rede Rosenbergs vom 22. Februar 1934, »Der Kampf um die Weltanschauung«, in: Alfred Rosenberg, *Gestaltung der Idee: Reden und Aufsätze 1933–1935*, München 1938, S. 23–46, Zitate S. 25 und 32, Vgl. Cecil, *The Myth of the Master Race,* S. 113.

224 Fromm, *Blood and Banquets,* New York 1942, S. 164.

225 Biografische Einzelheiten zu Joseph Goebbels nach Read, *The Devil's Disciples,* S. 126–134; Louis Lochner (Hg.), *Goebbels. Tagebücher. Aus den Jahren 1942–43,* Zürich 1948, S. 14–16.

226 Read, *The Devil's Disciples,* S. 142.

227 Zitiert ebenda, S. 147.

228 Zitiert nach: Kershaw, *Hitler. 1889–1945*, S. 192.

229 Fest, *Das Gesicht des Dritten Reiches,* S. 442, Anm. 44.

230 Lochner, *Goebbels. Tagebücher,* S. 21.

231 Ebenda, S. 23.

232 Verordnung über die Aufgaben des Reichsministeriums für Volksaufklärung und Propaganda vom 30. Juni 1933. RGBl. 1933 I, S. 449.

233 Otto Friedrich, *Weltstadt Berlin: Größe und Untergang 1918–1935,* München 1973, S. 10.

234 Ladd, *The Ghosts of Berlin,* S. 110–115.

235 Artikel im *Völkischen Beobachter*, zitiert ebenda S. 82.

236 Artikel Rosenbergs im Jahrgang 1925 von *Der Weltkampf,* zitiert nach: Pois, *Race and Race History,* S. 173.

237 Petropoulos, *Kunstraub und Sammelwahn,* S. 35f.

238 Rosenberg, »Revolution in der bildenden Kunst«, *Völkischer Beobachter* vom 7. Juli 1933.

239 Vgl. Evans, *Diktatur*, S. 210.

240 Rothfeder, *A Study of Alfred Rosenberg's Organization for National Socialist Ideology,* S. 136–138 u. 215–218.

241 Petropoulos, *Kunstraub und Sammelwahn,* S. 51.

242 Jan-Pieter Barbian, *Literaturpolitik im NS-Staat: Von der Gleichschaltung bis zum Ruin,* Frankfurt a.M. 2010, S. 154.

243 Ebenda, S. 157.

244 Rothfeder, *A Study of Alfred Rosenberg's Organization for National Socialist Ideology,* S. 199–207.

245 Krebs, *Tendenzen und Gestalten der NSDAP,* S. 166.

246 Cecil, *The Myth of the Master Race,* S. 4.

247 Matthäus, *Die Tagebücher,* S. 271.

248 Ebenda, S. 332.

249 Shirer, *Aufstieg und Fall des Dritten Reiches,* S. 201ff.
250 Fromm, *Als Hitler mir die Hand küsste,* S. 154f.
251 Matthäus, *Die Tagebücher,* S. 143.
252 Fromm, *Als Hitler mir die Hand küsste,* S. 155.

8 Das Tagebuch

253 »Reich to Be Armed in Air With Mighty Fleet by 1936«, *New York Times* vom 11. Mai 1934; »Britain Alarmed by Reich Planes«, *New York Times* vom 12. Mai 1934. Die amerikanischen Flugzeughersteller wiesen darauf hin, dass sie Ausrüstung lediglich für zivile, nicht für militärische Flugzeuge lieferten und auch nicht an die Reichsregierung, sondern an deutsche Privatunternehmen.
254 »20,000 Nazi Friends at a Rally Here Denounce Boycott«, *New York Times* vom 18. Mai 1934.
255 John Rogge, *The Official German Report: Nazi Penetration 1924–1942, Pan-Arabism 1939–Today,* New York 1961, S. 17–21; Arnie Bernstein, *Swastika Nation: Fritz Kuhn and the Rise and Fall of the German-American Bund,* New York 2013, S. 25–37.
256 »Reds Riot in Court After Nazi Rally«, *New York Times* vom 18. Mai 1934.
257 »Goebbels Utters Threats to Jews«, *New York Times* vom 12. Mai 1934. Vgl. *Die Verfolgung und Ermordung der europäischen Juden durch das nationalsozialistische Deutschland*, Bd. 1, Deutsches Reich 1933–1937, München 2008, S. 338.
258 Einzelheiten zur Kampagne gegen »Miesmacher und Kritikaster« aus: Peter Longerich, *Goebbels: Biographie,* München 2010, S. 260f.; Read, *The Devil's Disciples,* S. 361; Evans, *Diktatur,* S. 36f.
259 Tolischus, Otto D., »Grumblers Face Arrest in Reich«, *New York Times* vom 19. Mai 1934.
260 Matthäus, *Die Tagebücher,* S. 119.
261 Ebenda, S. 20.
262 Ebenda, S. 129.
263 »The German Jigsaw: Herr Hitler As Helmsman«, *The Times* vom 9. Mai 1934.
264 Matthäus, *Die Tagebücher,* S. 125.
265 Ebenda, S. 126. Graf Bernstorff wurde 1944 verhaftet und von der SS wenige Wochen vor Kriegsende hingerichtet.
266 Der Bericht über die »Nacht der langen Messer« beruht auf Evans, *Diktatur,* S. 41–53; Shirer, *Aufstieg und Fall des Dritten Reiches,* S. 201–205; Read, *The Devil's Disciples,* S. 343–374; sowie J. Noakes und G. Pridham

(Hg.), *Nazism: A History in Documents and Eyewitness Accounts, 1919–1945*, 2 Bde., New York 1983–1988, Bd. 1, S. 172–185.

267 Einzelheiten zu Himmlers Biografie aus Read, *The Devil's Disciples*, S. 39–49 u. 93–95.

268 Ebenda, S. 168f. u. 179–181.

269 Matthäus, *Die Tagebücher*, S. 141ff.

270 Matthäus, *Die Tagebücher*, S. 151.

271 Ebenda, S. 152.

9 »Schlaue Planung und glückliche Zufälle«

272 Flugblatt Kempners, »Auswanderung und Übersiedelung nach Palästina und anderen Ländern«, Kempner Papers, Box 41; Briefwechsel betreffend Kempners juristische Tätigkeit von 1933 bis 1935, Kempner Papers, Box 95. Siehe auch Francis Nicosia, »German Zionism and Jewish Life in Nazi Berlin«, in: Francis R. Nicosia und David Scrase (Hg.), *Jewish Life in Nazi Germany: Dilemmas and Responses*, New York 2010; sowie Armin und Renate Schmid, *Im Labyrinth der Paragraphen: Die Geschichte einer gescheiterten Emigration*, Frankfurt a.M. 1993, S. 76.

273 Evans, *Diktatur*, S. 555–560.

274 Kaplan, *Mut zum Überleben*, S. 109f.

275 Befragung Kempners, Records of the Emergency Committee in Aid of Displaced Foreign Scholars.

276 Brief Kempners an Ernst Hamburger vom 17. Februar 1939; siehe auch die Briefe Kempners an Alfred S. Abramowitz vom 16. November 1938 und an Carl Misch vom 28. November 1938, Kempner Papers, Box 2.

277 Bewerbung Kempners um eine Stelle im US-Staatsdienst (Application for Federal Employment), Kempner Papers, Box 41.

278 Creese, *Ladies in the Laboratory*, Bd. II, S. 137.

279 Kopie einer eidesstattlichen Aussage Sidney Mendels, datiert 1944, und Kopie des Scheidungsurteils vom 9. März 1932, Kempner Papers, Box 76; siehe auch Evans, *Diktatur*, S. 685f.

280 Kempner, *Ankläger einer Epoche*, S. 135.

281 James Barnes und Patience P. Barnes, *Nazi Refugee Turned Gestapo Spy: The Life of Hans Wesemann 1895–1971*, Westport, Connecticut, 2001, S. 76.

282 Kempner, *Ankläger einer Epoche*, S. 134.

283 Brief Kempners an Misch vom 28. November 1938, Kempner Papers, Box 2.

284 Kempner, *Ankläger einer Epoche*, S. 133.

285 Brief Kempners an Misch vom 28. November 1938, Kempner Papers, Box 2. In *Ankläger einer Epoche* heißt es, Hitler habe ihn Monate später,

gemeinsam mit Jacob und anderen Gefangenen, auf internationalen Druck hin freigelassen.

286 Jean-Michel Palmier, *Weimar in Exile: The Antifascist Emigration in Europe and America,* New York 2006, S. 432. Jacob wurde 1941 in Portugal erneut festgenommen, als er nach Übersee fliehen wollte. Er starb drei Jahre später in einem Berliner Gefängnis.

287 Creese, *Ladies in the Laboratory,* Bd. II, S. 137.

288 Abbildung der Anzeige in *Dial 22-0756 Pronto: Villa Pazzi: Memories of Landschulheim Florenz 1933–1938,* Ottawa 1997, S. 11.

289 Ebenda, S. 15.

290 Kempner, *Ankläger einer Epoche,* S. 137–140.

10 »…dass die Zeiten für mich noch nicht reif sind«

291 Tolischus, Otto D., »Hindenburg Rests on Site of Victory After Hero's Rites«, *New York Times* vom 8. August 1934.

292 Ebenda.

293 Matthäus, *Die Tagebücher,* S. 154.

294 Ebenda, S. 130f.

295 Rede Rosenbergs vom 22. Februar 1934, »Der Kampf um die Weltanschauung«, in: Rosenberg, *Gestaltung der Idee,* S. 23–46.

296 Rosenberg, *Der Mythus des 20. Jahrhunderts,* S. 79.

297 Ebenda, S. 73.

298 Ebenda, S. 133.

299 Ebenda, S. 258.

300 Ebenda, S. 603.

301 Ebenda, S. 701.

302 Ebenda, S. 604.

303 Ebenda, S. 616.

304 Ebenda, S. 114.

305 Matthäus, *Die Tagebücher,* S. 155.

306 Dodd Jr., *Diplomat auf heißem Boden,* S. 229.

307 Matthäus, *Die Tagebücher,* S. 311.

308 Ebenda, S. 375.

309 Ebenda, S. 140.

310 Evans, *Diktatur,* S. 271–277.

311 Arendzen, »Mythus«, S. 4.

312 Zitiert nach: Guenter Lewy, *Die katholische Kirche und das Dritte Reich,* München 1965, S. 20.

313 Baynes, *The Speeches of Adolf Hitler,* S. 369f.

314 Lewy, *Die katholische Kirche und das Dritte Reich*, S. 54ff.
315 Ebenda, S. 68f. und 151.
316 Beschreibung der Kirche nach Jeffrey Chipps Smith, »The Jesuit Church of St. Michael's in Munich«, in: Max Reinhart (Hg.), *Infinite Boundaries: Order, Disorder, and Reorder in Early Modern German Culture*, Kirksville 1998, S. 147–170, hier S. 154.
317 Lewy, *Die katholische Kirche und das Dritte Reich*, S. 300.
318 Zitiert nach: Beth Griech-Polelle, *Bishop von Galen: German Catholicism and National Socialism*, New Haven 2002, S. 52.
319 Zitiert nach: Lewy, *Die katholische Kirche und das Dritte Reich*, S. 123.
320 Michael von Faulhaber, *Judentum, Christentum, Germanentum: Adventspredigten, gehalten in St. Michael zu München 1933*, München 1933, S. 8f.
321 *Katholisches Kirchenblatt* vom 25.2.1934, S. 10.
322 Rosenberg, *Der Mythus des 20. Jahrhunderts*, S. 18. Vgl. Piper, *Alfred Rosenberg*, S. 214f.
323 Zitiert nach: Timothy Ryback, *Hitlers Bücher: Seine Bibliothek – sein Denken*, Köln 2010, S. 182.
324 Lewy, *Die katholische Kirche und das Dritte Reich*, S. 171f.
325 Evans, *Diktatur*, S. 288–294.
326 Rosenberg, *Der Mythus des 20. Jahrhunderts*, S. 577f.
327 Ebenda, S. 596.
328 Ebenda, S. 593.
329 Robert Krieg, *Catholic Theologians in Nazi Germany*, New York 2004, S. 53.
330 Cecil, *The Myth of the Master Race*, S. 121.
331 Matthäus, *Die Tagebücher*, S. 171.
332 Ebenda, S. 234.
333 Ebenda, S. 227.
334 Evans, *Diktatur*, S. 283–287.
335 Matthäus, *Die Tagebücher*, S. 189.
336 Peter Löffler (Hg.), *Bischof Clemens August Graf von Galen – Akten, Briefe und Predigten 1933–1946*, 2 Bde., Paderborn [2]1996, Bd. I, S. 463.
337 Ebenda, S. 464. Vgl. Bonney, *Confronting the Nazi War on Christianity:* Kulturkampf *Newsletters*, S. 132–135.
338 Matthäus, *Die Tagebücher*, S. 354.
339 Ebenda, S. 234.
340 Vgl. *Persecution of the Catholic Church*, S. 278.
341 Evans, *Diktatur*, S. 754–771. Zitat S. 759.
342 Matthäus, *Die Tagebücher*, S. 190.
343 Ebenda, *Die Tagebücher*, S. 335f.

344 Kempner, *Ankläger einer Epoche*, S. 141.
345 Ebenda.
346 Felstiner, *Refuge and Persecution in Italy, 1933–1945*, S. 4.
347 Evans, *Diktatur*, S. 680f.
348 Ernst Levinger, zitiert in *Dial 22-0756 Pronto*, S. 96.
349 Ebenda, S. 15.
350 Brief Kempners an das Council of German Jewry in London vom 5. Mai 1937, Kempner Papers, Box 2.
351 Kempner, *Ankläger einer Epoche*, S. 142.
352 Eva Keilson-Rennie, zitiert in *Dial 22-0756 Pronto*, S. 59.
353 Ebenda, S. 61.
354 Henry Kahane, zitiert ebenda S. 28; siehe auch den Brief Ruth Kempners an Otto Reinemann vom 13. August 1938, Kempner Papers, Box 95.
355 *Dial 22-0756 Pronto*, S. 18.
356 *Dial 22-0756 Pronto*, S. 47.
357 Zitiert ebenda, S. 107. Manasse verließ nach einer Auseinandersetzung mit Kempner die Schule.
358 Wasow, *Memories of Seventy Years*, S. 176–186.
359 Ebenda, S. 88–95.
360 Brief Kempners an Lucian Kempner vom 4. Juli 1938, Kempner Papers, Box 71.
361 *Dial 22-0756 Pronto*, S. 93.
362 Manasse, zitiert ebenda, S. 102.
363 Walter Kempner erfand die Reisdiät zur Behandlung von Diabetikern und von Nieren- und Herz-Kreislauf-Erkrankten.
364 Noakes, *Nazism: A History in Documents*, Bd. 1, S. 535.
365 Evans, *Diktatur*, S. 691–696.
366 Brandt, *Mein Weg nach Berlin*, S. 89.
367 Matthäus, *Die Tagebücher*, S. 196. Dort heißt es (Fn. 201), die Diffamierungskampagne gegen Fürstner sei von einer durch das Amt Rosenberg herausgegebenen Publikation *Der Judenkenner* betrieben worden, Rosenberg damit also nicht ganz unschuldig an F.s Tod. Der Tb.-Eintrag dazu weist ungewöhnlich viele Streichungen und Neuformulierungen auf, als habe sich R. wegen dieses Selbstmords doch sehr unwohl gefühlt.
368 Handschriftlicher Brief an Kempner von einem unidentifizierten Bekannten aus Den Haag vom 4. Juni 1938, Kempner Papers, Box 2.
369 Shirer, *Aufstieg und Fall des Dritten Reiches*, S. 214f. und 290f.
370 Einzelheiten zu Hitlers Staatsbesuch aus Paul Baxa, »Capturing the Fascist Moment: Hitler's Visit to Italy in 1938 and the Radicalization of

Fascist Italy«, *Journal of Contemporary History* 42, Nr. 2 (2007), S. 227–242.

371 Leo Longanesi, zitiert in Paul Baxa, *Roads and Ruins: The Symbolic Landscape of Fascist Rome*, Toronto 2010, S. 150.

372 Deirdre Pirro, »The Unwelcome Tourist«, *The Florentine* vom 7. Mai 2009.

373 *Dial 22-0756 Pronto*, S. 50ff.

374 Felstiner, *Refuge and Persecution in Italy, 1933–1945*, S. 12ff.

375 R. J. B. Bosworth, *Mussolini*, New York 2002, S. 334–344; Joshua Zimmerman (Hg.), *Jews in Italy under Fascist and Nazi Rule, 1922–1945*, Cambridge 2005, S. 3; Felstiner, *Refuge and Persecution in Italy, 1933–1945*, S. 15.

376 Kempner, *Ankläger einer Epoche*, S. 147.

377 Brief von Ruth Kempner an Otto Reinemann vom 13. August 1938, Kempner Papers, Box 95.

378 Moura Goldin Wolpert, zitiert in *Dial 22-0756 Pronto*, S. 86.

379 Brief Kempners an Erich Eyck vom 21. Oktober 1938, Kempner Papers, Box 2.

380 Briefentwurf Peisers und Kempners an das American Jewish Joint Distribution Committee in Paris vom 13. September 1938, Kempner Papers, Box 2.

381 *Dial 22-0756 Pronto*, S. 95.

382 Zitiert in *Dial 22-0756 Pronto*, S. 89–92.

383 Brief Davidsons vom 23. Oktober 1938, Kempner Papers, Box 2.

384 Brief Peisers und Kempners vom 26. Oktober 1938, Kempner Papers, Box 94.

385 Notiz Peisers und Kempners, Kempner Papers, Box 94.

386 Brief Peisers und Kempners vom 26. Oktober 1938, Kempner Papers, Box 94.

387 Brief Kempners an Carl Misch vom 28. November 1938, Kempner Papers, Box 2.

388 Brief Kempners an Rudolf Olden vom 12. Dezember 1938, Kempner Papers, Box 2.

389 Brief Robert Kempners an Helene Kempner vom 20. November 1937, Kempner Papers, Box 71.

390 Gesuch Lucian Kempners an den Kommandanten seiner Kompanie vom 29. September 1945, Kempner Papers, Box 71.

391 Brief Kempners an Rechtsanwalt Adolf Arndt vom 17. März 1938, Kempner Papers, Box 2.

392 Gerichtsurteil vom 1. Juli 1939, Kempner Papers, Box 71.

393 Gesuch Lucian Kempners an den Kommandanten seiner Kompanie vom 29. September 1945, Kempner Papers, Box 71.

394 Brief Kempners vom 29. September 1938, Kempner Papers, Box 71.
395 Brief Kempners vom 7. Oktober 1938, Kempner Papers, Box 71.

12 »Ich hatte das Herz der alten Partei gewonnen«

396 Hamilton Burden, *Die programmierte Nation: Die Nürnberger Reichsparteitage*, Gütersloh 1970, S. 199–213.
397 Aus dem Polizeibericht, zitiert in Hans-Christian Täubrich (Hg.), *Ausstellung ›Faszination und Gewalt‹: Texte, Fotoauswahl und Erkundungsbogen*, Nürnberg 2005, S. 76.
398 Burden, *Die programmierte Nation*, S. 11–19.
399 Ebenda, S. 18.
400 Evans, *Diktatur*, S. 151f.
401 Frederick T. Birchall, »Duty Is Stressed at Nazi Congress«, *New York Times* vom 8. September 1937.
402 Frederick T. Birchall, »Labor Has its Day at Nazi Congress«, *New York Times* vom 9. September 1937.
403 Matthäus, *Die Tagebücher*, S. 243.
404 Stephen Kinzer, »Exoneration Still Eludes an Anti-Nazi Crusader«, *New York Times* vom 13. Januar 1996.
405 »Germany Enraged By Ossietzky Prize«, *New York Times* vom 25. November 1936.
406 Matthäus, *Die Tagebücher*, S. 253.
407 Matthäus, *Die Tagebücher*, S. 243f.
408 Ebenda, S. 246.
409 Ebenda, S. 252.
410 Ebenda, S. 185.
411 Ebenda.
412 Fritz Sauckel, zitiert ebenda, S. 256.
413 Ebenda, S. 247f.
414 Einzelheiten zu Goebbels' Affären und Eheproblemen nach Read, *The Devil's Disciples*, S. 421–422, 443, 484, 491f.
415 Zitiert ebenda, S. 492.
416 Matthäus, *Die Tagebücher*, S. 267.
417 Ebenda, S. 271.
418 Einzelheiten zum Anschluss Österreichs und der Annexion des Sudentenlands nach Shirer, *Aufstieg und Fall des Dritten Reiches*, S. 309–422.
419 Evans, *Diktatur*, S. 436. Wiedergabe von Hitlers Aussage nach Friedrich Hoßbach, *Zwischen Wehrmacht und Hitler 1934–1938*, Göttingen 1967, S. 181f.

420 Vgl. Evans, *Diktatur*, S. 778f.
421 Shirer, *Aufstieg und Fall des Dritten Reiches*, S. 313; siehe auch Kurt Schuschnigg, *Ein Requiem in Rot-Weiß-Rot*, Wien 1978, S. 37–44.
422 Evans, *Diktatur*, S. 138f.
423 Shirer, *Aufstieg und Fall des Dritten Reiches*, S. 391.
424 Beate Meyer, Hermann Simon und Chana Schütz (Hg.), *Juden in Berlin 1938–1945; Begleitband zur gleichnamigen Ausstellung in der Stiftung »Neue Synagoge Berlin – Centrum Judaicum«*, Mai bis August 2000, Berlin 2000, S. 92f.
425 Zu den Novemberpogromen siehe Evans, *Diktatur*, S. 702–709.
426 Read, *The Devil's Disciples*, S. 510.
427 Einzelheiten zum Ablauf des Pogroms in Oberlustadt nach dem Protokoll eines Gerichtsverfahrens in Landau 1948 gegen fünf Drahtzieher der Ausschreitungen sowie dem Bericht der Zeitzeugin Irma Gideon, beide eingesehen in der Irma Gideon Collection des United States Holocaust Memorial Museum.
428 Evans, *Diktatur*, S. 714.
429 Ebenda, S. 713.
430 Ebenda, S. 717.
431 Matthäus, *Die Tagebücher*, S. 267. Siehe auch Lang, *Portrait eines Menschheitsverbrechers*, S. 187.

13 Flucht

432 Henry Kahane, zitiert in *Dial 22-0756 Pronto*, S. 28f.
433 Ebenda, S. 92; Hirsch kam später im Konzentrationslager Auschwitz um.
434 *Deutscher Reichsanzeiger* vom 21. Oktober 1938. Kempner Papers, Box 41.
435 Abschrift eines Empfehlungsschreibens von Hans Simons, New School of Social Research, undatiert. Kempner Papers, Box 76.
436 Brief Stephen B. Sweeneys an Roland Morris vom 1. Dezember 1938. Kempner Papers, Box 95.
437 Brief Kempners an Alexandre Besredka vom 8. September 1938. Kempner Papers, Box 2
438 Briefe Kempners an Stephen B. Sweeney u. Martha Tracy vom 19. Dezember 1938. Kempner Papers, Box 95.
439 Brief Peisers u. Kempners an das Joint Committee vom 13. September 1938. Kempner Papers, Box 2.
440 Brief Großmanns an Kempner vom 25. November 1938. Kempner Papers, Box 2.

441 Brief Kempners an Carl Misch vom 28. November 1938. Kempner Papers, Box 2.
442 Brief Kempners an Milly Zirker vom 6. Dezember 1938. Kempner Papers, Box 2.
443 Brief Kempners an Großmann vom 16. Dezember 1938. Kempner Papers, Box 2.
444 Korrespondenz Kempners mit Emil Gumbel vom 8. November bis 19. Dezember 1938. Kempner Papers, Box 2.
445 Korrespondenz Kempners mit dem Jewish Assistance Committee in Straßburg, der Assistance Médicale aux Enfants de Réfugiés in Paris und der Alliance Israélite in Paris vom Dezember 1938. Kempner Papers, Box 2.
446 Die Namen der zehn Schüler und ihr späteres Schicksal sind unklar. Laut *Dial 22-0756 Pronto* kamen mindestens vier Ehemalige des Istituto Fiorenza im Holocaust ums Leben, aber den meisten gelang die Flucht in sichere Exilländer.
447 Brief Kempners an Ernst Hamburger vom 17. Februar 1939. Kempner Papers, Box 2.
448 Shirer, *Aufstieg und Fall des Dritten Reiches*, S. 413–417.
449 Ebd., S. 430–442.
450 Brief Kempners an Stephen B. Sweeney vom 1. Mai 1939. Kempner Papers, Box 95.
451 Ebenda.
452 Briefe Reinemanns an Kempner vom 29. Mai u. 6. Juni 1939. Kempner Papers, Box 95.
453 Telegrammverkehr zwischen Reinemann u. Kempner vom 9. u. 10. Juni 1939. Kempner Papers, Box 95.
454 Brief Kempners an Reinemann vom 21. Juni 1939.
455 Maschinenschriftliches Blatt mit Stichpunkten für den Visumsantrag. Kempner Papers, Box 76.
456 Aussage Margot Liptons im Verfahren Lipton vs. Swansen et al. am 23. Juni 1999 vor dem Delaware County Court of Common Pleas.
457 Brief Carl Mischs an Kempner vom 10. Dezember 1938. Kempner Papers, Box 2.
458 Abschrift des handschriftlichen Briefs Kempners an Lucian Kempner vom 7. Juli 1939. Kempner Papers, Box 71. Dieser Brief wurde anscheinend von Kempners Exfrau als Beweismittel im Sorgerechtsverfahren vorgelegt.
459 Brief Kempners an den U.S. Immigration and Naturalization Service vom 1. Juli 1969. Kempner Papers, Box 76.

14 »Die Last der kommenden Dinge«

460 Matthäus, *Die Tagebücher,* S. 279.
461 Ebenda, S. 279.
462 Ebenda, S. 190f.
463 Einzelheiten zu Ribbentrops Biografie aus Read, *The Devil's Disciples,* S. 392–398.
464 Ebenda, S. 246, 264–270.
465 Ebenda, S. 400–403.
466 Ebenda, S. 413.
467 Ebenda, S. 555.
468 Evans, *Diktatur,* S. 836–841.
469 Shirer, *Aufstieg und Fall des Dritten Reiches,* S. 480–488.
470 Ebenda, S. 497–502, Zitat S. 498.
471 Matthäus, *Die Tagebücher,* S. 286.
472 Ebenda, S. 277f.
473 Ebenda, S. 284f.
474 Shirer, *Aufstieg und Fall des Dritten Reiches,* S. 490f.
475 Evans, *Krieg,* S. 17–23.
476 Matthäus, *Die Tagebücher,* S. 290.
477 Ebenda, S. 193.
478 Piper, *Alfred Rosenberg,* S. 310.
479 Matthäus, *Die Tagebücher,* S. 285.
480 Einzelheiten zu den Verhandlungen zwischen England und Deutschland aus Shirer, *Aufstieg und Fall des Dritten Reiches,* S. 504f., 529–533.
481 Ebenda, S. 548.
482 Matthäus, *Die Tagebücher,* S. 286.
483 Shirer, *The Rise and Fall of the Third Reich,* S. 592.
484 Shirer, *Aufstieg und Fall des Dritten Reiches,* S. 560.
485 Shirer, *Berliner Tagebuch,* S. 191f.
486 Matthäus, *Die Tagebücher,* S. 285.
487 Ebenda, S. 296.
488 Ebenda, S. 292.
489 Evans, *Krieg,* S. 25–42.
490 Evans, *Diktatur,* S. 27–53. Zu Himmler und der SS bes. S. 45f.
491 Zitiert nach Michael Burleigh, *Die Zeit des Nationalsozialismus: Eine Gesamtdarstellung,* Frankfurt a.M. 2000, S. 228; siehe auch: Heinrich Himmler, *Die Schutzstaffel als antibolschewistische Kampforganisation,* München 1936, S 29.
492 Evans, *Diktatur,* S. 64f. und S. 309.
493 Shirer, *Berliner Tagebuch,* S. 109.
494 Read, *The Devil's Disciples,* S. 608–611.

495 Evans, *Krieg*, S. 27.
496 Ebenda, S. 48.
497 Peter Longerich, *Politik der Vernichtung. Eine Gesamtdarstellung der nationalsozialistischen Judenverfolgung*, München 1998, S. 261.
498 Matthäus, *Die Tagebücher*, S. 290.
499 Ebenda, S. 309.
500 Ebenda, S. 312.

15 Neuanfang

501 Postkarte Ruth Kempners an Otto Reinemann vom 2. September 1939. Kempner Papers, Box 95.
502 Kempner, *Ankläger einer Epoche*, S. 143.
503 Befragung Kempners, Records of the Emergency Committee in Aid of Displaced Foreign Scholars.
504 Ebenda.
505 »Ex-Advisor to Germany's Police Comes Here to Begin New Life«, *Evening Public Ledger* (Philadelphia) vom 29. September 1939.
506 Kempner, *Ankläger einer Epoche*, S. 158.
507 Rednerprofil Kempners. Kempner Papers, Box 1.
508 Brief Kempners an das FBI vom 16. März 1942. Kempner Papers, Box 1.
509 Brief Kempners an F.P. Foley vom 8. Oktober 1941. Kempner Papers, Box 1.
510 Brief Kempners an Knopf vom 10. Dezember 1941 und Brief Curtice Hitchcocks an Kempner vom 11. November 1941. Kempner Papers, Box 1.
511 Brief Kempners an Hoover vom 21. Dezember 1938. Kempner Papers, Box 43.
512 Einzelheiten zu Hoovers Laufbahn aus Tim Weiner, *FBI: Die wahre Geschichte einer legendären Organisation*, Frankfurt a.M. 2012, S. 19–24, 46–79 u. 91–98.
513 Charles, Douglas M., *J. Edgar Hoover and the Anti-interventionists: FBI Political Surveillance and the Rise of the Domestic Security States, 1939–1945*, Columbus 2007, S. 30.
514 Weiner, *FBI*, S. 128ff.
515 Ebenda, S. 132 und 153.
516 Briefe Hoovers an Kempner vom 16. Januar und 24. Juli 1939; Briefe Kempners an Hoover vom 10. Juli und 25. September. Kempner Papers, Box 43.

16 Diebe in Paris

517 Kershaw, *Hitler. 1889–1945*, S. 586ff.
518 Rosenberg-Tagebücher, 14. November 1936. Matthäus, *Die Tagebücher*, S. 218f.
519 Kershaw, *Hitler. 1889–1945*, S. 589–592.
520 Matthäus, *Die Tagebücher*, S. 300.
521 Evans, *Krieg*, S. 155–161; Shirer, *Aufstieg und Fall des Dritten Reiches*, S. 616–626 und 638–651.
522 Matthäus, *Die Tagebücher*, S. 307.
523 Ebenda, S. 320.
524 Ebenda, S. 325.
525 G. H. Archambault, »›Violent‹ Nazi Fire Pounds Key Points«, *New York Times* vom 31. März 1940; Julia Torrie, *»For Their Own Good«: Civilian Evacuations in Germany and France, 1939–1945*, New York 2010, S. 33.
526 Matthäus, *Die Tagebücher*, S. 323.
527 Ebenda, S. 335.
528 Evans, *Krieg*, S. 161–178.
529 Shirer, *Aufstieg und Fall des Dritten Reiches*, S. 679–684, Zitat S. 680.
530 Evans, *Aufstieg*, S. 503–509.
531 Evans, *Diktatur*, S. 331–343.
532 Cecil, *The Myth of the Master Race*, S. 143.
533 Matthäus, *Die Tagebücher*, S. 287f.
534 Ebenda, S. 298.
535 Ebenda, S. 299.
536 Ebenda, S. 298.
537 Matthäus, *Die Tagebücher*, S. 319.
538 Max Weinreich, *Hitler's Professors: The Part of Scholarship in Germany's Crimes Against the Jewish People*, New York 1946, S. 98–99.
539 Jost Hermand, *Kultur in finsteren Zeiten: Nazifaschismus, innere Emigration, Exil*, Köln/Weimar/Wien 2010, S. 64.
540 Einzelheiten zur Ausplünderung von Bibliotheken und Archiven nach Collins, »The Einsatzstab Reichsleiter Rosenberg and the Looting of Jewish and Masonic Libraries During World War II«, S. 24–34, und Patricia Kennedy Grimsted, *Reconstructing the Record of Nazi Cultural Plunder*, Amsterdam 2011, S. 25–35.
541 Verhör Rosenberg, 25. September 1945, 14 Uhr 15 bis 16 Uhr 30, National Archives, M1270, Roll 17.
542 Joshua Starr, »Jewish Cultural Property Under Nazi Control«, *Jewish Social Studies* 12, Nr. 1 (Januar 1950), S. 27–48, hier S. 45f.; Patricia Kennedy Grimsted, »Roads to Ratibor: Library and Archival Plunder by the Einsatzstab Reichsleiter Rosenberg«, *Holocaust and Genocide*

Studies 19, Nr. 3 (Winter 2005), S. 390–458, hier S. 409f. Das Bücherlager des RSHA umfasste geschätzte 2,4 Millionen Bände.

543 Petropoulos, *Kunstraub und Sammelwahn,* S. 166.

544 Matthäus, *Die Tagebücher,* S. 367.

545 Ebenda, S. 363.

546 Lynn Nicholas, *Der Raub der Europa: Das Schicksal europäischer Kunstschätze im Dritten Reich*, München 1995, S. 60–66; Plaut, James S., »Hitler's Capital«, *The Atlantic* vom Oktober 1946.

547 Nicholas, *Der Raub der Europa*, S. 52–55; Plaut, James S., »Loot for the Master Race«, *The Atlantic* vom September 1946.

548 Nicholas, *Der Raub der Europa*, S. 55–61.

549 Ebenda, S. 138f.

550 Ebenda, S. 142–148.

551 Ebenda, S. 146.

552 Befehl Keitels vom 17. September 1940, abgedruckt als 138-PS in *Der Prozess gegen die Hauptkriegsverbrecher vor dem Internationalen Militärgerichtshof*, Bd. 25, S. 232f.

553 Rudolf Diels, *Lucifer ante portas: ... es spricht der erste Chef der Gestapo*, Stuttgart 1950, S. 104. Siehe auch Lüdecke, *I Knew Hitler*, S. 650f. Mangels Beweisen wird Diels' Aussage von Historikern jedoch nicht ernstgenommen. Siehe Piper, *Alfred Rosenberg*, S. 699, Anm. 360.

554 Petropoulos, *Kunstraub und Sammelwahn*, S. 172ff.

555 Ronald Rosbottom, *When Paris Went Dark: The City of Light Under German Occupation, 1940–1944,* New York 2014, S. 71.

556 Brief und Bericht Rosenbergs an Hitler vom 16. April 1943, abgedruckt als 015-PS in *Der Prozess gegen die Hauptkriegsverbrecher vor dem Internationalen Militärgerichtshof*, Bd. 25, S. 50–55, Zitat S. 51.

557 Rosenberg-Tagebücher, 6. September 1940. Matthäus, *Die Tagebücher,* S. 336.

558 Verhör Rosenberg, 25. September 1945, 14 Uhr 15 bis 16 Uhr 30, National Archives, M1270, Roll 17.

559 Dreyfus, *Nazi Labour Camps in Paris*, S. 9f.

560 OSS Art Looting Investigation Unit Consolidated Interrogation Report No. 1, Activity of the Einsatzstab Rosenberg in France, August 1945, National Archives, M1782, Roll 1.

561 Nicholas, *Der Raub der Europa*, S. 173ff.

562 Rosbottom, *When Paris Went Dark*, S. 30 u. 66f.

563 Ebenda, S. 101; die Zählung führte die Historikerin Cécile Desprairies durch.

564 Ebenda, S. 11.

565 Matthäus, *Die Tagebücher,* S. 357f.

566 Ebenda, S. 360.

567 OSS Consolidated Interrogation Report No. 1; Nicholas, *Der Raub der Europa*, S. 177ff.

568 Verhör Rosenberg, 25. September 1945, 14 Uhr 15 bis 16 Uhr 30, National Archives, M1270, Roll 17.

569 OSS Consolidated Interrogation Report No. 1.

570 Siehe Eugene Davidson, *The Trial of the Germans: An account of the twenty-two defendants before the International Military Tribunal at Nuremburg*, New York 1966, S. 139; Rosenberg erklärte, es handele sich bei den Gemälden um Geschenke.

571 015-PS in *Der Prozess gegen die Hauptkriegsverbrecher vor dem Internationalen Militärgerichtshof*, Bd. 25, S. 50–55.

572 Nicholas, *Der Raub der Europa*, S. 229.

17 »Rosenberg, jetzt ist Ihre große Stunde gekommen!«

573 Auszug aus der Rede Rosenbergs mit dem Titel »Die Judenfrage als Weltproblem« vom 28. März 1941, abgedruckt als Dokument 6 in Matthäus, *Die Tagebücher*, S. 551–554, Zitate S. 553f.

574 Zu den ausländischen Gästen gehörten NS-Unterstützer aus Norwegen, Dänemark, den Niederlanden, Belgien, Rumänien, Bulgarien, Ungarn, der Slowakei und Italien, darunter der Herausgeber eines antisemitischen Blatts in Belgien, der Generalstaatsanwalt der besetzten Niederlande sowie Vidkun Quisling, Regierungschef der Kollaborationsregierung in Norwegen.

575 Matthäus, *Die Tagebücher*, S. 365.

576 Rede Rosenbergs mit dem Titel »Die Judenfrage als Weltproblem« vom 28. März 1941, in Teilen abgedruckt als Dokument 6 in Matthäus, *Die Tagebücher*, S. 551–554, ganz abgedruckt im *Völkischen Beobachter* vom 29.3.1941.

577 Dallin, *Deutsche Herrschaft in Russland*, S. 24–31, Zitat S. 30.

578 Matthäus, *Die Tagebücher*, S. 191.

579 Alex J. Kay, *Exploitation, Resettlement, Mass Murder: Political and Economic Planning for German Occupation Policy in the Soviet Union, 1940–1941*, New York 2006, S. 18–22.

580 Beschreibungen der Zustände in der UdSSR der 1930er-Jahre aus Timothy Snyder, *Bloodlands, Europa zwischen Hitler und Stalin*, München 2010, S. 43–105.

581 Ebenda, S. 91.

582 Einzelheiten zur Planung der Besetzung der UdSSR aus Kay, *Exploitation, Resettlement, Mass Murder*, S. 68–95 und 120–198, sowie Dallin, *Deutsche Herrschaft in Russland*, S. 32–70.

583 Hitler, *Monologe im Führerhauptquartier*, S. 55.
584 Kay, *Exploitation, Resettlement, Mass Murder*, S. 39 und 141.
585 Dallin, *Deutsche Herrschaft in Russland*, S. 51.
586 *Der Prozess gegen die Hauptkriegsverbrecher vor dem Internationalen Militärgerichtshof*, Bd. 36, S. 145; Kay, *Exploitation, Resettlement, Mass Murder*, S. 134.
587 Aktennotiz Rosenbergs, »Die UdSSR« vom 2. April 1941, abgedruckt als 1017-PS in *Der Prozess gegen die Hauptkriegsverbrecher vor dem Internationalen Militärgerichtshof*, Bd. 26, S. 547–554, Zitate S. 549.
588 Matthäus, *Die Tagebücher*, S. 372f.
589 Ebenda. Rosenberg hat sich im Tagebuch später nicht mehr dazu geäußert, und die Historiker können nur spekulieren, ob Hitler bei diesem Gespräch den Völkermord an den Juden erwähnt hat. Rosenbergs Reaktion ließe sich auch durch die Aussicht erklären, dass Millionen Slawen umkommen würden, wenn die deutsche Besatzung wie geplant vorging. Siehe Piper, *Alfred Rosenberg*, S. 510.
590 Goebbels-Tagebücher, 9. Mai u. 16. Juni 1941, zitiert nach: Kay, *Exploitation, Resettlement, Mass Murder*, S. 81; hier nach Fröhlich (Hg.): *Die Tagebücher von Joseph Goebbels* I/4, S. 631.
591 Auszug aus dem Verhör Lammers', *Trials of War Criminals Before the Nuernberg Military Tribunal Under Control Council Law No. 10*, 15 Bde., Nürnberg 1946–1949, Bd. 12, S. 1322f.
592 Geheimbefehl Keitels vom 13. März 1941, abgedruckt als 447-PS in *Der Prozess gegen die Hauptkriegsverbrecher vor dem Internationalen Militärgerichtshof*, Bd. 25, S. 54.
593 Matthäus, *Die Tagebücher*, S. 379f.
594 Ebenda, S. 363.
595 Ebenda, S. 380.
596 Kay, *Exploitation, Resettlement, Mass Murder*, S. 125. Unter Historikern gibt es verschiedene Ansichten, ob Rosenberg an dieser Besprechung teilnahm, aber seine Aktennotizen zeigen, dass er die Ergebnisse der Besprechung in seine Planung aufnahm. Siehe Christopher Browning, *Die Entfesselung der ›Endlösung‹: Nationalsozialistische Judenpolitik 1939–1942*, Berlin 2003, S. 350f.
597 Aktennotiz vom 2. Mai 1941, abgedruckt als 2718-PS in *Der Prozess gegen die Hauptkriegsverbrecher vor dem Internationalen Militärgerichtshof*, Bd. 31, S. 84. Siehe auch Kay, *Exploitation, Resettlement, Mass Murder*, S. 124.
598 Matthäus, *Die Tagebücher*, S. 382.
599 Ebenda, S. 377.
600 Ebenda, S. 382f.
601 Rede Rosenbergs vom 20. Juni 1941, abgedruckt als 1058-PS in *Der*

Prozess gegen die Hauptkriegsverbrecher vor dem Internationalen Militärgerichtshof, Bd. 26, S. 610–627, Zitat S. 622. Siehe auch Kay, *Exploitation, Resettlement, Mass Murder*, S. 171f.; Dallin, *Deutsche Herrschaft in Russland*, S. 121.

602 Matthäus, *Die Tagebücher*, S. 385ff.

603 Einzelheiten zu Heß' Englandflug aus Evans, *Krieg*, S. 216–219.

604 Fest, *Das Gesicht des Dritten Reiches*, S. 178.

605 Lang, *Portrait eines Menschheitsverbrechers*, S. 210f.

606 Siehe Longerich, *Politik der Vernichtung*, S. 290f., und Kay, *Exploitation, Resettlement, Mass Murder*, S. 109.

607 Evans, *Diktatur*, S. 66f.

608 Timothy Patrick Mulligan, *The Politics of Illusion and Empire: German Occupation Policy in the Soviet Union, 1942–1943* New York 1988, S. 22.

609 Matthäus, *Die Tagebücher*, S. 381.

610 Ebenda, S. 382.

611 Dallin, *Deutsche Herrschaft in Russland*, S. 48f.

612 Zitiert nach: Richard Breitman, *Heinrich Himmler: Der Architekt der ›Endlösung‹*, Zürich/München 2000, S. 230f.

613 Vgl. Kay, *Exploitation, Resettlement, Mass Murder*, S. 168.

614 Evans, *Krieg*, S. 230–244.

615 Ebenda, S. 240.

616 Zygmunt Klukowski, zitiert nach: Evans, *Krieg*, S. 235.

617 Snyder, *Bloodlands*, S. 191.

618 Matthäus, *Die Tagebücher*, S. 409.

619 Ebenda, S. 393; Bormanns Protokoll der Besprechung vom 16. Juli 1941, abgedruckt als L-221 in *Der Prozess gegen die Hauptkriegsverbrecher vor dem Internationalen Militärgerichtshof*, Bd. 38, S. 86–94; Kay, *Exploitation, Resettlement, Mass Murder*, S. 180–185.

620 Kay, *Exploitation, Resettlement, Mass Murder*, S. 184.

621 Ebenda, S. 191ff.; Mulligan, *The Politics of Illusion and Empire*, S. 10.

622 Dallin, *Deutsche Herrschaft in Russland*, S. 47.

623 Matthäus, *Die Tagebücher*, S. 399.

18 »Sonderaufgaben«

624 Matthäus, *Die Tagebücher*, S. 314.

625 Siehe Matthäus, *Die Tagebücher*, S. 61; Browning, *Die Entfesselung der ›Endlösung‹*, S. 426–433, und S. 438; Wendy Lower, *Nazi Empire-Building and the Holocaust in Ukraine*, Chapel Hill 2005, S. 139–142; sowie Lower, »On Him Rests the Weight of the Administration: Nazi Civilian Rulers and the Holocaust in Zhytomyr«, in: Ray Brandon und Wendy

Lower (Hg.), *The Shoah in Ukraine: History, Testimony, Memorialization*, Bloomington 2008, S. 224–247, hier S. 239.

626 Longerich, *Politik der Vernichtung*, S. 300; Jonathan Steinberg, »The Third Reich Reflected: German Civil Administration in the Occupied Soviet Union«, *The English Historical Review* 110, Nr. 437 (Juni 1995), S. 620–651, hier S. 634.

627 Geheimbefehl Keitels vom 13. März 1941, abgedruckt als 447-PS in *Der Prozess gegen die Hauptkriegsverbrecher vor dem Internationalen Militärgerichtshof*, Bd. 25, S. 54.

628 Peter Longerich, *Holocaust: The Nazi Persecution and Murder of the Jews*, New York 2010, S. 317. Vgl. Longerich, *Politik der Vernichtung*, S. 301.

629 Breitman, *Heinrich Himmler: Der Architekt der ›Endlösung‹*, S. 254.

630 Browning, *Die Entfesselung der ›Endlösung‹*, S. 382f.

631 Snyder, *Bloodlands*, S. 212–215, Zitat auf S. 214.

632 Matthäus, *Die Tagebücher*, S. 410.

633 Aussage Michajl Gritschaniks in Joshua Rubenstein und Ilya Altman (Hg.), *The Unknown Black Book: The Holocaust in the German-Occupied Soviet Territories*, Bloomington 2008, S. 235–243; Yitzhak Arad, *The Holocaust in the Soviet Union*, Lincoln 2009, S. 151–158.

634 Arad, *The Holocaust in the Soviet Union*, S. 152.

635 Rubenstein, *The Unknown Black Book*, S. 244.

636 Ebenda, S. 250f.

637 Yitzhak Arad, »The ›Final Solution‹ in Lithuania in the Light of German Documentation«, *Yad Vashem Studies* 11 (1976), S. 234–272, Zitat S. 241.

638 Browning, *Die Entfesselung der ›Endlösung‹*, S. 415.

639 »Allgemeiner Aufbau und Aufgaben einer Dienststelle für die zentrale Bearbeitung der Fragen des osteuropäischen Raumes.« Memorandum vom 29. April 1941, abgedruckt als 1024-PS in *Der Prozess gegen die Hauptkriegsverbrecher vor dem Internationalen Militärgerichtshof*, Bd. 26, S. 561.

640 Browning, *Die Entfesselung der ›Endlösung‹*, S. 415ff.

641 »Vorläufige Richtlinien für die Behandlung der Juden im Gebiet des Reichskommissariates Ostland«, abgedruckt als 1138-PS in *Der Prozess gegen die Hauptkriegsverbrecher vor dem Internationalen Militärgerichtshof*, Bd. 27, S. 19–25.

642 Browning, *Die Entfesselung der ›Endlösung‹*, S. 418.

643 Steinberg, »The Third Reich Reflected«, S. 647.

644 Kershaw, *Hitler. 1889–1945*, S. 743ff.

645 Browning, *Die Entfesselung der ›Endlösung‹*, S. 440 und S. 477ff.

646 Ebenda, S. 442.

647 Ebenda; es gibt jedoch keinen historisch gesicherten Beleg für die tatsächliche Absendung des Briefs.

648 Ebenda, S. 438.

649 Aktennotiz Heinrich Carls an Wilhelm Kube vom 30. Oktober 1941, abgedruckt als 1104-PS in *Der Prozess gegen die Hauptkriegsverbrecher vor dem Internationalen Militärgerichtshof*, Bd. 27, S. 4–8.

650 Arad, »The ›Final Solution‹ in Lithuania«, S. 249.

651 Breitman, *Heinrich Himmler: Der Architekt der ›Endlösung‹*, S. 297 und S. 306f.

652 Arad, »The ›Final Solution‹ in Lithuania«, S. 250; *Der Prozess gegen die Hauptkriegsverbrecher vor dem Internationalen Militärgerichtshof*, Bd. 11, S. 608.

653 Brief aus Rosenbergs Ministerium an Lohse vom 18. Dezember 1941, abgedruckt als 3666-PS in *Der Prozess gegen die Hauptkriegsverbrecher vor dem Internationalen Militärgerichtshof*, Bd. 11, S. 611.

654 Yitzhak Arad, »Alfred Rosenberg and the ›Final Solution‹ in the Occupied Soviet Territories«, *Yad Vashem Studies* 13 (1979), S. 263–286, Zitat S. 279f.

655 Browning, *Die Entfesselung der ›Endlösung‹*, *S.*577f.

656 Longerich, *Politik der Vernichtung*, S. 398–410.

657 Christian Gerlach, »Die Wannsee-Konferenz, das Schicksal der deutschen Juden und Hitlers politische Grundsatzentscheidung, alle Juden Europas zu ermorden«, *WerkstattGeschichte*, Heft 18, 1997, S. 7–44, hier S. 13f.

658 Breitman, *Heinrich Himmler: Der Architekt der ›Endlösung‹*, S. 312.

659 Arad, »The ›Final Solution‹ in Lithuania«, S. 252.

660 Ebenda, S. 247.

661 Jürgen Matthäus, »Controlled Escalation: Himmler's Men in the Summer of 1941 and the Holocaust in the Occupied Soviet Territories«, *Holocaust and Genocide Studies* 21, Nr. 2 (Herbst 2007), S. 218–242, hier S. 219.

662 Matthäus, *Die Tagebücher*, S. 412.

663 Greich-Polelle, *Bishop von Galen*, S. 78ff.; Evans, *Krieg*, S. 129ff.

664 Löffler, *Bischof Clemens August Graf von Galen*, Bd. 2, S. 874–883, Zitate S. 876, 878.

665 Matthäus, *Die Tagebücher*, S. 415.

666 Greich-Polelle, *Bishop von Galen*, S. 86f.

667 Greich-Polelle, *Bishop von Galen*, S. 92.

668 Zitiert nach: Gerlach, »Die Wannsee-Konferenz«, S. 25. Gerlach hält dies für Hitlers Ankündigung einer Entscheidung zur Ausrottung aller Juden Europas, was andere Historiker bestreiten.

669 Ebenda, S. 24f., Anm. 103.

670 Rosenberg, »Vermerk über Unterredung beim Führer am 14. 12. 1941«, abgedruckt als 1517-PS in *Der Prozess gegen die Hauptkriegsverbrecher vor dem Internationalen Militärgerichtshof*, Bd. 27, S. 270–273. Siehe auch Browning, *Die Entfesselung der ›Endlösung‹*, S. 585, sowie Gerlach, »Die Wannsee-Konferenz«, worin die Autoren davon ausgehen, dass sich Rosenberg auf ein zuvor stattgefundenes Gespräch über den Beginn der »Endlösung« beziehe.

671 Hitler, *Monologe im Führerhauptquartier*, S. 152. Siehe Piper, *Alfred Rosenberg*, S. 589. Ein vollständiges Gesprächsprotokoll ist nicht überliefert.

672 Evans, *Krieg*, S. 327.

673 Piper, *Alfred Rosenberg*, S. 590, Gerlach, »Die Wannsee-Konferenz«, S. 29f.

674 Zitiert in Roseman, *Die Wannsee-Konferenz*, S. 84.

675 Ebenda, S. 101f.

676 Ebenda, S. 126.

677 Kershaw, *Hitler. 1889–1945*. S. 736.

19 »Unser besonders tragisches Schicksal«

678 Tagebuch Frieda and Max Reinachs, United States Holocaust Memorial Museum.

679 Meyer, *Juden in Berlin 1938–1945*, S. 104.

680 Ebenda, S. 92–97.

681 Zitiert in Kershaw, *Hitler: 1889–1945*, S. 508.

682 Meyer, *Juden in Berlin 1938–1945*, S. 171f.

683 Ebenda, S. 98f.

684 Ebenda, S. 173.

685 Ebenda, S. 301ff.

686 Ebenda, S. 309-312.

687 Ebenda, S. 173.

688 Gedenkbuch des Bundesarchivs, eingesehen unter bundesarchiv.de/gedenkbuch.

689 Tagebuch Frieda and Max Reinachs, United States Holocaust Memorial Museum.

690 Meyer, *Juden in Berlin 1938–1945*, S. 173.

691 Longerich, *Holocaust*, S. 288.

692 Brief Trude und Walter Koshlands an ihre Enkel vom Dezember 1972, archiviert zusammen mit dem Tagebuch der Reinachs.

693 Alfred Kerrs Geburtsname lautete übrigens Kempner; er war ein entfernter Vetter Robert Kempners. Als Kempner ihm 1942 schrieb, ant-

wortete Kerr mit einigen Versen: »Times are grim, but let's be gay. Hang the Huns, on Judgment Day.« (Etwa: Die Zeiten sind hart, aber lasst uns fröhlich sein. Wir hängen die Hunnen am Jüngsten Tag.) Brief Kerrs an Kempner vom 13. Juli 1942. Kempner Papers, Box 1.

20 Die Nazis nebenan

694 Brief Kempners an Gerald Gleeson vom 5. Januar 1942. Kempner Papers, Box 1.
695 Kempner, *Ankläger einer Epoche*, S. 183.
696 Brett Gary, *The Nervous Liberals: Propaganda Anxieties from World War I to the Cold War*, New York 1999, S. 199.
697 Brief Charles Seals, Staatsanwalt in der Special Defense Unit, an Kempner vom 29. Juli 1941. Kempner Papers, Box 1.
698 Kempner, *Ankläger einer Epoche*, S. 149f.
699 Gary, *The Nervous Liberals*, S. 175–179.
700 Kempner, *Ankläger einer Epoche*, S. 151f.
701 Aktennotiz Thomas G. Spencers an den FBI Special Agent in Charge vom 28. Oktober 1942. Kempner Papers, Box 43.
702 *Report of the Attorney General to Congress on the Foreign Agents Registration Act, 1942–44*. Washington: Department of Justice, 1945. Eingesehen unter www.fara.gov.
703 Brief Rogges an den U.S. Immigration and Naturalization Service vom 10. Januar 1945. Kempner Papers, Box 76.
704 James Wechsler, »Sedition and Circuses«. *Nation* vom 6. Mai 1944.
705 Rogges Eröffnungsplädoyer, zitiert nach: Maximilian St. George und Dennis Lawrence, *A Trial on Trial: The Great Sedition Trial of 1944*, o. O. 1946, S. 129.
706 Briefe Kempners an Hoover vom 1. Januar, 30. Mai, 28. Oktober und 19. Dezember 1942 und vom 21. Februar, 2. September und 26. September 1943. Kempner Papers, Box 43.
707 Gary, *The Nervous Liberals*, S. 201.
708 In seiner Autobiografie behauptet Kempner, er sei Hoover in Verbindung mit einem bestimmten Fall doch einmal persönlich begegnet. Der Direktor habe ihm damals geraten, in den USA sei es am besten, wenn man nie eingestehe, Anwalt zu sein. Kempner, *Ankläger einer Epoche*, S. 180.
709 Brief J. F. Sears' an Kempner vom 11. September 1940. Kempner Papers, Box 95.
710 Brief Kempners an Hoover vom 19. Dezember 1942; Brief Hoovers an Kempner vom 28. Dezember 1942. Kempner Papers, Box 1 und Box 43.

711 Aktennotiz Kempners an den FBI Special Agent in Charge vom 8. Januar 1945. Kempner Papers, Box 43.
712 Abrechnungen Kempners für das FBI. Kempner Papers, Box 43.

21 Das Chaostministerium

713 Dallin, *Deutsche Herrschaft in Russland*, S. 130f.; siehe auch Karel C. Berkhoff, *Harvest of Despair: Life and Death in Ukraine Under Nazi Rule*, Cambridge, Mass., 2004, S. 52.
714 Matthäus, *Die Tagebücher*, S. 406 und 404.
715 Ebenda, S. 406.
716 Hitler, *Monologe im Führerhauptquartier*, S. 63.
717 Dallin, *Deutsche Herrschaft in Russland*, S. 129–131.
718 Matthäus, *Die Tagebücher*, S. 403.
719 Ebenda, S. 413.
720 Bormanns Protokoll einer Besprechung im Führerhauptquartier, 16. Juli 1941, abgedruckt als 221–L in *Der Prozess gegen die Hauptkriegsverbrecher vor dem Internationalen Militärgerichtshof*, Bd. 38, S. 86–94, Zitat S. 90.
721 Lochner, *Goebbels. Tagebücher*, S. 138 und 188f. Zitiert nach: Dallin, *Deutsche Herrschaft in Russland*, S. 148.
722 Prit Buttar, *Battleground Prussia: The Assault of Germany's Eastern Front 1944–45*, Oxford 2012, S. 5; Berkhoff, *Harvest of Despair*, S. 36.
723 Dallin, *Deutsche Herrschaft in Russland*, S. 452.
724 Berkhoff, *Harvest of Despair*, S. 47. Vgl. Dallin, *Deutsche Herrschaft in Russland*, S. 154 und 167, Anm. 1.
725 Aktennotiz von Koch an Rosenberg, 16. März 1943, abgedruckt als 192-PS in *Der Prozess gegen die Hauptkriegsverbrecher vor dem Internationalen Militärgerichtshof*, Bd. 25, S. 255–288, Zitat S. 268f.; vgl. Dallin, *Deutsche Herrschaft in Russland*, S. 168.
726 Matthäus, *Die Tagebücher*, S. 465.
727 Dallin, *Deutsche Herrschaft in Russland*, S. 142f.
728 Brief von Kube an Lohse vom 31. Juli 1942, abgedruckt als 3428-PS in *Der Prozess gegen die Hauptkriegsverbrecher vor dem Internationalen* Militärgerichtshof, Bd. 32, S. 280ff.
729 Ebenda, S. 358–382.
730 Himmler-Rede vom 4. Oktober 1943, abgedruckt in Noakes, *Nazism: A History in Documents*, Bd. 2, S. 1199.
731 Evans, *Krieg*, S. 515–529.
732 Evans, *Krieg*, S. 504f.

733 Cecil, *The Myth of the Master Race*, S. 213.
734 Matthäus, *Die Tagebücher*, S. 464f.
735 Ebenda, S. 461.
736 Berkhoff, *Harvest of Despair*, S. 255–272.
737 Zitiert ebenda, S. 264.
738 Matthäus, *Die Tagebücher*, S. 450.
739 Aktennotiz von Rosenberg, »Betrifft: Jüdisches Eigentum in Frankreich«, 18. Dezember 1941, abgedruckt als 001–PS in *Der Prozess gegen die Hauptkriegsverbrecher vor dem Internationalen Militärgerichtshof*, Bd. 25, S. 1.
740 Dreyfus, *Nazi Labour Camps in Paris*, S. 1–33, 56–82.
741 Ebenda, S. 120.
742 Ebenda, S. 66f.
743 Ebenda, S. 69.
744 Ebenda, S. 16f.
745 Die Einzelheiten zum Wirken des Einsatzstabs Rosenberg im Osten stammen aus Donald Collins und Herbert Rothfeder, »The Einsatzstab Reichsleiter Rosenberg and the Looting of Jewish and Masonic Libraries During World War II«, *The Journal of Library History* 18, Nr. 1 (Winter 1983), S. 21–36, und Grimsted, *Reconstructing the Record of Nazi Cultural Plunder*, S. 25–35.
746 Einzelheiten zu den SS-Plünderungen stammen aus Lynn Nicholas, *Der Raub der Europa*, München 1995, S. 250–262.
747 Matthäus, *Die Tagebücher*, S. 472f.
748 Ebenda, S. 467f. Vgl. Piper, *Alfred Rosenberg*, S. 561f.
749 Mulligan, *The Politics of Illusion and Empire*, S. 65–70.
750 Matthäus, *Die Tagebücher*, S. 469f.
751 Dallin, *Deutsche Herrschaft in Russland*, S. 180–198. Der Handel kam erst im Juni zustande.
752 Matthäus, *Die Tagebücher*, S. 470.
753 Dallin, *Deutsche Herrschaft in Russland*, S. 98f.
754 Zitiert nach: Otto Bräutigam, *So hat es sich zugetragen… Ein Leben als Soldat und Diplomat*, Würzburg 1968, S. 624.
755 Matthäus, *Die Tagebücher*, S. 469.
756 Dallin, *Deutsche Herrschaft in Russland*, S. 169f.; Piper, *Alfred Rosenberg*, S. 576.
757 Mulligan, *The Politics of Illusion and Empire*, S. 70.
758 Shirer, *Aufstieg und Fall des Dritten Reiches*, S. 869, Dallin, *Deutsche Herrschaft in Russland*, S. 152.
759 Dallin, *Deutsche Herrschaft in Russland*, S. 170–176.
760 Matthäus, *Die Tagebücher*, S. 484, dort auch das folgende Zitat.
761 Brief Bormanns an Rosenberg, 22. Februar 1940, abgedruckt als 098-

PS in *Der Prozess gegen die Hauptkriegsverbrecher vor dem Internationalen Militärgerichtshof*, Bd. 25, S. 191–197, Zitat S. 195.
762 Matthäus, *Die Tagebücher*, S. 407.
763 Ebenda, S. 485.
764 Ebenda, S. 487.

22 »Eine Ruine«

765 Ebenda, S. 576–585.
766 Matthäus, *Die Tagebücher*, S. 492ff.
767 Lochner, *Goebbels. Tagebücher*, S. 487.
768 Piper, *Alfred Rosenberg*, S. 612.
769 Lochner, *Goebbels. Tagebücher*, S. 489.
770 Matthäus, *Die Tagebücher*, S. 507.
771 Evans, *Krieg*, S. 772.
772 Ebenda, S. 787–806. Dort auch die folgenden Zitate.
773 Matthäus, *Die Tagebücher*, S. 509.
774 Matthäus, *Die Tagebücher*, S. 511.
775 Ebenda, S. 512f.
776 Ebenda, S. 516.
777 Dallin, *Deutsche Herrschaft in Russland*, S. 655, Piper, *Alfred Rosenberg*, S. 612.
778 Petropoulos, *Kunstraub und Sammelwahn*, S. 204.
779 Dallin, *Deutsche Herrschaft in Russland*, S. 641f.
780 Ebenda, S. 567–600.
781 Ebenda, S. 581.
782 Zitat ebenda, S. 608.
783 Ebenda, S. 628–656. Die folgenden Zitate S. 646, 650.
784 Matthäus, *Die Tagebücher*, S. 521.
785 Ebenda, S. 521.
786 Ebenda, S. 515.
787 Ebenda, S. 521f.
788 Evans, *Krieg*, S. 820ff., 851ff.
789 Ebenda, S. 848.
790 Lang, *Portrait eines Menschheitsverbrechers*, S. 342.
791 Evans, *Krieg*, S. 872.
792 Lang, *Portrait eines Menschheitsverbrechers*, S. 343.
793 Evans, *Krieg*, S. 852.
794 Ebenda, S. 901.
795 Lang, *Portrait eines Menschheitsverbrechers*, S. 345.
796 Zitiert nach: Evans, *Krieg*, S. 883.

797 Ebenda, S. 885.
798 Evans, *Krieg*, S. 901–905; Kershaw, *Hitler. 1889–1945*, S. 1002–1006, 1011f.
799 Dieser Text der Göring-Botschaft und die Darstellung von Himmlers Verrat sind Read, *The Devil's Disciples*, S. 899–905, entnommen.
800 Edsel, Robert M., mit Bret Witter, *Monuments Men*, St. Pölten/Salzburg/Wien 2013, S. 415–420.
801 James Rorimer, *Survival: The Salvage and Protection of Art in War*, New York 1950, S. 183ff. Übersetzungen nach Edsel, *Monuments Men*, S. 417 und 419.
802 Edsel, *Monuments Men*, S. 454ff.
803 Alex Shoumatoff, »The Devil and the Art Dealer«, *Vanity Fair* vom April 2014. Vgl.: »1500 Werke von Künstlern wie Picasso, Chagall und Matisse – Meisterwerke zwischen Müll – Fahnder entdecken in München Nazi-Schatz in Milliardenhöhe«, *Focus* vom 4. November 2013.
804 Lang, *Portrait eines Menschheitsverbrechers*, S. 346f.
805 Albert Speer, *Erinnerungen*, Berlin 1969, S. 498.
806 Lang, *Portrait eines Menschheitsverbrechers*, S. 347.
807 Lang, *Portrait eines Menschheitsverbrechers*, S. 350.

23 »Loyal bis zum Ende«

808 Aktennotiz Kempners an das FBI vom 8. März 1945, Kempner Papers, Box 43; »Searching For Hitler?«, *Philadelphia Record* vom 22. Oktober 1945.
809 Siehe Kempner Papers, Box 44.
810 Aktennotiz Kempners an den diensthabenden FBI-Sonderermittler, 5. April 1945, Kempner Papers, Box 43.
811 Brief Kempners an Sam Harris vom 9. Juli 1945, Kempner Papers, Box 43.
812 Ann und John Tusa, *The Nuremberg Trial*, New York 1986, S. 52, 63.
813 Ebenda, S. 54; siehe auch Joseph Persico, *Nuremberg*, New York 1994, S. 17.
814 Persico, *Nuremberg*, S. 26f.
815 Aktennotiz von Ruth S. Bentley, »Reappointment of Robert Max W. Kempner as Consultant«, 9. Juni 1945, National Archives in St. Louis, Personalpapiere Kempner, Department of the Army/Air Force.
816 Als Dokument 2324-PS abgedruckt in *Der Prozess gegen die Hauptkriegsverbrecher vor dem Internationalen* Gerichtshof, Bd. 4, S. 591; vgl. Bd. 30, S. 178.
817 »The Guilt of Herman Goering«, 11. Juni 1945, National Archives, Record Group 238, Security-Classified General Correspondence 1945–1946, Container 18.

818 Bernays' Aktennotiz für Jackson, 17. Juli 1945, Robert H. Jackson Papers, Box 106, Roll 12.
819 Aktennotiz von Daniel Noce zu Einzelheiten des Transports, 7. August 1945, National Archives in St. Louis, Personalpapiere Kempner, Department of the Army/Air Force.
820 Persico, *Nuremberg*, S. 39; Neave, *On Trial at Nuremberg*, S. 42.
821 Burton Andrus, *I Was the Nuremberg Jailer*, New York 1970, S. 52.
822 Neave, *On Trial at Nuremberg*, S. 45.
823 Persico, *Nuremberg*, S. 56f., S. 151.
824 Verhör Rosenberg, 16. Oktober 1945, National Archives, M1019, Roll 60.
825 Ebenda, 14. August 1945, National Archives, M1270, Roll 26.
826 Christopher Dodd mit Lary Bloom, *Letters From Nuremberg: My Father's Narrative of a Quest for Justice*, New York 2007, S. 92.
827 Verhör Rosenberg, 21. September 1945, 14.30–16.40 Uhr.
828 Ebenda, 22. September 1945, 14.15–16.00 Uhr.
829 Ebenda, 24. September 1945, 10.30–12.00 Uhr.
830 Ebenda, 22. September 1945, 11.00–12.00 Uhr.
831 Ebenda, 24. September 1945, 14.30–15.30 Uhr.
832 Ebenda, 24. September 1945, 10.30–12.00 Uhr.
833 Ebenda.
834 Neave, *On Trial at Nuremberg*, S. 102ff.
835 Zitiert nach: Tusa, *The Nuremberg Trial*, S. 96–101.
836 Kempner, *Ankläger einer Epoche*, S. 251f.
837 Ebenda, S. 253.
838 Kempner-Interview, zitiert nach: Mosley, *The Reich Marshal*, S. 325.
839 Kempner-Interview, zitiert nach: Maguire, *Law and War*, S. 117.
840 Verhör Göring, 13. Oktober 1945, National Archives, M1270, Box 5.
841 Ungeachtet auch jüngerer Versuche, eine Beteiligung der Nationalsozialisten am Reichstagsbrand nachzuweisen, sind viele Historiker zu dem Schluss gekommen, dass der niederländische Kommunist Marinus van der Lubbe, der 1934 für das Verbrechen hingerichtet wurde, in jener Nacht allein handelte.
842 Postkarten von Kempner, 13. September 1945, Kempner Papers, Box 418.
843 Brief Kempners, 9. September 1945, Kempner Papers, Box 418.
844 Brief Kempners, 10. Oktober 1945, Kempner Papers, Box 418.
845 Zeitungsausschnitte in Kempner Papers, Box 418.
846 Postkarte Kempners an »Meine Lieben«, 23. Oktober 1945, Kempner Papers, Box 418.
847 Aktennotiz des Office of U.S. Chief of Counsel, Kempner Papers, Box 418.
848 Kempner, *Ankläger einer Epoche*, S. 252.

849 Ausschnitt aus der Zeitschrift *Time* vom 3. Dezember 1945, Kempner Papers, Box 418.
850 Persico, *Nuremberg*, S. 131–134.
851 *Der Prozess gegen die Hauptkriegsverbrecher vor dem Internationalen Militärgerichtshof*, Bd. 2, S. 114.
852 Otto Kranzbühler, zitiert in Maguire, *Law and War*, S. 88.
853 *Der Prozess gegen die Hauptkriegsverbrecher vor dem Internationalen Militärgerichtshof*, Bd. 2, S. 117.
854 Ebenda, S. 119.
855 Ebenda, Bd. 3, S. 616.
856 Gilbert, *Nürnberger Tagebuch*, S. 101, 122, 344.
857 *Der Prozess gegen die Hauptkriegsverbrecher vor dem Internationalen Militärgerichtshof*, Bd. 5, S. 51–78. Dort die folgenden Zitate.
858 Ebenda, S. 201f., 207f. Über die näheren Umstände dieses Besuchs ist sonst nichts bekannt.
859 Notiz von Robert G. Storey an Kempner, 28. November 1945, Kempner Papers, Box 418.
860 Neave, *On Trial at Nuremberg*, S. 43f.
861 Victor H. Bernstein, »Kempner Will Have His Day in Court«, *P.M.* vom 11. Januar 1946; Ausschnitt in den Kempner Papers, Box 263.
862 Persico, *Nuremberg*, S. 175.
863 *Der Prozess gegen die Hauptkriegsverbrecher vor dem Internationalen Militärgerichtshof*, Bd. 5, S. 397–415. Dort auch die folgenden Zitate.
864 Raymond Daniell, »Goering Accused Red Baselessly«, *New York Times* vom 17. Januar 1946.
865 Persico, *Nuremberg*, S. 226.
866 Shirer, *Aufstieg und Fall des Dritten Reiches*, S. 976; Evans, *Krieg*, S. 803.
867 *Der Prozess gegen die Hauptkriegsverbrecher vor dem Internationalen Militärgerichtshof*, Bd. 11, S. 438-465.
868 Gilbert, *Nürnberger Tagebuch*, S. 260f.
869 Das Protokoll der Vernehmung findet sich in: *Der Prozess gegen die Hauptkriegsverbrecher vor dem Internationalen Militärgerichtshof* Bd. 11, S. 472–644.
870 Aktennotiz des OSS zu Rosenberg, 11. Juli 1945, National Archives, Record Group 238, German Dossiers 1945–1946, Container 41.
871 *Der Prozess gegen die Hauptkriegsverbrecher vor dem Internationalen Militärgerichtshof*, Bd. 11, S. 490.
872 Evans, *Krieg*, S. 908.
873 Thomas Laub, *After the Fall: German Policy in Occupied France, 1940–1944*, Oxford 2010, S. 46.
874 Aktennotiz von Rosenberg, »Betrifft: Jüdisches Eigentum in Frankreich«, 18. Dezember 1941, abgedruckt als 001-PS in *Der Prozess gegen*

die Hauptkriegsverbrecher vor dem Internationalen Militärgerichtshof, Bd. 25, S. 1.

875 Aktennotiz »Betr.: Evakuierung von Jugendlichen«, 12. Juni 1944, abgedruckt als 031-PS in *Der Prozess gegen die Hauptkriegsverbrecher vor dem Internationalen Militärgerichtshof*, Bd. 25, S. 88–92, Zitat S. 90.

876 Ebenda, Bd. 11, S. 588.

877 Als Ro-135 und US-289 mehrfach in den Prozessakten abgedruckt, etwa: ebenda, Bd. 22, S. 543.

878 Ebenda, Bd. 11, S. 551.

879 Ebenda, S. 563.

880 Ebenda, S. 551.

881 Ebenda, S. 564.

882 Ebenda, S. 579–617.

883 Höß schätzte, dass in Auschwitz 2,5 Millionen Menschen vergast worden waren; Historiker gehen heute von einer Zahl zwischen 1,1 und 1,5 Millionen aus; siehe Evans, *Krieg*, S. 385f.

884 Dodd, *Letters From Nuremberg*, S. 287.

885 Brief Kempners an Murray Gurfin, 17. Juni 1946, Kempner Papers, Box 262; Aktennotizen von Thomas Dodd zur Übertragung dieser Aufgaben, 18. Mai 1946, Kempner Papers, Box 263.

886 Bewerbungsbrief von Lucian Kempner an den Kompaniechef, 29. September 1945, Kempner Papers, Box 71.

887 Bewerbung von Lucian Kempner um eine Anstellung beim Staat, Kempner Papers, Box 41; Einzelheiten über das Lager aus Martin Weinmann, *Das nationalsozialistische Lagersystem*, Frankfurt 1990, S. 69; Geoffrey P. Megargee (Hg.), *The United States Holocaust Memorial Museum Encyclopedia of Camps and Ghettos, 1933–1945: Bd. I*, Bloomington 2009, S. 820; und von der Website des Amersfoort National Monument, www.kampamersfoort.nl/p/start.

888 Brief von Lucian Kempner an den Radiosender *Voice of America*, Juli 1945, Kempner Papers, Box 71.

889 Brief von Lucian Kempner an Robert Kempner, 9. Januar 1946, Kempner Papers, Box 71.

890 Eidesstattliche Aussage von Lucian Kempner im Verfahren Lipton vs. Swansen et al., 8. Dezember 1999, Delaware County Court of Common Pleas.

891 »Refugee and Mother Reunited After Decade«, *Philadelphia Inquirer* vom 27. Mai 1946; »Kempner's Son, Victim of Nazis, Rejoins Mother«, *Philadelphia Record* vom 27. Mai 1946.

892 Grossmann an Robert Kempner, 18. Juni 1946, Kempner Papers, Box 262.

893 Aktennotiz von Kempner an Thomas Dodd, 17. Juli 1946, Kempner Papers, Box 262.

894 Persico, *Nuremberg*, S. 367; Tusa, *The Nuremberg Trial*, S. 455.
895 Persico, *Nuremberg*, S. 294–298; Gilbert, Nürnberger Tagebuch, S. 211f.
896 Kempner-Interview, zitiert in Mosley, *The Reich Marshal*, S. 325, 347.
897 Hett, *Burning the Reichstag*, S. 194, S. 220. Kempner erklärte, Diels' Aussage in Nürnberg sei besonders hilfreich gewesen und verdiene Dank.
898 Diese Zitate und die Einzelheiten zu Kempners Beziehung zu Diels stammen aus Kohl, *Das Zeugenhaus*, S. 51–56, 168ff.
899 Hett, *Burning the Reichstag*, S. 183.
900 *Der Prozess gegen die Hauptkriegsverbrecher vor dem Internationalen Militärgerichtshof*, Bd. 19, S. 460.
901 *Der Prozess gegen die Hauptkriegsverbrecher vor dem Internationalen Militärgerichtshof*, Bd. 22, S. 434f.
902 Bradley Smith, *Der Jahrhundertprozess: Die Motive der Richter von Nürnberg*, Frankfurt a.M. 1977, S. 190ff.; Persico, *Nuremberg*, S. 388–394.
903 Persico, *Nuremberg*, S. 395–405.
904 Henry F. Gerecke und Merle Sinclair, »I Walked to the Gallows With the Nazi Chiefs«, *Saturday Evening Post* vom 1. September 1951.
905 Lang, *Portrait eines Menschheitsverbrechers*, S. 220.
906 Ebenda, S. 271f.
907 Ebenda, S. 176.
908 Ebenda, S. 116f.
909 Ebenda, S. 204.
910 Ebenda, S. 207.
911 Ebenda, S. 125.
912 Ebenda, S. 216.
913 Ebenda, S. 126.
914 Ebenda, S. 291.
915 Gilbert, *Nürnberger Tagebuch*, S. 272.
916 Persico, *Nuremberg*, S. 319–323; *Der Prozess gegen die Hauptkriegsverbrecher vor dem Internationalen Militärgerichtshof*, Bd. 12, S. 18.
917 Kempner, *Ankläger einer Epoche*, S. 236.
918 Telford Taylor, *Die Nürnberger Prozesse: Hintergründe, Analysen und Erkenntnisse aus heutiger Sicht*, München 1992, S. 714.
919 Kingsbury Smith, »The Execution of Nazi War Criminals«, *International News Service* vom 16. Oktober 1946.
920 Aktennotiz von Burton Andrus, 17. Oktober 1946, Jackson Papers, Box 101, Roll 7; Persico, *Nuremberg*, S. 423–429.